教育部人文社会科学
重点研究基地

武汉大学社会保障
研究中心

中国社会保障改革与发展报告2019

Reform and Development of Social
Security Report 2019

邓大松 刘昌平 等 著

人民出版社

前　言

　　社会保障是社会稳定的"安全网"、经济运行的"调节器"，是构建社会主义和谐社会的重要内容，对于调节收入分配、促进社会公平、增加国内需求、拉动经济增长具有十分重要的作用。改革开放以来，中国政府就一直高度重视社会保障制度建设，党的十四届三中全会《中共中央关于建立社会主义市场经济体制若干问题的决定》明确提出要"建立多层次的社会保障制度，为城乡居民提供同我国国情相适应的社会保障，促进经济发展和社会稳定"，将社会保障制度作为社会主义市场经济体制的重要支柱；党的十七大明确提出将"建立覆盖城乡居民的社会保障体系"作为构建社会主义和谐社会的主要任务之一，要求到 2020 年基本建立覆盖城乡居民的社会保障体系，使人人享有基本生活保障；党的十八大提出"要坚持全覆盖、保基本、多层次、可持续方针，以增强公平性、适应流动性、保证可持续性为重点，全面建成覆盖城乡居民的社会保障体系"；党的十九大进一步提出"按照兜底线、织密网、建机制的要求，全面建成覆盖全民、城乡统筹、权责清晰、保障适度、可持续的多层次社会保障体系"。

　　改革开放以来，特别是党的十四届三中全会以来，中国政府抓住国民经济持续快速健康发展的有利时机，在社会保障制度体系建设上作出了不懈努力，取得了重要进展：明确完善社会保障制度的基本原则、总体目标和主要任务，确立社会统筹与个人账户相结合的基本养老保险和基本医疗保险制度，基本建成了涵盖养老保险、医疗保险、失业保险、工伤保险和生育保险,以及城乡居民最低生活保障制度的社会保障体系;普遍实行个人缴费制度,加大中央和地方财政投入力度,建立全国社会保障基金,初步形成了国家、企业和个人的社会保障资金多渠道筹集机制;扩大社会保险制度的覆盖范围,实现了从国有企业向城镇各种所有制企业、灵活就业人员和个体工商户的延伸;实行原行业统筹下放省级管理,解决条块分割的矛盾,建立了上下贯通、覆盖全国的社会保险社会化管理服务体系。社会保障制度的改革与不断完善,对保障人民群众的基本生活需求和维持社会安定团结,对国有企业改革、经济结构调整的顺利推进,对统筹城乡社会经济发展进程,发挥了十分重要的作用。

中国是世界上最大的发展中国家,人民生活还不富裕,社会主义市场经济体制初步建立,影响发展的体制机制障碍依然存在,经济增长和社会发展面临着许多突出问题。中国特色社会主义进入新时代,我国社会主要矛盾已经转化为人民日益增长的美好生活需要和不平衡不充分的发展之间的矛盾。正如党的十九大报告所言:"民生领域还有不少短板,脱贫攻坚任务艰巨,城乡区域发展和收入分配差距依然较大,群众在就业、教育、医疗、居住、养老等方面面临不少难题。"

武汉大学社会保障研究中心作为国家"985"工程社会保障研究创新基地和教育部人文社会科学百所重点研究基地之一,长期以来一直致力于社会保障理论与中国社会保障制度研究,承接了包括国家自然科学基金、国家社会科学基金以及教育部、各级政府部门、国内外相关研究机构和社会组织在内的大量研究任务,近几年取得了一系列研究成果。《中国社会保障改革与发展报告》是由武汉大学社会保障研究中心组织国内社会保障领域诸多知名学者与专家,共同编著的一份重要的年度研究报告,也是教育部哲学社会科学研究报告资助项目"中国社会保障改革与发展报告"(批准号 10JBG009)的重要研究成果,重点关注社会保障理论研究与国际比较研究中的前沿问题、当前中国经济社会发展过程中凸显的社会矛盾和民生问题,以及中国社会保障制度改革过程中的焦点、难点和热点问题。

《中国社会保障改革与发展报告 2019》分工如下:邓大松和刘昌平负

责全书框架设计、组织撰写和统稿工作,其中邓大松、薛惠元和范秋砚撰写第 1 部分"中国社会保障制度改革:历程、经验教训与展望",刘昌平和毛婷撰写第 2 部分"中国养老保险制度改革研究",杨燕绥撰写第 3 部分"中国医疗保险制度改革研究",孙树菡撰写第 4 部分"中国工伤保险制度改革研究",郑传锋和刘婷撰写第 5 部分"中国军人社会保障改革与发展分析",向运华、陈浩、王晓慧、刘会凤、张著、曾飘、蒋雨桥和罗家琪撰写第 6 部分"中国补充保险发展研究",殷俊和游姣撰写第 7 部分"中国妇女权益保障事业发展研究",卢海元撰写第 8 部分"中国基本养老保险基金投资运营探讨",胡宏伟和杜晓静撰写第 9 部分"中国社会救助制度发展 70 年的嬗变与展望",丁建定和罗丽娅撰写第 10 部分"中国社会福利制度发展研究",边恕和李东阳撰写第 11 部分"中国社会保险经办服务体系建设成就及完善对策",宋心璐和张奇林撰写第 12 部分"中国慈善事业发展研究",孟颖颖、王静和姜宁撰写第 13 部分"中国流动人口社会保障制度演变与趋势分析"。

　　社会保障是一项复杂的社会系统工程,也是一项正在不断改革和完善的社会经济制度,需要解决的问题和面临的困难太多,《中国社会保障改革与发展报告》不可能穷尽当前社会保障领域内的所有方面。因此,我们试图在有限的篇幅和人力条件下,经过编著者的共同努力,将《中国社会保障改革与发展报告》打造成为中国社会保障理论与政策研究的精品与力作。

武汉大学社会保障研究中心

2019 年 12 月

目　录

1

中国社会保障制度改革：历程、经验教训与展望

1.1 中国社会保障制度
改革与发展历程

1949 年 10 月 1 日,中华人民共和国成立,为我国社会保障的建立和发展提供了良好的政治和经济环境。自新中国成立至今,中国社会保障经历了五个发展阶段。

1.1.1 创建试行阶段(1949—1956 年)

新中国成立以后,当时充当临时宪法作用的《中国人民政治协商会议共同纲领》为建立新中国的社会保障制度提供了最基本的法律依据。该纲领明确规定"革命烈士和革命军人的家属,其生活困难者应受国家和社会的优待。参加革命战争的残废军人和退伍军人,应由人民政府给以适当安置,使能谋生立业",并提出"逐步实行劳动保险制度"的目标;1954 年 9 月,第一届全国人民代表大会第一次会议通过的《中华人民共和国宪法》第 93 条明确规定:"中华人民共和国劳动者在年老、疾病或者丧失劳动能力的时候,有获得物质帮助的权利。国家举办社会保险、社会救济和群众卫生事业,并且逐步扩大这些设施,以保证劳动者享受这种权利。"国家根本大法的明确规定,为中国社会保障制度的创建提供了坚实的法律保障。

新中国成立后,百废待兴,人民政府要解决的问题千头万绪。但是本着保障劳动者合法权益、促进经济发展、稳定社会秩序的目的,中央人民政府从一开始就把建立劳动者社会保障制度的任务提上了议事日程。这一期间主要做了以下工作。

一、发布一系列法规文件开展济贫救灾

面对农村灾害严重、大量灾民外流以及城市失业工人生活窘迫的现

状,人民政府发布一系列社会保障法规文件,指示各地切实开展济贫救灾工作。这些文件包括:1949 年 12 月 19 日由政务院发布的《中央人民政府政务院关于生产救灾的指示》;1950 年 6 月 17 日由政务院颁布的《中央人民政府政务院关于救济失业工人的指示》;1950 年 6 月 17 日由劳动部颁布、同年 7 月 1 日正式施行的《救济失业工人暂行办法》。这些法规文件对于减轻新中国成立初期失业工人生活困难,保护劳动力,帮助失业者逐渐就业、转业,特别是对于恢复国营、私营企业的生产,扩大经营范围以及创办新企业,起到了重要作用。

1956 年 1 月中共中央政治局提出的《1956 年到 1967 年全国农业发展纲要(草案)》(1960 年发布实施)和 1956 年 6 月国家主席签发的《高级农业生产合作社示范章程》中均要求,农业合作社对于社内缺乏劳动力、生活没有依靠的鳏寡孤独的社员,做到保吃、保穿、保烧(燃料)、保教(儿童和少年)、保葬。这两个文件的颁布,标志着五保供养制度在农村的初步确立。

二、建立城镇企业职工劳动保险制度

1951 年 2 月 26 日,由劳动部和中华全国总工会拟定的《中华人民共和国劳动保险条例》(简称《劳动保险条例》),经中国人民政治协商会议审议后,由政务院正式颁布实施,并于 1953 年进行了修订。《劳动保险条例》全面确立了适用于中国城镇企业职工的劳动保险制度,其实施范围包括城镇机关、事业单位之外的所有企业和职工,内容涉及养老、医疗、工伤、残疾、死亡、生育等多方面的保险。它的颁布实施,标志着中国城镇企业职工社会保障制度初步建立。

三、建立国家工作人员社会保障制度

国家工作人员包括国家机关、民主党派、人民团体和事业单位的工作人员。对这一部分人员的社会保障待遇,是以下面一系列单项法规的形式确定的:1950 年 12 月 11 日内务部颁布实施的《革命工作人员伤亡褒恤暂行条例》;1952 年 6 月 27 日由政务院颁布的《中央人民政府政务院关于全国各级人民政府、党派、团体及所属事业单位的国家工作人员实行公费医疗预防的指示》;1952 年 9 月 12 日财政部、卫生部和国务院人事局联合发布的《国务院关于各级人民政府工作人员在患病期间待遇暂行办法的规定》；1955年4月26日国务院颁布的《关于女工作人员生产假期的通知》；1955年12月29日国务院颁布的《国家机关工作人员退休处理暂行办法》和《国家机关工作人员退职处理暂行办法》；1956年11月12日，国务院发布的《国务院关于国家机关工作人员退休和工作年限计算等几个问题的补充通知》；等等。至此，有关国家工作人员的公费医疗、退休退职、社会优抚制度正式确立。

四、颁布了关于民工伤亡抚恤的法规

如1950年12月11日，政务部发布的《民兵、民工伤亡抚恤暂行条例》；1954年6月12日，内务部和劳动部发布的《关于经济建设工程民工伤亡抚恤问题的暂行规定》等。

总之，《劳动保险条例》的实施和修订，以及国家机关工作人员退休、退职、公费医疗、患病期间待遇等法规的颁布实施，标志着新中国社会保障体系的初步形成。从此以后，我国社会保障事业进入一个新的发展时期。

1.1.2 调整阶段（1957—1966年）

第一个五年计划期间，我国社会保障事业的奠基工作初步完成，取得较大成绩，但也存在一些问题。周恩来在1957年9月召开的中共八届三中全会上作的《关于劳动工资和劳资福利问题的报告》中分析道："从职工劳保福利方面看，为职工办了许多好事；但是，某些方面走得快了，某些项目办得多了，某些规定不贴实际和不够合理。"根据这些问题，周恩来提出："第二个五年计划期间对劳保福利工作和制度应该着重调整。调整的方针是：简化项目，加强管理，克服浪费；改进不合理的制度，降低过高的福利待遇；同时提倡少花钱，多办事；提倡依靠群众集体的力量，举办福利事业；提倡用互助互济的办法，解决职工生活中的某些困难问题。"这一阶段在社会保障制度建设和完善方面，主要做了以下工作。

一、确立工人、职员的退休、退职制度

1958年2月9日，《国务院关于工人、职员退休处理的暂行规定（草案)》发布,该规定重申和强调了 1953 年《劳动保险条例》及有关文件确立的原则,同时,根据几年来实施劳动保险的经验和教训,在原有的基础上进行了修改和增补。

1958 年 3 月 7 日,全国人大常委会第九十四次会议原则批准了《国务院关于工人、职员退职处理的暂行规定(草案)》,对工人、职员的退职条件和退职待遇标准进行统一,放宽了退职条件,适当提高了退职待遇标准,使工人、职员的退职问题得到了妥善的解决。

二、补充完善了民族工商业者和集体所有制企业职工的养老保险

1962 年 4 月,中共中央批转《中央统战部关于处理资产阶级工商业者退休问题的意见》,同年 7 月,国务院又发布《国务院关于处理资产阶级工商业者退休问题的补充规定》,对资产阶级工商业者的退休条件、待遇等都做了相应的规定。

20 世纪 50 年代初,我国养老保险仅覆盖国家机关、事业单位和国营企业,集体所有制企业尚未纳入养老保险覆盖范围。1966 年 4 月第二轻工业部、全国手工业合作总社曾制定《关于轻、手工业集体所有制职工、社员退休统筹暂行办法》和《关于轻、手工业集体所有制职工、社员退职退休处理暂行办法》。这两个暂行办法颁发后,其他系统的县、区以上集体所有制经济组织也陆续参照执行。

三、解决了精简下放职工的退休(退职)养老问题

1962 年 6 月 1 日,国务院制定和颁布了《国务院关于精减职工安置办法的若干规定》,规定凡精简下来的老弱残职工,符合退休条件的作退休安置;不符合退休条件的作退职处理。对家庭生活有依靠者,发给退职补助费;家庭生活无依靠的,由当地民政部门按月发给相当本人原标准工资 40% 的救济费。

四、农村合作医疗制度兴起并发展,改进了公费医疗与劳保医疗制度

1959 年 11 月,卫生部在山西省稷山县召开全国农村卫生工作会议,对农村合作医疗给予肯定。自此,合作医疗在农村进一步兴起和发展,对解决农民的医疗问题起到了重要作用。

针对企业职工的劳保医疗制度和国家机关工作人员公费医疗制度中存在的管理和浪费问题，1965年9月21日，中央在批转卫生部党委《关于把卫生工作的重点放到农村的报告》批示中指出："公费医疗制度应做适当改革，劳保医疗制度也应适当整顿。"为此，卫生部和财政部颁发了《关于改进公费医疗管理问题的通知》；劳动部和全国总工会于1966年4月15日联合发出了《关于改进企业职工劳保医疗制度几个问题的通知》。这两个文件分别对国家机关工作人员的公费医疗和企业职工的劳保医疗整顿问题提出了具体意见。主要有：看病要收挂号费；营养滋补药品除特批外，一律自理；职工因工负伤、因职业病住院，本人适当负担膳费等。

五、增加了对职业病患者的保障

1957年，卫生部颁布了《职业病范围和职业病患者处理办法的规定》，将危害职工健康、严重影响生产和职业性比较明显的14种疾病列入职业病范围，并规定了疗养期间以及医疗终结确定为残废乃至治疗无效而死亡时的保险待遇。这一规定改善了劳动条件，促进了职业病防治工作。

1963年，由劳动部与有关部门共同召开了防止矽尘危害工作会议。同年2月9日，国务院批转了这一报告，对硅肺病人的生活待遇，还乡休养待遇，以及一、二、三期硅肺病职工的有关社会保险待遇做了具体规定。

六、出台了一些有利于社会保险管理和方便职工待遇领取的制度和办法

主要有：《批准工人、职员病、伤、生育假期的试行办法》和《医务劳动鉴定委员会组织通则》（1957年2月26日发布试行），对职工生病、生育假期批准手续期限和对超过一定期限病假由医务劳动鉴定委员会审批等做出了规定；《关于享受长期劳动保险待遇的异地支付试行办法》，于1960年7月6日颁布，1963年1月23日修订，该办法规定职工、家属在转移居住地点时，退休费、因工残废抚恤费、非因工残废救济费和因工死亡供养直系亲属抚恤费可以异地领取。

七、调整了学徒工的社会保险待遇

新中国成立初期学徒工实行工资制,与职工同样享受劳动保险。1958 年 2 月 6 日,国务院颁发《国务院关于国营、公私合营、合作社营、个体经营的企业和事业单位的学徒的学习期限和生活补贴的暂行规定》,把学徒工工资制改为生活补贴制,相应调整学徒工社会保险待遇,主要是:以前招收的学徒工,本人和供养亲属仍按原有社会保险待遇办理;以后招收的学徒工,6 个月以内病假期间待遇与正式职工相同,其他适当降低。

八、社会救助与社会福利事业取得了一定的发展

在社会救助方面,1962 年内务部、财政部颁发《抚恤、救济事业费管理使用办法》,对合理、及时地使用抚恤费、救济事业费,保证社会救助工作的正常开展起到了很大作用;此外,中共中央、国务院和民政部等部门多次发出通知、指示具体指导农村救灾工作,如 1963 年 9 月 21 日,中共中央、国务院发布《中共中央、国务院关于生产救灾工作的决定》,对救灾工作的根本方针,救灾的方法、途径,灾民生活安排等重要问题做出十分具体的指示。

在社会福利方面,为解决"大跃进""三年自然灾害"给职工生活带来的严重问题,1962 年中共中央、国务院召开城市工作会议,对职工生活困难补助工作做了专门研究和布置,要求各地加强困难补助工作,适当提高补助标准;1963 年,将中央国家机关工作人员福利费从 1958 年按工资总额的 1%提取提高到按 2%提取;1965 年,内务部关于国家机关事业单位福利费使用的通知规定,福利费仍以解决工作人员及家属生活困难为主,有结余时,可以补贴统筹医疗费、托儿所、幼儿园等集体福利设施费用的不足。在企业行政、工会、妇联组织的共同努力下,职工食堂、托幼园所等也都得到了整顿和发展。

1.1.3 停滞、倒退阶段(1966—1976 年)

1966 年 5 月,"文化大革命"开始,国家进入十年动乱时期。这一时期,中国的各项事业都受到严重破坏,社会保障事业非但没有朝着日益完

善的方向进一步发展,反而出现了停滞甚至倒退的现象。主管救灾救济、社会福利等事务的内务部于 1969 年被国家撤销,负责劳动保险事务的工会组织受到严重冲击而瘫痪,劳动部门受到削弱,国家已经无法有效地掌控社会保障制度的实施。在这种情形下,1969 年 2 月,财政部发布的《关于国营企业财务工作中几项制度的改革意见(草案)》规定,国营企业一律停止提取劳动保险金,企业的退休职工、长期病号工资和其他劳保开支在营业外列支。这些情况使我国社会保险事业的发展产生两个严重的后果:一是社会保险基金的统筹调剂工作停止,社会保险的统筹调剂职能无法发挥作用;二是社会保险停止基金积累,实行实报实销,造成企业负担不平衡。它使得社会保险彻底退化为企业保险。国家—单位保障制的责任重心由国家转向单位,城镇企、事业单位包办社会的现象迅速扩张,社会保障在很大程度上走向自我封闭的单位化。

然而,农村合作医疗是一个例外。受政府的强力推动、城市对农村医疗事业的大力支援、稳定的赤脚医生队伍、人民公社化的体制等多种因素的影响,农村合作医疗在"文化大革命"期间得到了空前的发展。在 1974 年 5 月召开的第 27 届世界卫生大会上,第三世界国家对中国的农村合作医疗普遍表现出极大兴趣。联合国妇女儿童基金会在 1980—1981 年年报中指出,中国的"赤脚医生"制度在落后的农村地区提供了初级护理,为不发达国家提高医疗卫生水平提供了样本。世界银行和世界卫生组织把我国的农村合作医疗称为"发展中国家解决卫生经费的唯一典范"。

1.1.4 恢复重建阶段(1977—1983 年)

1976 年 10 月,"文化大革命"结束,社会保障事业也随着各行各业一起开始了拨乱反正和恢复重建的工作。主要包括以下方面。

一、恢复和完善了干部、工人离退休、退职制度

1978 年 6 月,国务院颁布了《国务院关于安置老弱病残干部的暂行办法》和《国务院关于工人退休、退职的暂行办法》,要求各地先行试点,总结经验,然后普遍实行。这两个暂行办法的颁布和实行,较好地扭转了"文化大革命"中退休、退职制度执行不力,职工队伍老化、企业冗员增多

的不利局面。1981 年 11 月,国务院颁布了《国务院关于严格执行工人退休、退职暂行办法的通知》,针对一些部门和单位随便放宽退休、退职条件,任意扩大招收退休、退职职工子女范围,聘用不符合条件的退休、退职工人继续任职,随意提高续聘工人待遇等问题,提出了严格、具体的整改措施。

1980 年 10 月,国务院颁布《国务院关于老干部离职休养的暂行规定》;1982 年 1 月,国务院、中央军委颁发《关于军队干部离职休养的暂行规定》;1982 年 4 月,国务院又颁发《国务院关于发布老干部离职休养制度的几项规定的通知》。这些规定与 1978 年颁发的两个暂行办法相比,除在生活上对离休干部给予适当优惠照顾外,没有大的变化。

1983 年 1 月 15 日,劳动人事部颁发《关于建国前参加工作的老工人退休待遇的通知》,该通知规定 1949 年以前参加工作的老工人的退休待遇可按 100%领取。

二、整顿和恢复了企业劳动保险管理工作

1980 年 3 月,国家劳动总局、全国总工会联合发出《关于整顿与加强劳动保险工作的通知》,开始对中断的企业职工劳动保险管理工作进行全面整顿和恢复。整顿工作纠正了"文化大革命"中各种不符合国家社会保险政策规定的错误支付,健全了企业社会保险的管理机构,清理和建立了各种社会保险的管理资料,培训了一批社会保险的专业干部。

三、补充完善了集体所有制企业职工的社会保险

1977 年 12 月,轻工业部、财政部和国家劳动总局《关于手工业合作工厂劳动保险福利待遇标准和劳保费用列支问题的通知》规定:手工业合作社职工的社会保险待遇标准,可以按照国家和省、自治区、直辖市对国营企业的有关规定执行。此后,各地区对县以上和区县一级的集体企业职工相继比照这一规定办理。1978 年 8 月,交通部、财政部、国家劳动总局又发出通知,允许县(市)成立的统一核算的运输公司和县(市)主管部门统负盈亏的集体交通企业,也按当地国营企业的规定实行社会保险。1978 年 9 月国务院批转的商业部等四部门《关于合作商店实行退休办法的报告》和 1979 年 9 月卫生部、财政部、国家劳动总局发出的《关于集体卫生人员实行退休退职有关问题的通知》规定,合作商店职工、集体卫生人员的退休退职,可以分别参照国营企业和国家机关的有关规定执行。这些使我国集体所有制企业职工的社会保险事业加快了发展的步伐。

四、适当提高了某些社会保障项目的待遇标准

1979 年 1 月,财政部、民政部联合发出《关于调整军人、机关工作人员、参战民兵民工牺牲、病故抚恤金标准的通知》,该办法较 1955 年规定的标准有所提高;1980 年 6 月,国务院颁发的《革命烈士褒扬条例》规定,国家机关工作人员因公牺牲被批准为革命烈士的可发给 800—1000 元一次性抚恤金。1980 年 2 月,民政部、财政部发出《关于国家机关、事业单位工作人员死亡后遗属生活困难补助暂行规定》,新规定在遗属生活困难补助方面较原规定有所放宽。1981 年 4 月,国务院颁发《国家机关工作人员病假期间生活待遇的规定》,该规定主要是提高待遇标准,对新中国成立前参加革命工作的干部,其待遇可按不同级别分别从优。1983 年 6 月,劳动人事部和财政部又下发了《关于提高职工退休费、退职生活费的最低保证数的通知》。

五、社会救助与社会福利工作得到恢复重建

1969 年,国家撤销主管救灾救济、社会福利等事务的内务部,社会救济工作陷入瘫痪状态。1978 年 2 月,五届全国人大一次会议决定重新设置主管救灾救济、社会福利事务的民政部。1978 年 12 月,针对实际工作中的问题,民政部、财政部重新印发 1962 年内务部、财政部《抚恤、救济事业费管理使用办法》,重申继续执行该办法中抚恤、救济费的使用原则、使用范围、发放管理办法等。1981 年 1 月,国务院办公厅转发了《民政部关于进一步加强生产救灾工作的报告》,对妥善安排灾区人民生活、管理使用好救灾款物、开展生产自救的方法等都做了详尽规定。

这一时期的社会救济工作,在范围上有所扩大,除了传统的救济对象外,还增加了生活困难的原国民党起义投诚人员、摘帽右派分子、错划地(主)富(农)分子、归国华侨等共计 25 种人员。社会救济的方法和手段也从单独发放社会救济救灾款项变为实行救济救灾同扶贫、扶优相结合。

1980 年,中央政府专门成立了贫困地区经济开发领导小组和中国扶

贫基金会,把社会救济的重点转移到帮助贫困户脱贫致富上来,并把扶贫工作的重点放在"老少边穷"地区。

在职工福利方面,1976 年以后,修改和增设了取暖补贴、上下班交通费补贴、职工探亲假等若干项补贴制度;各地普遍提高了职工生活困难补助起点标准;在职工福利基金提取、使用方面也有所修订,主要是增加了职工福利基金的来源,为改善职工物质文化生活创造了条件。此外,这一时期,相继颁布了《国务院批转民政部〈关于保护和扶持社会福利生产的请示报告〉的通知》(1981 年)、《民政部关于印发〈城市社会福利事业单位管理工作试行办法〉的通知》(1982 年)、《民政部、劳动人事部关于进一步做好城镇待业的盲聋哑残青年就业安置工作的通知》(1983 年)等一系列城市福利事业的政策法规,保护和扶持福利企业生产,做好城镇待业盲聋哑残青年就业安置工作等。

1.1.5 改革阶段(1984 年至今)

中国社会保障制度的真正改革是从 1984 年开始的,它的动力因素是20 世纪 80 年代中期开始的城市经济体制改革。1984 年 10 月,党的十二届三中全会通过的《中共中央关于经济体制改革的决定》,使以城市为重点的经济体制改革在全国迅速展开。经济的发展、企业的进步,要求社会保障制度做出相应的调整,但是新中国成立后建立起来的国家举办、企业包揽的社会保障制度妨碍了企业间的公平竞争,同时造成了企业不堪重负,社会保障制度面临非改不可的局面。

1986 年 4 月 12 日,六届全国人大四次会议通过的《中华人民共和国国民经济和社会发展第七个五年计划》,不仅首次提出了社会保障概念,而且单独设章阐述了社会保障的改革与社会化问题,社会保障社会化作为计划经济时代"国家负责、单位包办"保障制度的对立物,被正式载入国家发展计划。这一阶段我国社会保障制度的改革主要包括以下内容。

一、养老保险制度的改革

(一)建立和完善了企业职工基本养老保险制度

1984 年起,广东、江苏、辽宁、四川等省的少数市县开始试行退休费用社会统筹,从而拉开了我国养老保险制度改革的序幕。

1986 年国务院发布《国务院国营企业实行劳动合同制暂行规定》(国发〔1986〕77 号),建立了劳动合同制工人的养老保险制度,规定劳动合同制工人按不超过本人标准工资的 3% 缴纳养老保险费,改变了过去完全由国家和企业负担的办法。我国企业职工的养老由退休制过渡到真正意义上的社会养老保险制度。

1991 年,国务院发布《关于企业职工养老保险制度改革的决定》(国发〔1991〕33 号),规定养老保险费由国家、企业和职工三方负担,缴费标准开始时可不超过本人标准工资的 3%,基金按照以支定收、略有结余、留有部分积累的原则统一筹集。

1993 年,党的十四届三中全会明确提出,城镇职工养老保险制度实行"社会统筹与个人账户相结合"的模式。

1995 年,国务院发布了《国务院关于深化企业职工养老保险制度改革的通知》(国发〔1995〕6 号),提出了企业职工养老保险制度改革的目标,明确了"统账结合"是我国企业职工基本养老保险制度改革的方向,并给出了统账结合的两套实施办法供选择。但在实践中几乎是一个地区一个办法。

1997 年,国务院颁布了《国务院关于建立统一的企业职工基本养老保险制度的决定》(国发〔1997〕26 号)。统一制度的要点包括:一是统一缴费比例,即个人缴费比例逐步提高到本人缴费工资的 8%,企业缴费比例不超过企业工资总额的 20%;二是统一个人账户规模,个人账户规模为本人缴费工资的 11%;三是统一计发办法,其中"新人"(本决定实施后参加工作的职工)的基本养老金由基础养老金和个人账户养老金组成,退休时的基础养老金月标准为省、自治区、直辖市或地(市)上年度职工月平均工资的 20%,个人账户养老金月标准为本人账户储存额除以 120。

1998 年,国务院发布《国务院关于实行企业职工基本养老保险省级统筹和行业统筹移交地方管理有关问题的通知》(国发〔1998〕28 号),要求加快实行企业职工基本养老保险省级统筹,按期完成基本养老保险行业统筹移交地方管理,确保按时足额发放企业离退休人员基本养老金。

2000 年,国务院发布《关于完善城镇社会保障体系的试点方案》(国发〔2000〕42 号),决定 2001 年在辽宁省进行包含企业职工基本养老保险在内的城镇社会保障体系的改革试点。2004 年,试点范围扩大到吉林省和黑龙江省。

2005 年,在总结东北三省试点经验的基础上,国务院发布了《国务院关于完善企业职工基本养老保险制度的决定》(国发〔2005〕38 号)。该文件提出:将覆盖面扩大到个体工商户和灵活就业人员;个人账户由 11%下调为 8%,全部由个人缴费构成,企业 20%的缴费全部纳入统筹账户;改革基本养老金计发办法,基础养老金与缴费年限、缴费工资、退休时间等挂钩,个人账户养老金计发办法更加灵活,考虑了平均预期寿命、本人退休年龄、利息等因素;建立基本养老金正常调整机制,调整幅度为省、自治区、直辖市当地企业在岗职工平均工资年增长率的一定比例。

2007 年,劳动和社会保障部、财政部联合发布《关于推进企业职工基本养老保险省级统筹有关问题的通知》(劳社部发〔2007〕3 号),提出了企业职工基本养老保险省级统筹标准,即统一制度和政策,统一缴费基数和缴费比例,统一养老金计发办法、统筹项目和待遇调整,统一管理和调度使用基金,统一编制和实施基金预算,统一业务经办规程和信息应用系统。2009 年年底,中国所有省份企业职工基本社会养老保险基金全部实现省级统筹。

2009 年,国务院办公厅转发了《城镇企业职工基本养老保险关系转移接续暂行办法》(国办发〔2009〕66 号),规定参保人员跨省流动就业转移基本养老保险关系时,个人账户储存额 1998 年 1 月 1 日之前按个人缴费累计本息计算转移,1998 年 1 月 1 日后按计入个人账户的全部储存额计算转移;统筹基金以本人 1998 年 1 月 1 日后各年度实际缴费工资为基数,按 12%的总和转移,参保缴费不足 1 年的,按实际缴费月数计算转移。该办法保证了参保人员跨统筹地区流动并在城镇就业时基本养老保险关系的转移接续。

2016 年 4 月,人社部、财政部发布《关于阶段性降低社会保险费率的通知》(人社部发〔2016〕36 号),要求从 2016 年 5 月 1 日起,单位缴费比例为 20% 且 2015 年年底企业职工基本养老保险基金累计结余可支付月数高于 9 个月的省(区、市),可以阶段性将单位缴费比例降低至 19%,降低费率的期限暂按两年执行。2018 年 4 月,《人力资源社会保障部　财政部关于继续阶段性降低社会保险费率的通知》(人社部发〔2018〕25 号),将降费率的期限延长至 2019 年 4 月 30 日。

2018 年,国务院出台《国务院关于建立企业职工基本养老保险基金中央调剂制度的通知》(国发〔2018〕18 号),决定自 2018 年 7 月 1 日起实行企业职工基本养老保险基金中央调剂制度,按照各省份职工平均工资的 90% 和在职应参保人数作为计算上解额的基数,上解比例从 3% 起步,逐步提高。

2019 年,《国务院办公厅关于印发降低社会保险费率综合方案的通知》(国办发〔2019〕13 号)出台,规定自 2019 年 5 月 1 日起,降低城镇职工基本养老保险(包括企业和机关事业单位基本养老保险)单位缴费比例;各省养老保险单位缴费比例高于 16% 的,可降至 16%;目前低于 16% 的,要研究提出过渡办法。同时还规定,2020 年年底前实现企业职工基本养老保险基金省级统收统支;加大企业职工基本养老保险基金中央调剂力度,2019 年基金中央调剂比例提高至 3.5%。

(二)建立和完善了企业年金制度

1991 年《国务院关于企业职工养老保险制度改革的决定》(国发〔1991〕33 号)中,首次提出"国家提倡、鼓励企业实行补充养老保险,并在政策上给予指导"。

1994 年颁布的《中华人民共和国劳动法》规定,"国家鼓励用人单位根据本单位实际情况为劳动者建立补充养老保险"。

1995 年,劳动部印发的《关于建立企业补充养老保险制度的意见》(劳部发〔1995〕464 号),对企业补充养老保险的实施条件、决策程序、资金来源、计发办法以及经办机构等具体政策做出了规定。

2000 年,国务院出台的《关于完善城镇社会保障体系的试点方案》(国发〔2000〕42 号),将企业补充养老保险正式更名为企业年金,并提出:有条件的企业可为职工建立企业年金,并实行市场化运营和管理;企业年金实行基金完全积累,采用个人账户方式进行管理,费用由企业和职工个人缴纳,企业缴费在工资总额4%以内的部分,可在成本中列支。

2004年,《企业年金试行办法》(劳社部令第20号)和《企业年金基金管理试行办法》(劳社部、银监会、证监会、保监会令第23号)确定了中国企业年金发展的框架,且对企业年金治理结构、管理及投资运营做出规定。其后,国家又相继发布了《关于企业年金基金证券投资有关问题的通知》(劳社部发〔2004〕25号)、《企业年金基金管理机构资格认定暂行办法》(劳动保障部令第24号)、《企业年金基金》(企业会计准则第10号)、《关于中央企业试行企业年金制度的指导意见》(国资发分配〔2005〕135号)、《关于国有金融企业试行企业年金制度有关问题的通知》(财金〔2006〕18号)等一系列的配套政策文件。

2009年,财政部、国家税务总局发布《关于补充养老保险费、补充医疗保险费有关企业所得税政策问题的通知》(财税〔2009〕27号),提出"为在本企业任职或者受雇的全体员工支付的补充养老保险费,在不超过职工工资总额5%标准内的部分,在计算企业所得税应纳税所得额时准予扣除"。

2009年《国家税务总局关于企业年金个人所得税征收管理有关问题的通知》(国税函〔2009〕694号)和2011年《国家税务总局关于企业年金个人所得税有关问题补充规定的公告》(国家税务总局公告2011年第9号)规定,"企业年金的个人缴费和企业缴费计入个人账户的部分,不得在个人当月工资、薪金计算个人所得税时扣除"。

2011年,《企业年金基金管理办法》(人社部、银监会、证监会、保监会令第11号)出台,对企业年金基金管理进行了完善,《企业年金基金管理试行办法》废止。

2011年,人社部发布《关于企业年金集合计划试点有关问题的通知》(人社部发〔2011〕58号),就企业年金集合计划试点问题做出了相关规定。

2013年,财政部、人社部、国家税务总局联合发布《关于企业年金 职业年金个人所得税有关问题的通知》(财税〔2013〕103号),规定企业年金、职业年金实行 EET 式（E 表示免税，T 表示征税，EET 即在缴费环节和基金投资环节免税，在待遇领取环节征税）的个人所得税递延纳税优惠政策，国税函〔2009〕694 号和国家税务总局公告 2011 年第 9 号文件同时废止。

2017 年，《企业年金办法》（人社部令第 36 号）出台，原《企业年金试行办法》废止。该办法将企业年金企业缴费比例由原来的不超过 1/12 改为不超过 8%，企业和职工个人总的缴费比例由原来的不超过 1/6 改为不超过 12%。

（三）建立了城乡居民基本养老保险制度

城乡居民基本养老保险，是由新型农村社会养老保险（简称新农保）和城镇居民社会养老保险（简称城居保）两项制度合并而来的。

中国的农村社会养老保险是从 1986 年开始探索，1991 年进行试点，并逐步建立起来的。1992 年 1 月，在总结试点县经验教训和几经征求有关方面意见的基础上，民政部印发了《县级农村社会养老保险基本方案（试行）》（民办发〔1992〕2 号），以个人缴费为主、完全个人账户的农村社会养老保险，即老农保制度正式确立，同时要求各地结合实际，进一步组织试点。

1995 年 10 月，《国务院办公厅转发民政部关于进一步做好农村社会养老保险工作的意见》（国办发〔1995〕51 号）指出："各级政府要切实加强领导，高度重视对农村养老保险基金的管理和监督，积极稳妥地推进这项工作。"为此，民政部先后下发了《加强农村社会养老保险基金风险管理的通知》和《县级农村社会养老保险管理规程（试行）》等一系列规范性文件。

1998 年国务院机构改革，将农村社会养老保险管理职能划入劳动和社会保障部，实行社会保险的统一管理。

1999 年 7 月，《国务院批转整顿保险业工作小组〈保险业整顿与改革方案〉的通知》（国发〔1999〕14 号）提出："目前我国农村尚不具备普遍实行社会保险的条件。对民政系统原来开展的'农村社会养老保险'，要进行清理整顿，停止接受新业务，区别情况，妥善处理，有条件的可以逐步将其过渡为商业保险。"此后,农村社会养老保险工作进入清理整顿阶段。

2002年11月,党的十六大明确提出"在有条件的地方探索建立农村社会养老保险制度"。此后,农村社会养老保险工作进入一个创新发展的地方探索阶段。

2009年9月,国务院发布《国务院关于开展新型农村社会养老保险试点的指导意见》(国发〔2009〕32号),标志着新农保制度的诞生。该文件规定新农保实行"基础养老金+个人账户"的制度模式,以及"个人缴费、集体补助与政府补贴相结合"的筹资模式,并提出2020年之前基本实现对农村适龄居民全覆盖。

2011年6月,为解决城镇非就业人员的养老保险问题,国务院发布《国务院关于开展城镇居民社会养老保险试点的指导意见》(国发〔2011〕18号),要求2011年7月1日启动试点工作。从制度设计来看,新农保与城居保的制度设计几乎完全一致。

2012年7月1日,新农保和城居保全覆盖工作正式启动,尚未开展试点的地区全部纳入制度的覆盖范围,新农保和城居保提前8年实现制度全覆盖。

2014年2月,国务院发布《国务院关于建立统一的城乡居民基本养老保险制度的意见》(国发〔2014〕8号),将新农保和城居保两项制度合并实施,在全国范围内建立统一的城乡居民基本养老保险制度。

2014年2月,人社部、财政部印发了《城乡养老保险制度衔接暂行办法》(人社部发〔2014〕17号),实现了城镇职工基本养老保险和城乡居民基本养老保险两种制度的无缝衔接。

2018年3月,人社部、财政部出台《关于建立城乡居民基本养老保险待遇确定和基础养老金正常调整机制的指导意见》(人社部发〔2018〕21号),提出完善待遇确定机制,建立基础养老金正常调整机制,建立个人缴费档次标准调整机制,建立缴费补贴调整机制,实现个人账户基金保值增值。

(四)改革了机关事业单位养老保险制度,建立职业年金制度

1986年,国务院下发《国务院关于发布改革劳动制度四个规定的通

知》,规定国家机关、事业单位招用的劳动合同制工人的养老保险基金来源,机关从行政费中列支,事业单位从事业费中列支。

1992 年,人事部印发《关于机关、事业单位养老保险制度改革有关问题的通知》(人退发〔1992〕2 号),提出"逐步改变退休金实行现收现付、全部由国家包下来的做法""要在总结我国现行干部退休制度的基础上,建立国家统一的、具有中国特色的机关、事业单位社会养老保险制度"。

1994 年开始,云南、江苏、福建等地先后发布机关、事业单位养老保险改革的有关文件,并开展试点工作。

1999 年,经国务院批准,原国家经贸委所属 10 个国家局管理的 242 家科研机构、中央所属的 178 家工程勘察设计单位以及原建设部等 11 个部门所属的 134 家科研机构改革了管理体制,实行属地化、企业化管理,这些转制的科研机构实行城镇企业职工养老保险制度。

2000 年,国务院出台的《关于完善城镇社会保障体系的试点方案》(国发〔2000〕42 号)规定,公务员和全部由财政供款的事业单位维持现行养老保险制度,部分财政供款事业单位的养老保险办法在调查研究和试点基础上分别制定,要求已进行改革试点的地区继续完善和规范。

2006 年,人事部、财政部印发的《关于机关事业单位离退休人员计发离退休费等问题的实施办法》(国人部发〔2006〕60 号)规定,公务员、事业单位工作人员、机关技术工人、机关普通工人的退休费分别以本人退休前职务工资和级别工资之和、岗位工资和薪级工资之和、岗位工资和技术等级工资之和、岗位工资为计发基数,计发比例为 80%—90%。

2008 年,国务院原则通过了《事业单位工作人员养老保险制度改革试点方案》,确定在山西、上海、浙江、广东、重庆 5 省市先期开展试点,与事业单位分类改革配套推进。2009 年 1 月,国务院要求 5 个试点省市正式启动此项改革。但改革试点效果并不佳,除广东省进行了半截子改革外,其他四省市基本没有推进。

2011 年,《事业单位职业年金试行办法》(国办发〔2011〕37 号)出台,并适用于山西、上海、浙江、广东、重庆 5 个事业单位养老保险改革试点的省份。

机关事业单位与企业之间养老保险制度的"双轨制"是当时社会保障领域最大的不公平,广受民众的诟病。为此,2013 年党的十八届三中全会明确提出"建立更加公平可持续的社会保障制度","推进机关事业单位养老保险制度改革"。

2014 年 7 月 1 日正式实施的《事业单位人事管理条例》规定,"事业单位及其工作人员依法参加社会保险,工作人员依法享受社会保险待遇"。

2015 年 1 月,国务院出台《国务院关于机关事业单位工作人员养老保险制度改革的决定》(国发〔2015〕2 号),要求从 2014 年 10 月 1 日起进行机关事业单位养老保险制度改革,机关事业单位实行与企业完全一致的基本养老保险制度,同时建立职业年金制度(缴费比例为单位 8%,个人 4%),养老金制度"双轨制"被打破。

2015 年 3 月,人社部、财政部发布《关于贯彻落实〈国务院关于机关事业单位工作人员养老保险制度改革的决定〉的通知》(人社部发〔2015〕28 号),对改革政策进行了进一步的解释和补充。

2015 年 4 月,《机关事业单位职业年金办法》(国办发〔2015〕18 号)出台,对职业年金的缴费比例、基金来源、领取方式、个人账户、经办管理、基金管理等做出了框架性的规定。

2016 年,人社部印发了《职业年金基金管理暂行办法》(人社部发〔2016〕92 号),对职业年金基金的委托管理、账户管理、受托管理、托管、投资管理以及监督管理等做出了规定。

2017 年 1 月,人社部、财政部发布《关于机关事业单位基本养老保险关系和职业年金转移接续有关问题的通知》(人社部规〔2017〕1 号),对机关事业单位养老保险参保人员在统筹范围内流动、跨统筹范围流动、在机关事业单位与企业之间流动的基本养老保险关系和职业年金的转移接续工作做出了规定。

(五)改革了基本养老保险基金管理办法

1995 年 3 月,国务院发布《国务院关于深化企业职工养老保险制度改革的通知》(国发〔1995〕6 号)提出:"当前,养老保险基金的结余额,除留足两个月的支付费用外，80%左右应用于购买由国家发行的社会保险基金特种定向债券，任何单位和个人不得自行决定基金的其他用途。"此后，不管是城乡居民基本养老保险基金还是机关事业单位基本养老保险基金，其投资范围只能是存银行、买国债。

2015年8月，国务院发布《基本养老保险基金投资管理办法》（国发〔2015〕48号），规定企业职工、机关事业单位工作人员和城乡居民基本养老保险基金结余额，预留一定支付费用后，委托给国务院授权的机构进行投资运营；实行中央集中运营、市场化投资运作。

（六）个税递延型商业养老保险开始试点

2017年7月，国务院办公厅印发《关于加快发展商业养老保险的若干意见》（国办发〔2017〕59号），明确提出"在2017年底前启动个人税收递延型商业养老保险试点"。

2018年4月，财政部等五部委联合发布《关于开展个人税收递延型商业养老保险试点的通知》（财税〔2018〕22号），规定自2018年5月1日起，在上海市、福建省（含厦门市）和苏州工业园区实施个人税收递延型商业养老保险试点。试点期限暂定一年。试点内容包括对试点地区个人通过个人商业养老资金账户购买符合规定的商业养老保险产品的支出，允许在一定标准内税前扣除；计入个人商业养老资金账户的投资收益，暂不征收个人所得税；个人领取商业养老金时再征收个人所得税。

二、医疗保险制度的改革

（一）建立城镇职工基本医疗保险制度

1984—1993年，公费医疗、劳保医疗制度主要进行了两项改革：一是引入个人分担医疗保险费用的机制；二是进行了医疗费用社会统筹试点。

1989年，国家批准四平、丹东、黄石、株洲作为医疗保险制度改革试点城市。

1994年3月，国家体改委等四部门发布《关于职工医疗制度改革的试点意见》（体改分〔1994〕51号），率先在江苏镇江和江西九江进行试点，首次将社会统筹与个人账户相结合的模式引入医疗保险制度，对劳保医疗和公费医疗同步进行改革。

1996 年 5 月，国务院办公厅转发了国家体改委等四部委《关于职工医疗保障制度改革扩大试点的意见》（国办发〔1996〕16 号），将医疗保险制度改革试点又扩大到 58 个城市。试点证明，建立统账结合的职工基本医疗保险制度是符合中国国情的，改革的思路和基本原则是正确的。同时，试点暴露出一些矛盾和问题，亟须通过加快改革步伐，实现制度创新和机制转换。

1998 年 12 月《国务院关于建立城镇职工基本医疗保险制度的决定》（国发〔1998〕44 号）的出台，标志着我国职工医疗保险制度改革进入了一个新的历史阶段。这次改革的任务是建立城镇职工基本医疗保险（简称城镇职工医保）制度；改革的思路是"低水平、广覆盖、双方负担、统账结合"；改革后城镇职工医保的覆盖范围为城镇所有用人单位及其职工。1999 年上半年，国家又相继出台了《定点医疗机构管理暂行办法》等 6 个配套文件。

2002 年 9 月《关于妥善解决医疗保险制度改革有关问题的指导意见》（劳社厅发〔2002〕8 号）提出，积极探索困难企业职工医疗保障办法，完善和加强医疗保险服务管理，妥善处理医疗费用个人负担问题，提高医疗保险管理服务水平。

2003 年 4 月《关于进一步做好扩大城镇职工基本医疗保险覆盖范围工作的通知》（劳社厅发〔2003〕6 号）提出，将实施关闭破产的中央企业和中央下放地方的企业退休人员纳入当地医疗保险社会统筹，同时做好地方关闭破产企业的退休人员参加医疗保险的工作；将灵活就业人员纳入基本医疗保险范围。

2003 年 5 月，劳动和社会保障部办公厅发布《关于城镇灵活就业人员参加基本医疗保险的指导意见》（劳社厅发〔2003〕10 号），对灵活就业人员参加城镇职工医保的方式、激励措施、待遇水平和管理服务等做出了规定。

2009 年 7 月，《国务院办公厅关于印发医药卫生体制五项重点改革2009 年工作安排的通知》（国办函〔2009〕75 号）将城镇职工医保统筹基金最高支付限额提高到当地职工年平均工资的 6 倍左右。

2011 年 7 月,人社部发布《关于领取失业保险金人员参加职工基本医疗保险有关问题的通知》(人社部发〔2011〕77 号),对领取失业保险金人员参加城镇职工医保问题做出了规定。

(二)建立城乡居民基本医疗保险制度

城乡居民基本医疗保险,是由新型农村合作医疗(简称新农合)和城镇居民基本医疗保险(简称城镇居民医保)两项制度合并而来的。

随着家庭联产承包责任制的普遍推行和人民公社制度取消,以集体经济为基础的农村医疗制度受到削弱,各地农村合作医疗制度纷纷瓦解。

1993 年,党的十四届三中全会通过的《中共中央关于建立社会主义市场经济体制若干问题的决定》明确提出,发展和完善农村合作医疗制度。农村合作医疗制度重新得到重视。1996 年卫生部在河南省开封县、林州市召开全国农村合作医疗经验交流会,决定在全国进行恢复、重建合作医疗的试点。1997 年国务院批复了卫生部等五部委《关于发展和完善农村合作医疗的若干意见》,提出了建立和完善农村合作医疗的若干具体措施。

2002 年 10 月,《中共中央 国务院关于进一步加强农村卫生工作的决定》(中发〔2002〕13 号)提出,逐步建立农村合作医疗制度;新农合实行农民个人缴费、集体扶持和政府资助相结合的筹资机制;各地要先行试点,逐步推广,到 2010 年新农合制度要基本覆盖农村居民。

2003 年 1 月,国务院办公厅转发了卫生部等部门《关于建立新型农村合作医疗制度的意见》(国办发〔2003〕3 号),指出"新型农村合作医疗制度是由政府组织、引导、支持,农民自愿参加,个人、集体和政府多方筹资,以大病统筹为主的农民医疗互助共济制度"。自此,新农合制度正式开始试点推广。

为了做好新农合的试点推广工作,国家先后下发了《关于进一步做好新型农村合作医疗试点工作的指导意见》(国办发〔2004〕3 号)、《关于加快推进新型农村合作医疗试点工作的通知》(卫农卫发〔2006〕13 号)。

2007 年 7 月,国务院发布《国务院关于开展城镇居民基本医疗保险试点的指导意见》(国发〔2007〕20 号),规定不属于城镇职工基本医疗保险制度覆盖范围的中小学阶段的学生(包括职业高中、中专、技校学生)、少年儿童和其他非从业城镇居民都可自愿参加城镇居民医保。城镇居民医保以家庭缴费为主,政府给予适当补助。2007 年在有条件的省份选择2—3 个城市启动试点,2008 年扩大试点,争取 2009 年试点城市达到 80% 以上,2010 年在全国全面推开,逐步覆盖全体城镇非从业居民。

2008 年 3 月《卫生部、财政部关于做好 2008 年新型农村合作医疗工作的通知》(卫农卫发〔2008〕17 号)中提出,开展门诊统筹试点工作。

2008 年 10 月,《国务院办公厅关于将大学生纳入城镇居民基本医疗保险试点范围的指导意见》(国办发〔2008〕119 号)出台,各类全日制普通高等学校(包括民办高校)、科研院所中接受普通高等学历教育的全日制本专科生、全日制研究生被纳入城镇居民医保的覆盖范围。

2009 年,农村地区已全面建立起新农合制度。同年 4 月,人社部发布《关于全面开展城镇居民基本医疗保险工作的通知》(人社部发〔2009〕35 号),要求 2009 年全国所有城市都开展城镇居民医保工作。

2009 年 7 月,人社部发布《关于开展城镇居民基本医疗保险门诊统筹的指导意见》(人社部发〔2009〕66 号),提出在重点保障参保居民住院和门诊大病医疗支出的基础上,逐步将门诊小病医疗费用纳入基金支付范围。

2009 年 7 月,卫生部等五部门发布《关于巩固和发展新型农村合作医疗制度的意见》(卫农卫发〔2009〕68 号),提出逐步提高筹资标准和待遇水平,从 2009 年下半年开始,新农合最高支付限额达到当地农民人均纯收入的 6 倍以上;有条件的地区,可开展地市级统筹试点。2010 年 6 月,人社部发布《关于做好 2010 年城镇居民基本医疗保险工作的通知》(人社部发〔2010〕39 号),提出城镇居民医保基金最高支付限额要达到居民可支配收入的 6 倍以上。

2010 年 7 月,《流动就业人员基本医疗保障关系转移接续暂行办法》(人社部发〔2009〕191 号)正式实施,保证了城镇职工医保、城镇居民医保和新农合参保人员流动就业时基本医疗保障关系的顺畅接续。

2011 年 4 月,《关于做好 2011 年新型农村合作医疗有关工作的通知》(卫农卫发〔2011〕27 号)提出，普遍开展新农合门诊统筹。同年 5 月，人社部发布《关于普遍开展城镇居民基本医疗保险门诊统筹有关问题的意见》(人社部发〔2011〕59 号)，要求 2011 年普遍开展城镇居民医保门诊统筹工作。

2011 年 7 月施行的《社会保险法》规定，国家应建立和完善城镇居民基本医疗保险制度，享受最低生活保障的人、丧失劳动能力的残疾人、低收入家庭 60 周岁以上的老年人和未成年人等所需个人缴费部分，由政府给予补贴。

2012 年 5 月，《关于做好 2012 年新型农村合作医疗工作的通知》(卫农卫发〔2012〕36 号)将新农合统筹基金最高支付限额提高到全国农民人均纯收入的 8 倍以上。

为了实现城乡居民公平享有基本医疗保险权益、促进社会公平正义，党的十八届三中全会公报提出，"整合城乡居民基本医疗保险制度"；党的十八届五中全会公报提出，"整合城乡居民医保政策和经办管理"。为贯彻落实中共十八届三中、五中全会精神，2016 年 1 月，国务院发布《国务院关于整合城乡居民基本医疗保险制度的意见》(国发〔2016〕3 号)，要求推动城镇居民基本医疗保险和新型农村合作医疗制度整合，2016 年 2 月底前出台具体实施方案，各统筹地区要逐步在全国范围内建立起统一的城乡居民基本医疗保险制度。具体来说，要求城镇居民基本医疗保险和新型农村合作医疗两项制度统一覆盖范围、统一筹资政策、统一保障待遇、统一医保目录、统一定点管理、统一基金管理、整合经办机构、创新经办管理等。

城乡居民基本医疗保险制度建立以后，国家不断提高财政补助标准、个人缴费水平和待遇水平。《关于做好 2019 年城乡居民基本医疗保障工作的通知》(医保发〔2019〕30 号)提出，2019 年城乡居民医保人均财政补助标准达到每人每年不低于 520 元，个人缴费达到每人每年 250 元。当前，政策范围内住院费用报销比例稳定在 75% 左右。

(三)建立城乡居民大病保险制度

针对城镇居民医保、新农合保障水平较低、参保人大病负担重的情况,2012 年 8 月,国家发改委等六部委发布《关于开展城乡居民大病保险工作的指导意见》(发改社会〔2012〕2605 号),要求在先行试点的基础上,逐步建立城乡居民大病保险制度;大病保险的保障对象为城镇居民医保、新农合的参保人;从城镇居民医保基金、新农合基金中划出一定比例或额度作为大病保险资金,个人无须缴费;报销比例不低于 50%;承办方式为向商业保险机构购买大病保险。

2015 年 7 月,国务院办公厅发布《国务院办公厅关于全面实施城乡居民大病保险的意见》(国办发〔2015〕57 号),要求 2015 年年底前,大病保险覆盖所有城镇居民医保、新农合参保人群;到 2017 年,建立起比较完善的大病保险制度。该文件还对大病保险的基本原则、筹资机制、保障水平、制度衔接、承办服务、监督管理、组织实施等方面做出了规定。

2019 年 5 月,《关于做好 2019 年城乡居民基本医疗保障工作的通知》(医保发〔2019〕30 号)提出,提高大病保险保障功能,降低并统一大病保险起付线,原则上按上一年度居民人均可支配收入的 50% 确定;政策范围内报销比例由 50% 提高至 60%;加大大病保险对贫困人口的支付倾斜力度,贫困人口起付线降低 50%,支付比例提高 5 个百分点,全面取消建档立卡贫困人口大病保险封顶线。

三、失业保险制度的改革

我国城镇企业职工失业保险制度,是 1986 年开始建立并逐步发展起来的。1986 年,为配合劳动合同制度和企业破产制度的推行,国务院颁布《国营企业职工待业保险暂行规定》(国发〔1986〕77 号),规定宣告破产企业的职工、濒临破产的企业在法定整顿期间被精简的职工、企业终止或解除劳动合同的工人、企业辞退的工人 4 类人员,可以享受待业保险待遇。

1993 年,国务院颁布了《国有企业职工待业保险规定》(国务院令第 110 号),进一步扩大了待业保险的范围,将实施对象由 4 种人扩大为 7 种人,同时调整了基金收缴基数,设立了有一定幅度的基金收缴比例,提高了救济金的发放标准,进一步完善了待业保险基金的管理、监督制度。

1998 年 6 月,中共中央、国务院发布《中共中央、国务院关于切实做好国有企业下岗职工基本生活保障和再就业工作的通知》（中发〔1998〕10 号），要求普遍建立国有企业下岗职工基本生活保障制度。

1999 年 1 月，国务院颁布实施《失业保险条例》（国务院令第 258 号），为完善失业保险制度提供了根本的法律规范。《失业保险条例》对失业保险进行了重大调整：一是在失业保险的覆盖范围上，把所有城镇企事业单位及其职工纳入了失业保险；二是在基金筹集上，提高了失业保险费率（单位 2%、个人 1%），并明确规定由国家、用人单位和个人三方负担；三是在基金支出结构上，明确了基本生活保障和促进再就业工作紧密结合的宗旨；四是对基金统筹层次、加强基金管理、建立财政专户、实行收支两条线和财政监督、建立省级调剂金、适当扩大失业保险待遇享受范围等方面做了明确的规定。

2000 年 10 月，为保证失业人员及时获得失业保险金及其他失业保险待遇，《失业保险金申领发放办法》发布（劳动和社会保障部令第 8 号），并于 2001 年 1 月 1 日起施行。

2000 年 12 月，国务院印发《关于完善城镇社会保障体系的试点方案》（国发〔2000〕42 号），规定从 2001 年 1 月 1 日起，企业新的减员原则上不再进入再就业服务中心，由企业依法与其解除劳动关系，按规定享受失业保险待遇，这标志着国有企业下岗职工基本生活保障制度正式退出历史舞台，"三条保障线"①并轨成两条。

为充分发挥失业保险制度促进再就业的功能，2006 年 1 月 11 日，劳动和社会保障部、财政部发布实施《关于适当扩大失业保险基金支出范围试点有关问题的通知》（劳社部发〔2006〕5 号），要求自 2006 年 1 月起在北京、上海、江苏、浙江、福建、山东、广东 7 省、直辖市开展适当扩大失业保险基金支出范围试点。

为降低企业成本，增强企业活力，2015 年 2 月，人社部、财政部出台《关于调整失业保险费率有关问题的通知》（人社部发〔2015〕24 号），要

---

① "三条保障线"指的是国有企业下岗职工基本生活保障、失业保险和城市居民最低生活保障制度。

求从 2015 年 3 月 1 日起,失业保险费率暂由现行条例规定的 3% 降至 2%。2016 年 4 月,人社部、财政部出台《关于阶段性降低社会保险费率的通知》(人社部发〔2016〕36 号),规定从 2016 年 5 月 1 日起,失业保险总费率可以阶段性降至 1%—1.5%,其中个人费率不超过 0.5%,降低费率的期限暂按两年执行。2017 年 2 月,人社部、财政部出台《关于阶段性降低失业保险费率有关问题的通知》(人社部发〔2017〕14 号),规定从 2017 年 1 月 1 日起,失业保险总费率为 1.5% 的省(区、市),可以将总费率降至 1%,降低费率的期限执行至 2018 年 4 月 30 日。2018 年 4 月,《人力资源社会保障部 财政部关于继续阶段性降低社会保险费率的通知》(人社部发〔2018〕25 号),将降费率的期限延长至 2019 年 4 月 30 日。2019 年 4 月,国务院办公厅印发了《降低社会保险费率综合方案》(国办发〔2019〕13 号),提出自 2019 年 5 月 1 日起,实施失业保险总费率 1% 的省,延长阶段性降低失业保险费率的期限至 2020 年 4 月 30 日。

四、工伤保险制度的改革

1988 年,劳动部拟定了《关于企业职工保险制度改革的设想(讨论稿)》,并在当年 12 月召开的全国劳动厅局长会议上征求了意见,在这个方案中已形成了工伤保险制度改革框架。

1989 年 3 月,劳动部保险福利局在烟台召开了社会保险制度改革座谈会,提出了关于工伤保险制度改革的原则意见。

1991 年《国民经济和社会发展十年规划和第八个五年计划纲要》中提出,要努力改革工伤保险制度。

1993 年党的第十四届三中全会通过的《中共中央关于建立社会主义市场经济体制若干问题的决定》中,明确提出要"普遍建立工伤保险制度"。

1994 年,工伤保险作为五项社会保险之一载入《中华人民共和国劳动法》。

1996 年,劳动部颁布了《企业职工工伤保险试行办法》(劳部发〔1996〕266 号),并在全国范围组织实施,要求到 20 世纪末有 90% 以上的市县实现改革。该文件的颁布,标志着工伤保险社会统筹制度模式的正式确立。同年，国家技术监督局、劳动和社会保障部发布《职工工伤与职业病致残程度鉴定标准》(GB/T 16180-1996)，为工伤保险伤残鉴定提供了政策依据。

2003年4月，国务院颁布《工伤保险条例》(国务院令第375号)，并于2004年1月1日起施行。《工伤保险条例》的颁布，标志着中国工伤保险制度改革进入法制化阶段。

《工伤保险条例》颁布后，劳动和社会保障部与有关部门又相继颁布、实施了一系列配套的政策文件，包括《工伤认定办法》(劳社部令第17号)、《关于工伤保险费率问题的通知》(劳社部发〔2003〕29号)、《关于劳动能力鉴定有关问题的通知》(劳社部发〔2003〕25号)、《因工死亡职工供养亲属范围规定》(劳社部令第18号)、《非法用工单位伤亡人员一次性赔偿办法》(劳社部令第19号)、《关于实施〈工伤保险条例〉若干问题的意见》(劳社部函〔2004〕256号)、《关于农民工参加工伤保险有关问题的通知》(劳社部发〔2004〕18号)、《关于事业单位、民间非营利组织工作人员工伤有关问题的通知》(劳社部发〔2005〕36号)、《劳动能力鉴定职工工伤与职业病致残等级》(GB/T 16180-2006)、《关于印发加强工伤康复试点工作指导意见的通知》(劳社厅发〔2007〕7号)、《关于做好老工伤人员纳入工伤保险统筹管理工作的通知》(人社部发〔2009〕40号)、《关于开展工伤预防试点工作有关问题的通知》(人社厅发〔2009〕108号)、《关于推进工伤保险市级统筹有关问题的通知》(人社部发〔2010〕20号)等。

《工伤保险条例》在实施过程中出现了一些新情况、新问题。于是，2010年12月，国务院修订了《工伤保险条例》，并于2011年1月1日起施行。新《工伤保险条例》将工伤保险的适用范围扩大至企事业单位、社会团体、民办非企业单位、基金会、律师事务所、会计师事务所等组织的职工和个体工商户的雇工，同时修改了工伤认定办法和工伤认定程序，提高了一次性伤残补助金标准和一次性工亡补助金（一次性工亡补助金标准为上一年度全国城镇居民人均可支配收入的20倍）。

为贯彻实施新《工伤保险条例》，人社部和相关部门又发布了新《工伤认定办法》(人社部令第 8 号)、新《非法用工单位伤亡人员一次性赔偿办法》(人社部令第 9 号)、《部分行业企业工伤保险费缴纳办法》(人社部令第 10 号)、《关于做好工伤保险费率浮动工作的通知》(人社厅发〔2011〕93 号)、《关于进一步做好事业单位等参加工伤保险工作有关问题的通知》(人社部发〔2012〕67 号)、《关于执行〈工伤保险条例〉若干问题的意见》(人社部发〔2013〕34 号)、《工伤职工劳动能力鉴定管理办法》(人社部、国家卫生计生委令第 21 号)、《职业病诊断与鉴定管理办法》(卫生部令第 91 号)等政策文件。

2015 年 7 月,人社部、财政部出台《关于调整工伤保险费率政策的通知》(人社部发〔2015〕71 号),要求从 2015 年 10 月 1 日起,将工伤保险平均费率由 1%降至 0.75%。2018 年 4 月,《人力资源社会保障部 财政部关于继续阶段性降低社会保险费率的通知》(人社部发〔2018〕25 号)规定,自 2018 年 5 月 1 日起,工伤保险基金累计结余可支付月数在 18(含)至 23 个月的统筹地区,可以现行费率为基础下调 20%;累计结余可支付月数在 24 个月(含)以上的统筹地区,可以现行费率为基础下调 50%;降低费率的期限暂执行至 2019 年 4 月 30 日;2019 年 4 月,《国务院办公厅关于印发降低社会保险费率综合方案的通知》(国办发〔2019〕13 号)将该降费率的期限延长至 2020 年 4 月 30 日。

五、生育保险制度的改革

1988 年国务院第 9 号令颁布《女职工劳动保护规定》,将女职工产假由原来的 56 天延长到 90 天,其中产前 15 天,产后 75 天;难产的增加产假 15 天;多胞胎生育的,每多生 1 个婴儿,增加产假 15 天。这一改革对保证职业妇女生育前后的健康和新生一代的健康有积极的作用。

1994 年 12 月,劳动部颁布了《企业职工生育保险试行办法》(劳部发〔1994〕504 号),规定生育保险按属地原则组织,实行社会统筹,并对生育保险的覆盖范围、基金筹集、待遇支付、经办服务、监督管理等做出了详细规定。此后,各地纷纷出台了面向企业职工乃至所有城镇从业人员的生育保险办法,生育保险工作取得了积极进展。

2004 年 9 月 8 日,《关于进一步加强生育保险工作的指导意见》(劳社厅发〔2004〕14号）出台，要求高度重视生育保险工作，协同推进生育保险与医疗保险工作，切实保障生育职工的医疗需求和基本生活待遇，加强生育保险的医疗服务管理，提高经办机构管理和服务水平。

2011年7月开始实施的《社会保险法》对生育保险中出现的新情况、新问题做出了改革，明确了参保职工未就业配偶也能按照国家规定享受生育医疗费用的待遇；扩大了生育医疗费用的范围；在生育津贴中增加了"享受计划生育手术休假"的条款。

2012年4月，国务院令第619号发布《女职工劳动保护特别规定》，将女职工产假由原来的90天延长至98天，将女职工流产的产假确定为15天（未满4个月流产）或42天（满4个月流产）。同时，明确了生育津贴、生育和流产的医疗费用的标准和支付主体。

2015年7月，人社部、财政部出台《关于适当降低生育保险费率的通知》（人社部发〔2015〕70号），要求从2015年10月1日起，将生育保险费率从不超过1%降至不超过0.5%。

2015年10月，党的十八届五中全会公报中提出，"十三五"期间要"将生育保险和基本医疗保险合并实施"。2017年，国务院办公厅印发了《生育保险和职工基本医疗保险合并实施试点方案》（国办发〔2017〕6号），批准河北省邯郸市等12个城市开展生育保险和职工基本医疗保险合并实施试点，试点期限为一年左右，试点内容包括统一参保登记、统一基金征缴和管理、统一医疗服务管理、统一经办和信息服务、职工生育期间的生育保险待遇不变等。2019年3月，《国务院办公厅关于全面推进生育保险和职工基本医疗保险合并实施的意见》（国办发〔2019〕10号）出台，要求2019年年底前实现生育保险和职工基本医疗保险合并实施。

六、开展长期护理保险制度试点

2012年山东省青岛市发布《关于建立长期医疗护理保险制度的意见（试行）》（青政办字〔2012〕91号），在全国率先建立并实施了保障失能人员的长期医疗护理保险制度。

2015年党的十八届五中全会明确提出，"探索建立长期护理保险制度，开展长期护理保险试点"。

2016 年人力资源和社会保障部办公厅发布《关于开展长期护理保险制度试点的指导意见》(人社厅发〔2016〕80 号),正式开展长期护理保险试点。试点的基本目标是探索建立以社会互助共济方式筹集资金,为长期失能人员的基本生活照料和与基本生活密切相关的医疗护理提供资金或服务保障的社会保险制度。利用 1—2 年试点时间,积累经验,力争在"十三五"期间,基本形成适应我国社会主义市场经济体制的长期护理保险制度政策框架。首批 15 个试点城市包括承德、长春、齐齐哈尔、上海、南通、苏州、宁波、安庆、上饶、青岛、荆门、广州、重庆、成都、石河子等。

截至 2017 年年底,长期护理保险参保人数超过 4400 万人,当年受益7.5 万余人,基金支付比例达到 70% 以上,人均支付 7600 多元,制度保障功效初步显现。①

2019 年《政府工作报告》提出:"扩大长期护理保险制度试点,让老年人拥有幸福的晚年。"

七、社会保险费征管体制的改革

1999 年 1 月颁布的《社会保险费征缴暂行条例》(国务院令第 259号)中明确规定,"社会保险费的征收机构由省、自治区、直辖市人民政府规定,可以由税务机关征收,也可以由劳动保障行政部门按照国务院规定设立的社会保险经办机构征收"。由此,我国逐渐形成了社会保险经办机构和税务部门双重主体、多元化征管为特征的社会保险费征管体制,表现为"社会保险经办机构独立征收""社保核定、税务征收""地税机关全面负责征收"三种主要模式。

2018 年 3 月,党的十九届三中全会《深化党和国家机构改革方案》做出了关于社会保险费征收体制改革的决定,明确将基本养老保险费、基本医疗保险费、失业保险费等各项社会保险费交由税务部门统一征收。

2018 年 7 月,中共中央办公厅、国务院办公厅印发《国税地税征管体制改革方案》,明确从 2019 年 1 月 1 日起,将基本养老保险费、基本医疗

---

① 人力资源和社会保障部医疗保险司:《长期护理保险试点进展顺利》,见 http://www.mohrss.gov.cn/yiliaobxs/YILIAOBXSgongzuodongtai/201805/t20180502_293342.html。

保险费、失业保险费、工伤保险费、生育保险费等各项社会保险费交由税务部门统一征收。

社保费交由税务部门统一征收,将提高缴费的强制性和规范性,有效地避免瞒报缴费基数、漏报缴费人数等企业逃费行为,但也会增加效益不好的企业的缴费负担。为了减轻企业负担、优化营商环境,2019 年 4 月,《国务院办公厅关于印发降低社会保险费率综合方案的通知》(国办发〔2019〕13 号)发布,规定"企业职工基本养老保险和企业职工其他险种缴费,原则上暂按现行征收体制继续征收,稳定缴费方式,成熟一省、移交一省;机关事业单位社保费和城乡居民社保费征管职责如期划转"。

八、设立全国社会保障基金

2000 年 8 月,全国社会保障基金正式设立,同时成立国务院直属的正部级事业单位"全国社会保障基金理事会",负责管理运用全国社会保障基金。全国社会保障基金是国家社会保障储备基金,由中央财政预算拨款、国有资本划转、基金投资收益和国务院批准的其他方式筹集的资金构成,专门用于人口老龄化高峰时期的养老保险等社会保障支出的补充、调剂。

2019 年 3 月,党的十九届三中全会通过的《深化党和国家机构改革方案》对全国社会保障基金理事会隶属关系进行了调整,将全国社会保障基金理事会由国务院管理调整为由财政部管理,承担基金安全和保值增值的主体责任,作为基金投资运营机构,不再明确行政级别。

截至 2018 年年末,全国社会保障基金资产总额 22353.78 亿元,基金权益总额为 20573.56 亿元。全国社会保障基金自成立以来的年均投资收益率为 7.82%,累计投资收益额 9552.16 亿元。[①]

九、社会救助制度的改革

(一)建立城乡居民最低生活保障制度

1993 年 6 月,上海率先建立了城市居民最低生活保障线制度。1994

---

① 数据来源于《全国社会保障基金理事会社保基金年度报告(2018 年度)》,见 http://www.ssf.gov.cn/cwsj/ndbg/201907/t20190711_7611.html。

年第十次全国民政会议上,民政部肯定了上海经验并部署在东部沿海地区进行试点。1997 年 9 月,国务院颁布《国务院关于在全国建立城市居民最低生活保障制度的通知》(国发〔1997〕29 号),要求 1999 年年底以前,全国所有城市和县政府所在镇都建立城市居民最低生活保障(简称城市低保)制度。1999 年 10 月 1 日,《城市居民最低生活保障条例》(国务院令第 271 号)正式施行,标志着中国的城市低保工作走向法制化轨道。2001 年,国务院办公厅下发《关于进一步加强城市居民最低生活保障工作的通知》,要求增加投入,将符合条件的对象全部纳入保障范围。从 2002 年开始,城市低保开始实现"应保尽保"。

1992 年,山西左云县率先建立农村低保制度的试点,接着又有阳泉市 3 个区县试点。1995 年,广西武鸣县颁布《武鸣县农村最低生活保障线救济暂行办法》,这是中国出台的第一个农村最低生活保障(简称农村低保)制度的文件。1996 年年底,民政部印发《关于加快农村社会保障体系建设的意见》(民办发〔1996〕28 号),并制定了《农村社会保障体系建设指导方案》,推动了农村低保制度试点范围的扩大。2007 年 7 月,国务院颁布《国务院关于在全国建立农村最低生活保障制度的通知》(国发〔2007〕19 号),对建立农村低保制度的目标和总体要求、低保标准、对象范围、低保管理、资金落实等做出明确规定,当年全国各地区都建立起农村低保制度。

此后,城乡低保制度进入完善期。2011 年 5 月,民政部等四部委出台了《关于进一步规范城乡居民最低生活保障标准制定和调整工作的指导意见》(民发〔2011〕80 号),给出了制定和调整城乡低保标准的三种方法,即基本生活费用支出法、恩格尔系数法或消费支出比例法。2012 年 9 月,国务院出台《国务院关于进一步加强和改进最低生活保障工作的意见》(国发〔2012〕45 号),对最低生活保障制度发展过程中存在的问题提出了新的要求和改进措施。2012 年 9 月,财政部、民政部出台了《城乡最低生活保障资金管理办法》(财社〔2012〕171 号),对城乡低保资金管理应遵循的原则、资金筹集、资金分配、资金发放、监督检查等方面做出规定。2014 年 5 月实施的《社会救助暂行办法》(国务院令第 649 号)对最低生活保障制度的对象、标准、资金、实施等做出了专门的规定。

（二）完善了特困人员供养制度

1994 年，国务院出台《农村五保供养工作条例》（国务院令第 141 号），规定五保供养的主要内容是保吃、保穿、保住、保医、保葬（未成年人保教）。1997 年，民政部颁布《农村敬老院管理暂行办法》（民政部令第 1 号）。这两个行政法规和规章的颁布，标志着中国农村五保供养制度化。2000 年，农村税费改革，五保供养进入农业税阶段，农民按一定的比例缴纳农业税附加用于五保供养的开支，不足的部分由上级财政转移支付解决。2006 年农业税及附加税取消，五保供养进入后农业税阶段。同年，国务院修订了《农村五保供养工作条例》，明确了五保供养在地方财政预算中安排，实现了农村五保供养由农民机体内部的互助互济体制向国家财政供养的转变。2006—2010 年国家通过发行福彩筹集彩票公益金，开展"农村五保供养服务设施建设霞光计划"。2010 年，民政部出台《农村五保供养服务机构管理办法》（民政部令第 37 号）。2014 年施行的《社会救助暂行办法》将城乡"三无"人员保障制度统一为特困人员供养制度。为解决城乡发展不平衡、相关政策不衔接、工作机制不健全、资金渠道不畅通、管理服务不规范等问题，2016 年 2 月，国务院出台《国务院关于进一步健全特困人员救助供养制度的意见》（国发〔2016〕14 号）。

（三）建立城镇生活无着的流浪乞讨人员救助制度

改革开放以后，流动人口增多。针对流动人口的无序迁徙、流浪乞讨，1982 年 5 月国务院颁布《城市流浪乞讨人员收容遣送办法》。1982 年 10 月，民政部、公安部发布《城市流浪乞讨人员收容遣送办法实施细则（试行）》。1991 年，国务院发布《关于收容遣送工作改革问题的意见》，将收容对象定位在"无合法证件、无固定住所、无稳定经济来源"的"三无"人员，收容对象进一步扩大。20 世纪 90 年代，收容遣送制度逐步异化，出现了许多侵犯人权的行为。2003 年"孙志刚事件"①导致了收容

---

① 2003 年 3 月 17 日晚上，任职于广州某公司的湖北青年孙志刚在前往网吧的路上，因缺少暂住证，被警察送至广州市"三无"人员（即无身份证、无暂居证、无用工证明的外来人员）收容遣送中转站收容。次日，孙志刚被收容站送往一家收容人员救治站。在这里，孙志刚受到殴打，并于 3 月 20 日死于这家救治站。这一事件被称为"孙志刚事件"。

遣送制度的废止。2003 年 8 月,国务院颁布《城市生活无着的流浪乞讨人员救助管理办法》(国务院令第 381 号),标志着中国流浪乞讨人员的政策由收容遣送进入救助管理阶段。

针对流浪未成年人的救助保护,2006 年民政部发布《关于加强流浪未成年人工作的意见》(民发〔2006〕11 号),2007 年启动《"十一五"流浪未成年人救助保护体系建设规划》,2011 年国务院办公厅出台《国务院办公厅关于加强和改进流浪未成年人救助保护工作的意见》(国办发〔2011〕39 号),将流浪未成年人与流浪成年人的临时救助区分开来。

(四)建立医疗救助制度

我国农村医疗救助的建立要早于城市医疗救助。2002 年,中共中央、国务院发布《中共中央、国务院关于进一步加强农村卫生工作的决定》(中发〔2002〕13 号),提出对农村贫困家庭实行医疗救助。2003 年,民政部等三部门发布《关于实施农村医疗救助的意见》(民发〔2003〕158 号),开始对农村地区困难群体实施医疗救助。2005 年 8 月,民政部、卫生部、财政部颁布《关于加快推进农村医疗救助工作的通知》(民发〔2005〕121 号),加快了农村医疗救助制度建设的步伐。到 2006 年年底,农村医疗救助制度已经覆盖所有涉农的县(市、区)。

2000 年 12 月,国务院颁布《关于完善城镇社会保障体系的试点方案》(国发〔2000〕42 号),明确规定要建立社会医疗救助制度。2003 年 7 月,民政部下发《关于建立城市医疗救助制度有关事项的通知》(民办函〔2003〕105 号),标志着中国城市医疗救助制度试点工作进入探索准备阶段。2005 年 3 月,国务院办公厅转发了民政部等部门《关于建立城市医疗救助制度试点工作的意见》(国办发〔2005〕10 号),提出从 2005 年开始,用 2 年时间在各省、自治区、直辖市部分县(市、区)进行试点,之后再用 2—3 年时间在全国建立起管理制度化、操作规范化的城市医疗救助制度。2007 年 10 月,民政部等三部门发布《关于做好城镇困难居民参加城镇居民基本医疗保险有关工作的通知》(民发〔2007〕156 号),开始了城市医疗救助制度和城镇居民基本医疗保险制度结合的初步探索。2008 年,城市医疗救助制度全面实施。

此后,城乡医疗救助制度不断完善。2009 年 6 月,民政部等四部门出台《关于进一步完善城乡医疗救助制度的意见》(民发〔2009〕81 号),提出用 3 年左右时间,在全国基本建立起资金来源稳定,管理运行规范,救助效果明显,能够为困难群众提供方便、快捷服务的医疗救助制度。2012 年,民政部等四部门出台《关于开展重特大疾病医疗救助试点工作的意见》(民发〔2012〕21 号),提出通过试点,探索出符合实际的重特大疾病医疗救助办法。2013 年 2 月,国务院办公厅发布《国务院办公厅关于建立疾病应急救助制度的指导意见》(国办发〔2013〕15 号),提出设立疾病应急救助基金,解决在中国境内发生急重危伤病、需要急救但身份不明确或无力支付相应费用的患者的急救保障问题。2013 年 8 月,民政部颁布《关于加强医疗救助与慈善事业衔接的指导意见》(民发〔2013〕132 号),提出要积极探索建立医疗救助与慈善事业的衔接机制。为规范城乡医疗救助基金的管理和使用,提高使用效益,2013 年 12 月,财政部、民政部印发了《城乡医疗救助基金管理办法》(财社〔2013〕217 号)。2015 年 4 月,国务院办公厅转发了民政部等部门《关于进一步完善医疗救助制度全面开展重特大疾病医疗救助工作的意见》(国办发〔2015〕30 号),提出城市医疗救助制度和农村医疗救助制度于 2015 年年底前合并实施,全面开展重特大疾病医疗救助工作,进一步细化实化政策措施,实现医疗救助制度科学规范、运行有效,与相关社会救助、医疗保障政策相配套,保障城乡居民基本医疗权益。

(五)建立教育救助制度

中小学阶段的教育救助主要有"希望工程""春蕾计划"和"两免一补"等政策。

1989 年,团中央、中国青少年发展基金会发起了一项以救助贫困地区失学少年儿童为目的的公益事业——希望工程。截至 2014 年 10 月底,希望工程共募集捐款 100.72 亿元,资助 495 万名农村家庭经济困难的学生继续学业,资助建设希望小学 18396 所;希望工程平均每天接受 100 万元捐款,平均每天有 500 多名贫困孩子得到资助,平均每天有两所希望小学落成,在教育救助中发挥了非常重要的作用。

1989 年,在全国妇联领导下,中国儿童少年基金会发起并组织实施了一项救助贫困地区失学女童重返校园的社会公益项目——春蕾计划。截至 2007 年年底,春蕾计划已筹集资金累计 6 亿多元,遍布全国 30 多个省、区、市,兴建 600 多所春蕾学校,资助 170 多万人次贫困女童重返校园,对 40 余万女童进行实用技术培训。

2005 年,国务院发布《国务院关于深化农村义务教育经费保障机制改革的通知》(国发〔2005〕43 号),规定从 2006 年开始,全部免除西部地区农村义务教育阶段学生学杂费,2007 年扩大到中部和东部地区;对贫困家庭学生免费提供教科书并补助寄宿生生活费;享受城市低保政策家庭的义务教育阶段学生,与当地农村义务教育阶段中小学生同步享受"两免一补"政策。2006 年,新修订的《义务教育法》规定,"实施义务教育,不收学费、杂费","各级人民政府对家庭经济困难的适龄儿童、少年免费提供教科书并补助寄宿生生活费"。"两免一补"政策被写入《义务教育法》。2008 年,国务院出台《国务院关于做好免除城市义务教育阶段学生学杂费工作的通知》(国发〔2008〕25 号),提出从 2008 年秋季学期开始,全部免除城市义务教育阶段公办学校学生学杂费;对享受城市低保政策家庭的义务教育阶段学生,继续免费提供教科书,并对家庭经济困难的寄宿生补助生活费。从 2017 年春季学期开始,国家统一城乡义务教育"两免一补"政策,即对城乡义务教育阶段学生免除学杂费,免费提供教科书,对家庭经济困难寄宿生补助生活费;扩大农村义务教育学生营养改善计划实施范围,实现国家扶贫开发重点县全覆盖。

高等教育阶段的教育救助主要有"奖、贷、助、补、减"和"绿色通道"政策。1987 年,国家教委和财政部共同研究制定了针对贫困大学生的"奖(奖学金)、助(勤工助学、助学金)、补(困难补助)、减(减收或免收学费)"政策,此后这一政策逐步延续下来。1998 年,中国人民银行、教育部、财政部等部门经过多年的探索,建立了助学贷款制度,2000 年在全国范围内推广,成为从根本上解决贫困学生接受高等教育的主要措施。2004 年,国务院办公厅转发教育部等四部门《关于进一步完善国家助学贷款工作的若干意见》(国办发〔2004〕51 号)。2007 年以后,一个更具有商业可持续性的助学贷款品种出现,即生源地信用贷款,成为国家助学贷款的有益补充和银行系统资助家庭经济困难学生的重要组成部分。从2007年起,国家开始推行普通高等学校家庭经济困难新生入学"绿色通道"政策,即学校一律先办理入学手续,然后根据核实后的情况,分别采取不同办法予以资助,确保那些家庭经济困难新生顺利入学。

（六）建立住房救助制度

1998年7月,国务院发布《国务院关于进一步深化城镇住房制度改革加快住房建设的通知》(国发〔1998〕23号),这是中国住房制度改革的里程碑,宣告了福利分房制度的终结和新的住房制度的开始。在住房货币化改革以后,城镇中低、最低收入家庭出现住房困难问题。为此,国家先后建立了经济适用住房、廉租住房和公共租赁住房制度。

1994年7月,国务院出台《国务院关于深化城镇住房制度改革的决定》(国发〔1994〕43号),提出要建立以中低收入家庭为对象、具有社会保障性质的经济适用住房供应体系。同年12月,建设部、国务院房改领导小组、财政部联合发布《城镇经济适用住房建设管理办法》(建房〔1994〕761号),正式建立经济适用住房制度。2004年,建设部等四部委出台《经济适用住房管理办法》(建住房〔2004〕77号),对经济适用房的优惠政策、开发建设、价格确定、交易和售后管理、集资建房和合作建房等做出了明确规定。2007年11月,建设部等七部委修订和发布了新的《经济适用住房管理办法》(建住房〔2007〕258号),提出经济适用住房面向城市低收入住房困难家庭。

1998年,国务院发布《国务院关于进一步深化城镇住房制度改革加快住房建设的通知》(国发〔1998〕23号),首次提出"廉租住房"的概念,规定对不同收入家庭实行不同的住房供应政策,最低收入家庭租赁由政府或单位提供的廉租住房。1999年,建设部发布了《城镇廉租住房管理办法》(建设部令第70号),城镇廉租住房制度正式建立。此后,2003年12月,建设部等部门出台《城镇最低收入家庭廉租住房管理办法》;2007年8月,国务院出台《国务院关于解决城市低收入家庭住房困难的若干意见》(国发〔2007〕24号),正式提出将廉租房的保障范围由最低收入家庭逐步扩大到低收入家庭;2007 年 9 月,建设部等部门出台《廉租住房保障办法》,廉租住房制度不断走向成熟和完善。2010 年 4 月,住房和城乡建设部等三部门联合发布《关于加强廉租住房管理有关问题的通知》(建保〔2010〕62 号),提出严格建设和准入管理,强化租赁管理和服务,确保廉租住房公平配租和有效使用。

2012 年,住房和城乡建设部颁布实施《公共租赁住房管理办法》(住房和城乡建设部令第 11 号),指出公共租赁住房面向城镇中等偏下收入住房困难家庭、新就业无房职工和在城镇稳定就业的外来务工人员。2013 年 12 月,住房和城乡建设部等三部门印发了《关于公共租赁住房和廉租住房并轨运行的通知》(建保发〔2013〕178 号),提出从 2014 年起,各地公共租赁住房和廉租住房将并轨运行,并轨后统称为公共租赁住房。

2014 年 11 月,住房和城乡建设部等三部门发布了《关于做好住房救助有关工作的通知》(建保〔2014〕160 号),指出城镇住房救助对象,属于公共租赁住房制度保障范围;农村住房救助对象,属于优先实施农村危房改造的对象范围。

（七）建立就业救助制度

2007 年我国颁布的《就业促进法》对"就业援助"做出具体规定,提出"采取税费减免、贷款贴息、社会保险补贴、岗位补贴等办法,通过公益性岗位安置等途径,对就业困难人员实行优先扶持和重点帮助"。

2014 年施行的《社会救助暂行办法》提出了"就业救助"的概念,指出就业救助的对象为低保家庭中有劳动能力并处于失业状态的成员;就业救助的方式为贷款贴息、社会保险补贴、岗位补贴、培训补贴、费用减免、公益性岗位安置等。该办法还对零就业低保家庭的就业救助、就业救助申请程序、吸纳就业救助对象用人单位的就业扶持政策等做出了规定。

（八）建立司法救助与法律援助制度

我国司法救助工作起步较晚。1984 年最高人民法院审判委员会通过的《民事诉讼收费办法(试行)》规定,追索赡养费等 11 类案件当事人可免交诉讼费用,自然人交纳诉讼费用确有困难的可以申请缓交、减交或免交;1999 年最高人民法院出台的《〈人民法院诉讼收费办法〉补充规定》正式提出"司法救助"概念；2000 年，最高人民法院出台了《关于对经济确有困难的当事人予以司法救助的规定》，并于 2005 年进行了修订，该文件以"司法救助"为专项内容并通过法律文件形式出现，但救济措施仍然局限于缓交、减交或免交诉讼费用，规定了当事人可申请司法救助的 14 种情形。2007 年，最高人民法院出台了《关于为构建社会主义和谐社会提供司法保障的若干意见》，提出要完善司法救助制度，包括建立刑事被害人国家救助制度和特困群众执行救助基金。2014 年 12 月，中央政法委等六部门出台《关于建立完善国家司法救助制度的意见（试行）》（中政委〔2014〕3 号），对国家司法救助的原则、对象、方式和标准、程序、资金的筹集和管理等做出了明确规定。2016 年，最高人民法院出台《关于加强和规范人民法院国家司法救助工作的意见》（法发〔2016〕16 号），司法救助工作走向规范化。

1994 年年初，司法部正式提出建立和实施法律援助制度，并首先在一些大中城市开展了法律援助工作的试点。1996 年年底以前，全国只有四川、广东、北京 3 个省级法律援助机构。为有效开展法律援助工作，我国建立了中央、省、市、县四级架构的法律援助机构体系。2003 年，国务院发布、施行《法律援助条例》（国务院令第 385 号），这是我国第一部全国性法律援助法规，标志着我国法律援助制度的正式建立。

（九）建立临时救助制度

临时救助是社会救助体系的重要组成部分，是保障困难群众基本生活权益的托底性制度安排。2007 年，民政部开始部署各地探索建立临时生活救助制度，努力解决因突发性事件、意外伤害或因家庭刚性支出较大导致的临时性基本生活困难，并在当年出台了《关于进一步建立健全临时救助制度的通知》（民发〔2007〕92 号）。2008 年，时任国务院总理温家宝在《政府工作报告》中首次提出"健全临时救助制度"。2009 年，民政部相继召开全国农村低保和临时救助工作会议和部分省（区、市）临时救助及城市低保资金管理座谈会，对推进临时救助制度建设提出进一步要求。2011 年发布的《民政事业发展第十二个五年规划》进一步指出，要在"十二五"期间全面建立起临时救助制度。2014 年 10 月，国务院发布《国务院关于全面建立临时救助制度的通知》(国发〔2014〕47号),对临时救助的对象范围、救助方式、工作机制、监督管理等做出了具体规定,临时救助制度在全国全面建立。为不断完善临时救助制度,2015年3月,民政部、财政部发布《关于在全国开展"救急难"综合试点工作的通知》(民发〔2015〕57号),确定了1个直辖市、11个地级市、288个县(市、区),共计300个单位为全国"救急难"综合试点单位。2018年1月,民政部、财政部联合印发《关于进一步加强和改进临时救助工作的意见》(民发〔2018〕23号),对国发〔2014〕47号文件有关政策规定作了进一步细化、实化和拓展,明确了加强和改进临时救助工作的要求和措施。

十、社会福利制度的改革

(一)职工福利改革

自20世纪80年代中期开始的经济体制的全面改革是触及计划经济体制根本的一场革命。在向市场经济体制转轨的过程中,职工福利制度改革配合企业改革,主要沿着以下几种路径逐步展开:

一是厘清工资与福利的关系,使部分职工福利转化为工资的一部分。在计划经济体制下,长期实行"高就业、低工资、高福利"的政策。为了解决职工福利基金管理混乱的问题,进一步厘清福利、工资和保险之间的关系,国家做出以下调整:把各种带工资性质的福利补助纳入工资分配范畴,提高职工福利收入的工资化、货币化程度;把社会保险费用与社会福利费用严格分开,避免相互挤占、混淆不清。2007年1月开始施行的新的《企业财务通则》规定,企业依法为职工支付社会保险费,所需费用直接作为成本(费用)列支。新的《企业财务通则》中已经没有了应付福利费及其计提的踪迹,即企业不再按照工资总额的14%计提职工福利费并列入企业成本,它标志着企业职工福利基金开始在企业税后利润中提取、列支,即企业要根据自身条件和经济效益等状况来设置职工福利项目、决定职工福利水平以及职工的福利待遇。

二是单位福利设施服务的社会化。1992年6月,中共中央、国务院发布的《中共中央、国务院关于加快发展第三产业的决定》(中发〔1992〕5号)指出,现有的大部分福利型、公益型和事业型第三产业单位要逐步向经营型转变,实行企业化管理,要以社会化为方向,鼓励社会服务组织承揽机关和企事业单位的后勤服务、退休人员管理和其他事务性工作。1993年3月,国务院批转了国家计委《关于全国第三产业发展规划基本思路》(国发〔1993〕20号),重申了上述基本精神。此后,企业开始了以"企业后勤服务社会化、产业化"为主要内容的改革。

三是取消福利分房,实行住房货币化改革。自20世纪80年代初期推行"优惠售房"试点和1986—1988年推行"提租增资改革",到1988年国务院印发《关于在全国城镇分期分批推行住房制度改革的实施方案》后正式推进住房商品化进程,再到1992年在全国全面实行新房先卖后租、新房新租、有偿租房等改革举措,各地都在探索住房福利制度的改革之路。1994年7月,国务院发布《国务院关于深化城镇住房制度改革的决定》(国发〔1994〕43号),确定了以标准价售房的政策;1998年,《国务院关于进一步深化城镇住房制度改革　加快住房建设的通知》(国发〔1998〕23号)宣告了福利分房制度的终结,要求实行住房分配货币化,建立商品房市场,促进个人消费。与此同时,1999年国务院发布、施行《住房公积金管理条例》(2002年修订),确立了由职工和所在单位共同负责(各自承担缴费50%的责任)的住房公积金制度。

(二)民政福利改革

总体来看,民政福利改革的方向是社会福利社会化。民政福利的改革主要包括以下三个方面:

一是社会福利机构的改革与发展。1984年11月,民政部在漳州市召开了全国城市社会福利事业单位改革整顿工作经验交流会,提出社会福利事业要进一步向国家、集体、个人一起办的体制转变,由救济型、供养型、封闭型向福利型、供养康复型、开放型转变。1989年,民政部在湘潭市召开了全国城市社会福利事业单位深化改革工作座谈会,要求社会福利事业单位深化改革、提高效益、增强活力。这次会议之后,出现了国家、集体、个人一起办社会福利事业的新格局。1993年,民政部发布《国家级福利院评定标准》《社会福利业发展规划》,提出了社会福利院和社会福利企业的发展规划与相关标准。1999年12月,民政部颁布《社会福利机构管理暂行办法》(民政部令第 19 号)和《关于开展民办非企业单位复查登记工作意见》(民发〔1999〕133 号),这标志着我国将各种福利机构与公益机构纳入了统一、规范的轨道。2000 年 2 月,国务院办公厅转发了民政部等 11 个部委发布的《关于加快实现社会福利社会化的意见》(国办发〔2000〕19 号),提出制定优惠政策,引导社会力量积极参与社会福利事业。2001 年 3 月,民政部颁布、实施了《老年人社会福利机构基本规范》《残疾人社会福利机构基本规范》《儿童社会福利机构基本规范》3 个强制性行业标准,促进了老年人、残疾人、儿童社会福利事业的健康发展。2005 年 11 月,民政部发布《关于支持社会力量兴办社会福利机构的意见》(民发〔2005〕170 号),推动了社会福利社会化进程,促进了敬老院、福利院、光荣院、优抚医院、救助管理站、精神病人福利院等福利事业单位的建设和发展。2014 年 5 月,民政部印发了《"残疾孤儿手术康复明天计划"实施方案》(民函〔2004〕106 号),使 3.5 万多名残疾孤儿获得了手术矫治,并建立了长效机制。2006 年 3 月,民政部等 15 个部门《关于加强孤儿救助工作的意见》的出台,这是新中国成立以来对孤儿生活救助和服务保障第一个综合性的福利性的制度安排,使孤儿社会福利完成了由养育向教育、医疗、康复、成年后的住房和就业拓展。

二是社会福利企业改革。社会福利生产是对国家、集体和社会各界为帮助残疾人劳动就业而组织的各项生产经营活动的统称,从事社会福利生产的单位被称为社会福利企业。1984 年 10 月,财政部发布了《关于对民政部门举办的社会福利生产单位征免税问题的通知》(民〔1984〕城 44 号),该通知发布后直接刺激了社会福利生产的迅速发展;1986 年 2 月,民政部等 6 部门发布了《关于进一步保护和扶持社会福利生产的通知》;1992 年 1 月,民政部发布了《关于加强社会福利生产管理工作的决定》(民福发〔1992〕1 号);同年 5 月,国家计委等四部门共同下发了《关于在部分城市开展残疾人劳动就业服务和按比例就业试点工作的通知》(〔1992〕残联群字第 81 号)。由于福利企业受自身条件和社会经济环境的影响,加之 1994 年以后减免税政策很不稳定,社会福利企业的发展陷入困境。为进一步做好残疾人劳动就业工作,1999 年 9 月,国务院办公厅转发了劳动和社会保障部等部门发布的《关于进一步做好残疾人劳动就业工作若干意见》（国办发〔1999〕84 号）。其后，福利企业的改革、改制、改组的步伐明显加快，优惠政策和扶持保护措施相对稳定，福利企业管理得到加强，两个效益明显提高。同时，残疾人的就业由过去的只能安置于福利企业而走向安置于福利企业与分散安置并重的格局。2007 年，民政部门参与调整和完善福利企业优惠政策，出台了《福利企业资格认定办法》（民发〔2007〕103 号），进一步拓宽了残疾人的就业渠道。

三是社会福利经费来源的改革。在社会福利经费来源方面，逐步走向多渠道化。社会福利经费来源除财政拨款和集体投入外，还包括发行福利彩票、社会捐赠和服务性收费。1987 年 4 月，民政部发布《关于开展社会福利有奖募捐活动的通知》（民〔1987〕捐字 17 号），自此我国开始通过发行福利彩票来筹集福利资金，这已成为发展福利事业的重要经济基础。为规范这项活动，1990 年 12 月，中国社会福利有奖募捐委员会印发了《发行销售社会福利奖券奖励办法（试行）》及其实施细则；1994 年 12 月和 1998 年 9 月，民政部发布了《中国福利彩票管理办法》《中国福利彩票发行与销售管理暂行办法》，对福利彩票的发行与销售、资金使用、监督与处罚等内容做了规定；2009 年 4 月，国务院通过《彩票管理条例》（国务院令第 554 号），提升了福利彩票管理的法律层次。1999 年 6 月，颁布《中华人民共和国公益事业捐赠法》，首次用法律的形式规范社会捐赠；2006 年，我国颁布和实施《中国慈善事业发展指导纲要（2006—2010年）》，促进了慈善捐赠税收减免政策的落实。此外，除孤、老、残、幼等部分社会成员可以继续享有无偿的福利待遇外，多数福利项目需要个人承担一定的费用，如养老院向离退休人员开放的条件是收取适当的费用，这种服务性收费也成为福利机构的经费来源之一。

（三）社区服务的建立与完善

1984 年 11 月，民政部在漳州会议上提出"社区服务"的概念以及社会福利社会办的方向之后，社区服务工作在全国大中城市普遍开展。为了总结、交流各地社区服务工作的经验，民政部于 1987 年 9 月在武汉召开了首届全国城市社区服务工作座谈会，会议阐述了社区服务的性质、特点、内容、范围以及在城市社会保障体系中的地位。1989 年 10 月,民政部在杭州召开了全国城市社区服务工作经验交流会,明确提出今后一个时期城市民政工作应以居委会建设和社区服务为重点。1993 年 8 月民政部等 14 个部委发布《关于加快发展社区服务业的意见》(民福发〔1993〕11 号),对社区服务业的任务、统筹规划、政府扶持、资金筹集、价格体系的建立、管理等方面做了原则性规定。为探索城市社区建设的基本途径,民政部于 1999 年开展社区建设的试点工作,该工作以社区服务为主要内容。2000 年 2 月,国务院办公厅批转民政部等 11 个部委《关于加快实现社会福利社会化的意见》(国办发〔2000〕19 号),明确了社区服务发展的政策取向为社会福利社会化。2000 年 11 月,中共中央办公厅、国务院办公厅发出《关于转发〈民政部关于在全国推进城市社区建设的意见〉的通知》(中办发〔2000〕23 号),提出要拓展社区服务,促进社区服务网络化和产业化。2001 年 5 月,劳动和社会保障部等 8 个部委又出台了《关于推动社区就业工作的若干意见》(劳社部发〔2001〕7 号)。此后,国家先后发布《"十一五"社区服务体系发展规划》(发改社会〔2007〕975 号)、《社区服务体系建设规划(2011—2015 年)》(国办发〔2011〕61 号)、《城乡社区服务体系建设规划(2016—2020 年)》(民发〔2016〕191 号)等文件。目前,社区服务正在向广度、深度发展,社区服务替代了传统单位职工福利制度的许多功能,计划经济时代的"单位人"正在向市场经济条件下的"社区人"转变。

经过新中国成立以来几十年的发展,中国社会保障制度建设取得了巨大的成就。2016 年 11 月,国际社会保障协会(ISSA)在第 32 届全球大会期间,将"社会保障杰出成就奖"(2014—2016)授予中国政府,以表彰中国近年来在扩大社会保障覆盖面工作中取得的卓越成就。截至 2018 年年底,中国社会保障制度的覆盖情况如表 1-1 所示。

表 1-1 2018 年中国社会保障覆盖人数

保障项目	参保人数/保障人数(万人)
基本养老保险	94293

保障项目	参保人数/保障人数（万人）
城镇职工基本养老保险	41902
城乡居民基本养老保险	52392
企业年金	2388
基本医疗保险	134459
城镇职工基本医疗保险	31681
城乡居民基本医疗保险	89736
失业保险	19643
工伤保险	23874
生育保险	20434
城乡居民最低生活保障	5306.2
城市居民最低生活保障	1261.0
农村居民最低生活保障	4045.2

注：表中"最低生活保障"为 2017 年的数据，其他均为 2018 年的数据。
资料来源：根据《2018 年度人力资源和社会保障事业发展统计公报》《2018 年全国基本医疗保障
　　事业发展统计公报》和《2017 年社会服务发展统计公报》整理。

1.2　中国社会保障制度改革
经验与教训总结

　　回顾我国社会保障制度发展历程，其诞生、改革、发展与经济社会体制改革相伴而生，两者相辅相成，具有鲜明的阶段性特征：从作为推进国有企业改革的配套措施，到社会主义市场经济体制建设的必要条件，再到防范治理社会风险、缓和社会矛盾、维护社会稳定的安全网、稳定器，最终上升为国家治理体系和治理能力现代化的重要组成部分。新中国成立70 年来，我国社会保障体系建设取得举世瞩目的成就，实现由城镇职工的"单位保障"向统筹城乡的"社会保障"根本性转变,覆盖城乡居民的多层次社会保障体系基本建立,民生保障网不断织密扎牢,走出了一条中国特色的社会保障道路,积累了宝贵经验。

1.2.1 中国社会保障制度改革经验总结

一、坚持在发展中保障和改善民生

坚持在发展中保障和改善民生是党的十九大报告确立的中国特色社会主义基本方略的"十四个坚持"之一。民生是人民幸福之基、社会和谐之本。增进民生福祉是发展的根本目的,而社会保障正是人民最关心最直接最现实的利益问题。仅从社会保障覆盖水平来看,改革开放初期我国只有20%多的就业人口享有社会保障,现在以基本养老保险制度、基本医疗保险制度和最低生活保障制度为支柱的覆盖全民的多层次社会保障体系已经基本建成,结束了数千年来农民没有社会保障的历史,实现了制度全覆盖到人员全覆盖的历史性跨越。

在实践中,我国社会保障发展改革实践注重推动经济发展与实现民生改善有机结合,实现这两者的良性互动。以推动经济发展作为改善民生的前提;同时,将抓民生作为推动经济发展的重要动力与保障,以社会保障建设有效解决群众后顾之忧,调动人们生产积极性,释放消费潜力、拉动内需,催生新的经济增长点,为经济发展和转型升级提供强大内生动力。

二、立足基本国情和发展的阶段性特征

我国是世界上最大的发展中国家,仍处于并将长期处于社会主义初级阶段,社会保障制度建设不能脱离这个最大实际提出过高目标,只能根据经济发展和财力状况逐步提高人民生活水平。经济发展是社会保障制度建设的物质基础,经济发展水平客观上决定并制约了保障和改善民生的实力与能力。

在社会保障改革实践中,针对我国仍处于社会主义初级阶段、是世界上最大发展中国家的基本国情,针对计划经济体制向社会主义市场经济体制转轨的基本特征,我国借鉴吸取国际社会保障制度建设的经验教训,

探索建立了中国特色的社会统筹与个人账户相结合的基本养老、基本医疗保险制度，确立了我国社会保障体系的基本架构，并在实践中不断发展完善，坚持既要尽力而为，又要量力而行的原则，稳步提高保障水平。

实践充分表明，只有立足基本国情，我国社会保障体系建设才能实现制度"从无到有"，覆盖群体"从小到大"，保障水平"从低到高"，服务能力"从弱到强"。

三、"多点试错"，以空间换时间

新中国成立 70 年来，我国实现了从站起来、富起来到强起来的伟大飞跃。尤其是改革开放 40 多年来，经济高速发展、体制改革不断深入、城镇化不断推进、人口流动日趋频繁，对社会保障制度改革与发展提出了严峻的挑战，必须在较短的时间内建立与经济社会发展阶段相适应的社会保障制度。鉴于这一挑战的严峻性和紧迫性，坚持问题导向，采取局部试点、多点试错的模式成为我国社会保障制度改革的最优选择。

简而言之，局部试点、多点试错就是在各地先行先试、重点突破、分步实施的基础上总结教训，在较短时间内摒除不成功的试点，将成功的试点经验改良优化，确定统一模式和制度安排，并迅速向纵深推进，推向全国。这种采取先局部试点后整体推进的渐进式改革模式，有助于将试错成本分散化，避免个别决策失误演变为系统性颠覆性的重大错误，同时可以缩短改革过程、减少改革阻力。

城镇职工基本养老保险、城镇职工基本医疗保险、城乡居民基本养老保险、城乡居民基本医疗保险制度改革都是我国社会保障领域"多点试错"的经典案例。从 20 世纪 80 年代退休费用社会统筹试点，到 20 世纪 90 年代江苏省镇江市、江西省九江进行社会统筹与个人账户相结合的社会医疗保险制度的试点，再到新型农村合作医疗、城镇居民基本医疗保险、新型农村社会养老保险、城镇居民社会养老保险试点，为制度的全面推开奠定了坚实基础。当前，一些保障项目仍然在试点中，比如长期护理保险试点、工伤预防试点、工伤康复试点等。

必须说明的是，尽管局部试点、多点试错导致了我国社会保障制度的碎片化，为人所诟病。但在"摸着石头过河"的社会保障制度建设初创阶段,缺乏后发优势和赶超经验的中国采用这一改革思路,以空间换时间,迅速建立了与经济社会发展相适应的包括养老、医疗、低保、住房在内的世界最大的社会保障体系,其成效是不可磨灭的。实践充分证明,只有采取循序渐进、梯次推进的改革,才能避免社会保障领域利益调整带来的不稳定,保证制度改革的顺利推进。

四、增量改革与存量改革并举

增量改革和存量改革并举是我国社会保障改革实践中凝练出来的重要经验。以增量改革取得突破性进展,并通过增量改革的示范效应和竞争压力促进存量改革。增量改革是指在不触动既有存量利益的前提下,利用增量带动理顺利益关系,并以增量扩张带动存量优化进而整体上推进社会保障改革不断深化。

在社会保障改革中以增量改革促存量改革的典型方式即采取"老人老办法、新人新办法、中人过渡办法",能够避免一定的调整成本,使改革即时获益,取得利益相关主体对改革的支持。例如,企业职工基本养老保险制度的建立采取"老人老办法、新人新办法、中人过渡办法"的措施;与此类似,机关事业单位养老保险制度改革后,同样采取"老人老办法、新人新办法、中人实行过渡"的办法,以确保改革前后待遇平稳衔接。

五、坚持底线思维

底线思维是我国改革实践进程中形成的创新性思维,首先在社会保障领域得到应用和重视。我国社会保障改革中强调"底线思维",首先是重视政府责任底线,明确政府责任与市场作用的界限。在从计划经济向市场经济的转轨过程中,个人、家庭、社会、政府与市场的责任结构和作用边界亟须重新划定,"底线思维"强调政府必须承担的责任不可推给市场。其次,社会保障强调"保基本""兜底线",以社会保险保障居民的最基本的生活需要,同时以最低生活保障、特困人员救助供养、灾害救助、医疗救助、住房救助、教育救助、就业救助以及临时救助为主体,以社会力量参与为补充的社会救助体系为困难群众兜住民生底线。

1.2.2　中国社会保障制度改革教训总结

一、"文化大革命"期间社会保险退化为单位保障制

在 1951 年政务院颁布的《劳动保险条例》基础上所建立的社会保险制度实质上是"国家—企业"保险制度模式。国家作为社会保险实施和管理主体,国家和企业共同承担社会保险费用。然而在"文化大革命"期间,"国家—企业"保险模式受到极大的冲击。1969 年 2 月,财政部颁发《关于国营企业财务工作中几项制度的改革意见(草案)》,规定"国营企业一律停止提取劳动保险金","企业的退休职工、长期病号工资和其他劳保开支,改在营业外列支"。这一规定将原有社会统筹调剂改为企业保险,使得"国家—企业"保险模式完全退化成单一的"企业保险"模式,劳动保险制度成为各企业的内部事务,并一直延续到改革开放后。由于各个企业规模不同,退休人员数量有别,因此不同企业之间的社会保险负担畸轻畸重。"文化大革命"期间社会保险的"国家—企业"保障模式违背了社会保险风险共担的基本原理和制度理念,是我国社会保险制度发展进程中的一次巨大倒退,也为后来进行的社会保险社会化改革造成了严重的阻碍。

二、老农保推行失败,1999 年被清理整顿

中国的农村社会养老保险(老农保)于 1986 年开始探索,1991 年在山东烟台和威海进行试点;1992 年民政部印发了《县级农村社会养老保险基本方案(试行)》(民办发〔1992〕2 号),要求各地结合实际,进一步组织试点;1992 年 12 月,民政部在张家港市召开会议,总结各地试点经验,要求在有条件的地方逐步推开。1999 年 7 月,《国务院批转整顿保险业工作小组〈保险业整顿与改革方案〉的通知》(国发〔1999〕14 号)提出:"目前我国农村尚不具备普遍实行社会保险的条件。对民政系统原来开展的'农村社会养老保险',要进行清理整顿,停止接受新业务,区别情况,妥善处理,有条件的可以逐步将其过渡为商业保险。"老农保推行的失败至少造成了以下负面影响:

第一,老农保被清理整顿后的很长一段时间内,农村社会养老保险制度建设处于缺失状态。1999 年老农保制度被清理整顿前,参保人数为 6460.79 万人,进入清理整顿期后,老农保对老人依旧保留支付义务,但也不再接纳新人,2007 年老农保参保人数下降到最低值 5171 万人。①

第二,老农保被清理整顿以及低保障水平,造成农民对政府政策的不信任。老农保月缴费标准设置 2、4、6、8、10、12、14、16、18、20 元十个缴费档次,供不同的地区以及乡镇、村、企业和投保人选择。由于农村的经济发展水平低,农民可支配的收入少,大多数农民只有两种选择:不参加农村社会养老保险或者选择档次较低的缴费标准。如果选择最低的 2 元/月的缴费档次,按民政部《农村社会养老保险交费领取计算表》计算,农民缴费 10 年后,每月可以领取养老金 4.7 元,缴费 15 年后每月可以领取 9.9 元。若再考虑管理费和银行利率下调或通货膨胀等因素,农民领取的钱可能会更少。这点钱对农民养老来说,所起到的保障作用是杯水车薪。② 1999 年国务院发文停止了老农保后,全国范围内一直处于清理状态。未被清理的地区部分农民每月只能领到 3.5 元养老金甚至更少,这根本无法保障农民的基本生活,参保不如自保,极大地挫伤了农民参保的积极性,在农村社会造成很坏的影响,导致农民对政府政策的不信任。

第三,基金管理混乱,部分地区老农保基金流失。由于缺乏专业人才和严格的管理制度,加之机构的设置不健全,便出现了很多漏洞,其中最严重的是养老保险基金管理上的问题。在中国的农村,大多数地方的养老保险基金是由当地的民政部门独立管理的,征缴、管理和使用三权集于一身,缺乏有效的监督和控制。而地方的民政部门又由当地政府管理,难以摆脱地方政府的行政干预。由于投资失误或被挤占、挪用、贪污、挥霍,部分地区老农保基金流失严重,存在较多的呆账、坏账,使农民的养老钱

---

① 数据来源于历年《劳动和社会保障事业发展统计公报》,见 http://www.mohrss.gov.cn/SYrlzyhshbzb/zwgk/szrs/tjgb/。
② 陶纪坤:《"旧农保"与"新农保"方案对比研究》,《兰州学刊》2010 年第 6 期,第 90—94 页。

失去了保障。

三、改革开放至新医改之前的医疗卫生体制改革总体不成功

改革开放以来，中国医疗卫生服务体制、医疗保障体制、医疗卫生事业行政管理体制、药品生产与流通体制等发生了根本变化。医疗卫生体制变革的基本走向是商业化、市场化。在医疗卫生供给层面，基本形成了市场化服务供给模式，医疗服务机构转为企业化管理，医疗服务价格主要依靠市场供求关系决定。

2005 年 7 月，国务院发展研究中心发布关于医改的研究报告《对中国医疗卫生体制改革的评价与建议》，该报告认为医疗卫生体制变革带来的消极后果主要表现为医疗服务的公平性下降和卫生投入的宏观效率低下。在公平性方面，不同社会成员医疗卫生需求的实际被满足程度，由于收入差距的扩大而严重地两极分化。在卫生投入的宏观绩效方面，尽管全社会的卫生投入水平大幅度提高，居民综合健康指标却没有明显的改善，"看病难、看病贵"的问题突出。因此，尽管这一阶段的医疗卫生体制改革在某些方面取得了进展，但暴露的问题更为严重。从总体上讲，改革是不成功的。

四、2006 年上海社保基金案轰动全国

上海社保基金案堪称 2006 年十大反腐案之首。其涉案金额大，违规挪用、侵占社会保障基金达 32 亿元；参与人数多，涉案获刑人员达 19 人，涉案官员级别高；发生领域为关系到国计民生的社保领域。随着上海市劳动和社会保障局局长祝均一被中纪委"双规"，福禧公司董事长张荣坤也遭受严查。继之，上海电气董事长王成明、副总裁韩国璋被"双规"，宝山区区长秦裕、上海市劳动和社会保障局社会保险基金监管处处长陆祺伟涉嫌严重违纪被调查。短短一个月内，相关官员及国企领导相继落马，在上海引起了极大震荡，由于损失的基金是人们的养命钱，因此，引起了全国上下的强烈关注。

上海社保基金案所反映的深刻教训如下：第一，社保基金监管体系不健全，是导致社保基金被挪用、侵占的主要原因。由于上海市劳动和社会保障局集社保基金的行政管理与投资运营于一身，监管实际上成为左手

监管右手。这样的机制造就了彼时社保基金管理的乱象,造成社保基金和企业年金基金成为政府部门的左兜和右兜,政府可以保值增值的名义私自挪用基金乱投资。第二,社保基金之所以出现如此乱象,关键还在于社保基金投资的法律不健全,原有的法规又没有得到很好地执行。彼时《社会保险法》《基本养老保险基金投资管理办法》尚未出台。上海社保基金案后,国家出台了一系列政策文件,加强对社保基金的监管,一时间社保基金成为高压线,但高压线不通电的情况依然存在,政策执行和贯彻的力度还有待加强。

五、2010 年以前部分地区出现农民工退保潮

改革开放以后,大量农民涌入城市形成庞大的"民工潮"。为农民工建立养老保险制度已经成为社会的共识。然而,随着制度建设脚步的加快,在改革大潮中却出现了与国家政策相悖的"退保"逆潮,造成了参保率低、退保率高的怪相。每年临近春节,在珠三角、长三角等农民工密集的地区,回家过年的农民工辞工退保成"潮",排队退保的农民工队伍从社保经办机构大厅一直排到大街上,蜿蜒数百米。有的地区退保率高达95%以上,甚至出现退保人数比参保人数还多的现象。一方面,退保潮徒增管理成本,社保经办机构做了大量的无用功;另一方面,农民工也苦不堪言,认为是瞎折腾,还不如当初直接随工资发放给个人。

资料显示①,广东省作为全国农民工最集中的地区,2002—2007 年共办理农民工退保将近 1000 万人次,退保人次呈现逐年上升的趋势,年均增长 17%。2007 年深圳共有 493.97 万人参加了基本养老保险,年末退保的人数为 83 万人,而成功转保的人数只有 9672 人。也就是说,每10000 个参保的人中就有 1680 人退保而仅有 19 人转保,退保人数占 16.8%。

农民工退保被认为是制度设计的缺失,是城乡之间社会保障难以实现有效对接、养老保险异地转移交接困难造成的后果。为此,国务院办公厅出台了《城镇企业职工基本养老保险关系转移接续暂行办法》(国办发

---

① 广东省社科基金项目"高流动性农民工养老制度研究"调研数据。

〔2009〕66号），并于2010年1月1日起开始实施。该办法本是对症下药的良方，却在2009年年末引发更加汹涌的退保潮。仅2009年12月31日这一天，深圳就有1.8万名农民工排队退保，形成深圳有史以来最大的"退保潮"。在广东佛山，上千名工人与厂方发生冲突，指责厂方故意拖延时间使他们不能及时退保，并进行停工抗议。

2010年以前农民工"退保潮"的问题非常突出，折射出我国农民工养老保险制度存在诸多问题。第一，关于农民工参加养老保险的政策法规不完善，彼时应尽早明确"未达到待遇领取年龄前，不得退保"的相关规定，并出台农民工跨统筹地区流动时，养老保险关系的转移接续办法。第二，社会养老保险的宣传力度不够，致使农民工只看到眼前利益，选择通过退保来退还个人账户储存额，这损害了个人未来的养老保险权益。

六、2008年开始的事业单位养老保险改革试点失败

2008年国务院原则通过了《事业单位工作人员养老保险制度改革试点方案》，确定在山西、上海、浙江、广东、重庆5省市先期开展试点，与事业单位分类改革配套推进。2009年1月，国务院要求5个试点省市正式启动此项改革。

但改革试点遭到大部分学者的反对，理由如下：改革试点凸显公务员特权，对企事业单位来说不公平；事业单位人心惶惶，引发提前退休潮；助推公务员热，导致社会就业秩序混乱。2009—2014年间，除广东省进行了"半截子改革"外，其余四个试点地区没有任何进展，改革试点以失败告终。制约改革的因素主要有：改革时机不好，改革期间适逢全球金融危机，经济下行压力较大；改革的技术性问题不明确；事业单位工作人员患不均的情绪影响到政府改革的决心；没有合理分解财政负担增加的压力；事业单位人员众多，单位结构复杂；等等。

2008年开始的事业单位养老保险改革试点的失败，反映出建立不分人群、统一的、更加公平的社会保障制度的重要性。

七、做实个人账户试点失败

从1989年开始，深圳市和海南省试点在基本养老保险中引入个人账

户,尽管备受争议,但统账结合的基本养老保险制度得以建立。然而,由于"中人"个人账户积累有限、"老人"并未形成个人账户积累,制度转制成本也未得以消解,因此,当社会统筹基金难以支付退休人员养老金时,完全基金积累性质的个人账户基金被挪用发放当期养老金,从而形成个人账户空账。

2001 年,我国在辽宁启动做实个人账户试点,2003 年试点扩大到黑龙江和吉林,2007 年,试点进一步扩大到天津、山西、上海、山东、河南、湖北、湖南、新疆、江苏、浙江、广东 11 个省(区、市)。此后,没有后续省份加入开展做实个人账户试点。到 2010 年,中央财政对最早做实个人账户的辽宁省做实试点补贴处于暂时中止状态,并特批辽宁省向已经做实的个人账户基金借支发放养老金,这意味着辽宁省做实个人账户的试点几近失败。

从地方政府来看,中央财政仅对少数几个省份进行做实资金配比补贴,东部发达地区则完全由地方财政解决,因此地方政府对做实个人账户的积极性有限。从中央政府来看,做实个人账户资金压力以及随之而来的保值增值压力较大,中央政府的积极性也在逐渐消退。2013 年党的十八届三中全会公报提出"完善个人账户制度",不再提"做实个人账户",做实个人账户基本宣告失败。

八、顶层设计长期缺位

我国社会保障制度改革最初是作为市场经济体制改革与建设的配套措施,更多凸显问题导向,头疼医头,脚疼医脚,缺乏着眼制度长远发展的顶层设计。从宏观制度变迁路径来看,改革是顶层设计与基层创新的有机结合,必须通过科学的顶层设计提高改革的系统性、整体性、协同性,同时发挥基层主体的首创精神和能动性。

九、制度分割碎片化严重

尽管我国已基本建立覆盖全体国民的多层次社会保障体系,但这一体系长期呈现出城乡分割、人群分割、地区分割、行业分割、管理分割的制度"碎片化"状态。

就保障对象而言,机关事业单位工作人员、企业职工、城乡居民长期依据身份划分为各成体系的保障制度,制度之间保障待遇迥异,且衔接不畅。

就管理主体而言,社会保障事务管理机构涉及人社、医疗保障、民政、应急管理、退役军人事务、财政、发展改革、住房和城乡建设等多个机构部门,长期处于分割管理格局。以医疗保障的管理主体为例,2018 年以前人力资源和社会保障部门长期承担城镇职工医保、城镇居民医保和生育保险职责,卫生部门承担新农合管理责任,民政部门承担医疗救助管理职责,国家发改委承担药品和医疗服务价格管理职能,分立的管理主体造成了资源配置不公、运行效率低下、控费效果不佳等问题。

就制度执行而言,名义上由中央制定统一法律法规,但实际由地方政府负责具体执行和管理,各地执行不一,形成高度碎片化。例如,城镇职工基本医疗保险各地政策差异较大。

十、制度可持续性不足

我国在较短时期内建立了覆盖全体国民的社会保障制度,但同时也面临着制度可持续问题。例如,城镇职工基本养老保险隐性债务规模巨大,通过财政补贴形式能否有效化解仍有待观察。城镇职工基本养老保险和基本医疗保险的待遇确定和调整机制不合理,不符合精算平衡原则。基本养老金调整与工资增长率、通货膨胀率、基金收支状况特别是缴费水平等因素的挂钩机制不明确,同时制度参量如退休年龄偏低、个人账户计发月数长期未予调整,再加上人口老龄化因素,城镇职工基本养老保险制度的可持续性堪忧。另一方面,城镇职工医疗保险个人账户仅用于小病,基金结余较多,使用效率低下,亟待取消。

十一、第二、三支柱发展缓慢

长期以来,我国社会保险第一支柱一支独大,第二、三支柱补充性和商业性保险发展缓慢。第二支柱除政府财政支持的强制性的机关事业单位职业年金进展较快以外,发展多年的企业年金覆盖面仍然狭小,主要集中在国有大中型企业,民营企业鲜有参与,处于低位运行。第三支柱,如个人税收递延型商业养老保险发展长期处于缓慢甚至停滞状态。

1.3 中国社会保障制度改革展望

经过长期努力,中国特色社会主义进入了新时代,我国社会主要矛盾已经转化为人民日益增长的美好生活需要和不平衡不充分的发展之间的矛盾,人民群众期盼享有更加可靠的社会保障。当前和今后一个时期,社会保障工作仍然面临不少困难和挑战,也面临着难得的历史机遇和有利条件。党的十九大报告提出,以增强公平性、适应流动性、保证可持续性为重点,按照兜底线、织密网、建机制的要求,全面建成覆盖全民、城乡统筹、权责清晰、保障适度、可持续的多层次社会保障体系。

1.3.1 养老保障制度改革展望

一、尽快实现养老保险全国统筹

由于城镇职工基本养老保险过去一直处于低统筹层次,导致地区间养老保险基金存在失衡现象。为推进养老保险全国统筹,在现行企业职工基本养老保险基金中央调剂制度的基础上,逐步提高中央调剂比例,稳定调剂金制度,这是提高统筹层次的第一步;推动养老金实质性省级统筹,实现企业职工基本养老保险省级统收统支,在 2020 年年底前结束地(市)或县(市)统收统支的历史,这是提高统筹层次的第二步;在一定条件具备的情况下,推动实现养老保险基金在全国范围内的统筹统支,这是提高统筹层次的最终目标。

二、建立城镇职工基本养老金正常调整机制

长期以来,我国缺乏养老保险待遇正常调整机制,在触发机制、调整依据、调整方式、资金来源等方面缺乏系统性安排,导致养老金待遇行政命令式调整,随意性较大,难以形成稳定预期,亟待建立激励约束有效、筹资权责清晰、保障水平适度的待遇确定和养老金正常调整机制。

城镇职工基本养老保险自 2005 年以来已经历了"十五连调"，调整比例的确定仍以政策决策为主，与物价和职工工资增长无明显联系，一直未出台明确的待遇指数化调整政策。仅有的原则性规定是远远不够的，应建立基本养老金正常调整机制，明确目标定位、调整时间、调整方式、资金来源等，并以法律的形式固定下来。

三、尽快出台渐进式延迟退休年龄政策

目前我国职工的退休年龄是由 1978 年颁布的《国务院关于安置老弱病残干部的暂行办法》和《国务院关于工人退休、退职的暂行办法》所规定的。党的十八届三中全会公报提出"研究制定渐进式延迟退休年龄政策"，党的十八届五中全会公报进一步明确"出台渐进式延迟退休年龄政策"。《人力资源和社会保障事业发展"十三五"规划纲要》要求"十三五"期间"制定出台渐进式延迟退休年龄方案"。

关于渐进式延迟退休年龄政策，建议如下：一是根据未来人口预期寿命、劳动力市场情况、产业结构等因素，建议将男女法定退休年龄延长至 65 岁。二是在延长退休年龄时建议采用渐进式方式，坚持"女先男后""女快男慢"，用 30 年时间逐步完成。将渐进式延迟不同阶段的退休年龄作为全额领取基本养老金的法定年龄。三是在实施渐进式延迟退休年龄时，同步采取弹性退休制，给予不同群体更多的选择权。四是出台激励延迟养老金领取年龄政策，完善延迟养老金领取年龄与养老金待遇挂钩机制。对于提前退休者，相应减发养老金；对于延迟领取退休金则适当加发养老金，同时在养老保险待遇调整中增加延迟领取养老金的激励调整机制。

四、促进企业年金和个人税收递延型商业养老保险的发展

逐步降低建立企业年金计划的制度门槛，释放企业参与企业年金计划的积极性。同时，引入自动加入机制，在职工就职时自动加入企业年金计划，但享有退出计划的权利，从而扩大企业年金制度受益面。加快个人税收递延型商业养老保险试点，推动个人税收递延型商业养老保险在全国范围内全面推开，充分调动个人参与养老账户积累的积极性。

1.3.2 医疗保障制度改革展望

一、推动"三医联动"

党的十九大报告将健康中国作为国家战略。健康中国战略是在中国特色社会主义进入新时代,人民生活水平持续改善,传统以治病为中心的医疗服务模式难以满足人民健康需求背景下提出的。医疗保障体制改革、卫生体制改革与药品流通体制改革联动正是深入实施健康中国战略的关键环节。在新一轮国务院机构改革后,医疗保障职责分工更为科学合理,为医疗保障制度改革奠定了坚实基础和有利条件。具体路径上,医疗保障体制改革纷繁复杂,需要针对重点任务和关键环节实施集中联动。例如,在取消以药养医后,逐步推动公立医院由外延创收向内涵式增长转型,由国家医保局、人社部、财政部、卫健委、发改委等诸多部门集中出台措施,形成政策合力。

二、推动城乡居民大病保险制度发展

目前城乡居民大病保险筹资水平还较低,统筹层次不高,同时存在信息联动不足等问题。为进一步完善城乡居民大病保险制度,当前制度定位应在防止因病致贫、因病返贫,未来进一步提高筹资水平,增强基金抗风险能力,同时以信息通报制度为基础,加强基本医疗保险、大病保险、医疗救助三项制度之间的衔接。

三、鼓励发展补充医疗保险和商业健康保险

补充医疗保险按照承办主体的不同,可以分为政府承办的公务员补充医疗保险、企业(行业)承办的企业补充医疗保险、由工会承办的职工互助医疗保险以及由专业保险公司承办的商业补充医疗保险。为进一步推动补充医疗保险的发展,应当积极借鉴企业年金和职业年金的建设经验,出台专项法规、规章,逐渐摒弃通知、意见等发布形式,加强制度约束力;进一步明确补充医疗保险个人缴费的税收优惠问题,提高个人参保缴费的积极性。

商业健康保险要发挥精算技术、产品定价、风险管理、网络人才等专业优势,强化产品创新,以风险补偿为基础,开展病前、病中、病后的综合性健康保障管理,配合推进分级诊疗、双向转诊、公立医院改革、医师多点执业、医药分家、药品流通等改革。

同时,与企业年金、职业年金和个人税收递延型商业养老保险相一致,国家应尽快出台政策,明确居民参加补充医疗保险和购买商业健康保险的税收优惠问题。

1.3.3 社会救助制度改革展望

一、推动社会救助立法

社会救助立法作为当前我国重要的社会立法内容,是对社会救助制度的顶层设计。当前,我国在法律层面尚未出台相关法律规范指导工作,2014年通过的《社会救助暂行办法》法律层次过低,尚不能全面规范和调整社会救助领域的各种关系,因此社会救助立法工作亟待推进。

二、明确更为积极的社会救助制度目标

"人的全面发展"和"助人自助"应成为社会救助制度的基本理念,应逐步摒弃消极救助的制度理念,逐步向更为积极、主动的方向发展。加快发展能力提升、心理疏导、精神慰藉以及社会融入等综合救助工作,统筹协调物质救助和非物质帮助,拓展延伸服务内涵。在引导和支持有劳动能力的困难群众依靠自己的双手开创美好生活,通过就业培训服务、公益性岗位安置、特色产业扶贫等方法,给予就业救助。对具有创业愿望、拥有一定创业能力的救助对象,通过贷款担保、贷款贴息及房租、税费减免等优惠政策,扶持实现就业创业梦想。

三、推动社会救助制度与精准扶贫整合衔接

第一,将目前的扶贫政策纳入社会救助制度中,建立长期稳定的社会救助体系。整合农村最低生活保障标准与扶贫标准以及各项救助项目与扶贫项目的资源,避免重复受益与福利依赖。

第二,统筹城乡,推进社会救助与各项社会保障项目的衔接。明确农村五保供养制度与城乡居民养老制度覆盖对象,应允许部分老年贫困人员重复领取相关待遇;城市与农村的救助福利应取消与低保资格挂钩,其政策运行应保持独立地位,单独申请单独审批,救助福利的项目可适当缩减,覆盖对象范围应广于最低生活保障制度。

第三,优化行政管理体系。建议在建立社会救助体系的前提下,逐渐整合目前的扶贫与社会救助的管理机构,设立统一的国务院组成部门,主管包括产业脱贫、异地搬迁脱贫和最低生活保障在内的社会救助工作,明晰精准扶贫与社会救助的范畴与层级关系。

第四,建立统一的社会救助信息管理平台与贫困人口信息库,充分运用精准扶贫建档立卡的经验,建立囊括救助与扶贫适用对象识别、各政府部门信息共享与联合工作、上级部门对下级部门工作监督及面向群众的信息公开功能的数字化管理平台。

1.3.4　住房保障制度改革展望

党的十九大报告明确指出:"房子是用来住的、不是用来炒的,要加快建立多主体供给、多渠道保障、租购并举的住房制度,让全体人民住有所居。"随着我国经济发展进入新常态以及城镇化程度的不断加深,探索新时期城市住房保障体系的发展方向势在必行。

未来我国应建立覆盖全民的住房保障制度,鼓励通过市场化方式解决住房问题,促进租赁市场持续健康发展,建立与完善"低端有保障,中端有支持,高端有市场"的差异化住房政策体系。首先,在市场主导中高端需求的同时,特困人群的住房问题由政府进行兜底保障,加大政策扶持与保障房供应,并加快棚户区改造以及公共租赁住房与经济适用房的建设,并在保障房附近配备完善的教育、医疗、交通等资源,满足低收入群体的住房需求;其次,对于有经济来源但无力的群体,主要以"租赁方式"解决住房问题;最后,高净值人群通过市场交易解决,借助市场机制解决住房问题。

1.3.5　社会福利制度改革展望

一、社会福利制度的发展理念

长期以来,我国社会福利制度囿于由民政部门为弱势群体提供专门福利,受益对象主要是孤寡老人、残疾人、孤儿、弃婴等特殊群体。这种补缺型福利制度已经难以适应新时代的社会发展需要和新变化,亟待由补缺型福利向适度普惠型福利转变,围绕"美好生活向往"的新要求,构建获得感、幸福感、安全感更加充实、更有保障、更可持续的社会福利制度。受益范围由特殊群体拓展到一般人群,并逐步拓展到全体国民,面向所有社会成员的多方面福利需求;福利供给由国家一体化供给模式向国家、市场、社会合理分担转变,动员社会资源与民间力量广泛参与社会福利的投资、管理、服务提供等各个领域,实现由政府、社会组织、社区、企业机构等主体共同参与的多元化社会福利供给;法制化建设由缺乏刚性、具有部门性质的法律体系向综合性、配套性法律相结合转变,加强法律约束力,使福利政策设计与实施过程有法可依;社会福利水平由基本服务向高质量供给转变,提高社会福利服务的专业化水平。

二、儿童福利发展方向

按照"补缺型""适度普惠型""普惠型"的发展层次,生存、发展、拓展逐层递进的目标,全面建立适度普惠型儿童福利体系,在全国范围内建立惠及自身困境儿童、家庭困境儿童和问题儿童等非正常儿童,在满足儿童的基本生活、医疗卫生、营养健康、住房等基本生存需要的基础上,通过制定国家保护、家庭保护、学校保护和司法保护等系列儿童福利制度安排,满足儿童的受保护需要,实现适度普惠的福利保障和服务供给;在适度普惠的儿童福利体系基础上继续向外扩展,在全国范围内建立面向全体儿童的普惠型儿童福利体系,满足广大儿童的文化教育、精神娱乐、心理健康、社会参与等发展需要,实现全体儿童普惠的高层次的福利保障和高水平的服务供给。

三、残疾人福利发展方向

随着经济社会的发展和残疾人生活水平的提高,残疾人需求层次已经由保障基本生活权益向多层次的社会发展权益转变。未来残疾人社会福利应在补偿性福利基础上逐步纳入发展型社会福利,即在原有生活救助、医疗救助、社会服务等福利基础上,不断加强有助于残疾人消除社会排斥、实现社会参与的福利政策,如残疾人就业政策、教育政策、社会融合政策等。

责任主体方面,发展政府、社会组织与市场合作协商的福利供给模式,推进残疾人社会福利主体的多元化,大力培育和发展面向残疾人社会福利的各类市场组织,鼓励以公办民营、民办公助等多种方式积极开展面向残疾人的专门性福利服务。保障层次方面,逐步构建以需求为导向的残疾人社会福利体系,由基本生活权益向个体发展逐步拓展。基层保障方面,建设社区残疾人社会福利网络,规划残疾人社区福利的基本项目,实现残疾人照料、康复、托养等专项福利在社区落地。以家庭为基础,开展残疾人社区康复;为重度残疾人、智力残疾人、精神残疾人、老年残疾人等提供日间照料、居家照顾、康复训练等项服务。

四、养老服务发展方向

居家为基础、社区为依托、机构为补充的"三位一体"是适应我国市场化、工业化和城镇化转型以及人口老龄化快速深化时期的养老服务体系安排。

在养老服务供给方面,安排中央预算内资金支持养老服务设施建设,提高兜底保障能力。完善政府对养老服务机构运营补贴方式,由"补砖头""补床头"向"补人头"转变。鼓励社会力量参与公办养老服务机构改革。支持社会资本通过公建民营、发行养老产业专项债券等方式积极参与,持续扩大有效供给,满足多层次、多样化的养老服务需求。支持家庭和社区养老设施改造,加强社区日间照料中心、托老所等配套设施建设,鼓励社会力量发展养老机构。

在养老服务城乡一体化方面,统筹城乡老龄事业发展,支持发展农村敬老院、幸福院、养老大院等互助服务模式,加强对农村留守、空巢老年人的救助、帮扶和关爱。

在养老服务队伍方面,加快推进养老专业护理人才培养,健全老龄工作机制和社会参与机制,培育壮大老年社会组织和为老志愿服务队伍。

在养老服务配套制度方面,完善基本医疗保障、长期护理保险制度。基本医疗保险支持养老机构内设医疗机构纳入医保定点,养老机构与基层医疗机构合作,护理院纳入医保定点,提高家庭病床的待遇水平。长期护理保险在满足老年人、残疾人等的基本护理需求基础上,逐步培育照护服务市场导向,提高服务质量。

2

中国养老保险制度改革研究[*]

* 本部分系教育部人文社会科学研究规划基金项目"基础养老金全国统筹的实施路径及影响研究——基于购买力平价指数的养老金精算平衡"(17YJA630054)的阶段性成果。

2.1 中国社会养老保险制度发展历程与建设成就

2.1.1 发展历程

养老保险制度是我国最重要的社会保障制度,是国有企业改革的重要配套措施,也是经济社会发展的主要支柱之一。改革开放以来,我国养老保险制度改革不断深入,制度设计不断完善,管理服务不断细化,对保障离退休人员基本生活,促进经济发展,维护社会稳定发挥了积极作用。20世纪50年代至今,我国基本养老保险制度已经形成城镇职工与城乡居民基本养老保险两大制度并行的体系。按照覆盖人口类型划分,我国养老保险制度则可以分为企业职工基本养老保险与企业年金、机关事业单位工作人员基本养老保险与职业年金以及城乡居民基本养老保险三大类。

2014年2月,人力资源和社会保障部、财政部印发《城乡养老保险制度衔接暂行办法》(人社部发〔2014〕17号),解决了城镇职工和城乡居民两大制度之间的衔接问题。2015年1月,国务院印发《国务院关于机关事业单位工作人员养老保险制度改革的决定》(国发〔2015〕2号)统一了机关事业单位与企业等城镇从业人员的基本养老保险制度。然而按照覆盖人群划分的三大类养老保险制度的历史发展进程并非完全同步,企业职工基本养老保险制度的发展可以分为改革开放以前和改革开放以后两大阶段,第一阶段经历了传统的计划经济体制下养老保险制度的初创与沉降两个历史时期;第二阶段则经历了探索、建立和完善三个历史时期。按照是否与企业职工基本养老保险制度"双轨"运行,机关事业单位养老保险制度的发展可以大体分为六个阶段。城乡居民基本养老保险制度的发展则可以分为农村社会养老保险(简称老农保)、新型农村社会养老保险(简称新农保)和城镇居民基本养老保险(简称城居保)以及城乡居民基本养老保险(简称城乡居保)三个历史时期。

一、企业职工基本养老保险制度的发展历程

(一)改革开放以前(1951—1978 年)

第一个时期(1951—1965 年):社会化养老保险制度的初创。

1951 年 2 月,中华人民共和国政务院颁布《劳动保险条例》,这是我国历史上第一部全国性社会保障法规,其对职工的退休养老、疾病医疗、工伤康复、生育保险等多项社会保险项目及其管理都做了规范。在该条例的规定下,劳动保险的各项费用均由企业或者资方负担,企业每月按照职工工资总额的 3%缴纳保险费,其中 30%上缴中华全国总工会,作为劳动保险总基金,用于集体劳动保险事业,70%存于各企业工会基层委员会,事实上实行了全国统筹模式。尽管由于国家财力和企业能力等条件限制,该条例仅在部分企业实行,但自此,以国家为主导的适用于企业职工的劳动保险制度以立法形式得以创立。1953 年 1 月,劳动部公布了《劳动保险条例实施细则修正草案》,在《劳动保险条例》的基础上对实施范围、退休条件和待遇标准进行了适当修正。

新生政权建立之初,体现马克思主义社会保障观的国家保障型养老保险体制框架和基本养老保险政策逐渐形成,充分体现了人民政府代表人民群众利益的政权性质,彰显了社会主义的优越性,对改善人民生活、激发职工劳动积极性起到了重要作用。覆盖国家机关、事业单位和城镇企业劳动者的社会养老保险制度的确立,在中国历史上第一次将家庭承担的养老风险转变为由政府承担。该时期的养老保障制度仿效苏联的"国家保险"模式而建立,是典型的计划经济产物,是适应产品经济和高度统一的计划经济体制的基本要求,具有鲜明的时代特征。该时期的养老保险制度呈现三个重要特征:一是个人无缴费责任;二是考虑到国家机关工作人员和企业职工在工资标准等方面的差异,国家机关和企事业单位在缴费上呈现明显的双轨制特征,国家机关无须缴费,而企事业单位须承担较低比例的缴费责任;三是全国统筹。

第二个时期(1966—1978 年):"文化大革命"导致的制度沉降。

1966年5月至1976年10月的"文化大革命",使全国在政治、经济、文化等各方面都遭受了严重的挫折和损失,养老保险工作同样未能幸免。养老保险工作在这期间受到的干扰和破坏主要表现在两个方面:一是管理机构和执行机构的缺失。"文化大革命"以前,从中央到地方都有比较健全的养老保险机构,有一支经过培训的干部队伍。"文化大革命"开始以后,内务部撤销,导致负责养老保障事务的国家管理机构缺失;同时,负责管理企业职工养老保险具体执行工作的工会组织被迫停止活动,管理社会保险政策的劳动部门也受到削弱,养老保险工作处于瘫痪状态。二是社会统筹被取消,退休费用的统筹共济功能消失。

由于"文化大革命"中生产遭受破坏,管理机构和执行机构的相继撤销和瘫痪,社会保险费的统一征集与管理难以为继。对此,财政部于1969年2月发出《关于国营企业财务工作中几项制度的改革意见(草案)》,规定国营企业一律停止提取劳动保险基金,企业的退休职工、长期病号工资和其他劳保开支,改在营业外列支。这一改变,使得社会保险失去了它固有的统筹互济功能,变成了自筹经费、自我管理的"企业内部保险"。

(二)改革开放以后(1978年至今)

第一个时期(1978—1990年):动乱后的恢复与探索。

"文化大革命"结束以后,全国政治、经济和文化事业百废待兴。1978年6月,国务院颁布《国务院关于安置老弱病残干部的暂行办法》和《国务院关于工人退休、退职①的暂行办法》(简称"两个暂行办法"),两个暂行办法针对党政机关、群众团体、企业、事业单位的干部和工人重新规定了退休年龄、工龄要求和待遇标准。1981年11月,国务院颁布《国务院关于严格执行工人退休、退职暂行办法的通知》,在《国务院关于工人退休、退职的暂行办法》的基础上进一步恢复被破坏的退休养老制度。1980年《国务院关于老干部离职休养的暂行规定》和1982年《国务院关于老干部离职休养制度的几项规定》明确了离休制度和退休制度的不

---

①　对不符合退休条件、因体弱有病不能工作的职工,实行退职制度。

同,对离休人员生活补贴进行了规定。到 1984 年年底,"文化大革命"期间遗留的 200 多万人应退休而未退休的问题基本解决,离退休待遇水平显著提高。该阶段的工作,主要是针对新中国成立初期创立的养老保障制度的整顿、恢复与规范。

随着改革开放进程的不断推进,养老保障制度必须做出与市场经济和社会现代化发展相适应的调整和改变。1980 年 7 月,《中华人民共和国中外合资经营企业劳动管理规定》要求中外合资经营企业按照国营企业标准为职工支付包括养老金在内的各项劳动保险费用。1983 年 4 月,国务院在《国务院关于城镇集体所有制经济若干政策问题的暂行规定》中针对城镇集体企业保障能力弱的问题,提出集体企业要根据自身的经济条件,采用税前提取的方式提取一定数额的社保基金,逐步建立社会保险制度以解决职工年老退休、丧失劳动能力的生活保障问题,城镇集体企业职工老年生活也有了初步保障。养老保险制度覆盖面从政府机关、事业单位以及国营企业等职工扩大到城镇集体企业职工和中外合资合营企业职工。

该阶段探索的重点体现在三个方面:其一,开展城镇企业职工养老保险费用社会统筹,统筹层次由企业自筹自保逐步向县区统筹和市县统筹发展,养老福利分配的跨区域调剂能力增强。1984 年开始,劳动部门在江苏省泰州市、广东省东莞市、江门市、辽宁省黑山县等地开展国营企业退休人员养老费用社会统筹的试点工作。1986 年,国务院发布《国务院关于发布改革劳动制度四个规定的通知》(国发〔1986〕77 号),要求建立全国县、市一级的退休费统筹机制,参加社会统筹的企业规定一定的缴费率来建立统筹基金。如果企业的养老金支出额小于缴费额,其差额进入统筹基金;如高于缴费额,则不足部分将由统筹基金支付。其二,实行城镇企业职工个人缴纳养老保险费的制度,个人开始承担一定比例的缴费责任,筹资责任主体由企业一方负担向多方负担转变,养老保险体制从"待遇确定型(DB 型)"向"缴费确定型(DC 型)"转变。1986 年 7 月,《国营企业实行劳动合同制暂行规定》针对国有企业劳动合同制工人退休养老实行社会保险制度,企业按照劳动合同制工人工资总额的 15% 左右缴纳退休养老基金,劳动合同制工人本人按照不超过本人标准工资的3%缴纳退休养老保险基金,从而第一次在中国引入养老保险个人缴费机制。其三,养老金的发放模式从以单位为依托的连续工龄模式转向以劳动合同为基础的累计工龄模式,减轻了职工对企业的人身依附,为就业者选择灵活就业提供了更大可能,促进了劳动力的流动。一系列针对养老保险制度的社会化管理和多元化筹资的探索标志着我国传统的国家和单位养老保障制度向现代社会养老保障制度的转型。

第二个时期(1991—1997年):"统账结合"基本模式的确立。

1991年6月,国务院在总结部分省市试点经验的基础上,颁布《国务院关于企业职工养老保险制度改革的决定》(国发〔1991〕33号),提出建立基本养老保险、企业补充养老保险和个人储蓄型养老保险相结合的养老保险制度,并且改变原有的由国家和企业包办的做法,实行国家、企业和个人三方共同负担原则,职工缴费标准不超过本人标准工资的3%,并提出由市县级统筹逐步过渡到省级统筹。该决定是中国养老保险制度改革历史上的一个重要里程碑。此后,退休费用社会统筹推进、保险范围扩大、职工个人缴费制度实行和社会统筹与个人账户相结合试点等方面得到迅速发展。

1993年11月,党的十四届三中全会通过了《中共中央关于建立社会主义市场经济体制若干问题的决定》,明确提出关于社会保障制度改革的三个原则——"建立多层次的社会保障体系""城镇职工养老保险金由单位和个人共同负担,实行社会统筹与个人账户相结合""社会保险行政管理和社会保险基金经营要分开"。该决定肯定了个人账户制是一个正确的改革方向,从根本上承认了养老金作为职工个人一部分延迟支付的劳动报酬的性质。

1995年3月,在各地试点、广泛听取意见的基础上,国务院发布《国务院关于深化企业职工养老保险制度改革的通知》(国发〔1995〕6号),明确了在2000年前建立起统一的养老保险制度的目标,要求其适用于城镇各类企业职工和个体劳动者,资金来源渠道多样化、权利义务相适应和管理服务社会化。这份文件将社会统筹与个人账户相结合的原则予以具体化,并在此基础上具体形成了两个实施办法,规定由各地区根据具体情况选择实施。

1997 年 7 月,在总结改革试点经验的基础上,国务院发布《国务院关于建立统一的企业职工基本养老保险制度的决定》(国发〔1997〕26 号),统一了企业职工基本养老保险制度,对企业和个人的缴费标准及退休金发放标准作了明确规定,其中企业缴纳比例不得超过企业工资总额的 20%,当年个人缴纳比例则不得低于本人缴费工资的 4%,同时还对统筹账户和个人账户的占比作了明确规定,按本人缴费工资的 11% 为职工建立个人账户。该决定标志着我国养老保险制度改革进入一个新的阶段。它勾画出社会主义市场经济体制下具有中国特色的企业养老保险制度的基本框架,描绘了 20 世纪末和 21 世纪初我国养老保险制度发展的蓝图。它是我国养老保险制度从企业保险到社会保险的根本性变革,是我国社会保障的一项制度创新。

第三个时期(1997 年至今):基本养老保险制度的不断完善。

由于我国在实施社会统筹与个人账户相结合的基本养老保险制度中,引进了基金积累制的制度内涵,但始终没有对转制成本做出相应的安排,从而使得"统账结合"演变为"统账结合、混账管理、空账运行","统账结合"养老保险制度实质上仍然是现收现付制,基金积累制个人账户沦为了名义账户。为解决这一问题,确定合理的目标模式,2000 年 12 月,国务院发布《关于城镇社会保障体系改革的试点意见》(国发〔2000〕42 号),重申了统账结合制改革方向,对统筹账户和个人账户的占比以及经费筹集和使用原则作了调整,规定企业缴费比例为企业工资总额的 20%,全部纳入社会统筹基金,实行省级调剂。职工缴费比例为 8%,全部计入个人账户。

2005 年 12 月,公共养老金制度改革再一次大幅度推进。针对我国城镇基本养老保险制度中存在的个人账户没有做实、计发办法不尽合理、覆盖范围不够广泛等不适应的问题,在充分调查研究和总结东北三省完善城镇社会保障体系试点经验的基础上,《国务院关于完善企业职工基本养老保险制度的决定》(国发〔2005〕38 号)在做实个人账户、统一城镇个体工商户和灵活就业人员的参保政策及缴费激励机制方面作了重要规划。该阶段改革的主要特征为：其一，明确统筹账户与个人账户的筹资比率分别为 20% 和 8%；其二，将城镇个体工商户和灵活就业人员纳入保险范围；其三，改变过去以"上年度职工月平均工资"为基础片面强调统筹互济的计发办法，重视个人缴费贡献，在激励机制上有所突破。

近年来，以建立更加公平和可持续的养老保险制度为重要目标，基本养老保险制度的改革与完善还在持续进行。2018 年 6 月，国务院印发《国务院关于建立企业职工基本养老保险基金中央调剂制度的通知》（国发〔2018〕18 号），建立养老保险基金中央调剂制度，为全国统筹的推进迈出实质性一步。2019 年 4 月，国务院办公厅印发《降低社会保险费率综合方案》，明确降低城镇职工基本养老保险单位缴费比例至 16%，调整就业人员平均工资计算口径以调整社保缴费基数，提高基金中央调剂比例至 3.5%，并稳步推进社保费征收体制改革。城镇职工基本养老保险制度的优化之路仍在继续。

二、机关事业单位工作人员养老保险制度的发展历程

机关事业单位养老保险是我国养老保险体系的重要组成部分。新中国成立以后，我国学习和借鉴苏联的经验，分别针对企业职工和机关事业单位工作人员建立专门的养老保险制度，此后经历与企业职工养老制度短暂的合并后，再度与之分离。改革开放以后，分别于 1992 年和 2008 年针对机关事业单位养老制度有两次重要的改革探索，尽管并未取得良好效果，却为 2015 年《国务院关于机关事业单位工作人员养老保险制度改革的决定》的出台积累了丰富了经验。据此，机关事业单位养老保险制度的发展历程可以划分为六个阶段。

第一阶段：1949—1958 年。该时期内，机关事业单位与企业职工实行不同的退休制度。企业职工退休制度由 1951 年颁布的《劳动保险条例》规定，机关事业单位工作人员退休制度则由 1955 年 12 月国务院连发的《国务院关于颁发国家机关工作人员退休、退职、病假期间待遇等暂行办法和计算工作年限暂行规定的命令》《国家机关工作人员退休处理暂行办法》《国家机关工作人员退职处理暂行办法》和《国务院关于处理国家机关工作人员退职、退休时计算工作年限的暂行规定》等规范性文件以单项法规的形式规定,确立了我国国家机关、民主党派、人民团体和事业单位工作人员的养老保险制度,明确了机关事业单位工作人员与企业职工不同的由财政负担、个人无须缴费的退休金制度。

第二阶段:1958—1978 年。该时期机关事业单位工作人员和企业职工养老保险制度并为一体。1957 年和 1958 年,国务院分别颁布《国务院关于工人、职员退休处理的暂行规定》和《国务院关于工人职员退职处理的暂行规定(草案)》,解决了之前企业和机关退休与退职办法中的矛盾,在养老待遇上结束了体制内的双轨制,建立了统一的涉及国营、公私合营的企业、事业单位和国家机关、人民团体的工人、职员退休、退职制度。尽管从实践角度来讲,制度并轨的效果微弱,但理论意义毋庸置疑。

第三阶段:1978—1992 年。该时期,尽管基本养老保险制度的覆盖面有所扩大,但机关事业单位工作人员和企业职工的养老保险制度再次分开,呈现"双轨"运行局面。1978 年,《国务院关于安置老弱病残干部的暂行办法》和《国务院关于工人退休、退职的暂行办法》的出台分别对1949 年之前参加工作的老干部和工人退休做出了相关规定,再次形成养老保险双轨制局面。

第四阶段:1992—2008 年。该时期,企业职工基本养老保险制度确立,地方开始针对机关事业单位养老保险改革的初次探索。1992 年,人事部下发《关于机关事业单位养老保险制度改革有关问题的通知》,在云南、江苏、福建、山东、辽宁、山西等省开始局部试点,首次明确机关事业单位养老保险制度要逐步改变退休金实行现收现付、全部由国家包下来的做法,按照国家、集体、个人共同合理负担原则建立。但各地试点步调不一,成效并不明显,没有形成全国统一的全面改革方案,没有从根本上改变养老保险双轨制,改革以失败告终。而企业职工养老保险制度于 1997年通过的《国务院关于建立统一的企业职工基本养老保险制度的决定》做出了详细的规定,并经 2010 年的《社会保险法》得以确认。

第五阶段:2008—2015 年。该时期,针对机关事业单位养老保险制度改革的第二次重要探索进行。2008 年 3 月,国务院印发《事业单位工作人员养老保险制度改革试点方案》(国发〔2008〕10号),决定在山西、上海、浙江、广东和重庆五地先期开展事业单位退休制度改革试点,采用与城镇职工基本养老保险制度相同的统账结合制养老保险模式,并制定了单位及个人的缴费政策和养老金发放标准,提出逐步实行省级统筹和社会化管理服务,建立职业年金制度。然而,由于此次改革与公务员改革分离,且各地情况不一,参保人员面临较大的担心待遇下降的问题,试点成效并不显著。2011年3月,《中共中央、国务院关于分类推进事业单位改革的指导意见》为配合分类制改革,再度明确事业单位养老保险制度改革的目标和策略,提出逐步建立独立于单位之外的资金来源多渠道、保障方式多层次和管理服务社会化的事业单位社会保险体系。

第六阶段:2015年以后。该时期机关事业单位养老保险制度改革取得了实质性进展。2015年1月,国务院出台《国务院关于机关事业单位工作人员养老保险制度改革的决定》(国发〔2015〕2号),该决定参照企业对机关事业单位养老保险进行制度重构,规定了机关事业单位养老保险改革的方向和内容,统一了机关事业单位与企业等城镇从业人员的基本养老保险制度,规定机关事业单位养老保险制度统一实行社会统筹与个人账户相结合的模式,由单位和个人共同缴费,从根本上化解了机关事业单位与企业职工之间的双轨制矛盾,破除养老金双轨制迈出了实质性改革步伐。自此,城镇职工和城乡居民基本养老保险两大制度并行,并可相互衔接,构建起了完整的城乡养老保险制度体系。

三、城乡居民基本养老保险制度的发展历程

(一)老农保时期(1986—2002年)

新中国成立后,农村地区没有正式的社会养老保险制度,只有本质为社会救助的五保供养和集体养老制度。"文化大革命"期间,五保供养制度被人民公社制度取代,体现了集体保障功能。改革开放以后,集体经济萎缩,公社消失,以家庭联产承包责任制为主要内容的农村改革,极大地解放了农业生产力,同时也弱化了集体经济所具有的抵御生产和生活风险的能力。

为了保障全体老年农民的基本生活,1986年"七五"计划提出"抓紧

建立农村社会保险制度",农村社会养老保险制度的探索之路正式开始。1986 年,江苏省沙洲县(现江苏张家港市)召开全国农村基层社会保障工作座谈会,之后在上海郊区和苏南地区等经济发达的乡镇最先开展了农村社会养老保险的试点①。1986 年 12 月,民政部颁布《关于探索建立农村基层社会保障制度的报告》,就探索建设农村社会保障制度提出了一系列设想。

1989 年,北京大兴县和山西左权县被民政部选为县级农村社会养老保险试点县。1991 年,山东省烟台市牟平县试点。历经组织试点和扩大试点两大阶段之后,1992 年,民政部总结试点经验,下发《县级农村社会养老保险基本方案》(民办发〔1992〕2 号),在全国范围内有条件的地区推广农村养老保险制度,为农村参保者建立个人账户,个人和集体缴费计入个人账户,缴费坚持个人为主、集体补助和国家扶持的原则。1992 年年底,全国已有 950 多个市(县)开展了农村社会养老保险试点工作,其中有 160 多个市(县)基本建立了农村社会养老保险制度。

1993 年,国务院批准建立农村社会养老保险管理机构。1995 年 6 月,国务院办公厅转发民政部《关于进一步做好农村社会养老保险工作的意见》(国办发〔1995〕51 号),推动农村养老保险工作的规范化和制度化,加强对农村参保者的个人信息管理和个人账户的预算管理。此后,全国 26 个省市区先后出台了有关地方性法规和文件。1998 年年底,全国已有 2123 个县(市)和 65% 的乡(镇)开展了农村社会养老保险工作,参加社会养老保险的农村人口有 8025 万人。②

1999 年,《国务院批转整顿保险业工作小组〈保险业整顿与改革方案〉的通知》(国发〔1999〕14 号)提出目前我国农村尚不具备实行社会保险的条件,农村社会保险停止接受新业务。到 2004 年,全国参加农村养老保险制度的人数下降到 5389 万人。③ 尽管老农保的实施存在一系列的问题,但该阶段的探索也有重大意义,它是社会主义市场经济体制结合

---

① 林闽钢:《农村养老保险制度何去何从》,《中国社会保障》2006 年第 7 期,第 22—23 页。
② 《1998 年劳动和社会保障事业发展年度统计公报》,人力资源和社会保障部网站。
③ 《2004 年劳动和社会保障事业发展年度统计公报》,人力资源和社会保障部网站。

我国农村特色的产物,顺应了计划经济体制向社会主义市场经济体制改革的发展潮流,改变了原本以社会救济为主要形式的农村养老保障形式,引入了具有共济性的社会保险形式,是我国农村社会养老保险制度探索道路上的重要实践。

(二)新农保与城居保时期(2002—2013 年)

2002 年,劳动和社会保障部办公厅印发《2002 年农村养老保险工作安排》,提出"重新审视农保工作,做好整顿规范农保工作"。2003 年 7 月和 11 月,劳动和社会保障部接连印发《关于做好当前农村养老保险工作的通知》(劳社部函〔2003〕115 号)和《关于认真做好当前农村养老保险工作的通知》(劳社部函〔2003〕148 号)。此后,全国多省份各县自行开展了新农保的试点。新农保将老农保中的"个人缴费为主、集体补助为辅、国家给予政策扶持"的筹资形式改成"个人缴费、集体补助和政府补贴"三部分。以往由于集体补贴的缺乏,农村养老保险制度基本上是个人缴费、自愿参加,其本质是一种有组织的商业储蓄计划。

2006 年 3 月,国务院印发《国务院关于解决农民工问题的若干意见》(国发〔2006〕5 号),提出"抓紧研究低费率、广覆盖、可转移,并能够与现行的养老保险制度衔接的农民工养老保险办法"。2007 年 11 月,国家人口计生委等 14 部门发布《关于全面加强农村人口和计划生育工作若干意见》(国人口发〔2007〕104 号)提出"探索建立农村计划生育家庭养老保障制度"。2008 年 10 月,《中共中央关于推进农村改革发展若干重大问题的决定》明确提出新农保的概念,并对其实施的基本原则和筹资结构做了明确规定。2009 年 9 月,国务院出台《国务院关于开展新型农村社会养老保险试点的指导意见》(国发〔2009〕32 号),明确了新型农村养老保险的改革目标、原则和体制结构,并对经费来源、个人缴费标准及退休安排做了具体说明,新农保开始在全国 10%的县(市、区)内试点。

随着企业职工社会养老保险制度的建立,国家保障型养老保险制度下职工家属可共享的规定逐步取消。2011 年,国务院发布《国务院关于开展城镇居民社会养老保险试点的指导意见》(国发〔2011〕18 号),启动城镇居民社会养老保险试点工作。2012 年 8 月,新农保和城居保制度全覆盖工作全面启动。

(三)城乡居保时期(2014 年至今)

2014 年 2 月,依据《社会保险法》的相关规定,在总结新农保和城居保试点的基础上,国务院办公厅发布了《国务院关于建立统一的城乡居民基本养老保险制度的意见》(国发〔2014〕8 号),将新农保和城居保两项制度合并实施,在全国范围内建立起统一的城乡居民基本养老保险制度。

2.1.2 建设成就

改革开放以来,我国社会养老保险制度改革不断深入,制度设计不断完善,管理服务不断细化,对保障离退休人员基本生活、促进经济发展和维护社会稳定起到了重要作用。截至 2017 年年底,全国参加基本养老保险的人数为 91548 万人,比上年末增加 2771 万人,其中城镇职工基本养老保险的参保人数为 40293 万人,比上年末增加 2364 万人;城乡居民基本养老保险参保人数为 51255 万人,比上年末增加 408 万人。全年基本养老保险基金收入 46614 亿元,比上年增长 22.7%,其中城镇职工基本养老保险基金总收入 43310 亿元,比上年增长 23.5%;城乡居民基本养老保险基金收入 3304 亿元,比上年增长 12.6%。[①] 经过 40 多年的探索和实践,我国社会养老保障制度改革在基本模式、制度框架、法治建设、筹资渠道和管理体制等方面取得了巨大成就。

一、确立"统账结合"的基本制度模式,探索了基本养老保险、企业年金和个人储蓄养老的多层次体系

在养老金的管理运行过程中,基金收支平衡是应当始终贯彻的基本原则。对于基金收支平衡原则的理解有两种:一种是保持当年费用总和收支相抵的横向平衡规则,一种是要求参保人在投保期间提取的资金积累总和与其享受的养老金待遇总和的现值保持平衡的纵向平衡规则。根据不同的平衡原则,按照筹资模式不同可将养老金制度划分为现收现付制和基金积累制。现收现付制是美、德、日等发达国家采取的以近期横向

---

① 人力资源和社会保障部:《2017 年人力资源和社会保障事业发展年度统计公报》。

收支平衡原则为指导原则的基金筹资方式,由养老保险经办机构按所需支付的待遇总额进行社会筹资。一般由用人单位和劳动者个人(或全部由用人单位)按照工资总额的一定比例缴纳社会保险费。基金积累制是新加坡、智利等国采取的以远期纵向平衡为原则的养老金筹资方式,其实质是个体一生中的跨时性收入再分配制度。一般要求劳动者在工作期间由雇主和本人缴纳养老保险费,形成具有积累和保值增值功能的基金积累账户,在劳动者退休后一次性或分期领取养老金的筹资模式。现收现付制养老金制度的政策目标是通过代内收入再分配和代际收入再分配促进社会公平;基金积累制的政策目标是通过参保职工个人缴费与养老金待遇直接关联的方式增强个人缴费激励性,并通过工作期养老基金投资运营使参保职工分享经济增长成果。

在原国家经济体制改革委员会和原劳动部于 20 世纪 80 年代中期针对国有企业职工养老保险制度改革方案的调查论证基础上,结合现收现付制与基金积累制的国际经验,1993 年,党的十四届三中全会《中共中央关于建立社会主义市场经济体制若干问题的决定》提出城镇职工养老保险实行社会统筹与个人账户相结合,从根本上承认了养老金作为职工个人的一部分延迟支付的劳动报酬的性质,确定了"统账结合"的企业职工基本养老保险制度改革方向。时处人口多、底子薄和生产力落后的中国社会主义初级阶段,同时国有企业改革初期面临包括冗员过多、人浮于事和效率低下的主要矛盾,如果单独采取现收现付制的养老保险筹资模式,在加重企业和个人负担的同时,也很难满足越来越多的退休职工养老需求;发育不成熟的中国资本市场也不能给单独采取基金积累制的养老保险筹资模式提供条件。

1995 年,国务院发布《国务院关于深化企业职工养老保险制度改革的通知》(国发〔1995〕6 号),将社会统筹与个人账户相结合的原则予以具体化,并在此基础上具体形成了两个实施办法,由各地选择并组织开展试点。1997 年,《国务院关于建立统一的企业职工基本养老保险制度的决定》(国发〔1997〕26 号)将两个办法归于统一,以本人缴费工资的 11%为职工建立基本养老保险个人账户,个人缴费全部计入个人账户,其余部分从企业缴费中划入。自此,统一的社会统筹与个人账户相结合(简称"统账结合")的基本养老保险制度模式在全国基本确立。

2005 年,《国务院关于完善企业职工基本养老保险制度的决定》提出"坚持社会统筹与个人账户相结合的模式",将个人账户规模调整为工资的 8%,全部由个人缴费构成。2010 年,"基本社会养老保险实行社会统筹与个人账户相结合"写入《社会保险法》第 11 条。此后,城乡居民基本养老保险制度和机关事业养老保险制度中的"统账结合"制度也相继确立。

"统账结合"的基本养老保险制度在基金筹集上采用国家、单位和个人共同负担的形式;基金实行社会互济;在基本养老金的计发上采用结构式的计发办法,强调个人账户养老金的激励因素和劳动贡献差别。"统账结合"实际上就是现收现付制的统筹养老金制度和基金积累制的个人账户养老金制度两项制度的混合。社会统筹和个人账户两部分存在着明显的差异,并且是截然不同的两种制度形态,分别发挥再分配和储蓄的功能,使得我国的基本养老金制度同时具备了保险、再分配和储蓄的三大基本功能。其既吸收了传统型养老保险制度的优点,又借鉴了个人账户模式的长处;既体现了传统意义上社会保险的社会互助共济、分散风险和保障性强的特点,又强调了职工的自我保障意识和激励机制。"统账结合"模式是现收现付制与基金积累制的优化组合,是结合国际经验的具有中国特色的基本养老保险制度改革实践结晶,也是世界社会保险体系的重要"制度创新"。该制度模式建立以后,基本养老金在退休职工老年生活保障中所发挥的作用日趋明显。

伴随着"统账结合"的基本养老保险制度模式确立,以企业年金为主的企业补充养老保险也不断发展,个人自主购买商业人寿保险也不断增加,企业年金和个人养老储蓄已经成为退休职工老年收入保障的重要来源之一。多层次养老保险体系建设开始成为我国养老保险制度体制改革的最终目标。

多层次养老保险体系建设也取得了重要成就。1991 年,《国务院关于企业职工养老保险制度改革的决定》提出要"逐步建立起基本养老保险与企业补充养老保险和职工个人储蓄性养老保险相结合的制度"。

1995 年《国务院关于深化企业职工养老保险制度改革的通知》明确指出"国家在建立基本养老保险,保障离退休人员基本生活的同时,鼓励建立企业补充养老保险和个人储蓄性养老保险,构建保障方式多层次的养老保险体系",预示着我国多层次养老保障体系建设的开始。

1995 年年底,劳动部下发《关于建立企业补充养老保险制度的意见》(劳部发〔1995〕464 号),初步确立企业补充养老保险的相关政策。1997 年,《国务院关于建立统一的企业职工基本养老保险制度的决定》指出,"各地区和部门要在国家政策指导下大力发展企业补充养老保险,同时发挥商业保险的补充作用"。2000 年,《国务院关于印发完善城镇社会保障体系试点方案的通知》(国发〔2000〕42 号)规定有条件的企业可为职工建立企业年金,实行基金完全积累,采取个人账户管理方式,明确税收优惠政策,并实行市场化运营和管理。自此,企业补充养老保险更名为"企业年金"。该文件的颁布确立了企业年金发展的基本模式和战略方向。2004 年,《企业年金试行办法》颁布,之后劳动保障部会同证监会、保监会以及银监会联合出台《企业年金基金管理试行办法》。两个办法的出台标志着多层次养老保障体系在中国的初步建立。

2017 年 2 月,国务院印发《"十三五"国家老龄事业发展和养老体系建设规划》,提出"构建包括职业年金、企业年金,以及个人储蓄性养老保险和商业保险的多层次养老保险体系"。同年 10 月,党的十九大报告提出"按照兜底线、织密网、建机制的要求,全面建成覆盖全民、城乡统筹、权责清晰、保障适度、可持续的多层次社会保障体系"。

回顾中国多层次养老保险制度十多年的发展历程,可以发现:多层次养老保障体系在维护社会公平与稳定,提高人民生活水平和为经济发展注入活力上发挥了重要作用。通过多层次养老金体系,既能实现再分配效率,又能提高管理效率,促进养老保障资源的合理配置,增进个人福利和社会福利。表 2-1 为我国社会养老保险制度的多层次体系结构。第一层次是指国家主办的基本养老体系,由城镇职工和城乡居民基本养老保险制度两部分组成。第一部分针对有单位的职工和部分自愿参加的个体工商户以及灵活就业人员,第二部分针对没有固定收入的城乡居民。

目标是收入替代,保障退休人员的基本生活。

第二层次是雇主和雇员共同主办的企业年金,是一项完全市场化的投资型制度,由相互独立、单独运作的委托人、托管人、投资管理人和账户管理人构成市场制约框架。在机关事业单位又称职业年金。职业年金和企业年金除了在适用群体上有所区别以外,在参保方式和发挥作用上也有所不同,职业年金采取强制参保的方式,其除了构成多层次养老保险体系的第二层次以外,也是为了确保改革前后机关事业单位人员的养老待遇不下降。以企业年金为主的企业补充养老保险是对基本养老保险的补充,旨在提高退休人员的生活待遇。

第三层次是市场化的由个人投资或者购买的商业养老保险产品。2017 年,《国务院办公厅关于加快发展商业养老保险的若干意见》(国办发〔2017〕59 号)发布标志着第三层次的个人税收递延型商业养老保险正式诞生。2018 年 4 月,财政部、税务总局、人力资源社会保障部、中国银保监会和中国证监会联合发布《关于开展个人税收递延型商业养老保险试点的通知》,在上海、福建和苏州工业园区正式实施试点个人税收递延型商业养老保险。2018 年 5 月,《个人税收递延型商业养老保险产品开发指引》《个人税收递延型商业养老保险业务管理暂行办法》和《个人税收递延型商业养老保险资金运用管理暂行办法》相继发布,明确了税收递延养老保险的产品设计原则、业务管理要求和资金运用监管要求。个人储蓄型养老保险的目的是鼓励社会成员积极参与养老规划以实现多元养老。

表 2-1　社会养老保险制度的多层次体系结构

	名称	作用	责任主体	目标群体	优势
第一层次	基本养老保险	基本生活支持	国家	全体公民	公平
第二层次	企业年金	提升养老金水平	市场	就业者	效率
第三层次	个人储蓄养老	实现多元养老	个人	全体公民	效率

二、建成覆盖全民的制度框架,实现了从国有、集体企业职工向多种所有制职工的扩展

改革发展至今,基本养老保险制度已经建成覆盖全民的制度框架,惠及范围已由部分工薪劳动者扩展到全体国民。到 2018 年上半年全国城镇基本养老保险参保人数已经达到 4.095 亿人,城乡居民养老保险参保人数为 5.16 亿人,合计参保人数 9.25 亿人,覆盖范围进一步扩大,离我国全民参保计划目标更近一步。从参加人数来看,我国已经建成了世界覆盖范围最大的社会保障网。覆盖全民的基本养老保险制度框架的建成具有两条扩展路径:其一是从国有、集体企业职工到多种所有制职工以及灵活就业人员的扩展,其二是在地域上从城镇向农村的扩展。

1951 年颁布的《劳动保险条例》规定劳动保险制度的实施范围仅限于有工人职员百人以上的国营、公私合营、私营及合作社经营的工厂、矿场及其附属单位,铁路、航运、邮电的各企业单位与附属单位,工、矿、交通事业的基本建设单位和国营建筑公司。1956 年,适应国家财政经济和国民经济发展的需要,制度的实施范围进一步扩大到商业、外贸、粮食、供销合作、金融、民航、石油、地质、水产、国营农牧场、造林等 11 个产业和部门。"文化大革命"以后至 1990 年,养老保险制度的参保对象逐步从政府机关、事业单位工作人员以及国营企业职工等体制内从业者扩大到城镇集体企业职工以及中外合资合营企业等体制外从业者。21 世纪以来,为了适应日趋多样的就业形势,养老保险覆盖面逐步从城镇企业扩大到城镇个体工商户、灵活就业人员以及农民工群体。各级政府和社会保障部门开设个人参保窗口以满足各类从业人员参加养老保险的需要,越来越多城镇就业人员的养老保险权益得到了保障。

在城镇职工养老保险制度改革的同时,以农民为主体的其他社会成员的养老保险问题纳入政府政策考虑范畴。20 世纪 80 年代开始,建立农村养老保险制度的探索之路正式开始,此后由于政府责任缺位与制度设计缺陷以及运行环境变化经历了较长的停滞期。2003 年开始,劳动和社会保障部接连印发《关于做好当前农村养老保险工作的通知》(劳社部函〔2003〕115 号)和《关于认真做好当前农村养老保险工作的通知》(劳社部函〔2003〕148 号),新农保制度相继开启了地区试点和全国试点阶段。2011 年,城镇居民社会养老保险开启试点。2012 年开始,新型农村社会养老保险制度和城镇居民社会养老保险制度在全国开展,标志着我国基本养老保险制度的覆盖范围从工薪劳动者扩展到了全体国民,基本养老保险实现了制度上的全覆盖,为人人享有基本养老保险权益奠定了坚实的基础。

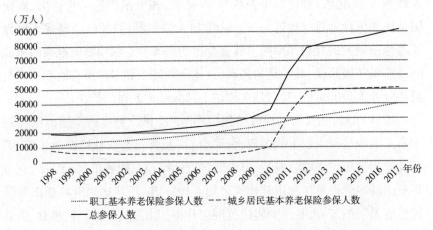

图 2-1 1998—2017 年我国基本养老保险制度参保人数变化趋势

三、法制框架初步形成,实现治理范式由政策向法律的转变

法治建设是制度良性运行的前提和保障,其与制度建设、运行管理和纠纷解决等密切相关。1951 年 2 月颁布的《劳动保险条例》成为新中国第一部综合性的社会保险行政法规。自 20 世纪 70 年代末起,随着改革开放进程的推进,我国社会保障法治的顶层设计得到重视。通过 40 多年的建设,在立法、执法和司法方面都取得了显著成效,法制框架初步形成,法治化程度明显提升,社会保险治理范式实现了由政策向法律的转变。

1994 年,全国人大常委会通过《劳动法》,对劳动者的社会保险和社会福利作了专章规定。2004 年,第十届全国人民代表大会第二次会议通过了《宪法修正案》,提出"国家建立健全同经济发展水平相适应的社会保障制度"。社会保障制度被载入宪法,奠定了社会保障法律体系的基石。同年,《企业年金试行办法》颁布,奠定了我国多层次养老金体系的基础。2011 年,《社会保险法》正式实施,它是我国社会法部门的支架性法律,是社会保障法律体系中的主体性、基本性法律,确立了我国社会保险体系的基本框架,标志着经历了长时间的试点、探索和改革,自此我国社会保险体系最终从分散走向集中,从分割走向统一。

四、建立多元化筹资渠道,成立全国社会保障储备基金

基本养老保险制度的历次改革实践使得制度模式从福利型向保险型开始转变,国家、企业和个人三方共担的多元化筹资渠道逐步建立。

表2-2体现了我国企业职工基本养老保险制度多元化筹资渠道的建立过程,可以看出制度筹资渠道从单一的单位缴费到普遍实行个人缴费制度、由企业和个人共同承担缴费责任的变化趋势。从1951年到2005年,个人缴费比例从无到有、不断增加,单位缴费比例也不断增加。自2016年开始,为降低企业成本,增强企业活力,单位缴费比例有所下降。尽管不同主体的筹资比例处于变化过程中,多方筹资的结构已经得以确定。

表2-2 企业职工基本养老保险制度中单位与个人缴费比例的变化

实施时间	文件名称	单位缴费比例	个人缴费比例
1951.2.26	《劳动保险条例》	3%	0
1986.7.12	《国营企业实行劳动合同制暂行规定》	15%	≤3%
1991.6.26	《国务院关于企业职工养老保险制度改革的决定》	不变	≤3%
1995.3.17	《国务院关于深化企业职工养老保险制度改革的通知》	不变	≥3%
1997.7.16	《国务院关于建立统一的企业职工基本养老保险制度的决定》	≤20%	≥4%
2005.12.3	《国务院关于完善企业职工基本养老保险制度的决定》	20%	8%
2016.5.1	《关于阶段性降低社会保险费率的通知》	19%	8%
2019.5.1	《降低社会保险费率综合方案》	16%	8%

福利型向保险型的转变同样体现在机关事业单位的养老保险制度改革中。1955年,《国家机关工作人员退休处理暂行办法》沿袭苏联模式强调政府包揽福利供给,并不要求参加人缴纳保险费用,国家成为实质上的财政承担主体。1992年,人事部发布《关于机关、事业单位养老保险制度改革有关问题的通知》,提出“机关、事业单位养老保险制度的改革要逐步改变退休金实行现收现付、全部由国家包下来的做法”,对部分地区机

关事业单位实行社保试点改革,却并未形成全国统一方案,未有实质性进展。2015 年,国务院发布《国务院关于机关事业单位工作人员养老保险制度改革的决定》,规定机关事业单位工作人员与企业职工一样实行"统账结合"的基本养老保险制度,个人按照本人缴费工资的 8% 缴费,从根本上改变了单一的单位保障形式。

多元化筹资渠道的建立对于农村养老保险制度的建立具有重大意义。20 世纪 90 年代初期,在养老保险基金筹集方式上"坚持以个人交纳为主,集体补助为辅,国家给予政策扶持"的我国传统农村社会养老保险制度建立。然而,由于集体补助难以落实,国家给予的政策扶持仅仅体现在乡镇企业职工参保时集体补助部分税前列支上,我国绝大部分地区的农民在没有任何补贴和补助的情况下参加传统农村社会养老保险,严重打击农民参保积极性的同时使得该制度完全退化为农民的自愿储蓄制度,失去应有的社会性和保障性。2009 年开始试点的新型农村社会养老保险制度与老农保相比的最大变化就是政府财政的补贴,政府财政补贴的加入是吸取老农保失败经验的重要举措,同时也意味着多元化筹资渠道在农村养老保险制度以及其后的城镇居民养老保险制度中的确立。

政府财政是多元化筹资渠道的重要组成部分。在城镇职工基本养老保险(简称"城职保")制度中,财政补贴主要是由于基础养老金的财务不可持续性。1998 年,城职保即陷入财务困境,当年中央财政补助城职保 24 亿元,此后每年补助额逐年增加。在城乡居民基本养老保险制度中,财政补贴体现在制度筹资与待遇发放两个环节。在缴费环节,地方财政按照缴费档次给个人账户一定的补贴额。在待遇领取环节,中央财政对基础养老金给予补贴,补贴标准按照地区划分,对中西部地区补贴最低标准的 100%,对于东部地区补贴最低标准的 50%;地方财政按照补贴的强制性,可以划分为对东部地区基础养老金 50% 的强制性补贴、对个人账户养老金领取完毕后至参保人死亡期间的个人账户养老金的强制性补贴,以及对基础养老金最低标准的调整部分和对缴费时间较长的增发部分的非强制性补贴。

表 2-3 显示了 2010—2017 年我国财政总收支状况以及按照城职保和城乡居保划分的基本养老保险制度财政补贴情况。从财政补贴的绝对

数额来看,城职保财政补贴远远高于城乡居保,且两者差距越来越大;从财政补贴的相对数额来看,城职保财政补贴占财政总支出的比重逐年上涨,而城乡居保财政补贴占财政总支出的比重自 2015 年以后维持在相对稳定的水平;从增长率数据来看,2011—2017 年城职保基金财政补贴绝对数额与相对数额的增长速度均高于城乡居保。

表 2-3　2010—2017 年我国财政收支及基本养老保险制度财政补贴情况

(单位:亿元)

年份	财政总收入	财政总支出	城乡居保				城职保	
			基金收入	个人缴费	财政补贴	财政补贴/财政总支出(%)	财政补贴	财政补贴/财政总支出(%)
2010	83102	89874	453	225	228	0.25	1954	2.17
2011	103874	109248	1110	421	689	0.63	2272	2.08
2012	117254	125953	1829	594	1235	0.98	2648	2.10
2013	129210	140212	2052	636	1416	1.01	3019	2.15
2014	140370	151786	2310	666	1644	1.08	3548	2.34
2015	152269	175878	2855	700	2155	1.23	4716	2.68
2016	159605	187755	2933	732	2201	1.17	6511	3.47
2017	172593	203085	3304	810	2494	1.23	8004	3.94

资料来源:财政总收入和财政总支出数据来源于《中国统计年鉴》,城乡居民基本养老保险财政补贴无法获得直接数据,表中所列为当年基金收入减去个人缴费部分,基金收入与个人缴费部分数据以及城镇职工基本养老保险财政补贴数据均来源于 2010—2017 年度《人力资源和社会保障事业发展统计公报》。事实上,根据《中国社会保险年度发展报告》,可以知道 2010—2015 年城乡居民基本养老保险基金收入构成中,包括集体补助在内的基金收入占比仅为 2.5%、7.5%、7.1%、5.0%、6.3%、4.8%,相比个人缴费和财政补贴部分可以忽略不计。此外,2010 年基金收入、个人缴费和财政补贴为新型农村社会养老保险的数据,2011 年基金收入、个人缴费和财政补贴为新型农村社会养老保险与城镇居民社会养老保险的加总数据。

最后,为了防范和应对未来人口老龄化可能带来的养老保险基金偿付能力危机,2000 年 8 月,全国社会保障基金理事会成立,负责管理和经营全国性的社会保障储备基金(简称“全国社保基金”)。2003 年,党的十六届三中全会通过的《中共中央关于完善社会主义市场经济体制若干问题的决定》提出,“采取多种方式包括依法划转部分国有资产充实社会保障基金"。作为国家的长期战略储备基金,全国社保基金不同于由企业和职工缴费形成的社会统筹基金和个人账户基金,其由中央财政预算拨款、国有资本划转、基金投资收益和国务院批准的其他方式筹集的资金组成,主要依赖于中央财政拨款,主要用于人口老龄化高峰时期满足社会保障事业发展的长远需要。

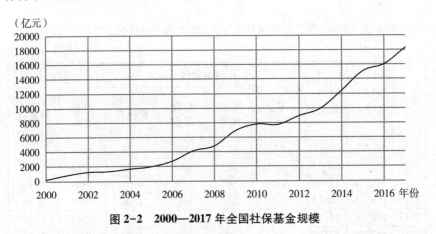

图 2-2 2000—2017 年全国社保基金规模

五、整合管理机构,优化管理体制

新中国成立以来,社会保障管理体制不断完善。养老保障管理体制作为社会保障管理体制的重要组成部分,从 20 世纪 50 年代至今经历了集中、分散和再集中等不同的发展阶段。从不同阶段的管理机构和管理体制的发展趋势来看,建立统一的社会保障管理机构是我国社会保障管理体制改革的重要目标。

20 世纪 50 年代初到 60 年代中期,养老保险制度由中央人民政府劳动部和中华全国总工会共同管理,实行集中管理制。但从各自的责任范畴来看,劳动部为劳动保险业务的最高监督机关,负责《劳动保险条例》的实施,检查全国劳动保险业务的执行;中华全国总工会为全国劳动保险事业的最高领导机关,统筹全国劳动保险事业的进行;各级人民政府劳动行政机关负责监督劳动保险金的缴纳,检查劳动保险业务的执行,并处理有关事件的申诉,在某种程度上实现了监管权与执行权的互相分离。1954 年,劳动部和中华全国总工会发出《关于劳动保险业务移交工会统一管理的联合通知》,将劳动部的保险工作移交中华全国总工会统一管理,社会保险的管理权限更加集中,监督权与执行权合二为一,但该局面延续时间较短。1957年,随着劳动立法制度的改革,养老保险制度又恢复了劳动部门与工会组织共管的局面。

"文化大革命"时期,我国的养老保险管理体制受到严重影响,由原来的一定程度的社会化管理退化为单位管理局面。1966年以后,各级工会组织遭到破坏,养老保险工作管理机构撤销,劳动保险基金的征集、管理和调剂使用停止,养老保险工作陷入无政府状态。企业基层的社会保险工作也由工会组织转到了行政部门。

"文化大革命"以后,养老保险管理工作逐步恢复,重新由劳动部门和工会组织共同管理。1982年,国家人事局和国家劳动总局以及其他部门合并成立劳动人事部,成为综合管理养老等社会保险和职工福利的工作机构。1988年,国务院调整机构重建劳动部和人事部,分管企业和机关事业单位的养老保险。1990年,国务院规定民政部主管农村社会养老保险工作。1991年民政部成立农村社会养老保险办公室,1993年,在此基础上组建农村社会保险司。可见,1986—1993年期间,我国养老保险管理工作呈现出明显的机构重叠和管理分散的特点,多头管理形成互相掣肘局面,严重影响养老保险工作效率。

1993年10月,根据中央编办《关于劳动部社会保险事业管理局机构编制的批复》,劳动部社会保险事业管理局正式成立,负责对社会保险经办机构的监督和管理,标志着我国社会保险工作从"政事合一"走向"政事分离"①。同年11月,党的十四届三中全会通过《中共中央关于建立社会主义市场经济体制若干问题的决定》提出"要建立统一的社会保障管理机构","提高社会保障事业管理水平","社会保障行政管理和社会保险基金经营分开"。1998年,国务院机构改革,在原劳动部的基础上组建劳动和社会保障部,下辖养老保险司负责城镇各类劳动者的养老、伤残和遗属保险,农村社会保

---

① 胡晓义:《走向和谐:中国社会保障发展60年》,中国劳动社会保障出版社2009年版,第575页。

险司负责农村养老保险,社会保险基金监督司负责各类社会保险基金管理的监督工作。2008 年,原人事部与劳动和社会保障部撤销,成立人力资源和社会保障部,职责范围包括基本养老保险、企业年金和职业年金的管理。2018 年,国务院机构改革调整全国社会保障基金理事会隶属关系,将全国社会保障基金理事会由国务院管理调整为由财政部管理,承担基金安全和保值增值的主体责任。

此外,一直以来,基于各省份的经济发展水平和行政管理体制等因素,社会保险经办业务实行属地管理。较低的统筹层次已经显现了包括各级政府权责不清以及区域壁垒影响劳动力自由流动等不少弊端。尽管推进困难、进展缓慢,但是随着 2018 年中央调剂金制度的出台以及 2019年调剂比例的提高,我国基本养老保险制度统筹层次不断提高。统筹层次的提高有助于统一的劳动力市场的建立,有助于解决制度碎片化和地区公平性等问题,建立与完善一体化的养老保险制度,对于养老保险关系转移接续工作的顺利推进具有重要意义。

在基本养老保险转移接续上,2009 年 12 月和 2014 年 2 月,主管部门为解决养老保险关系转续问题先后颁发《城镇企业职工基本养老保险关系转移接续暂行办法》(国办发〔2009〕66 号)和《城乡养老保险制度衔接暂行办法》(人社部发〔2014〕17 号)。分别对企业职工跨省、区转移接续以及城职保与城乡居保制度之间的衔接做了相应规定。

2.2 中国社会养老保险制度改革面临的问题与挑战

2.2.1 问题

在充分肯定我国社会养老保险制度改革取得的巨大成就的同时,还必须承认,现行制度安排还存在着碎片化、财务可持续性偏弱、多层次体系尚未形成、公平性不足和权责不清晰等诸多问题。

一、制度"碎片化"

20 世纪 90 年代以来,我国先后针对不同人群建立起不同的基本养老保险制度,养老保险制度呈现"碎片化"状态,具有明显的制度区隔特征。"碎片化"体现在两个方面:一是城乡二元养老保障体系,即依据户籍身份在城镇和农村地区分别实施资金来源渠道不同、保障待遇有差别的养老保障制度;二是由于"先试点后推广"的实施办法和地方政府自主权与灵活性导致的同一制度在不同地区以及不同群体之间的内部"碎片化"。

城乡二元养老保障体系即我国社会基本养老保险制度的"身份制"体系。2014 年新农保和城居保合并成城乡居保,2015 年机关事业单位养老保险制度改革彻底结束"双轨制",在可相互衔接的城镇职工和城乡居民基本养老保险并行的两大制度平台上初步建立起了覆盖城乡居民的社会养老保障体系。然而,两种制度在参保对象、基金筹集、待遇组成、待遇标准和财政补贴等方面仍然存在巨大差异(见表 2-4)。

表 2-4　针对不同人群的基本养老保险制度比较

类型	城镇职工基本养老保险制度	城乡居民基本养老保险制度
参保对象	所有企业、社团职工、个体工商户户主和灵活就业人员以及机关事业单位工作人员	年满 16 周岁(不含在校学生),非国家机关和事业单位工作人员及不属于职工基本养老保险制度覆盖范围的城乡居民
基金筹集	企业缴费、个人缴费、政府补贴	个人缴费、集体补助、政府补贴
待遇组成	基础养老金+个人账户养老金	
待遇标准	基础养老金月标准以当地上年度在岗职工月平均工资和本人指数化月平均缴费工资的平均值为基数,缴费每满一年发给 1%,个人账户养老金的月计发标准,目前为个人账户全部储存额除以 139	中央确定基础养老金最低标准,个人账户养老金的月计发标准,目前为个人账户全部储存额除以 139。参保人死亡,个人账户资金余额可以依法继承
财政补贴	统筹账户由财政实行差额补助	地方财政按照缴费档次给予个人账户缴费补贴;中央财政针对不同地区给予不同比例的最低基础养老金补贴

城镇职工基本养老保险制度的内部碎片化体现在不同社会群体之间以及不同地区之间。一方面，尽管机关事业单位改革彻底结束了长达 60 年的"双轨制"，但是并轨仅仅只是使得机关事业单位工作人员在基金筹集方式上与企业职工相同，二者在职业（企业）年金制度保障力度、政府的财政补贴以及男女退休年龄差异方面依然存在极大的不同。事实上，机关事业单位养老保险制度改革以后，企业职工与机关事业单位工作人员这两大群体之间的人均财政补助差距不降反升，且差距越来越大，公平制度难以实现①。因此，对于如何在筹资形式并轨带来的相对公平基础上继续推进不同群体的养老保险待遇公平仍旧有很长一段路要走。另一方面，现行城镇职工基本养老保险制度框架虽然全国统一，但是由于全国统筹尚未实现，具体政策在地区之间仍旧存在不小的差异。在缴费政策上，2019 年《降低社会保险费率综合方案》出台以后，各地城镇职工基本养老保险单位缴费比例高于 16% 的降至 16%，而原本单位缴费比例低于 16% 的广东省等地不作改变；在待遇政策上，尽管各地的养老金计发办法基本一致，但由于各地可根据当地实际情况提出具体的待遇调整方案，导致某些省份若干年养老金增幅明显高于全国平均水平。

城乡居民基本养老保险制度由新农保和城居保制度合并而来，而无论是新农保制度还是城居保制度，都采取先试点后推广的办法，地方政府在核心财政制度等设计上的极大自主权，以及县级主管部门所具有的与资金调度权相适应的政策制定权的设计考虑了在我国地区差异大的情况下制度的设计应当因地制宜，但同时也导致了城乡居保制度内部的碎片化异常严重。这种碎片化同样体现在不同群体和不同地区两个方面：一方面，在城乡居保按照待遇与缴费相关联的制度建立理念下，农村居民因收入限制，只能选择较低的缴费档次，从而导致待遇水平明显低于城镇居民，没有从本质上改变农村局面的社会养老弱势地位。另一方面，城乡居民基本养老保险制度的设计体现了中央制定总体原则、地方具有极大弹

---

① 杨复卫：《机关事业单位养老保险改革的效果评估——以比例原则为分析视角》，《政法论丛》2018 年第 6 期，第 125—137 页。

性的典型特征,中央制定总体原则能够保证普惠型的最低标准,地方具有自主性能够给予地方政府根据自身情况调整的自主权。这种做法有助于提高效率,但也因此会带来公平的损失,不利于全国范围内公共服务均等化的实现。全国各地经济发展水平各异,地方财政能力因此差异巨大,而城乡居民基本养老保险制度的政府财政补贴制度设计中给予了地方财政极大的自主权。很容易造成经济发达地区的城乡居民养老金待遇水平高,而经济落后地区的城乡居民养老金待遇水平低的现象。

养老保险制度的"碎片化"带来的弊端有:其一,打击人们的参保积极性,影响社会保险覆盖面的扩大;其二,业务操作复杂化,工作量增加,增加社会养老保险的运行和管理成本,带来不必要的资源浪费;其三,降低制度抗风险的能力,养老金制度的再分配和缩小贫富差距的功能缺失;其四,不同制度之间的转续衔接问题限制人口的自由流动。

二、财务可持续性偏弱

财务可持续是养老金制度可持续发展的基本内涵。一项财务可持续的养老金制度是能够保证在合理的缴费负担水平和保障水下,实现制度自身的收支平衡。"统账结合"的城镇职工基本养老保险制度经过二十多年的运行,尽管覆盖面不断扩大,但基础养老金依然面临较大的财务不可持续风险。从表2-5中可以看出,1998年开始,政府财政对城镇职工基本养老保险基金逐年补贴,且补助额逐年增加。此外,1998—2017年城镇职工基本养老保险征缴收入平均增速(17.59%)低于养老金总支出的平均增速(18.72%)。与此同时,从制度内部的角度来看,考虑到我国基本养老保险制度从现收现付制向统账结合的体制转轨时,没有采取专门方式处理转制成本,而是期冀通过在政策上加大企业统筹费率的方式逐步消化,实践中更是挪用"中人"和"新人"的个人账户基金积累偿付隐性债务,导致个人账户养老金债务持续增大,再加上制度规定"老人"和"中人"在退休时没有或者只有部分个人账户积累,但却实行视同缴费领取个人账户养老金制度,由此增加个人账户空账债务,使得个人账户空账成为城职保制度的隐忧;从制度外部的角度来看,人口老龄化现象的加剧引起老年抚养比的不断提高,更进一步强化了养老保险制度的财务不可持续性风险,很有可能导致未来相当长一段时间内的基金收支不平衡问题。

表 2-5　1997—2017 年我国城镇职工基本养老保险制度基金收支平衡状况

（单位:亿元）

年份	总收入	征缴收入	财政补贴	总支出	财政补贴后的累计结余
1997	1338	1338	0	1251	683
1998	1459	1353	24	1512	612
1999	1965	1595	193	1925	734
2000	2278	1869	366	2116	947
2001	2489	2092	350	2321	1054
2002	3172	2551	455	2843	1608
2003	3680	3044	530	3122	2207
2004	4258	3585	614	3502	2975
2005	5093	4312	651	4040	4041
2006	6310	5215	971	4897	5489
2007	7834	6494	1157	5965	7391
2008	9740	8016	1437	7390	9931
2009	11491	9534	1646	8894	12526
2010	13420	11110	1954	10555	15365
2011	16895	13956	2272	12765	19497
2012	20001	16467	2648	15562	23941
2013	22680	18634	3019	18470	28269
2014	25310	20434	3548	21755	31800
2015	29341	23016	4716	25813	35345
2016	35058	26768	6511	31854	38580
2017	43310	33403	8004	38052	43885

资料来源:1997 年度《劳动事业发展统计公报》、1998—2007 年度《劳动和社会保障事业发展统计公报》以及 2008—2017 年度《人力资源和社会保障事业发展统计公报》。

城乡居民基本养老保险制度的财务不可持续性风险主要体现在对公共财政的过度依赖上。公共财政支持是维持城乡居民基本养老保险制度稳定运行的关键:在筹资方面,城乡居民基本养老保险制度的特征之一是以财政补贴作为三大主要筹资来源之一,因集体补助所占份额极小,地方政府财政补贴成为事实上的两大主要筹资源之一;在待遇方面,中央财政直接负担全部或者部分基础养老金支付,其支持力度直接关系到城乡居民待遇水平。从必要性上讲,财政补贴机制能够体现政府职能,体现了政府财政对城乡居民社会保障缺失以及缴费能力较弱的一种补偿;从不利之处来看,财政补贴机制的存在使得城乡居民基本养老保险制度的定位产生"强福利"和"弱保险"的福利化倾向,加大了城乡参保居民可能存在的逆向选择和道德风险。同时,如果不从根本上解决问题,比如增加农村居民和城镇非就业居民的收入水平,提高其缴费能力,一味依靠公共财政支持,也会给公共财政带来较大的负担。在城乡居民基本养老保险制度中,相关文件在关于政府补贴的规定这一块,仅对中央政府基础养老金的补贴额做出了明确规定,而地方政府在缴费补贴以及"多缴多得"和"长缴多得"补贴上的数额则具有较大的自主权和随意性。各级政府对制度的补贴责任是否在财政承担能力范围内,将直接影响城乡居保制度财务可持续性,是城乡居保制度需要重点考虑的问题之一。

三、多层次体系尚未形成

20世纪90年代开始,《国务院关于企业职工养老保险制度改革的决定》首次提出建立以国家基本养老保险、企业补充养老保险和个人储蓄型养老保险相结合的多层次养老保障体系,就此确立了多层次养老保险体系建设的基本思路。在此后几十年里,中国初步搭建了一个由政府、企业和个人共同参与的多层次养老保险体系的基本框架,但总体而言,多层次养老保障制度的发展并不十分顺利,并没有实现制度设计的初衷。实践中出现过分依赖第一层次的基本养老保险、政策与资源均集中在基本养老保险,而企业补充性养老保险和商业储蓄型养老保险发展十分缓慢,导致多层次养老保障体系发展出现结构性失衡问题,实质上的多层次体系并未形成。

目前我国多层次养老保障体系的发展状况呈现出的特点为:第一支柱发展稳定,但财政负担较重,在多层次养老保险体系中仍旧占据绝对的主导地位,承担老年经济保障的主要责任的同时,面临着替代率下降与基金可持续性的双重压力;第二支柱的企业年金发展滞后,覆盖面狭窄,保障能力弱,难以达到预期的政策运行效果;第三支柱的储蓄型商业养老保险起步较晚,规模较小,在整个养老保障体系中占比较低。

企业年金市场发展滞后体现在参与率低、基金规模低和替代率水平低三个方面。从表2-6可以看出:在企业和职工的参与率方面,自企业年金制度建立以来,参加该制度的企业和职工人数增长十分缓慢。截至2017年年末,全国仅8万户企业实行了企业年金计划,而参保职工人数仅2331万人,仅占城镇职工基本养老保险参保职工人数的7.96%,且参保企业与职工的增速总体呈现下降趋势;在基金规模方面,尽管企业年金年末基金结余数量逐年上涨,已达到一定规模,截至2017年年底,企业年金年末基金累计结余约1.3万亿元,但企业年金资产占当年GDP的比重仅为1.56%,甚至远远低于国际上企业年金发展比较滞后的国家[①]。此外,目前我国企业年金替代率测算水平约为5%左右,相比我国基本养老保险替代率水平和国外自愿性的DC型企业年金计划的替代率都有较大差距。

表2-6 2006—2017年我国企业年金制度发展状况

年份	参加企业数量(万户)	参加企业数量增速(%)	参保职工(万)	参保职工增速(%)	城镇职工基本养老保险参保职工人数(万)	参保职工占城镇职工基本养老保险参保职工人数的比重(%)	城镇就业人数(万)	参保职工占城镇就业人员的比重(%)	年末基金累计结余(亿元)	年末基金累计结余占当年GDP的比重(%)
2006	2.40	/	964	/	14131	6.82	28310	3.41	910	0.41
2007	3.20	33.33	929	-3.63	15183	6.12	30953	3.00	1519	0.56
2008	3.30	3.12	1038	11.73	16587	6.26	32103	3.23	1911	0.60
2009	3.35	1.52	1179	13.58	17743	6.64	33322	3.54	2533	0.73

① 房连泉:《全面建成多层次养老保障体系的路径探讨——基于公共、私人养老金混合发展的国际经验借鉴》,《经济纵横》2018年第3期,第75—85页。

年份	参加企业数量（万户）	参加企业数量增速（%）	参保职工（万）	参保职工增速（%）	城镇职工基本养老保险参保职工人数（万）	参保职工占城镇职工基本养老保险参保职工人数的比重（%）	城镇就业人数（万）	参保职工占城镇就业人员的比重（%）	年末基金累计结余（亿元）	年末基金累计结余占当年GDP的比重（%）
2010	3.71	10.75	1335	13.23	19402	6.88	34687	3.85	2809	0.68
2011	4.49	21.02	1577	18.13	21565	7.31	35914	4.39	3570	0.73
2012	5.47	21.83	1847	17.12	22981	8.04	37102	4.98	4821	0.89
2013	6.61	20.84	2056	11.32	24177	8.50	38240	5.38	6035	1.01
2014	7.33	10.89	2293	11.53	25531	8.98	39310	5.83	7689	1.19
2015	7.55	3.00	2316	1.00	26219	8.83	40410	5.73	9526	1.38
2016	7.63	1.06	2325	0.39	27826	8.36	41428	5.61	11075	1.49
2017	8.04	5.37	2331	0.26	29268	7.96	42462	5.49	12880	1.56

资料来源：2006—2017 年度《中国统计年鉴》和《人力资源和社会保障事业发展统计公报》。

2017 年《关于加快发展商业养老保险的若干意见》（国办发〔2017〕59 号）颁布之后，我国第三层次的个人税收递延型商业养老保险才正式诞生。在此之前由于税优政策缺位，商业养老保险发展十分缓慢，除去理财性质的养老保险产品以后，商业养老保险产品规模仅万亿左右。

导致多层次养老保险制度发展缓慢的可能原因有：受缴费能力所限的储蓄型商业养老保险有效需求不足；基本养老保险制度的挤出效应导致受基本养老保险保障水平持续增长影响的企业补充养老保险内在动力不足；经济环境制约；企业年金市场投资运营体制僵化；补充养老保险的立法与政策滞后、监管能力和风险控制能力不足以及传统养老观念和社会心理有待调整等。

四、公平性不足

基本养老保险制度公平性不足主要体现在两方面：其一，城镇职工和城乡居民的基本养老保险制度分设导致两种制度下的待遇水平差异过大；其二，同一种制度内部的地区分治导致的地区政策各异，差别显著。

城镇职工和城乡居民基本养老保险制度分别适用于工薪劳动者和以农民为主体的其他社会成员。由于制度之间的社会统筹资金来源不同,个人账户基金缴费额不同,财政补贴数量不同,因而养老金发放水平差异悬殊。待遇水平的差异体现在两个方面:其一,两者的绝对数额差距很大。城乡居民基本养老保险制度的养老金待遇水平普遍偏低,根据民政部《2013 年社会服务发展统计公报》数据,2013 年全国平均城市与农村低保标准分别为每人每月 373 元和每人每月 203 元。而根据人力资源和社会保障部 2013 年新闻发布会公布的数据,城乡居民基本养老金月人均仅 81 元;同期职工人均基本养老金则高达 1900 元。2017 年,企业退休职工人均月领取养老金 2875.9 元,城乡居民人均领取月养老金 125 元,二者比例为 23∶1。其二,两者的增速也并不相同。2005—2018 年,企业职工基本养老金十四连涨;而 2009 年、2014 年和 2018 年,城乡居民基础养老金分别只有 55 元、70 元和 88 元。

从微观个人角度来看,城镇职工基本养老保险制度的地区差距体现在一位有代表性的个体在全国不同地区参加基本养老保险所获得的内含报酬率和替代率不同,工资增长率高的地区基本养老保险的内含报酬率和替代率都比较高[①]。从制度设计的角度来看,受各地老年抚养比和经济发展水平的影响,缴费率和缴费基数等参数设置、隐性债务、待遇水平和替代率水平等都存在较大的地区差异。

城乡居民基本养老保险制度的地区不公问题是制度按照地理区位来划分财政补贴的做法导致。按照《国务院关于建立统一的城乡居民基本养老保险制度的意见》的规定,政府财政补贴区别为中央政府补贴和地方政府补贴,其中,中央财政对中西部地区的最低基础养老金标准给予全额补贴,对东部地区给予 50% 补贴,这种补贴政策的设计体现了国家对于经济发展水平差距和对地区公平的重视,但这种设置方法过于简单,会带来新的不公平现象。具体说来,中央财政无论是对东部地区的补助还

---

① 彭浩然、岳玉红:《我国基本养老保险的地区差距研究》,《经济管理》2009 年第 8 期,第 169—174 页。

是对中西部地区的补助,都是按照人口来确定总的补贴额度的,而从城乡居民基本养老保险制度的参保者情况来看,参保的农村居民人数占绝对优势,故而对于农村人口多的省份,中央财政最后的补贴就多,对于农村人口少的省份,中央财政最后的补贴就少,然而,一个省份中农村人口的占比与该省份处于东部还是中西部并没有直接的联系。因此按照地理区位来划分财政补贴的规定对于东部地区中农村人口较多的河北、山东、海南和福建等省份来说是不公平的。与此同时,即使中央政府对中西部地区都采取全额补贴最低基础养老金的方式,但中西部地区内部的地方政府财政实力也具有较大的差异,中央政府忽视这种差异性,最终实行统一数额的补贴标准,也会导致中西部地区内部补贴不公平的产生和出现。

五、权责不清晰

基本养老保险制度涉及的责任主体有政府、市场、社会、企业、家庭与个人。各责任主体之间清晰的责任边界是养老保险制度成熟的基本标志。然而,现阶段基本养老保险制度的权责不清晰问题凸显。主要体现在:其一,基本养老金的职责界定不清晰。对基本养老保险制度的过分依赖将会一方面加重企业和个人缴费负担,另一方面阻碍了多层次养老保险体系的建设。其二,养老保险筹资责任在政府与市场以及政府、单位与个人之间的分担不明。对于城镇职工基本养老保险制度而言,政府目前承担难以预计的兜底责任,而非相对稳定的比例责任。这种不确定性和难以预计性给政府财政可持续性以及制度财务可持续性都带来了极大风险。其三,中央与地方财政的兜底责任不清。一方面,真正意义上的全国统筹尚未实现,全国统筹与地方统筹的目标结构不明。另一方面,中央财政与地方财政的权责划分不对等,没能体现"谁负责、谁出资"的效率原则,例如中央政府需要承担地方政府在缴费率与缴费基数等参数设置上的自主选择而引发的可能财务风险。其四,基本养老保险制度改革过程中的转轨成本规模不明且承担主体不清。期冀通过加大统筹账户缴费率来解决养老保险制度改革过程中本应由制度外方式解决的转轨成本的做法,导致基金缺口与个人空账持续放大,已经严重影响基本养老保险制度的财务可持续和代际公平性。

此外,相比城镇职工基本养老保险制度内部的权责不对等主要体现在政府所承担的财政补贴责任难以预计上,城乡居民基本养老保险制度内部的权责不对等则体现为强福利性,这种强福利性体现在三个方面:其一,缴费部分的地方财政补贴直接计入个人账户,成为具有个人私人产权的个人养老储蓄部分,在很大程度上体现了福利性,而非保险性;其二,对于已经年满 60 周岁,尚未领取国家规定的基本养老保险待遇的城乡居民,不用缴费可以直接按月领取城乡居民养老保险基础养老金;其三,基础养老金部分全部由公共财政负担,其中东部地区中央财政和地方财政各承担 50%、中西部地区则由中央财政全额负担。

2.2.2 挑战

当前,随着我国社会主义市场经济体制改革不断深化和经济社会发展,经济结构不合理、社会保障体系不健全、就业压力逐年增加和收入分配差距拉大等深层次问题逐步显现,伴随人口老龄化、经济新常态和国家治理体系现代化的推进,养老社会保障的任务越来越重,对加快完善养老保障体系提出了新的任务和要求。

一、人口老龄化

老龄化是全球性现象。按照世界银行确定的人口老龄化标准[1],我国已于 1999 年正式步入人口老龄化国家行列,当年全国人口数为1211965 人,65 岁及以上人口为 92507 人,65 岁及以上人口占全国人口的比例为 7. 82%[2]。截至 2017 年年底,我国 65 岁及以上老年人口已经达到 1. 58 亿人,占总人口的比例为 11. 4%[3]。我国已经成为世界上老年人口最多、人口老龄化速度最快的国家之一,老龄化成为我国 21 世纪发

---

[1] 按照世界银行确定的人口老龄化标准,一个国家或地区的全部人口中,65 岁以上的老年人口达到 7%以上或者 60 岁以上的老年人口达到 10%,则该国家或地区已经进入老龄化社会。

[2] 数据来源于 2000 年《中国统计年鉴》中 1999 年抽样比为 0. 976‰的人口变动抽样调查数据,见 http://www.stats.gov.cn/tjsj/ndsj/zgnj/2000/D07c.htm。

[3] 数据来源于 2017 年《中国统计年鉴》,见 http://www.stats.gov.cn/tjsj/ndsj/2017/indexch.htm。

展面临的一个重大挑战。

我国的人口老龄化呈现出时间上的阶段性特征。根据联合国《世界人口展望》的预测数据绘制图,1965年以后,我国老年人口抚养比不断上升,至2015年已经超过世界平均水平。我国的人口老龄化进程可以大致分为三个阶段:1950—2010年老年人口比例平稳、2010—2060年老年人口比例快速上升、2060—2100年老年人口比例上升速度较上一阶段有所下降。和世界平均水平下的老年人口抚养比相比,近年来,我国老龄化呈现出明显的增长速度快特征。国际上一般用老年人口比例翻一番的时间来衡量人口老龄化的速度,从图2-3中可以看出,世界平均水平下老年人口抚养比从10%上升到20%用了45年,而我国只需要25年就可以完成这一过程。

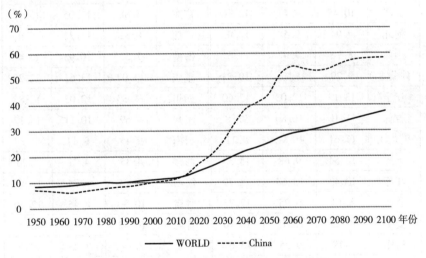

**图2-3 1950—2100年我国与世界平均水平下
老年人口抚养比①的变化趋势**

我国人口老龄化空间上的不平衡性主要体现在地区差异和城乡差异上。从表2-7中可以看到,受地区人口出生和死亡水平等自然变动以及

---

① 65岁以上人口占14—64岁人口的比例。

地区之间的人口迁移和城镇化进程影响,我国老龄化程度存在明显的地域差别,总体显现东部地区老龄化程度较高,中部地区次之,西部地区老龄化程度最低的梯度分布态势。同时,我国人口老龄化体现出来的城乡二元特征也值得关注,除了少数省份以外,大多数省份的农村老年人口抚养比远远高于城镇;从城市、镇和乡村的老年人口抚养比标准差来看,乡村人口老龄化的地区差异远远大于城镇。

表2-7 我国各地区分城市、镇和农村的老年人口抚养比

(单位:%)

地区	城市	镇	乡村	地区	城市	镇	乡村
全国	9.59	10.62	14.21	湖北	9.32	10.29	14.05
北京	10.45	8.68	11.96	湖南	9.57	11.67	15.75
天津	10.45	7.41	12.10	广东	5.88	10.05	13.78
河北	9.94	9.58	12.03	广西	8.82	11.22	15.90
山西	8.72	7.97	11.67	海南	7.57	10.93	13.49
内蒙古	9.29	8.46	10.53	重庆	11.02	13.61	22.22
辽宁	13.13	12.03	13.60	四川	11.33	12.03	17.84
吉林	11.18	10.86	9.88	贵州	9.69	10.11	15.12
黑龙江	11.61	10.92	9.11	云南	9.45	9.44	11.34
上海	12.54	9.68	15.33	西藏	4.35	4.21	8.26
江苏	10.43	13.68	18.79	陕西	10.35	8.84	12.41
浙江	8.14	9.95	17.73	甘肃	10.30	8.45	12.20
安徽	10.22	12.15	16.70	青海	10.42	6.78	8.55
福建	7.19	9.25	13.61	宁夏	8.97	7.23	9.27
江西	9.82	9.06	11.99	新疆	10.27	9.79	7.88
山东	9.75	12.11	15.93	标准差	1.73	1.99	3.29
河南	9.28	9.83	13.42				

资料来源:第六次全国人口普查。

人口老龄化是人口自然增长率下降和人口预期寿命延长等因素综合作用的必然结果,老年人口规模基数大和增长速度快给我国经济社会发

展和人民生活带来了严峻考验,老龄化进程的加快将会对我国养老体系产生强烈冲击。最直接影响就是老年人口抚养比的持续上升,老年抚养比通过影响参保缴费人数和养老金领取人数规模,改变制度的贡献者和制度的受益者的力量对比,从基金的收入和支出两个方向影响制度的收支平衡,从而加大养老保险基金缺口出现的风险,引发社会养老保险制度的财务危机。根据林宝的预测[1],2022—2030 年是农村养老支付压力增长最快的时期,各年增长率均在 4%以上。

二、经济新常态

2014 年 5 月,习近平总书记在河南考察时首次以新常态来描述中国经济发展的阶段性转换。2014 年 12 月,中央经济工作会议明确指出,我国经济正在向形态更高级、分工更复杂、结构更合理的阶段演化,经济发展进入新常态。新常态是一般意义上的经济状态,为解决新常态下的经济长期增长问题,习近平总书记于 2015 年年底首次提出"供给侧结构性改革"的重要观点。

新常态下中国经济呈现四大特征:经济增速放缓,从高速增长转为中高速增长;经济增长方式转变,从规模速度型粗放增长转向质量效率型集约增长;经济结构优化升级,从增量扩能为主转向调整存量、做优增量并存;经济增长动力转换,从要素、投资驱动转向服务业发展及创新驱动。

新常态背景下经济发展呈现新特征,必然影响社会制度的运行。养老保险制度是与经济发展密切相关的重要民生制度,其如何适应和把握经济新常态下改革的政策调整路径与趋势不仅关系到养老保险制度自身的可持续性,也是供给侧改革的必然要求,将直接影响到经济社会的持续健康发展。

经济新常态背景下,供给侧结构性改革的进行得养老保险制度改革面临新的机遇和挑战,新常态下养老保险制度改革的重点趋势和领域体现在:其一,建立科学的养老金待遇调整机制。一直以来,与经济发展水

---

[1] 林宝:《中国农村人口老龄化的趋势、影响和应对》,《西部论坛》2015 年第 2 期,第 73—81 页。

平相适应是社会保障制度建设的基本原则之一。新常态背景下经济增速下滑,GDP 增长率下降,企业利润和职工收入增长放缓,使得养老基金的收支平衡压力加大。与之相对应的养老金调整也应尽快步入新常态,建立起与经济发展水平、物价水平和职工收入等指标联动的科学的基本养老金待遇调整机制。

其二,完善资本市场,充分发挥投资运营的杠杆效应。一方面,成熟的资本市场和规范的投资环境决定了养老保险基金的安全性与收益水平。经济新常态为资本市场的完善提供了重要契机,经济增长动力的转换是经济新常态的重要特征,表现为经济增长从主要依靠要素、投资驱动转向依靠服务业发展和创新驱动,由主要依靠需求侧拉动转向主要依靠供给侧拉动,由主要依靠政府投资转向主要依靠社会投资拉动。另一方面,随着我国城镇职工和城乡居民基本养老保险基金的累计结余不断增加以及全国社保基金不断充实,日益壮大的养老保险基金也将对我国资本市场和新常态下的经济发展产生深远影响。在控制投资风险的前提下,加快推进养老保险基金投资运营,撬动社会资本充分发挥杠杆效应,能够促进金融产品完善和金融制度创新,促进高新企业和科技企业等新兴行业和市场主体的出现,为新常态下经济增长动力的顺利转换和经济稳定健康发展提供有力的资本支持。

其三,扩大覆盖面,注重新就业人群的养老保障。伴随供给侧结构性改革的进行,一方面,产能过剩得以化解,产业结构得以优化升级;另一方面,结构性失业现象产生,劳动力供需的结构性矛盾升级,第三产业和新兴产业发展使得灵活就业人员增加,非正式就业将成为工作与就业的新常态,也对养老保险制度的改革和完善提出了更高要求。应当进一步加大养老保险覆盖范围,重点做好进城务工人员、城镇新增就业人员和灵活就业人员的参保工作;同时采取激励措施,引导和鼓励各类人员长期参保和连续参保。

其四,重新定位养老保险制度改革中的政府责任。随着经济步入新常态,以"减税降费"政策促进供给侧结构性改革的深化,政府财政收入锐减、债务风险加大,因此而承担的公共服务职能将会受到巨大冲击。

"十三五"规划建议提出加强我国社会服务领域的制度创新和制度供给，充分发挥市场在资源配置中的决定性作用和更好的发挥政府作用,对丧失劳动能力的社会成员实施兜底性政策。因此,在供给侧结构性改革的过程中,政府要重塑自身在社会养老保险改革领域的责任意识,重塑社会保障制度的顶层设计,正确处理长期与短期、公平与效率之间的关系,注重政府职能的参与和分权,充分强调政府在社会保障中的兜底性作用。

其五,做实缴费基数,降低企业缴费率。随着我国经济增速放缓,经济下行压力增大,部分企业生产利润下降,生产经营困难,降低缴费率对于降低企业生产经营成本,提高企业活力具有重要意义。在降低企业缴费率的方式上,除了直接降低养老保险缴费率和完善降缴缓缴这种内涵降费方式以外,应当重视在其他收入再分配方式下,加大财政转移支付力度和提高国有企业的反哺力度等减轻企业与职工当期缴费压力的外延降费方式。

三、法治建设

法治体系是国家治理体系的重要组成部分,而法治体系本身是一个系统,是由立法、执法、司法、守法和法律监督体系等组合而成的一个纵向法制运转系统。党的十八届四中全会提出"全面推进依法治国""建设中国特色社会主义法治体系"。相较于以往单纯重视法律与制度,要求有法可依、有法必依、执法必严和违法必究的"法制"体系而言,法治体系内容更加明确,包括法律规范体系、法治实施体系和法治监督体系等。在全面推进依法治国以实现国家治理体系与治理能力现代化的背景下,针对养老保险制度体系法治化的要求将体现在三个方面:完善法律制度体系和构建制度价值体系以及实现监管体系法治化,最终在养老保险乃至社会保险领域真正实现"科学立法、文明执法、公正司法和全民守法"。

其一,包括养老保险在内的社会保险法律制度体系,是中国特色社会主义法律体系的组成部分。立法是制度体系法治化的基础和前提,科学且完善的法律体系对养老保障事业的发展具有重要意义。然而我国现行养老保险法律体系并不完善,现行可依据的法律文本只有《社会保险法》,主要依靠行政法规和政策性文件规制;同时,随着改革的不断推进,该法律文本出现许多条款与实践脱节的问题,需要重新修订。其二,现行养老保险制度基于身份的制度差异严重阻碍制度一体化进程,应当重塑养老保障制度价值体系,去除身份分层,实现公平价值理念的回归。其三,基于公平的法律制度体系是基础,坚定不移地贯彻实施和推进包括社会保险行政部门和经办机构在内的社会保险法律规范执行机构的依法行政,实现监管体系的法治化是法律制度得以顺利施行的重要保障。在加大执法力度的同时,应当全面落实社会保险执法责任制,编列相关部门和工作人员的社会保险工作权力责任清单,以强化对社会保险执法机构的制约和监督。

2.3　中国社会养老保险制度改革展望

党的十九大报告指出"我国社会主要矛盾已经转化为人民日益增长的美好生活需要和不平衡不充分的发展之间的矛盾",要"按照兜底线、织密网、建机制的要求,全面建成覆盖全民、城乡统筹、权责清晰、保障适度、可持续的多层次社会保障体系"。养老保险作为重要的社会保障制度安排,必须在明确改革原则、重视顶层设计、出台相关政策措施的基础上加快走向定型之路。

2.3.1　改革原则

一、实现制度可持续发展

养老保险是一项以国家法律为保证的多代人参与的制度安排,其本质是代际之间的交换、转移及分配关系,因而,养老保险制度与可持续发展理论具有天然联系。可持续发展的精髓是追求以效率作为参考的公平、正义与合理。代际公平与可持续发展具有相同的价值取向,谋求代际公平是养老保险制度可持续发展的核心命题;与此同时,代内公平也是代际公平的应有之义,代内公平是可持续发展原则在空间维度的要求。

对于养老保险制度可持续性的理解经常与养老保险制度的财务可持续性相混淆。事实上,财务可持续性意味着基金收支的长期平衡,其是制度可持续性的物质基础和表现形式。结合欧盟委员会和世界银行的相关规定,养老保险制度的可持续发展的应有之义应当从宏观、制度和财务等三个角度分解,包括:建立在与经济发展水平相协调、与劳动力市场和资本市场相结合的基础之上;参保可持续、缴费可负担、待遇水平适当和权利与责任相对等;能够实现基金自平衡,或能将财政压力控制在合理范围内。

二、正确处理政府与市场、中央政府与地方政府以及政府、单位与个人的关系

从经济学角度来讲,基本养老保险具有准公共产品性质。实践中,城镇职工基本养老保险制度的社会统筹部分由财政兜底、政府管理,是一种非市场化的保障项目;个人账户部分由职工个人承担风险、政府管理,是一种准市场化的保障项目。[①] 城乡居民基本养老保险由财政支持、政府管理,是一种准市场化的保障项目。基本养老保险制度必然涉及政府、市场、单位与个人等多方责任主体,清晰的主体关系是划清社会保障责任、建立责任分担机制的前提。

第一,正确处理政府和市场的关系。改革开放以来,我国养老保险领域进行了一系列的市场化导向的改革,政府与市场的作用边界开始模糊,新时期在处理政府与市场的关系上,应当坚持政府职能的有限和有为。公平与效率是政府与市场的两个代名词,也是养老保险制度的基本目标。政府应当提供致力于解决社会公平问题和实现收入再分配的公共养老金制度,并承担兜底责任;市场应当提供增进制度供给效率和提高管理效率的具有竞争性的私营养老金制度。同时,市场应当在公共养老金的投资运营上发挥重要作用,政府应当为私营养老金制度的运行制定规则和提

---

① 孙静:《多支柱养老社会保障的责任分担机制研究》,《财政研究》2005 年第 7 期,第48—50 页。

供良好的政策环境。

第二,正确处理中央政府与地方政府的关系。养老保险实践中,中央政府与地方政府职责常处于交织与重叠状态,地方政府具有一定的自主权。然而,中央政府和地方政府在养老保险资源配置的目标、手段和利益上并不总是一致,有时甚至相悖。在分权治理模式和地方政府领导晋升锦标赛体制下,地方政府看重短期经济目标,在资源配置上具有先天优势;而中央政府承担稳定、分配与再分配职责。在养老保险制度改革过程中,由于部分积累制带来的误解,导致中央政府与地方政府的责任不明,地方政府依赖中央政府的倾向明显,应当压实和强化地方政府的主体责任,避免中央政府背上无限责任的包袱。

第三,正确处理国家、企业和个人的关系。城镇职工基本养老保险制度中,单位与个人应当是筹资主体,应以基金自平衡为目标,尽管国家应当承担兜底责任,但财政补贴并不能作为一种常规手段。目前个人账户空账债务使得基本养老金的兜底性财政转移支付额度难以预期,不利于多元化筹资机制的发展。城乡居民基本养老保险制度中,财政补贴具有缴费激励功能,随着经济社会的发展,应当建立与财政补贴相剥离的长效激励机制,强化政府财政的转移支付与再分配功能。

三、保基本、兜底线

文明社会的标志是先天禀赋和后天环境各不相同的个体拥有社会普遍认可的包括最低生活保障、公共卫生和医疗救助,以及接受基础教育等基本社会权利。在养老保障领域,基本的社会权利就是国民不论身份、职业以及地域差别均能享受到基本的养老保障。党的十九大报告明确提出按照兜底线要求,建设覆盖全民的多层次社会保障体系。作为养老保障的第一层次,基本养老保险制度应当充分发挥安全网和稳定器的功能,保障全体国民基本生存底线。基本生存底线是弱势群体和底层民众的基本需求,是对公民基本生存权的保障。保基本应当作为基本养老保险制度的合理政策取向,而考虑到新旧经济增长动力转换和产业调整的过渡时期,且养老保险制度发展具有待遇刚性特征,对于超过基本保障之外的诉求,应当谨慎考虑。政府应当成为承担这种最低保障的最后主体,要根据国民基本生活和发展的需要,划定一条社会差异以外能够共同认可的底线,明确政府在保基本和兜底线上的责任边界。

2.3.2　顶层设计

顶层设计是我国深化改革的重要内容之一。目前,我国养老保险制度呈现出的分立运行和域际差异现状以及突出的群体间社会分层和群体内既得利益固化现象引起了社会的高度关注。随着供给侧结构性改革的进行,产业结构不断优化升级,产业融合导致就业界限不断模糊,经济社会结构趋于统一,城乡收入均等化程度不断提高,如何使得养老保险制度从形式普惠走向实质公平,并逐步通过合并城乡三类制度的方式,消除基于身份的制度差异,建立覆盖城乡居民的社会养老保险制度是大部分发达国家社会保障制度城乡整合的经验做法,也是我国未来社会养老保险制度改革的发展趋势,更是供给侧改革对于社会保障制度的基本要求。

一、构建可持续发展的中国多层次养老社会保障体系

从1984年养老保险社会统筹试点到2000年做实个人账户试点,再到2004年企业年金试行,我国多支柱养老社会保障体系正在逐步建立。我国基本养老保险制度虽然形式上是"统账结合"的一项名义账户制度,而实质上是"现收现付制+基金积累制"的两项制度,由此产生了大量的转制成本,带来了沉重的改革"阵痛"。因此,未来我国的城镇养老社会保障制度应在进一步调整和完善基本养老保险制度结构的基础上,通过引导和鼓励企业年金、个人储蓄养老保险发展,逐步建立起以公有制为主体、多种所有制经济发展相适应的、满足不同群体需求的多层次养老社会保障体系。

第一,还原"统账结合"制度为"国民养老金制度+强制性企业年金制度"的本质特征。当前,实务部门和理论界对我国"统账结合"基本养老保险制度的筹资模式给出的理论界定基本上统一为"部分积累制"。事实上,不论从筹资模式、管理方式、给付形式来看,还是从政府在这两项制度中承担的责任来看,"统账结合"制度的两部分都存在明显的差异,并

且是截然不同的两种制度形态。将"统账结合"制度定义为"部分积累制"是一种误解,"统账结合"制度事实上是现收现付制的统筹养老金制度和基金积累制的个人账户养老金制度两项制度而非一项制度,是混合而非结合。此前辽宁试点和国发〔2005〕38 号文件推动的改革事实上是不彻底的。

由于将"统账结合制"错误地定义为"部分积累制",理论界与实际部门因社会保险税与费的问题争论不休。事实上,如果将"统账结合"还原为现收现付制和基金积累制的两项制度,而非"部分积累制"的一项制度,那么有关社会保险税费之争的问题就迎刃而解:社会统筹养老金制度实行税收征管,纳入财政预算;个人账户养老金以费的形式由税务部门代征,存入职工个人账户。因此,目前应在做实个人账户的基础上,将"统账结合"制度拆分为"国民养老金制度(基础养老金)+强制性企业年金制度(个人账户养老金)",两项制度共称基本养老保险制度,强制所有企业和城镇所有从业人员依法参加。与此同时,坚决剪断"统""账"之间的"脐带",统筹基金不能向个人账户透支,个人账户基金也不得向统筹账户透支。在两项制度组成的基本养老保险体系中,国家承担国民养老金制度的兜底责任和基金受托管理责任,仅承担强制性企业年金制度的基金受托管理责任和提供免税待遇,不对其进行财政兜底。同时,既然强制性企业年金制度是一个以纵向财务平衡为原则的基金积累制制度,并内在要求养老基金投资运营,因此,应当还原个人账户养老金的本质,将其让渡给外部市场化主体来提供,而政府的责任仅仅在于强制建立和拟定规则并依规监管。

第二,重构可持续发展的多层次养老社会保障制度的基本框架。基于现行"统账结合"制度的以上特点,完善养老社会保障制度的基本思路为横向分离和纵向合并,逐步将"统账结合、混账管理"的"部分积累制"模式过渡到包括国民养老金制度(基础养老金)、强制性企业年金制度(个人账户养老金)、自愿性企业年金制度和个人储蓄型养老保险在内的多层次养老保障体系。

第一支柱:国民养老金制度(基础养老金)。国民养老金制度是一项覆盖城镇所有从业人员,确保其基本生活和权益的养老保障项目,可视为最低养老金。基金由企业缴费形成,不足部分由财政补助,所有参保人员享受同等待遇水平,目标替代率为30%。作为基本保障项目,由政府承担受托管理和财政兜底责任。全国统筹实行以前,国民养老金的责任主体是地方政府,基金不足部分由地方财政兜底,中央财政给予适当补助;全国统筹实现以后,统一各地国民养老金缴费基数和比例,基金不足部分由中央财政兜底。目的在于通过现收现付方式促进社会再分配,对全体国民提供退休后基本生活的保障。

第二支柱:强制性企业年金制度(个人账户养老金)。强制性企业年金是一项法定企业保障项目,强制职工个人缴费,国家免征税收,政府承担受托管理责任,保障其中等生活水平。强制性企业年金企业不缴费,财政不兜底。基金由个人缴费形成,具有与国民养老金不同的私有属性,根据个人缴费、投资收益积累额和预期余命确定待遇水平,目标替代率为30%。目前,国家规定个人按工资8%缴费,由于职工工资基数不一,实际缴费费率和投资收益率不同,强制性企业年金基金积累额差别较大,最终享受的待遇水平不等。

第三支柱:自愿性企业年金。自愿性企业年金是一项由政府给予政策支持、企业或单位自主建立的自愿性养老保障项目,目标替代率确定在20%。此项计划由企业与职工协商建立,基金由企业和职工缴费形成,实行完全市场化管理运营。由于该项计划为企业自主项目,企业可能建也可能不建,存在有或无的区别。此外,由于职工工资基数、供款比例和投资收益等不同,自愿性企业年金个人账户最终积累额不等,实际享受的保障待遇差别很大。

第四支柱:个人储蓄型养老保险。个人储蓄型养老保险是一种由企业和(或)个人依据自身收入状况,自愿到商业人寿保险公司购买的养老保险产品。此项计划由政府给予税收优惠,个人自愿选择、自愿参加,实行完全市场化管理运营,风险自担。目标是为那些希望在年老时得到更多收入保障的社会成员提供更高层次的保护。其主要体现要素贡献、能力差异和收入差别的个人责任。

二、实施国民养老金发展战略

1952—1978 年，我国为摆脱贫困，实现国家工业化和现代化建设目标，客观地选择了二元社会经济结构发展模式，由此形成了二元社会保障体系：在城市建立了项目全面的国有企业保障制度；在农村除了低水平的社会救助和"五保"制度外，农民养老保障只能依靠土地与家庭等非正式制度安排。改革开放以来，城镇基本养老保险制度在经历一系列改革之后日趋完善，形成了包括基本养老保险、企业年金和个人储蓄保险计划在内的多层次养老社会保障体系；城乡居民基本养老保险制度也基本定型。

建立完善的社会保障制度是全面建设小康社会最重要的制度保证，也是政府着力改善民生、构建社会主义和谐社会的重要举措。党的十六届六中全会明确提出"建立覆盖城乡居民的社会保障体系"，十七大又进一步提出将"建立覆盖城乡居民的社会保障体系"作为 2020 年全面建设小康社会的奋斗目标之一，十八大提出"统筹推进城乡社会保障体系建设""全面建成覆盖城乡居民的社会保障体系"，十九大提出"全面建成覆盖全民、城乡统筹、权责清晰、保障适度、可持续的多层次社会保障体系"。在此背景下，应当将国民养老金作为城镇基本养老保险制度改革和创新城乡居民基本养老保险制度的建设目标。

建立中国国民养老金制度的首要前提就是通过制度外措施全面清偿城镇基本养老保险制度改革的转制成本，当前应通过划资偿债和分享"养老金红利"的方式，逐步清偿转制成本，减轻制度内财务负担。在此基础上，分两步建立中国国民养老金制度：

第一步，以城镇基本养老保险制度社会统筹部分为基础，建立政府主导的，以有缴费能力的城镇从业者为对象，通过税收筹资且财政兜底的城镇国民养老金制度；与此同时，通过构建以财政补贴为主的城乡居民最低养老金制度，将广大城乡居民纳入正式的社会养老保险制度体系中。

第二步，扩大国民养老金制度的覆盖范围，将城镇及农村无缴费能力者以及未来没有缴费能力者纳入制度范围，由财政对其进行缴费补贴，从而实现国民养老金制度在城乡的全覆盖；通过调整制度模式和相关政策规定，将广大进城农民工纳入城镇国民养老金制度。对于参加城乡居民基本养老保险制度的居民,实行最低养老金与城镇国民养老金并轨。

通过两步走战略,最终建立全民共享、统一受益、税收筹资、财政兜底的国民养老金制度,同时实行部分积累的专项基金预算制度,以合理优化税收筹资体制,加强对国民养老金基金收支平衡性和安全性的监控。

2.3.3　政策措施

为贯彻落实城乡社会养老保险体系一体化的顶层设计,必须针对制约城乡养老保险一体化发展的关键性问题,如转轨成本的解决、退休年龄政策的规范、投资管理体系的健全、法治建设和全国统筹的推进等进行客观研判和科学预测,进而制定可行的政策措施。

一、采取制度外措施解决转轨成本

基本养老保险社会统筹账户本身被赋予了清偿转制成本的功能,因此,社会统筹账户的设计从一开始就不是一个精算平衡的制度,而是一个精算盈余的制度。从城镇基本养老保险制度的设计上看,基础的养老金领取的参保年限限制、社会统筹账户较高的刚性缴费率和制度覆盖面不断扩大的趋势足以保证新制度在实施初期以及相当长的时期内出现大量基金积累。而之所以出现基金缺口是因为承担了制度转轨产生的转制成本,转轨成本由制度改革过程中的隐性债务转换而来,是由现收现付制向基金积累制转变过程中所必须承担的,但承担主体不应该是养老保险制度的参保职工,不应寄希望于通过制度内部参数调整来消化。这些成本应当通过制度外措施解决,而实际上却转嫁给新制度承担。如果不考虑这些制度外负担,基本养老保险的统筹账户盈余量非常大。因此,应全面测算企业职工和机关事业单位工作人员的转制成本规模,将“老人”养老金和“中人”过渡性养老金与视同缴费年限的养老金待遇从制度内部剥离,通过“认可债券”的方式将转制成本落实,从根本上锁定各级政府财政负担,通过“划资偿债”的方式逐年化解养老基金缺口。

二、规范退休年龄政策

我国现行退休政策是 20 世纪 50 年代制定的,随着社会水平的提高和人口预期寿命延长,现行退休政策与现实国情明显不相匹配。特别是我国正处于"人口红利"转换期,届时劳动力短缺将严重制约经济社会发展,应从战略高度进一步规范退休年龄政策:一是从待遇机制上严格规范特殊工种提前退休政策,将提前退休与养老金发放年龄脱钩,对提前退休人员采取企业内部退养方式解决;二是适时调整和统一男女性的退休年龄;三是在时机成熟时,逐步提高法定退休年龄。

三、健全投资管理体系

优质、健全的投资管理体系对于资金使用效率的提高和养老保险基金的保值增值具有重要意义。健全投资管理体系,需要从完善基金投资管理模式、提高基金投资管理能力和建立基金投资目标指标体系三个方面入手。在坚持安全性、流动性和收益性有机统一的指导思想以及价值投资和责任投资的理念下,成立独立投资机构并给予明确授权,构建独立投资机构与委托人之间的"点对点"沟通机制以及投资机构与基金之间畅通的资金传导路径,并建立基于风险调整后的投资收益评估系统以正确引导社会养老保险基金投资。① 此外,应当加强投资监管和信息披露。

四、加快法治建设

在全面依法治国背景下,养老保险制度更需要尽快进入法治化轨道。必须加快立法,用法律替代现有的行政法规和政策性文件;加紧修订《社会保险法》。新时代需要认识观念上的更新,以布局社会保险法治改革,从传统的"政策主导型治理模式"向"依法治理模式"转变,着力以法律制定和实施,赋予社会保险制度安排以强制性、统一性和可救济性,增加制度的严肃性和稳定性,增强公众对养老保险制度的安全感。在全面依法治国的背景下,养老保险权利的标准水平和调整变化都应当通过国家法律法规予以确定。既有原则和理念层面的价值规范,又有标准化、精准化和可操作的权利义务规范。

五、尽快实现养老保险全国统筹

养老保险全国统筹能彻底解决养老保险关系转移接续问题。覆盖全

---

① 景鹏、陈明俊:《基本养老保险基金投资管理困境及对策研究》,《金融理论与实践》2018年第 9 期,第 99—103 页。

民的基本养老保险制度框架已经成型,并且为实现转移就业劳动者在三类不同养老保险制度中跨统筹区域和跨制度转移接续养老保险关系,设计了基本一致的养老保险关系转续办法。但是,现行养老保险关系转续办法存在明显的政策缺陷:一方面,以"核算参保职工缴费积累规模"为政策出发点,违背了社会保险原则,间接导致养老金既得收益权损失;另一方面,"按各年度实际缴费工资总和的12%转移养老保险资金",直接导致养老保险缴费损失。因此,为彻底解决养老保险关系转续问题,也为了进一步解决养老保险待遇地区公平性问题,必须尽快实现养老保险全国统筹。

六、把握养老金红利的机会窗口开启时间

"乡—城"人口迁移会对城镇现收现付制公共养老金制度内现存群体和制度的财务可持续性产生重要影响。农村迁移人口能够提高城镇现收现付制养老金制度内现存群体的养老金水平,进而提高其生命周期内的消费总效用,其潜在的养老金红利对于人口老龄化危机下城镇现收现付制公共养老金制度具有重要的"输血"作用。人口老龄化并不是一个永恒的过程,现收现付制养老金制度在人口老龄化危机下的财务风险也不会永远存在。中国当前年龄结构显著年轻化的农村迁移人口与老龄化程度严重的城镇人口处于人口转型的不同阶段,其老龄化进程的不一致使二者人口老龄化的波峰波谷相"咬合",潜在的养老金红利有助于正在承受巨额转制成本和隐性债务之痛的城镇基本养老保险制度实现财务可持续性。

然而,养老金红利存在有限的机会窗口开启时间。养老金红利是稀缺的,但当前的现实却阻碍了其实现。因此,一方面要消除城乡劳动力流动障碍,继续推动我国城镇化发展,促进农村剩余劳动力向城镇合理转移,实现二元经济转化;另一方面要进一步完善城镇基本养老保险制度以适应农村转移劳动力参保。应逐步提高基础养老金统筹层次,实现异地转移就业农民工养老保险关系转移与接续;加强社会保险信息系统建设,提高管理水平,减少农民工参保、转移的手续与缓解,便于其养老保险关系转续。

3

中国医疗保险制度改革研究

3.1 中国医疗保险制度改革的背景

1954 年新中国第一部《宪法》第 93 条规定："劳动者在年老、疾病或丧失劳动能力时,有获得物质帮助的权利。"此后,中国经历了公共卫生(30 年)、基本医疗(近 30 年)和全民医保(10 年)三个发展阶段,正在进入全民健康发展新时期。在体制上,从政府管制到市场探索,最终走向社会治理。

1998 年我国建立了城镇职工基本医疗保险(简称城镇职工医保),2003 年开始试点新型农村合作医疗(简称新农合建设),2007 年试点建立了城镇居民基本医疗保险(简称城镇居民医保)。到 2011 年,三项基本医疗保险覆盖率超过 95%,2019 年覆盖 13.5 亿人。经过 30 年发展和完善,我国建成了以基本医疗保险为主体,包括生育保险的,城乡医疗救助为托底,大病保险和商业保险为补充的多层次医疗保障体系。

1994 年 12 月劳动部发布了《企业职工生育保险试行办法》(劳部发〔1994〕504 号),开始在全国推广建立生育保险。参保对象主要是城镇企业已婚女职工,保费由企业按照工资总额的一定比例缴纳,职工个人不缴费;基金实行社会统筹,主要用于支付女职工生育的检查费、接生费、手术费、住院费和药费;社会保障部门负责经办管理,从生育保险基金中提取管理费。截至 2017 年年末,全国参加生育保险人数为 1.93 亿人,比 2016 年增加 849 万人。①

---

① 数据来源于《2017 年度人力资源和社会保障事业发展统计公报》。

3.2　中国医疗保险与生育保险制度改革的主要政策

2018 年,国家医疗保障局建立后,整合了分散的医疗保险管理职能、药品招采职能和价格管理等职能,重点从"建机制"入手,深入改革医疗保险政策,推进医疗保险治理体系和治理能力现代化。以下从六个方面简要介绍国家医保局建立后医疗保险和生育保障的改革政策。

3.2.1　完善城乡居民医保制度

第一,继续推进城乡居民基本医疗保险(简称城乡居民医保)制度的整合。在国务院制定整合城乡居民医保制度的政策后,全国大部分省、直辖市和自治区完成了新农合和城镇居民医保的整合。截至 2018 年年底,仅辽宁、吉林、安徽、海南、贵州、陕西、西藏 7 个省份尚未完全实现新农合和城镇居民医保的整合统一,也会在 2019 年年底前实现两项制度并轨运行,逐步向统一的城乡居民医保制度过渡。

第二,提高缴费标准。2019 年城乡居民医保财政补助不低于 520元,个人缴费不低于 250 元,筹资标准最低为 770 元,比 2018 年提高 60元;筹资标准占居民人均可支配收入(28228 元)的 2.73%,与 2018 年持平。

第三,提升待遇保障水平,完善门诊统筹保障机制。取消个人(家庭)账户,建立门诊统筹制度;把高血压和糖尿病的门诊用药纳入报销;促进慢病健康管理,增强门诊保障功能;降低大病报销起付线,提高政策范围内报销比例。

第四,提升统筹层次,实现市级统筹。逐步从基金统筹调剂向统收统支过渡,提高基金运行效率和抗风险能力;确保地市级统筹区内参保范围、缴费政策、支付项目和标准、待遇保障水平的统一,增强城乡居民医疗服务可及性和待遇公平性,促进健康公平;实现统筹区内定点医药机构协议管理、信息系统和监管体系统一,提升经办效能。

3.2.2　健全医保药品目录动态调整机制

用药负担是参保人就医经济负担的重要来源,2018 年药品费占参保人住院费用的 34.6%。医保药品目录是保障广大参保人基本医疗卫生福利的基础,英、美、德、日等发达国家均建立了医保药品目录动态调整机制,不仅可以保障参保人的基本权益,而且有利于控制医疗费用高速增长给医保基金带来的压力,还有助于对创新药物研发和临床应用做出快速反应。我国医保药品目录历经 2000 年、2004 年、2009 年与 2017 年四次调整,为保障参保人用药的可及性和可负担性,确保医保基金平稳运行作出了重大贡献。但是药品目录调整存在周期长、时间不固定、评价方法和准入程序缺乏透明和公平等问题。

为降低患者用药负担和保障医保基金财务可持续性,国家医疗保险局正在逐步健全药品目录动态调整机制。2018 年,国家医疗保障局将 17 种抗癌药纳入国家基本医疗保险、工伤保险和生育保险药品目录乙类范围;2019 年 8 月,发布了新的《国家基本医疗保险、工伤保险和生育保险药品目录》。新的药品目录具有如下特点:

第一,适当调整目录范围,优化药品结构,优先纳入国家基本药物中的非医保品种、癌症及罕见病等重大疾病治疗用药、高血压和糖尿病等慢性病治疗用药、儿童用药以及急抢救用药等,更好地满足参保人的基本用药需求。

第二,合理制定支付标准,提高医保基金使用效益,提升药品保障水平,有效缓解参保人用药难用药贵的问题。

第三,根据临床合理用药需求、适应症范围和药品价格,明确限定支付范围,减少患者和医保基金的不合理支出。

第四,建立谈判准入制度。2017 年和 2018 年,医保部门通过谈判方式,分别将 36 个和 17 个抗癌药品纳入医保目录。在前期谈判经验的基础上,新版药品目录将进一步完善专家评审、投票遴选、测算和谈判等程序,对 128 个药品进行谈判准入。

第五,对尚未纳入的药品,在充分考虑医保基金的承受能力、可持续性和临床需求等因素后,逐步将更多救命救急的药品纳入医保,对不符合条件的药品及时调出目录。

第六,成立专家组,实行专家评审制,规范评审程序,确保专家评审公开、公平、公正。

3.2.3 逐步建立医保基金监管机制

套取和欺诈医保基金属于违规违法行为,造成了医保基金的严重浪费,严重损害了广大参保者的合法权益。由于医保基金监管法律缺失和政策执行中的漏洞,欺诈骗保现象层出不穷,而且呈现隐蔽性强、鉴定难度大、跨地区和查处难度高等特点,传统的基金监管方式在高效打击欺诈骗保行为方面存在局限性,亟待建立全国一体化的医保基金监督管理体系。

2018 年 9 月起,国家医疗保障局会同国家卫健委、公安部和国家药监局等部门联合开展了打击欺诈骗取医保基金专项行动,并对 16 起欺诈骗取医保基金典型案例了进行通报。2018 年 11 月,发布了《关于加强医保协议管理确保基金安全有关工作的通知》(医保办发〔2018〕21 号),进一步明确了协议管理措施在定点机构医药服务行为中的重要作用,要求完善协议内容,加大违规查处力度,健全定点医药机构退出机制;2019 年 2 月,国家医疗保障局发布了《关于做好 2019 年医疗保障基金监管工作的通知》,要求各地区从 10 个方面加强医保基金监管,坚决打击欺诈骗保行为,切实保障基金安全。2019 年 5 月,国家医疗保障局发布了《关于开展医保基金监管"两试点一示范"工作的通知》,分别遴选了 16 个、26 个和 31 个市(省)作为医保基金监管方式创新试点、信用体系建设试点和智能监控示范点,拟通过各地区的创新试点和示范点建设,形成可推广、可复制的医保基金监管经验。

目前,国家医疗保障局正在组织制定医保基金监督管理办法,对《医疗保障基金使用监管条例》公开征求意见,逐步建立医保基金监管机制,明确监管范围、监管机构及其责任,创新监管方式,明确监管方式和违法违规的法律责任。一个"事前提示的过程监控、长期合作的协议管理、依法办事的行政监督"三维一体的医保全程综合监管机制雏形正在形成:通过医疗过程监控和基于大数据分析的事前提示,依靠医生自律解决90%以上的问题;通过医疗服务协议管理,在医院自我管理和医保协商中解决剩余问题的90%以上;最后通过行政监督解决剩余1%的问题,建立强有力的行政监督执法机构,遵循医护临床工作的客观规律,做到有法可依、违法必究。[①]

3.2.4 组织药品集中采购和使用

药品价格虚高是导致"看病贵"的重要原因。虽然已经实行了公立医院药品省级集中采购和零加成政策,控制了药品费用的不合理增长。但药品价格仍然存在虚高的成分,仍然存在降价空间。国家医保局聚焦药品耗材价格虚高,积极推进国家组织药品集中采购和使用试点工作。

2019 年 1 月,国务院办公厅印发了《国家组织药品集中采购和使用试点方案》(国办发〔2019〕2 号);国家医疗保障局发布了《关于国家组织药品集中采购和使用试点医保配套措施的意见》(医保发〔2019〕18 号),有序开展了国家组织药品集中采购试点工作。主要措施包括:其一,国家拟定基本政策、范围和要求,组织 4 个直辖市和 7 个副省级城市形成联盟,以联盟地区公立医疗机构为集中采购主体;其二,从通过一致性评价仿制药对应的通用名药品中遴选试点品种;其三,从质量和供应能力两个维度制定入围标准;其四,集中采购主体实行带量采购,以量换价;其五,招采合一,确定的采购品种,公立医院保证使用量和及时结算,缩短回款时间;其六,入围企业保障供应量和药品质量。

根据《2018 年全国基本医疗保障事业发展统计公报》,药品集中采购

---

① 杨燕绥、秦晨:《医保全程综合治理长效机制初具雏形》,《中国劳动保障报》2019 年 2 月 20 日。

和使用试点中选的 25 个品种的中选价,与试点城市 2017 年同种药品最低采购价相比,平均降幅 52%,最高降幅 96%。[①] 11 个城市对应品种的药品采购费用预计从 77 亿元下降到 19 亿元,大大降低了患者的药品经济负担和医保基金的药费支出;而且,药品集中采购和使用有助于进一步完善药品价格形成机制,促进多方利益相关者参与,形成医疗保险的社会治理机制。

3.2.5　稳步推进支付方式改革

支付方式是规范医疗服务行为和引导医疗资源合理配置的重要杠杆,国内外经验表明,支付方式改革对于控制医疗费用不合理增长具有重要作用。美国 Medicare 于 1983 年开始对急性住院病人应用疾病诊断相关分组付费(DRGs-PPS),取得了良好的控费效果。澳大利亚和德国等国家也陆续引入了按疾病诊断相关分组付费,进行本土化改造后,被用于支付医疗保险病人的住院医疗费用。[②]

2017 年,国务院办公厅发布了《国务院办公厅关于进一步深化基本医疗保险支付方式改革的指导意见》(国办发〔2017〕55 号),明确了医保支付在深化基本医保管理和深化医改中的重要作用,加强医保基金总额预算管理,推行多元复合式医保支付方式,重点推行按病种付费,开展按疾病诊断相关分组付费改革试点,完善门诊按人头付费和精神疾病、医疗康复的按床日付费。

为推进按疾病诊断相关分组付费试点工作,国家医疗保障局于 2019 年选择了 30 个城市作为 DRG 付费国家试点城市,按照"顶层设计、模拟测试、实际付费"三步走的思路开展 DRG 付费工作,2020 年开展模拟运行,2021 年开始实际付费。各试点城市需要统一使用国家制定的疾病诊断、手术操作、药品、医用耗材和医疗服务项目编码,在核心 DRG(A-DRG)的基础上,根据各地区实际,制定地方 DRG 分组体系和费率权重测算等技术标

---

① 国家医疗保障局:《2018 年全国基本医疗保障事业发展统计公报》,见 http://www.nhsa. gov.cn/art/2019/6/30/art_7_1477. html。

② 邓小虹:《北京 DRGs 系统的研究与应用》,北京大学医学出版社 2015 年版。

准,实现医保支付使用的 DRG 分组框架全国基本统一,医保信息标准和编码基本统一,为在全国范围内推广 DRG 付费方式奠定基础。

3.2.6 整合生育保险与城镇职工医保

生育保险和城镇职工医保在运行管理方面具有很大的相似性,具体体现为:

第一,具有相似的覆盖范围,主要覆盖用人单位的职工。

第二,筹资机制类似,缴费基数都是职工工资,采取按固定费率的方式缴费。

第三,基金支付的项目存在交叉,药品目录一致,医疗服务项目有共同之处,待遇支付方式相似。

第四,基金管理方式基本相同,都执行社会保险基金财务制度和定点医疗机构管理制度。

整合两项制度,有利于提高基金共济能力和抗风险能力,统一管理体制,提升管理效能、降低运行成本,提高监管水平。

2019 年 3 月,国务院办公厅发布了《国务院办公厅关于全面推进生育保险和职工基本医疗保险合并实施的意见》(国办发〔2019〕10 号),统一了生育保险和城镇职工医保的参保登记、基金征缴和管理、医疗服务管理、经办和信息服务,对促进职工生育保险待遇和制度的可持续性具有重要作用。

3.3 中国医疗保险与生育
保险制度改革的成效

3.3.1 覆盖范围基本稳定

2018 年年底,城镇职工医保参保人数 3.17 亿人,比上年增长 4.5%;

城乡居民医保参保人数 8.97 亿人,比上年增长 2.7%;新农合参合人数 1.3 亿人,基本医保合计参加人数 13.45 亿人①。截至 2019 年 7 月,城镇职工医保参保人数 3.22 亿人,比 2018 年年底增加 550.1 万人;城乡居民医保参保人数 10.21 亿人②;合计参保 13.43 亿人,占总人口的 96.3%,参保率稳定在 95% 以上,基本实现全民医保。2018 年,全国参加生育保险 2.04 亿人,比上年增长 5.9%;截至 2019 年 7 月,全国参加生育保险 2.08 亿人,比 2018 年年底增加 413 万人,参保人数快速增长。

3.3.2　筹资标准逐步提升

2019 年,全国城乡居民医保筹资标准最低为 770 元,比 2018 年人均筹资标准增加 77 元。《"健康中国 2030"规划纲要》提出"健全基本医疗保险稳定可持续筹资和待遇水平调整机制,实现基金中长期精算平衡"。但是,目前城乡居民医保筹资标准的确定仍然依赖于政府的特别决策,实行统一定额筹资或分档筹资,筹资的稳定性和可持续性差③。

佛山市、东莞市和青岛市等地区探索建立了城乡居民医保稳定可持续的筹资机制。以青岛市为例,2016 年将居民医保个人缴费与居民人均可支配收入挂钩,以全市上上年度居民人均可支配收入作为基数,居民按基数的 1.1%(二档 0.53%)缴费,财政给予定额补贴,个人缴费自然增长,基本形成了稳定、动态增长的筹集机制。

3.3.3　保障待遇稳步改善

享受待遇人次稳步增加,2018 年,城镇职工医保享受待遇 19.8 亿人次,比上年增长 9.0%;城乡居民医保享受待遇 16.2 亿人次,比上年增长 8.4%。

住院支付比例基本稳定。2018 年,城镇职工医保住院费用统筹基金

---

① 数据来源于《2018 年全国基本医疗保障事业发展统计公报》。
② 数据来源于《2019 年 1—7 月份医疗保险和生育保险运行情况》。
③ 成昌慧、孙璇、吴涛:《济南市城乡居民基本医疗保险筹资机制研究》,《中国农村卫生事业管理》2015 年第 35 期,第 15—19 页。

实际支付比例为 70.1%,其中一级及以下医院 78.8%,二级医院 74.5%,三级医院 67.8%。城乡居民医保住院费用统筹实际基金支付比例为 55.3%,其中一级及以下医院 66.9%,二级医院 59.7%,三级医院 48.3%。城镇职工医保和城乡居民医保住院费用统筹实际基金支付比例均与上年持平,二级医院与三级医院拉开了差距,但一级医院和二级医院的差距较小。

3.3.4 医保基金平稳运行

医保基金收支规模持续扩大。2018 年,城镇职工医保基金收入 13538 亿元,比上年增长 10.3%;基金支出 10707 亿元,比上年增长 13.1%。2019 年 1—7 月,城镇职工医保基金收入 8025 亿元,支出 6452 亿元,预计 2019 年全年收支规模将明显高于 2018 年。

2018 年,城乡居民医保基金收入 6971 亿元,支出 6277 亿元,分别比上年增长 23.3% 和 26.7%。2018 年,城乡居民医保基金当期结存 695 亿元,当期结余率 10.0%,累计结存 4372 亿元。2019 年 1—7 月,城乡居民医保基金收入 5662 亿元,支出 4543 亿元,当期结余 1119 亿元,当期结余率 19.8%。

2018 年,生育保险基金收入 781.1 亿元,比上年增长 21.6%;基金支出 762.4 亿元,比上年增长 2.5%;当期结存 18.7 亿元,当期结余率 2.4%;累计结存 581.7 亿元。2019 年 1—7 月,生育保险基金收入 478.7 亿元,基金支出 428.8 亿元,当期结余 49.9 亿元,当期结余率 11.6%;累计结余 631.6 亿元。

3.3.5 改革试点地区发挥示范效应

2019 年,国家医保局陆续开展了国家组织药品集中采购和使用试点、按疾病诊断相关分组付费试点和医保基金监管"两试点一示范"等工作,试点地区的改革正在发挥良好的示范效应,带动周边地区模仿学习和参与改革。以按疾病诊断相关分组付费为例,金华、柳州、佛山等城市在 2011 年引入智能审核与事前提示系统,全面开展 DRG-PPS 支付改革,出现分级诊疗的效果。目前,越来越多的城市请求加入国家组织药品集中采购联盟,参与带量采购,降低区域内药品价格;医保智能监控系统也在快速推广应用。

3.3.6　医保服务社会治理初见成效

2010 年,我国颁布了《社会保险法》,该法第 31 条规定医保与医院之间"订立医疗服务协议",依法界定了医疗保险和医疗机构间的社会契约关系。2014 年,人社部在《关于进一步加强基本医疗保险医疗服务监管的意见》(简称"54 号文件")中提出,引入医保智能审核与建设医保医院医生对话平台的要求。2017 年,国务院办公厅《关于进一步深化基本医疗保险支付方式改革的指导意见》(简称"55 号文件")提出,正确处理政府和市场的关系,引导医保进入定价机制和支付方式改革,推出中国式医保 DRG,由此形成以"医疗医保对话—发挥市场定价作用—建立激励相容补偿机制(医疗非交易)"为核心词的"一法两规"的社会治理架构。2019 年,基本医疗保险覆盖约 13.5 亿人口。国家医疗保障局在贯彻"共建共治共享社会治理格局"方面打开了局面。中国医改终于走上医疗利益相关人参与和共赢的社会治理道路。

3.4　中国医疗保险制度改革发展面临的挑战

3.4.1　医疗服务需求和费用持续增长

2018 年,城镇职工医保参保者住院率为 18.3%,比上年增长 0.4 个百分点;次均住院费用 11181 元,比上年增长 1.6%。城乡居民医保参保者住院率为 15.2%,比上年增长 1.1 个百分点;次均住院费用 6577 元,比上年增长 7.8%,其中三级医疗机构次均住院费用增长 11.3%。在人口老龄化的背景下,慢性病患病率升高,参保者的医疗服务需求继续保持增长态势,随着医疗技术进步和创新药品纳入医保目录,医疗费用也将进一步增长。医疗服务需求和医疗费用增长的双重驱动将导致医保基金支出的快速增加,而经济发展进入新常态后,职工工资和居民人均可支配收入增长速度放缓,筹资水平和基金收入的增速也将放缓,医保基金收支平衡将面临挑战。

3.4.2　患者就医流向不合理

患者就医流向呈现为"倒三角",城镇职工医保参保者住院首选三级医院。2018 年,城镇职工医保参保人员住院人次在三级、二级、一级及以下医疗机构的分布为 54.7%、32.5% 和 12.8%,而 2012 年的分布为 47.6%、37.2% 和 15.2%,分别提高了 7.1 个百分点、降低了 4.7 个百分点和 2.4 个百分点,住院流向发生了明显变化;门诊慢特病就诊人次在三级、二级、一级及以下医疗机构的分布为 47.6%、27.1%、25.3%,较上年占比分别提高 0.2 个百分点、降低 0.5 个百分点、提高 0.3 个百分点。住院和门诊慢性病就医流向分布主要集中在三级医院,其次为二级医院,一级及以下医疗机构的占比最低,呈现明显的"倒三角",而且存在继续加重的趋势。普通门急诊人次在三级、二级、一级及以下医疗机构的分布为 33.3%、22.5% 和 44.2%,较上年占比分别提高 1.8 个百分点、降低 1.1 个百分点和降低 0.7 个百分点,可见普通急诊就医人次分布也存在向三级医院集中的趋势。城镇职工医保基金住院费用支出在三级、二级、一级及以下医疗机构的分布为 69.2%、24.3% 和 6.5%,与住院人次的分布类似,均呈现明显的"倒三角"特征。

患者就医流向的"倒三角"分布与分级诊疗制度倡导的"双向转诊、急慢分治、上下联动"的诊疗模式相反,远远达不到基层医疗卫生机构诊疗量占总诊疗量比例大于等于 65% 的目标,反映了当前就医秩序不够科学合理,医保基金支付主要在大型公立医院,对基层医疗机构和慢病管理服务支付不足,医疗资源利用效率和医保基金的整体效益较低。[①]

---

① 　杨燕绥、廖藏宜:《健康保险与医疗体制改革》,中国财政经济出版社 2018 年版,第 13 页。

3.4.3 个人账户不利于发挥医疗保险的互助共济功能

2018 年,城镇职工医保个人账户收入 5297 亿元,占当年城镇职工医保基金收入的 39.1%;比上年增长 14.3%,增长率明显高于基金总收入增长率(10.3%)和统筹基金收入增长率(7.8%)。个人账户支出 4212 亿元,占当年城镇职工医保基金支出的 39.3%;比上年增长 13.7%,略高于基金总支出增长率(13.1%)和统筹基金支出增长率(12.7%)。个人账户当期结余 1084 亿元,累计结余 7284 亿元,分别占城镇职工医保基金当期结余的 36.6%和累计结余的 38.4%。个人账户占城镇职工医保基金的比例较高,而且收入增速高于支出增速,未来个人账户基金积累将进一步增加,沉淀资金量大;但是另一方面,个人账户资金主要用于参保者个人门诊医疗费用和药品费用的支付,不具备社会共济性,违背医疗保险的大数法则和互助共济原则;而且实证研究表明,个人账户在约束需方道德风险和过度医疗方面的作用较小,相反,加剧了医疗服务利用的不公平。[①] 总之,个人账户的缺陷影响了城镇职工医保互助共济性和保障能力,未来有必要采用建立普通门诊统筹制度替代个人账户等方式,逐步改革直至取消个人账户,提升医疗保险的共济性和保障水平。

3.4.4 参保人口老龄化导致医保基金收支失衡风险

2018 年,我国 65 岁及以上人口比重达到 11.9%,老龄化程度持续加深。医疗保险也面临老龄化带来的基金收支失衡风险。城镇职工医保基金在职退休比从 2012 年的 3.00 下降到 2018 年的 2.78,参保人口老龄化进一步加深,意味着缴费人员占比降低,基金收入增速降低。现阶段,退休人员不仅不需要缴费,而且统筹基金还需要划拨资金到退休人员的个人账户,扩大统筹基金的支出;而且,退休人员随着年龄的升高,医疗服务需要和医疗费用快速增长,将导致统筹基金支出加速增长。[②] 城镇职工

① 杨燕绥:《医保个人账户不宜简单处置》,《中国社会保障》2014 年第 8 期,第 33 页。
② 胡乃军、杨燕绥:《支付方式、参保人年龄结构与医疗保险基金支付风险——以 B 市医保基金政策和数据为例》,《社会保障研究》2016 年第 1 期,第 47—54 页。

医保基金将面临参保人员老龄化带来的基金收支失衡风险,必须进行结构性改革,应对人口老龄化带来的挑战。

最后,从医疗保险基金使用效率来看,职工基本医疗保险基金的3.8%进入个人账户,还有1%被用于过度医疗,1%被欺诈骗保,基金使用效率较低。2019年以后,在中国进入全民医疗保障体系建设阶段以后,职工医保个人账户改革以夯实统筹基金和增加基层慢病管理制度、通过定价与支付方式改革促进医疗机构控费提质挤出过度医疗以及建立智能监控、协议管理和行政监督三元医保基金监督机制,促进中国优质高效医护体系建设是主要任务。但是,我国尚缺乏完善的社会治理的法律体系和司法制度,建机制、立法制是完善全民医保的重大任务。

4

中国工伤保险制度改革研究

制度安排是社会发展到一定程度的产物。每一项制度都受制于当时的社会经济状况且被打上了深深的时代烙印。新制度经济学家诺斯认为,制度是处于演进之中的,而且由于变迁是一系列规则、非正规制约、实施的形式与有效性发生变迁的结果,制度变迁成为一个复杂的过程。对中国工伤保险制度改革发展的研究正是基于此逻辑。

工伤保险是工业化发展的产物,是针对工业化社会客观存在的工伤事故和职业危害所强制采取的保障劳动者基本权益的一项社会保险制度。世界上第一个建立工伤保险制度的德国就是在以电气化为标志的"第二次工业革命"进程加速,同时工伤与职业病高发生率引起的社会矛盾加剧的情况下产生的。因此,工伤保险制度的建立及每一次改革,都必定与当时的经济社会发展、职业风险、工伤及职业病的严重度密切相关。

本部分在研究中国工伤保险制度改革与发展时亦遵循这一原则,将中国经济社会发展的几个历史节点与中国安全生产发展中的几大起伏时间节点相结合,将中国的工伤保险制度发展分为几个阶段进行研究。

4.1 中国工伤保险制度发展历程

4.1.1 1949—1957 年:"国家主管、企业负责"工伤保险制度的初创[①]

一、职业风险与安全生产形势

新中国成立之初,政府和人民面对的是百业待兴的国家经济及落后

---

① 选择 1957 年划分时间阶段,是因为自 1957 年以后,中国的经济发展驶入了"跃进"式的轨道,经济领域各方面均呈现出"非常态"的发展趋势,刚刚有所好转的安全生产形势也同样进入了"非常态",从而开启了新中国成立以来的"第一次事故高峰期",此后国家有针对性地对当时的工伤保险制度做了调整。

的安全理念与生产方式带来的职业事故高峰。新中国成立前，许多企业"只重视机器，不重视人"，拼命追求利润，工人劳动几乎得不到安全保护。新中国成立前夕通过的《中国人民政治协商会议共同纲领》中明确规定，"公私企业一般实行 8 小时到 10 小时工作制""保护女工的特殊利益""实行工矿检查制度，以改进工矿的安全和卫生设备"。新中国成立后，各地国营厂矿企业的劳动保护工作虽已有了一定的改进，但仍存在很多问题。例如，1950 年 2 月 27 日河南新豫煤矿公司宜洛煤矿瓦斯爆炸死亡 174 人，重伤 2 人，轻伤 24 人。同年 6 月 14 日，北京辅华火药厂发生爆炸事故，死亡居民 42 人，重伤 166 人，轻伤 200 多人，倒塌房屋2339 间。

为了遏制高发的事故率，中央政府颁布了近 20 种关于安全生产和劳动保护的法规和规定；由中央产业部门和各地区制定的规章制度多达 300 余种。1956 年 5 月 25 日，国务院发布经第 29 次全体会议通过、周恩来总理亲自主持制定的三大安全规程：《工厂安全卫生规程》《工人职员伤亡事故报告规程》《建筑安装工程安全技术规程》（简称"三大安全规程"），此外 1956 年 5 月 31 日颁布的《国务院关于防止厂、矿企业中矽尘危害的决定》延续使用了几十年。与此同时，国家初步建立了由劳动部门综合监管、行业部门具体管理的安全生产工作体制。安全生产形势有所好转。

煤炭行业是我国的高危行业。按我国的资源赋存情况，"以煤为主"的能源格局在一定时期内不会有太大变化，煤炭在我国能源中的比重仍将占较高比例。然而，我国大多数煤矿地质条件复杂，灾害因素多，导致灾害的机理复杂，伴生的灾害事故时有发生。我国 95% 的煤矿开采是地下作业，其本身就存在着自然灾害的风险，生产过程中的采、掘、机、运、通（通风）等工序和环节管理不当、安全措施不到位，就会发生事故，例如矿井瓦斯、煤与瓦斯突出、水灾、火灾、矿尘、冒顶片帮及有毒有害气体等，都会威胁煤矿工人的安全健康，甚至引发重大安全事故。本部分以煤矿事故死亡率作为"职业风险与安全生产形势"分析的切入点。

新中国成立后，党和政府高度重视煤炭工业的建设和发展，把煤炭和粮食作为同等重要物资,实行国家调拨分配制度,并作为国家重要工业部门管理。至1957年,全国煤炭生产能力、长壁采煤比重以及煤矿采、装、运机械化程度快速提高(见表4-1)。在此期间,由于快速发展经济的需要和以重工业为主的经济发展战略,煤炭作为当时最主要的能源,需求量激增,与此同时,煤炭百万吨死亡率一度居高不下。在国家加大安全生产规制体系建设、加大劳动保护宣教等一系列措施下,1956—1957年煤炭百万吨死亡率大幅下降,安全生产总体形势趋于好转。

表4-1 煤炭产量及百万吨死亡率(1949—1957年)①

年份	合计			国有重点		国有地方	
	产量(万吨)	死亡人数(人)	百万吨死亡率	死亡人数(人)	百万吨死亡率	死亡人数(人)	百万吨死亡率
1949	3243	731	22.54	—	—	—	—
1950	4292	634	14.77	—	—	—	—
1951	5308	242	4.56	—	—	—	—
1952	6649	513	7.72	—	—	—	—
1953	6968	671	9.63	231	4.43	440	25.14
1954	8366	794	9.49	225	3.61	569	26.61

① 表4-1是作者根据以下统计年鉴及文章中的数据汇总,表4-2、表4-3、表4-4、表4-5、表4-6、表4-7同此,特此说明,后文各表格不再单独引注。

国家安全生产监督管理总局:《全国安全生产控制指标实施情况表(年度)》,见 http://www.chinasafety.gov.cn/newpage/aqfx/aqfx.htm。

国家安全生产监督管理总局政府网站事故查询系统,见 http://media.chinasafety.gov.cn:8090/iSystem/Shigumain.jsp。

国家安全生产监督管理总局:《中国安全生产年鉴》各年度,煤炭工业出版社。

国家煤矿安全监察局编著:《中国煤炭工业发展概要》,煤炭工业出版社2010年版。

中国煤炭工业协会:《中国煤炭工业统计资料汇编(1949—2009)》,中国煤炭工业出版社2011年版。

国家煤矿安全监察局:《中国煤炭工业年鉴(2001—2012)》,中国煤炭工业出版社2013年版。

陈娟、赵耀江:《近十年来我国煤矿事故统计分析及启示》,《煤炭工程》2012年第3期。

徐青云、赵耀江、李永明:《我国煤矿事故统计分析及今后预防措施》,《煤炭工程》2015年第3期。

年份	合计			国有重点		国有地方	
	产量 (万吨)	死亡 人数(人)	百万吨 死亡率	死亡 人数(人)	百万吨 死亡率	死亡 人数(人)	百万吨 死亡率
1955	9830	677	6.89	298	4.08	379	14.9
1956	11036	622	5.64	330	4.05	292	10.12
1957	13073	738	5.65	333	3.53	405	11.13

二、建立工伤保险制度,保障劳动者安全健康

在迅速发展经济、改善人民生活的同时,人民政府一方面确立了以集中优势配置经济资源、保证重工业发展为目标的计划经济体制,以迅速恢复和发展国民经济,维护新生政权,改善人民生活;另一方面则在开展劳动保护政策宣传的同时,积极建立以保障劳动者权益为目的的社会保险制度。1951年,政务院颁布了《中华人民共和国劳动保险条例》(以下简称《劳动保险条例》),这是新中国首部包括养老、工伤、医疗等保险项目在内的综合性法规。该条例将工伤保险列在各保险项目之首,对其实施范围、资金来源、待遇项目和标准、给付方式以及保险业务的执行和监督等作了较为详细的规定。随着国家财政经济状况逐步好转,政务院于1953年1月2日又通过了《关于〈中华人民共和国劳动保险条例〉若干修正的决定》,进一步扩大了社会保险的实施范围,提高了若干劳动保险的待遇标准,例如疾病、生育津贴和丧葬费等都酌量增加。

1953年发布的《关于〈中华人民共和国劳动保险条例〉若干修正的决定》以及《劳动保险条例实施细则修正草案》在扩大实施范围的基础上,进一步细化了"因工负伤、残废、死亡待遇"的相关规定,并涉及安装辅助器具,举办疗养院、休养所等一些康复性质的工作。

为了应对日益严重的职业病伤害,加强对职工职业病伤害的保障,卫生部于1957年2月颁布了《职业病范围和职业病患者处理办法的规定》,将危害职工健康比较严重的职业中毒、尘肺病等14种与职业活动有关的疾病正式引入职业病的范围(即"法定职业病"),并首次将其列入

工伤保险的范畴①,享受因工伤残和死亡的相关待遇。

由于当时我国在制度建设方面,基本上是实行两套待遇相近、办法有别的社会保障制度,因此,除了企业职工的工伤保险(劳动保险)外,国家机关事业单位的"公伤保险"制度也以单项法规的形式逐步建立起来,同时还包括国家机关、事业单位的公费医疗、死亡抚恤等社会保险制度。例如,1950年12月11日内务部公布了《革命工作人员伤亡褒恤暂行条例》,规定了伤残死亡待遇;1952年、1953年和1955年又3次对此条例进行修改,提高了待遇水平。这一系列法规的颁布,构建起中国与计划经济体制相适应的工伤保险制度的基本框架。

4.1.2 1958—1977年:制度的调整与最终向"企业保险"的退化

一、职业风险与安全生产形势

这一时期出现了两次新中国历史上较大的安全生产冲击事件:"大跃进"及"文化大革命"。"大跃进"时期片面追求高经济指标,生产秩序的破坏日益严重,违章指挥、冒险蛮干,安全生产规章制度有"破"无"立",导致新中国成立以来第一次伤亡事故高峰的出现。1958—1961年期间,工矿企业年平均事故死亡比"一五"时期(1953—1957年)增长了近4倍。1960年5月8日山西大同老白洞煤矿瓦斯爆炸事故死亡684人,为新中国成立以来最严重的矿难。

为了扭转安全生产的被动局面以及尘肺病对工人的严重伤害,党中央、国务院采取一系列措施,先后颁布了一系列的安全生产、劳动保护工作文件。例如,1958年3月19日卫生部、劳动部、中华全国总工会联合发布《工厂防止矽尘危害技术措施暂行办法》《矿山防止矽尘危害技术措施暂行办法》《矽尘作业工人医疗预防措施暂行办法》和《产生矽尘的厂矿企业防痨工作暂行办法》。1963年3月30日,国务院发布了《关于加

---

① 孙树菡:《工伤保险》,中国劳动社会保障出版社2007年版,第28页。

强企业生产中安全工作的几项规定》(简称"五项规定",即:安全生产责任制,关于安全技术措施计划、关于安全生产教育、关于安全生产的定期检查、关于伤亡事故的调查处理等)。1962年7月24日,国家计委、卫生部颁布《工业企业设计卫生标准》,从1963年4月1日起正式实施;1964年1月27日卫生部、劳动部联合发出《〈工业企业设计卫生标准〉试行实施办法》;等等。随着国民经济计划的调整,1963—1965年我国的安全生产形势有所好转,以煤炭生产为例,见表4-2。

表4-2 煤炭产量及百万吨死亡率(1958—1965年)

年份	合计			国有重点		国有地方		乡镇煤矿	
	产量(万吨)	死亡人数(人)	百万吨死亡率	死亡人数(人)	百万吨死亡率	死亡人数(人)	百万吨死亡率	死亡人数(人)	百万吨死亡率
1958	27000	2662	9.86	752	4.77	1910	17.02	—	—
1959	36879	5098	13.82	1486	6.87	3612	23.71	—	—
1960	39721	6036	15.20	3321	13.82	2715	17.31	—	—
1961	27762	4304	15.50	1956	11.14	2348	10.2	—	—
1962	21955	2498	11.38	1450	9.83	1048	14.56	—	—
1963	21707	1583	7.29	925	6.11	658	10.0	—	—
1964	21457	1173	5.47	704	4.68	469	7.33	—	—
1965	23180	1026	4.43	731	4.55	295	4.37	—	—

经过三年调整,刚刚好转的局面就被1966年开始的"文化大革命"葬送了。"文化大革命"期间,无政府主义泛滥,企业管理混乱,各级劳动保护机构被撤销,安全生产几乎无人过问。由此,出现了新中国成立以来伤亡事故的第二次高峰[1]。例如,在"大干三年,扭转北煤南运的局面"等冒进思想指导下,1971—1973年工矿企业年平均事故死亡16119人,较1962—1967年增长2.7倍。其中,1971年因工死亡数为1965年的4.24倍,1972年因工死亡数为1965年的4.31倍。

---

[1] 孙树菡:《劳动安全卫生》,中国劳动出版社1994年版,第21页。

1976 年粉碎"四人帮",结束了十年动乱。全国工作重点转移,给安全生产工作带来了生机。但是,由于"左"的指导思想没有从根本上改变过来,提出了严重脱离实际的大发展口号,其结果是重大事故不断,职业病严重,以煤炭生产为例,见表 4-3。

表 4-3　煤炭产量及百万吨死亡率(1966—1977 年)

年份	合计			国有重点		国有地方		乡镇煤矿	
	产量(万吨)	死亡人数(人)	百万吨死亡率	死亡人数(人)	百万吨死亡率	死亡人数(人)	百万吨死亡率	死亡人数(人)	百万吨死亡率
1966	25147	1478	5.88	864	4.78	541	8.31	—	—
1967	20570	1238	6.02	701	5.16	403	6.57	—	—
1968	21959	1651	7.52	977	6.63	540	9.10	—	—
1969	26595	1972	7.41	1215	6.80	629	9.01	—	—
1970	35399	2903	8.20	1651	7.28	1008	10.52	—	—
1971	39230	3585	9.14	1532	6.21	1400	12.32	—	—
1972	41047	3453	8.41	1399	5.61	1432	11.44	—	—
1973	41697	3981	9.55	1629	6.09	1530	14.23	—	—
1974	41317	3636	8.80	1426	5.87	1229	10.4	—	—
1975	48224	4526	9.39	1676	5.99	1755	12.12	—	—
1976	48345	4826	9.98	1848	6.75	1856	12.85	—	—
1977	55068	5474	9.94	2166	7.34	2194	12.44	—	—

总体看,1958—1977 年期间,特别是"文化大革命"期间,我国工矿企业事故以及煤矿死亡人数大致呈上升态势。

二、工伤保险制度发展:调整与受挫

尽管《劳动保险条例》对于保护劳动者安全与健康、促进和发展生产、稳定社会起到了很大的积极作用,但是在实践过程中也出现了不少问题。为此,中央及时做出了调整社会保险制度的决定。1957 年 9 月在中国共产党第八届中央委员会第三次扩大的全体会议上,周恩来在《关于劳动工资和劳保福利问题的报告》中,既肯定了几年来在劳动保险方面所取得的成绩,同时又指出了存在的不足:步子迈得太大,与我国人口众多、经济底子薄、广大农民生活水平还较低的现状不相适应,并且助长了职工对国家的依赖心理;此外,还存在着项目混乱、制度规定不合理、管理不完善、标准不统一、苦乐不均及浪费严重等现象。为此,报告提出今后工作的重点是调整与完善。

此后,工伤保险制度在待遇、范围及死亡抚恤等方面进行了较多的调整,并增加了职业病类别。

然而,1958 年开始的"大跃进"以及后来的"文化大革命",使已平稳运行了多年的工伤保险制度陷入"非正常状态":由于中华全国总工会在"文化大革命"中被迫停止活动,企业劳动保险业务无人管理,企业正常的缴费机制被打乱,原有的保险制度无法正常运转,劳动部根据工作需要于 1969 年接管了劳动保险的日常工作,但在保险经费收支方面,则按照财政部于同年 2 月发布的《关于国营企业财务工作中几项制度的改革意见(草案)》,要求"国营企业一律停止提取劳动保险金,企业的退休职工、长期病号工资和其他劳保开支在营业外列支",从而标志着国家和政府责任在社会保险行为中的退出,直接导致包括工伤保险在内的社会保险行为完全退化为"企业保险"和企业责任,社会保险的统筹调剂职能彻底丧失。[1]

1977 年以后一系列以通知、意见、复函等形式发布的相关规定促使中国工伤保险制度以较快的速度恢复和重建起来。尽管原本的工伤社会保险已蜕化为"企业保险",但其主体仍遵循新中国成立初期《劳动保险条例》这一综合性法规以及相关配套政策和法规所确立的框架。这种状态一直持续到 20 世纪 80 年代末期的工伤保险制度改革。

4.1.3 1978—1995 年:旧制度的延续,新制度的探索

一、职业风险与安全生产形势

改革开放给我国经济发展注入了生机和活力,经济建设突飞猛进。

---

[1] 孙树菡:《工伤保险》,中国劳动社会保障出版社 2007 年版,第 29 页。

然而,在由计划经济向社会主义市场经济的转型中,整体选择了"效率优先"的发展取向。劳动安全卫生事业尽管取得了一定的成绩,但与高速发展的经济形势相比还存在一些差距。旧有的安全生产体制被打破,而新的制度又没有建立起来,有少数地方或企业的安全卫生状况甚至出现了停滞和倒退:企业所有制结构的多样性,特别是个体、私营企业及乡镇企业的发展和随着"抓大放小"的国有企业改革,跨地区、跨行业、跨部门、跨所有制的改组、联合、兼并、租赁、承包经营和股份合作制、出售以及无主管企业的大量出现等,增加了劳动安全卫生工作的难度;有的企业非法生产经营,片面追求经济效益,尤其是一些乡镇、私营企业和个体工商户,根本不具备基本的安全生产条件,不少设备、设施存在严重的事故隐患,带病运转;不少企业没有认真贯彻执行安全生产法规,存在严重违章指挥、违章作业、违反劳动纪律的"三违"现象;全国劳动力市场的形成、发展和劳动就业方式的多样化及灵活性给安全生产工作带来了新问题。劳动力供大于求,且安全意识淡漠,求职心切,忽视自我安全保护;企业用工形式的灵活多样,劳动力流动性等原因也给企业劳动安全卫生工作带来严重问题;大量农民工、临时工由于缺乏必要的劳动保护措施而成为伤亡和职业病的主体。[①]

改革开放以来,我国的非国有经济发展迅速,外商及港澳台资企业也有了长足发展,已成为我国经济建设中不可缺少的组成部分,并发挥着巨大的作用。但同时也必须清醒地看到,在对外开放、引进国外投资和技术的过程中,职业危害也从境外向境内转移,形成了新的职业卫生问题;我国安全生产工作的基础薄弱,许多单位安全投入明显不足。上述种种原因致使这一时期的安全生产情况依然很严峻。[②] 以煤炭生产为例,这一时期国家对国有重点煤炭企业仍然实行计划经济管理,乡镇煤矿在农业政策支持下得到了快速发展,乡镇小煤矿快速发展,最多时达到 8 万多

---

① 孙树菡:《中国劳动保护与工伤保险:制度建设与技术选择》,"中国国际安全生产论坛"论文(未公开发表),2002 年 10 月 10 日。

② 孙树菡:《中国劳动安全卫生及工伤保险制度的反思与选择》,《中国人民大学复印报刊资料·社会保障制度》2002 年第 4 期,第 3—7 页。

个。1984 年地方和乡镇煤矿产量开始超过国有重点煤矿,并出现了较快发展势头。与此同时,矿难等重大恶性事故时有发生。此外,煤矿职业危害亦很严重。据不完全统计,全国煤矿尘肺病患者达 30 万人,占总尘肺病患者的一半左右,每年因尘肺病造成直接经济损失数十亿元;风湿、腰肌劳损、滑囊炎等职业疾病在煤炭行业普遍存在。据统计,国有重点煤矿的采煤机械化程度为 75.43%,综采机械化程度为 59.42%,综掘机械化程度为 15.03%。而国有地方煤矿和乡镇煤矿机械化程度普遍较低,有的根本不具备防御灾害的能力,加之地方保护主义严重,保护非法小煤矿,致使一些应关闭的小煤矿迟迟未能关闭,直至发生地方小煤矿及乡镇煤矿重大特大事故,百万吨煤死亡率一直居高不下(见表 4-4)。

表 4-4　煤炭产量及百万吨死亡率(1978—1995 年)

年份	合计			国有重点		国有地方		乡镇煤矿	
	产量(万吨)	死亡人数(人)	百万吨死亡率	死亡人数(人)	百万吨死亡率	死亡人数(人)	百万吨死亡率	死亡人数(人)	百万吨死亡率
1978	61786	5830	9.44	2371	7.34	2288	11.96	1171	13.81
1979	63554	5429	8.54	2183	6.10	1970	10.91	1276	13.13
1980	62103	5067	8.17	1559	4.53	1739	10.18	1769	16.87
1981	62163	5079	8.17	1742	5.20	1569	9.81	1768	13.97
1982	66632	4805	7.21	1555	4.44	1511	8.87	1739	11.91
1983	71453	5431	7.6	1639	4.51	1824	10.06	1968	11.57
1984	78923	5698	7.22	1574	3.99	1697	9.55	2427	11.19
1985	87228	6659	7.63	1561	3.84	1713	9.41	3385	11.92
1986	89404	6736	7.65	1236	2.99	1495	8.20	4005	14.00
1987	92890	6726	7.37	1082	2.57	1191	6.48	4453	14.43
1988	97987	6469	6.78	1091	2.51	1148	6.00	4230	12.80
1989	105415	6877	6.67	795	1.74	1276	6.30	4806	13.00
1990	107930	6515	6.16	686	1.43	998	5.00	4831	12.79
1991	108428	5446	5.21	508	1.06	1196	6.20	3742	10.10
1992	111455	4942	4.65	488	1.01	843	4.50	3611	9.20
1993	115138	5293	4.78	498	1.12	957	4.90	3697	8.50

年份	合计			国有重点		国有地方		乡镇煤矿	
	产量（万吨）	死亡人数（人）	百万吨死亡率	死亡人数（人）	百万吨死亡率	死亡人数（人）	百万吨死亡率	死亡人数（人）	百万吨死亡率
1994	122953	7016	5.15	551	1.19	1070	4.82	4953	8.32
1995	129218	6387	5.03	517	1.16	1045	4.90	4660	8.13

二、工伤保险制度改革初探

1978 年之后,在由计划经济向市场经济的转轨过程中,以"政企分开"为目的的改革将国有企业推向市场,成为自主经营、自负盈亏的经济实体和市场竞争主体,劳动工资、用人制度、物价水平等也发生了巨大变化,工伤保险制度中旧有的国家—单位保障体制滞后于经济社会发展所带来的问题更加突出:一方面是经济迅速发展,GDP 持续上升,原有的以企业为依托、沿用新中国成立初期待遇水平和项目设置的企业工伤保险依旧在贯彻实行中;另一方面是安全生产事故持续上升,企业工伤保险不仅不能分散企业风险,反而导致企业负担畸轻畸重,直接与企业追求经济效益的生产经营目标发生冲突。更为重要的是,由于工伤预防制度的缺失,工伤保险制度本应在降低事故方面发挥的积极作用无法发挥出来;在以补偿为主的工伤保险制度下,劳动者权益难以保障。工伤保险制度改革势在必行。在此背景下,劳动部于 1988 年主持研究社会保险改革方案,形成了工伤保险改革框架,并从 1989 年起开展工伤保险改革试点。

1990 年《中共中央关于制定国民经济和社会发展十年规划和"八五"计划的建议》、1991 年七届人大四次会议批准的《中华人民共和国国民经济和社会发展十年规划和第八个五年计划纲要》,都明确提出要努力改革工伤保险制度;1993 年中共十四届三中全会通过的《中共中央关于建立社会主义市场经济体制若干问题的决定》再次强调要"普遍建立企业工伤保险制度";1994 年《中华人民共和国劳动法》出台,最终将工伤保险制度以法律的形式确定下来,并在中国大陆境内的企业、个体经济组织和与之形成劳动关系的劳动者中贯彻实施。

4.1.4 1996—2003 年:社会化工伤保险制度的确立与发展

一、职业风险与安全生产形势

由于安全生产管理工作尚不适应经济发展的新特点,从 1992 年下半年开始,全国的安全生产形势趋于恶化,各类生产安全事故多发。全国各类生产安全事故由 1990 年的 330993 起,死亡 68342 人,上升到 2002 年的 1073434 起,死亡 139393 人,平均每年分别上升 10.5% 和 6.28%。例如,2003 年 12 月 23 日中国石油天然气总公司四川管理局重庆钻探公司西北气矿发生特大井喷事故,造成 243 人死亡,上万人住院就诊,经济损失巨大。

煤炭生产方面,1997—2001 年,煤炭企业市场化改革刚刚起步,在亚洲金融危机、煤炭需求下降等多重因素影响下,绝大多数煤炭企业陷入困境,职工工资拖欠严重,大部分煤矿安全投入严重不足,安全生产基础设施严重落后,但那些几乎没有安全防护的小煤窑却依旧在"发展"。以山西省为例,至 1999 年年底,办理了采矿登记的各类煤矿就有 5831 座,其中 43.2% 为年产 9 万吨以下的小煤矿。还有更多未统计出来的星罗棋布的无证"黑煤窑",规模多在年产万吨以下。数以万计的乡镇煤矿与个体小煤矿绝大部分不具备基本的安全生产条件,是煤矿安全事故的重灾区(见表 4-5)。"矿难"已成为国人心中抹不去的痛!

表 4-5 煤炭产量及百万吨死亡率(1996—2003 年)

年份	合计			国有重点		国有地方		乡镇煤矿	
	产量(万吨)	死亡人数(人)	百万吨死亡率	死亡人数(人)	百万吨死亡率	死亡人数(人)	百万吨死亡率	死亡人数(人)	百万吨死亡率
1996	137408	6406	4.67	515	1.17	893	4.02	4734	7.70
1997	132525	6753	5.10	665	1.45	931	4.13	4815	8.44
1998	123251	6134	5.02	479	1.02	805	3.76	4575	8.60
1999	104363	5516	5.30	432	0.92	777	3.73	4122	12.95

年份	合计			国有重点		国有地方		乡镇煤矿	
	产量（万吨）	死亡人数（人）	百万吨死亡率	死亡人数（人）	百万吨死亡率	死亡人数（人）	百万吨死亡率	死亡人数（人）	百万吨死亡率
2000	99917	5798	5.71	700	1.44	799	4.11	3933	14.61
2001	110559	5670	5.03	711	1.27	592	4.10	3645	14.82
2002	141531	6995	4.94	904	1.27	1023	3.83	5068	11.69
2003	172787	6434	3.71	892	1.07	881	3.00	4661	7.61

二、社会化工伤保险制度确立

经过十几年的试点、探索,1996年我国颁布了第一部工伤保险专项法规《企业职工工伤保险试行办法》(以下简称《试行办法》),明确了工伤保险的宗旨即"保障劳动者在工作中遭受事故伤害和患职业病后获得医疗救治、经济补偿和职业康复的权利,分散工伤风险,促进工伤预防",保障职工的安全健康权益,寻求不同企业间负担的均衡,"效率优先"向"公平与效率兼顾"转变。工伤保险也由"国家—单位保障制"向"国家—社会保障制"发展。《试行办法》在中国工伤保险制度发展史上功不可没。第一,它确立了工伤保险作为风险分散机制的功能,加强了职业康复的相关规定,工伤预防也作为工伤保险制度的组成部分统一由劳动部门管理,运行了四十多年的职工福利性质的工伤企业保险得以实现真正意义上的转变;第二,通过实行工伤保险"属地管理",以中心城市或地级市为主的工伤保险费用由社会统筹,变"工伤企业保险"为"工伤社会保险",回归了工伤保险制度的本来属性;第三,对工伤补偿待遇水平和项目设置进行改革,在提高待遇支付标准的同时,增设了一次性伤残补助金等项目,并确立了工伤伤残抚恤金和供养亲属抚恤金随职工平均工资增长的机制,保障力度得到加强,基本适应了经济社会发展和人民的要求;第四,将工伤保险制度的覆盖人群扩展到"中华人民共和国境内的企业及其职工",并对到参保企业实习的大中专院校、技工学校、职业高中学生发生伤亡事故的情况做出了相应规定,扩大了制度的覆盖范围。

这一时期,国家还制定实施了《职工工伤与职业病致残程度鉴定》的国家标准(1996),发布了《职工非因工伤残或因病丧失劳动能力程度鉴定标准(试行)》的通知(2002),并颁布了《职业病防治法》(2001)、《安全生产法》(2002)、《使用有毒物品作业场所劳动保护条例》(2002)等法律法规,2002 年还调整发布了新的《职业病目录》,初步形成了工伤保险及事故预防、职业病危害防治相结合的一整套法律法规体系。在这一"摸着石头过河"的探索过程中,工伤保险制度比其他社会保险项目显示出更多的理性。随着国家发展理念的转变和认识水平的提高,尤其是 1998 年之后,包括工伤保险制度在内的社会保障被作为基本社会制度来建设,中国工伤保险制度迎来了新的历史发展契机。

4.1.5　2004 年至今:社会化工伤保险制度的完善与定型

一、职业风险与安全生产形势

改革开放二十余年来比较稳定的经济社会环境,为安全生产平稳发展创造了有利条件。仍以煤炭生产为例,煤炭是我国重要的基础能源和原料,在国民经济中具有重要的战略地位。改革开放以来,煤炭工业取得了长足发展,煤炭产量持续增长,生产技术水平逐步提高,对国民经济和社会发展发挥了重要的作用。但煤炭工业发展过程中还存在结构不合理、增长方式粗放、安全事故多发、资源浪费严重、环境治理滞后等问题。

小煤窑是 20 世纪 80 年代"有水快流"发展观点的产物。但由于小煤窑生产不仅事故率高,严重损害工人生命健康,而且造成资源浪费、环境污染和生态破坏,因此,国家自 2005 年下半年开展煤矿整顿关闭攻坚战。在《国务院关于促进煤炭工业健康发展的若干意见》(国发〔2005〕18号)、《国务院关于预防煤矿生产安全事故的特别规定》(国务院令第 446号)和《国务院办公厅关于坚决整顿关闭不具备安全生产条件和非法煤矿的紧急通知》(国办〔2005〕21 号)等法律法规的指导下,国家安全生产监督管理总局和国家煤矿安全监察局制定了《煤矿隐患排查和整顿关闭实施办法(试行)》,严格监督执行对不合格小煤窑的"关停并转"工作。

煤炭安全生产形势大为好转。百万吨死亡率于 2007 年首次降到 2

以下,以后持续下降,2009 年降至 1 以下,2013 年更是将其降到 0.3 以下,同比下降了 15.56%,比 2004 年下降了 90.49%,实现了重大突破(见表 4-6、表 4-7)。

表 4-6 煤炭产量及百万吨死亡率(2004—2008 年)

年份	合计			国有重点		国有地方		乡镇煤矿	
	产量(万吨)	死亡人数(人)	百万吨死亡率	死亡人数(人)	百万吨死亡率	死亡人数(人)	百万吨死亡率	死亡人数(人)	百万吨死亡率
2004	199735	6027	3.08	854	0.929	816	2.771	4357	5.87
2005	215131	5938	2.811	956	0.931	598	2.039	4384	5.533
2006	233178	4746	2.041	704	0.626	611	1.981	3431	3.847
2007	252341	3786	1.485	475	0.383	411	1.269	2900	3.024
2008	271583	3215	1.182	454	0.330	401	1.163	2360	2.374

表 4-7 煤炭产量及百万吨死亡率(2009—2018 年)

年份	合计		
	产量(万吨)	死亡人数(人)	百万吨死亡率
2009	305000	2631	0.892
2010	320000	2433	0.749
2011	352000	1973	0.654
2012	365000	1384	0.374
2013	379000	1049	0.293
2014	387400	934	0.255
2015	375000	588	0.162
2016	341100	526	0.156
2017	352000	375	0.106
2018	368000	333	0.093

国家在《煤炭工业发展"十二五"规划》中提出,要大力推进煤矿企业兼并重组,淘汰落后产能,发展大型企业集团,提高产业集中度。通过兼

并重组将全国煤矿企业数量控制在 4000 家以内,平均规模提高到 100 万吨/年以上。30 万吨及以下小煤矿将按照"再退出一批、推动兼并重组一批、涉及保障民生和布局需要的少量保留一批"的原则,该关闭的坚决关闭,该退出的也决不留情。2016 年 12 月 3 日,国家发改委副主任连维良在《2017 年度全国煤炭交易会》上表示,力争到 2020 年年底,全国形成 10 个左右亿吨级特大型煤炭企业集团。2014 年国家便规定 30 万吨以下的小型煤矿不再新建,而此次国家发改委的集中治理主要针对的是存量 30 万吨以下小煤矿。对此,连维良给出的理由是,目前全国年产 30 万吨及以下的小煤矿还有 6500 多处,其中 2600 多处已经列入去产能范围,剩下还有 3900 多处。这些煤矿产量只占全国煤炭产量的 15% 左右,但安全事故却占 50% 以上,因此 30 万吨及以下小煤矿,必须要关闭或退出。连维良说,这是实现产业升级、安全发展的必然选择。[1] 我国煤炭生产迎来了事故率快速下降的曙光。

二、工伤保险制度逐步完善

在总结改革开放以来尤其是《试行办法》运行六年实践经验的基础上,国务院于 2003 年 4 月出台了《工伤保险条例》(以下简称《条例》),并于 2004 年 1 月 1 日正式实施,这标志着中国工伤保险制度进入一个崭新的发展阶段——法制化阶段。该条例将建立统一的、健全的工伤社会保险体系设定为中国工伤保险制度的发展目标,把工伤预防、康复与补偿一并列为中国工伤保险制度的三大职能。与此同时,该条例还将适用范围扩大到"中华人民共和国境内的各类企业、有雇工的个体工商户",并适当提高了待遇水平,科学规范了相关标准和程序,对基金收支、工伤认定、监督管理等也作了较为详细的规定,从而把工伤保险制度带入一个全面发展的新时期。这也是中国工伤保险法制建设的重要时期,一系列与工伤保险相配套的法律法规相继出台,包括《工伤认定办法》(2004 年 1 月 1 日)、《劳动保障监察条例》(2004 年 12 月 1 日起实行)、《关于印发加强工

---

① 杨仕省:《全国煤企数量四年内减半 "30 万吨及以下小煤矿必须关闭或退出"》,《华夏时报》2016 年 12 月 9 日。

伤康复试点工作指导意见的通知》(2007年4月3日)、《关于印发〈工伤康复诊疗规范(试行)〉》和《工伤康复服务项目(试行)的通知》(2008年3月11日)等,并颁布了针对具体行业、人群的专项规范性文件,构建起比较完整的工伤保险制度以及事故预防、职业病防治相结合的体系框架,并从法制的角度保障了实施的有效性,标志着中国工伤保险制度已逐步定型。2010年《工伤保险条例》修订,进一步扩大覆盖范围及认定范围;简化并优化了劳动能力鉴定程序,明确了再次鉴定和复查鉴定的时限,取消了行政复议前置程序,个人申请工伤时效为延长为一年;新条例还增加了简易程序;加大了对不参保单位的处罚力度;加强了对未参保工伤职工的权益保障;同时,增加了工伤保险基金支出项目:增列工伤预防费用,减轻用人单位负担,将原由单位支付的一次性工伤医疗补助金、住院伙食补助费和到统筹地区以外就医所需的交通、食宿费改由工伤保险基金支付。

为了切实保障未参保职工的工伤权益,《社会保险法》在确认用人单位不缴纳工伤保险费应当承担工伤保险待遇责任的同时,规定用人单位不缴纳工伤保险费应当负担工伤待遇责任,如果用人单位不支付或者无力支付职工工伤待遇的,由工伤保险基金支付,以保证工伤职工得到及时有效的救治。工伤保险基金先行支付后,社会保险行政部门就可以取得代位求偿权,社会保险费征收机构可以依法对用人单位处罚和征收工伤保险费,并且追回工伤保险基金先行垫付的工伤待遇。

4.2 中国工伤保险制度
发展与改革评析

4.2.1 工伤保险制度变迁70年绩效评价

20世纪80年代前的中国社会,多数制度的运行并未有法律法规予以规制,但涵盖工伤保险在内的《劳动保险条例》却在新中国成立之初就

已经颁布并开始实施，足见政府对保障劳动者权益的决心与信心。尽管
"文化大革命"的破坏使其名存实亡，但是这部法律中关于工伤保险的基
本制度安排在保障受伤害职工权益方面，对于 20 世纪五六十年代乃至市
场经济体制确立后的一段时间内的影响，依旧是广泛深远的。

总体看，工伤保险制度变迁遵循了中国改革的总路径：试点先行，循
序渐进。在社会保险的改革过程中，工伤保险最早实现了制度定型，其他
社会保险项目长期试而不定的曲折也进一步反衬了工伤保险改革的科学
与理性。总体看，工伤保险制度变迁的方向是正确的，成果是显著的。

一、建制理念的转变深入影响工伤保险制度建设，促进制度发展

工伤保险制度的改革，其价值取向是正确的，即由单位承担风险向社
会分散风险转化，在保障职工权益方面逐步体现了以人为本、追求公平的
精神。计划经济时期的"企业保险"因缺乏分散企业风险功能所带来的
弊端而被摈弃，取而代之的是现代化的工伤社会保险。实践证明，现行的
制度在分散企业风险，促进企业生产和经济发展方面都是有效的。

改革明确了中国工伤保险必须以社会保险为最主要、最基本的制度
模式，同时还初步确立了预防—补偿—康复相结合的中国工伤保险体系，
以及行业差别费率和浮动费率的费率机制，为进一步完善我国工伤保险
制度打下了良好的理论、技术与物质基础。

"保障劳动者利益"是工伤保险建制的政策目标。但对于曾经饱受
战争创伤的新中国来说，落后的经济环境和医疗卫生技术条件，使得建制
初期的理念仅能停留在单纯的医疗救治加经济补偿。其后的发展过程中
虽有一定的医疗康复理念，并涉及一些康复性质的工作，但无论从认识程
度还是实现目标上，都与现代意义的康复有很大距离，亦缺乏必备的设施
与条件。1996 年《企业职工工伤保险试行办法》的出台，不仅以法律形式
明确了工伤保险本应具有的"分散企业风险"的功能，而且建制理念也开
始由"单纯的医疗救治和经济补偿"逐渐向"预防、治疗、康复相结合"转
变，且引入了现代意义上的康复事业。但是由于该制度的路径依赖以及
制度改革初期作为"国有企业改革配套"的局限，"补偿加救治"仍是这一
时期的核心理念，工伤预防和职业康复仅仅是处于初步探索阶段。2003

年出台的《工伤保险条例》确立了我国实行工伤预防、补偿与康复相结合的工伤保险制度,从而在提供医疗救治和经济补偿的同时,进一步强化了工伤预防和职业康复理念。

二、覆盖面、保障范围和层次的扩大与提高

工伤保险制度建立的初衷是为了保障工伤职工能够得到及时救治并保障他们及其供养亲属的基本生活。依据国家的经济条件,保障范围和层次采取逐步推广的办法。

（一）制度实施范围

中国工伤保险覆盖范围由主要以100人以上的国营、公私合营、私营及合作社经营的工厂、矿场及其附属单位;到国营企业职工为主,集体企业参照执行;扩大到中华人民共和国境内的企业及其职工;再进一步将农民工纳入进来;将有雇工的个体工商户纳入进来;事业单位并轨纳入进来;各地试点工伤保险与公务员公伤保险也并轨。工伤保险法律法规的逐步完善,统筹层次的提高,以及宣传、执法力度的加强,也从强制性的角度保证了工伤保险覆盖面的有效扩展(见表4-8)。

表4-8 我国工伤保险制度保障范围变迁

法律法规名称	发布机构	发布日期	实施日期	法律中规定的制度实施范围
《中华人民共和国劳动保险条例》	政务院(已变更)	1951.2.26	1951.2.26	有工人职员100人以上的国营、公私合营、私营及合作社经营的工厂、矿场及其附属单位;铁路、航运、邮电的各企业单位与附属单位;工、矿、交通事业的基本建设单位;国营建筑公司
《中华人民共和国劳动保险条例实施细则(修正草案)》	政务院(已变更)	1953.1.2	1953.1.2	原条例关于"有工人职员一百人以上"的规定,在计算人数时,应包括工资制、供给制人员及学徒、临时工(临时性的建筑工人及搬运工人除外)、试用人员在内;凡实行劳动保险的企业,其业务管理机关与附属单位,应与企业同时实行劳动保险条例

续表

法律法规名称	发布机构	发布日期	实施日期	法律中规定的制度实施范围
《企业职工工伤保险试行办法》	劳动部劳部发〔1996〕266号	1996.8.12	1996.10.1	中华人民共和国境内的企业及其职工必须遵照本办法的规定执行
《工伤保险条例》	国务院中华人民共和国国务院令第375号	2003.4.27	2004.1.1	中华人民共和国境内的各类企业的职工和个体工商户的雇工,均有依照本条例的规定享受工伤保险待遇的权利。有雇工的个体工商户参加工伤保险的具体步骤和实施办法,由省、自治区、直辖市人民政府规定
《工伤保险条例》修订	国务院	2010.12.20	2011.1.1	中华人民共和国境内的企业、事业单位、社会团体、民办非企业单位、基金会、律师事务所、会计师事务所等组织和有雇工的个体工商户应当依照本条例规定参加工伤保险。中华人民共和国境内的企业、事业单位、社会团体、民办非企业单位、基金会、律师事务所、会计师事务所等组织的职工和个体工商户的雇工,均有依照本条例的规定享受工伤保险待遇的权利

(二)参保人数

随着我国工伤保险制度覆盖面的扩大,尤其是 2004 年劳动部发布了《关于农民工参加工伤保险有关问题的通知》之后,徘徊在职业危险边缘的庞大的农民工群体被纳入工伤保险覆盖范围内,使得工伤保险参保人数急剧上升,成为社会保险项目里发展最快的一项(见图 4-1)。工伤保险覆盖面的扩大,保障范围和层次的提高是对劳动者最强有力的保障。

三、工伤保险基金:确保制度可持续发展

工伤保险基金旨在保障劳动者因工负伤或罹患职业病后获得医疗救治、经济补偿和职业康复的权利。基金的筹集与管理是工伤保险发挥其功能的基础和保障;工伤保险待遇的支付情况又直接反映着工伤保险基

（万人）

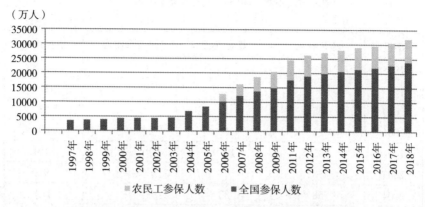

图4-1 1997—2018年全国工伤保险及农民工参保人数

资料来源：根据1998—2007年《劳动和社会保障事业发展年度统计公报》；2008—2018年《人力资源和社会保障事业发展统计公报》中的数据整理而成。

金的运行状态。保障基金来源的稳定性、支出的合理性和管理的科学性是实施工伤保险制度有效性的关键所在，而享受工伤保险待遇的人数则直接体现了工伤保险"应保尽保"的力度和程度。工伤保险制度自19世纪末兴起，其"无责任赔偿"的原则与设立基金，既免除了雇员证明企业过错的义务，也使企业无须为自己的责任开脱，大大降低了社会成本，缓和了社会矛盾，保障了劳动者基本利益。我国工伤保险制度建立之初就设立了工伤保险基金上交全国总工会，其中30%统筹使用，70%返还企业支付工伤保险待遇等。1969年2月财政部发布的《关于国营企业财务工作中几项制度的改革意见（草案）》致使待遇支付类似于"雇主责任保险"制度，费用完全由企业自行承担。随着社会主义市场经济体制的建立和形成，各地开始进行工伤保险制度改革探索。1996年《企业职工工伤保险试行办法》起到了极大的促进作用。截止到1999年年底，参加工伤保险费用统筹的职工人数达到3960.3万人，当年为17万多名工伤职工提供医疗待遇和生活待遇共计15亿多元。其后，工伤保险基金收支方面的发展确保了制度的可持续发展（见表4-9）。

表4-9 1998—2018年工伤保险基金收支情况

(单位:亿元)

年度	基金收入	基金支出	储备金结存	滚存结余
1998	21.2	9	—	39.8
1999	18.6	11.9	—	41.7
2000	25	14	—	58
2001	28	16	—	69
2002	32	19.9	—	81.1
2003	38	27	—	91
2004	58	33	—	119
2005	93	48	—	164
2006	112	68.5	24	193
2007	166	88	33	262
2008	217	127	50	335
2009	240	156	65	404
2010	285	192	82	479
2011	466	286	101	642
2013	615	482	168	828
2014	695	560	190	930
2015	754	599	209	976
2016	737	610	239	1172
2017	854	662	270	1337
2018	913	742	294	1491

资料来源:根据1998—2007年《劳动和社会保障事业发展年度统计公报》;2008—2018年《人力资源和社会保障事业发展统计公报》以及劳动统计年鉴中的数据整理而成。

从表4-9可以看出,1998年以后我国工伤保险基金收支均呈稳步上升趋势,尤其是在2004年《工伤保险条例》实施以后上升速度大大加快,说明工伤保险基金的收支顺畅。此外,从2006年起,我国工伤保险基金开始有了储备金结存,从而增强了工伤保险基金应对突发性重大工伤事故、分散企业风险、保证工伤职工保险待遇支付的能力。需要注意的是,统筹工伤保险基金的原则是年度收支平衡,并非基金结余越多越好,而是要在实现充分保障的基础上"略有结余"。

四、享受工伤保险待遇人数逐年增多

享受工伤保险待遇人数在一定程度上表明了工伤保险是否做到了"应保尽保"。回顾我国工伤保险制度的发展历程可以看出,我国工伤保险享受待遇人数在逐年增长(见图4-2)。

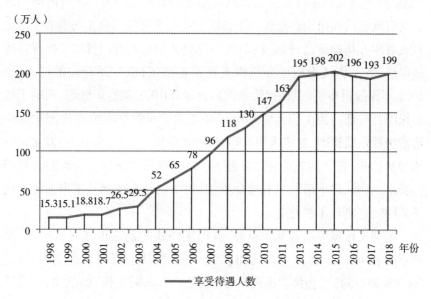

图 4-2　1998—2018 年全国享受工伤保险待遇人数

从图4-2可以清晰地看出,全国享受工伤保险待遇人数稳步上升,尤其是在进入21世纪以后增速大大加快,受惠人群的扩大符合工伤保险的"普遍性"原则,同时也是实现社会和谐发展的重要体现。

五、伤残鉴定与工伤认定程序逐步完善

对因工伤亡的划分标准以及职业病待遇享受资格的认定规定,将直接影响待遇支付的公平性与合理性。因此,伤残鉴定与工伤认定程序是至关重要的。工伤保险待遇享受,首先需要认定为"工伤"和"职业病"。

我国的工伤认定制度最早建立于20世纪50年代初期,工伤主要由企业工会来认定。《劳动保险条例》规定,"关于因工或非因工的确定,由

工会小组据实报告工会基层委员会、劳动保险委员会审查确定后,报请工会基层委员会通知企业行政方面或资方及工人职员本人或其供养直系亲属"。1957 年卫生部发布《职业病范围和职业病患者处理办法的规定》,将职业病纳入工伤保险,其认定路径与工伤事故认定一致。1996 年劳动部颁布的《企业职工工伤保险试行办法》将工伤保险纳入社会统筹范围。"企业应当自工伤事故发生之日或者职业病确诊之日起,15 日内向当地劳动行政部门提出工伤报告。工伤职工或其亲属应当自工伤事故发生之日或者职业病确诊之日起,15 日内向当地劳动行政部门提出工伤保险待遇申请"。工伤认定由经办机构进行调查取证,由劳动行政部门确认。2003 年我国颁布了《工伤保险条例》,并于 2010 年进行了修订,明确了社会保险行政部门为工伤认定部门,"职工发生事故伤害或者按照职业病防治法规定被诊断、鉴定为职业病时,所在单位应当自事故伤害发生之日或者被诊断、鉴定为职业病之日起 30 日内,向统筹地区社会保险行政部门提出工伤认定申请"。《社会保险法》对工伤认定的例外情形通过兜底条款的规定进行了扩充。

为切实保障劳动者基本权益,我国工伤认定范围也在逐步扩大(见本章附表 4-1)。由此可以看出,我国的工伤认定范围在逐步扩大,自 2003 年颁布的《工伤保险条例》以来,增加了"视同工伤"的款项,使得认定范围更趋合理。但同时也增加了"不得认定为工伤或者视同工伤"的条款。

工伤鉴定是在申请工伤鉴定的职工被认定为工伤的基础上,在其医疗终结或医疗期满之后,由设区的市以上劳动能力鉴定委员会对其工伤有关事宜进行鉴定的行为,是认定工伤等级以及后续的护理治疗的重要手段和证据。我国的工伤鉴定(评残标准)以劳动能力丧失程度作为基准。劳动能力丧失是指因损伤、疾病、衰老等原因引起的工作能力和/或社会活动能力、生活自理能力的下降或丧失。由于劳动能力下降或丧失,失去了从事原工作的能力,严重的会影响到生活自理能力。劳动能力丧失程度鉴定有广义和狭义之分,狭义的劳动能力丧失程度鉴定就是指工伤评残,又称劳动能力鉴定或称劳动鉴定,广义的劳动能力丧失程度鉴定则不仅限于工伤鉴定,还包括其他行业的此种鉴定,如交通事故、医疗事故、保险、伤害等各种原因引起的劳动能力丧失或下降。不同行业对鉴定的要求有所不同,也都有各自不同的鉴定标准。1996 年 3 月 14 日国家技术监督局颁布《职工工伤与职业病致残程度鉴定》(GB/T16180-1996)之后,劳动能力鉴定开始逐步走上正轨。2006 年关于工伤保险的国家标准《劳动能力鉴定——职工工伤与职业病致残等级分级》(GB/T 16180-2006)代替上述标准,将劳动能力丧失程度划分为 10 个等级,1 级最重,10 级最轻。同时规定,符合伤残鉴定标准 1—4 级为全部丧失劳动能力,5—6 级为大部分丧失劳动能力,7—10 级为部分丧失劳动能力;不同的失能程度,享受不同的工伤赔偿待遇(见图 4-3)。

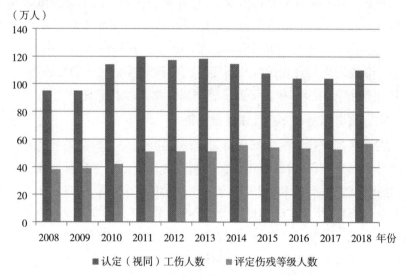

图 4-3　2008—2018 年全国认定工伤与伤残评定人数

资料来源:根据 2008—2018 年度《人力资源和社会保障事业发展统计公报》中的数据整理而成。

综上,从工伤保险机制运行上,在工伤认定、劳动能力鉴定、待遇保障以及争议处理的各个环节上予以重新规范,实现了工伤认定程序的规范化、劳动能力鉴定的科学透明化、待遇保障的科学合理化、争议处理的高效化。

六、工伤保险待遇水平逐步提高，切实保障工伤职工基本权益

公平是社会保障制度的本质与核心，工伤保险作为社会保障中的一项重要制度安排，也是通过调节收入分配来实现其政策目标，而调节收入分配的途径即是支付工伤保险待遇。改革开放后，我国经济迅速发展，国内生产总值持续保持高速增长，而工伤保险待遇却一直沿用新中国成立初期的标准。待遇水平长期偏低所导致的保障不足使工伤职工及其家属的生活水平大打折扣。工伤保险制度调节收入再分配保障工伤职工权益的功能明显滞后于经济社会的发展。《企业职工工伤保险试行办法》和《工伤保险条例》对工伤待遇予以重新规定的同时，将调整的范围扩大到生活护理费，调整频率也改为"适时调整"，有效地提高了工伤保险待遇对工伤职工及其家属的保障力度，这也是对工伤职工的劳动贡献以及他们所具有的分享社会经济发展成果权利的充分肯定（见本章附表4-2）。

工伤保险待遇变迁的过程实际是一个工伤保险制度逐渐完善、技术手段不断先进化与合理化以及制度与技术逐渐匹配融合的发展过程，而正是"制度"与"技术"驱动了我国工伤保险制度的不断前进。

七、费率机制建立并且在逐步完善

费率机制直接影响工伤保险基金的稳定性、工伤预防效能的发挥和用人单位参与的积极性，是工伤保险制度的核心。由于各行业在产业结构、生产类型、生产技术条件、管理水平等方面存在差异，表现出不同的职业伤害风险程度，为了体现保险费用公平负担，许多国家都是根据不同行业的工伤风险程度确定行业差别费率。中国亦同，从具体的技术手段上，初步确定了行业差别费率，并坚持浮动费率。这不仅是对国际成功经验的借鉴，亦表明了国家对工伤保险事故预防功能的重视，开始探索运用费率杠杆来改善企业的安全生产状况，以更好地实现对劳动者权益的保障。

自1996年颁布《企业职工工伤保险试行办法》以来（即实行工伤社会保险制度以来），我国工伤保险费征缴根据"防止过高，避免不足，公平合理"的原则，确定了"以支定收，收支平衡"，费率实行"行业差别，费率浮动"，统筹地区依据《国民经济行业分类标准》（GB/T 4754-1994）确定行业差别费率分类。该分类将行业分为16门类92大类368中类846小

类。《企业职工工伤保险试行办法》规定我国工伤保险统筹地区按照本地的行业特点将差别费率分为 5—15 档不等。

2003 年 10 月 29 日,劳动和社会保障部、财政部、卫生部、国家安全生产监督管理局发布了经国务院批准的《关于工伤保险费率问题的通知》,在行业划分、费率确定、费率浮动三个方面做了具体规定。在"关于费率确定"部分规定,工伤保险费平均缴费率原则上要控制在职工工资总额的 1.0% 左右。在这一总体水平下,依据《国民经济行业分类标准》(GB/T 4754-2002),按照工伤风险程度的高低,将各行业划分为三类:一类为风险较小行业,二类为中等风险行业,三类为风险较大行业,并分别执行用人单位职工工资总额的 0.5%、1%、2% 左右的行业差别基准费率。这一费率政策实施以来,基本保证了工伤保险基金的平稳运行,一定程度上促进了工伤预防,较好发挥了工伤保险的社会共济作用。但从国际上看,各国工伤保险制度越成熟,基础数据越完备,行业风险类别的划分越细致。而我国费率按 3 档风险类别划分既粗也不够科学,难以全面如实地反映我国各行业的真实风险差别。

2015 年国务院《政府工作报告》做出降低工伤保险缴费率的重要部署。同年 7 月 22 日《人力资源社会保障部　财政部关于调整工伤保险费率政策的通知》(人社部发〔2015〕71 号)发布,要求按照《国民经济行业分类标准》(GB/T 4754-2011)对行业的划分,根据不同行业的工伤风险程度,由低到高,依次将行业工伤风险类别划分为一类至八类,工伤保险费率分别控制在该行业用人单位职工工资总额的 0.2%、0.4%、0.7%、0.9%、1.1%、1.3%、1.6%、1.9% 左右,最高基准费率是最低基准费率的8.5 倍。通过费率浮动的办法确定每个行业内的费率档次。一类行业分为三个档次,即在基准费率的基础上,可向上浮动至 120%、150%,二类至八类行业分为五个档次,即在基准费率的基础上,可分别向上浮动至120%、150% 或向下浮动至 80%、50%。

2016 年 4 月 14 日发布《人力资源社会保障部　财政部关于阶段性降低社会保险费率的通知》(人社部发〔2016〕36 号),要求降低工伤保险平均费率 0.25 个百分点。2018 年 5 月 1 日起,经国务院常务会议确定,符合条件的地区再下调工伤保险费率 20% 或 50%。

八、预防—补偿—康复体系初步建成

计划经济时期的企业保险,由于工伤保险之预防功能的缺失,其在降低事故方面本应具有的积极作用无法发挥出来,制度"补偿加救治"为主的理念也使其所表现出来的社会价值大打折扣。1996 年《企业职工工伤保险试行办法》中对工伤预防和职业康复做了专门规定,明确将"事故预防费"列入工伤保险基金的开支项目,其后一些省市开始了工伤预防试点。《工伤保险条例》中取消了《工伤保险试行办法》中关于提取工伤预防和职业康复经费的条款,仅在第一条提到"促进工伤预防和职业康复",导致各地工伤预防和康复试点因"上无政策、下无对策"而陷入进退维谷的境地,导致部分地方一度致使预防工作搁浅。2010 年《工伤保险条例》修订增加了"工伤预防费用的提取比例、使用和管理的具体办法,由国务院社会保险行政部门会同国务院财政、卫生行政、安全生产监督管理等部门规定"。人力资源社会保障部会同财政部、国家卫生计生委、国家安全监管总局于 2017 年 8 月 17 日制定并以人社部规〔2017〕13 号文印发《工伤预防费使用管理暂行办法》,明确工伤预防费用于下列项目的支出:工伤事故和职业病预防宣传;工伤事故和职业病预防培训。

对工伤预防工作的重视标志着中国工伤保险制度在由事后补偿机制向积极的事前预防保险制度转变。

新中国成立初期的工伤保险制度以补偿加救治为主,但也涉及一些康复性质的工作,而且职工疗养制度的发展对工伤人员低水平的医疗康复起到了重要作用。《企业职工工伤保险试行办法》首次对工伤康复问题做出了专门规定,从而开始了由单纯的医疗康复向职业康复的过渡。例如,广州等地通过建立专门的康复医院为职工提供专业化的康复服务取得了良好成效,更多的地方则是通过与医疗机构进行合作购买服务,或设立定点医院等来实施。按照《社会保障"十二五"规划纲要》的要求,人力资源和社会保障部制定发布了《关于进一步做好工伤康复试点工作的指导意见》(人社部发〔2013〕83 号)、《区域性工伤康复示范平台标准(试行)》、《关于开展第一批区域性工伤康复示范平台评估遴选工作的通知》

（人社厅函〔2015〕227号）、《工伤保险辅助器具配置管理办法》（2016年2月16日人力资源和社会保障部、民政部、国家卫生和计划生育委员会令第27号公布，根据2018年12月14日《人力资源社会保障部关于修改部分规章的决定》修订）等法规和文件。

至此，我国已经初步形成了以医疗康复为基础、职业康复为核心、以促进工伤职工回归社会为目的的具有中国特色的工伤康复制度框架。

4.2.2　机遇与挑战

新中国成立之初，面对长期落后的安全理念和生产方式导致的工伤事故高峰，党和国家除积极进行劳动保护宣传教育，发布相关政策外，还迅速建立起涵盖工伤保险在内的劳动保险制度。这与德国最先建立起工伤保险制度以应对工业革命所导致的伤亡事故的初衷是有一定相似之处的。如上，70年来我国工伤保险虽遭受过"文化大革命"的破坏，但对工伤职工的补偿工作并未停止过。改革开放以来，特别是20世纪80年代末期的工伤社会保险改革试点以来，历经《企业职工工伤保险试行办法》《工伤保险条例》等法律法规的颁布实施和修订，我国工伤保险制度得以长足发展，但是面临的问题与挑战亦不容忽视。

一、新老职业风险并存

我国相当长一个时期可能既要实现传统产业的转型升级，也要实现在高端领域的跨越式发展。随着国家经济结构调整和资源的优化配置，我国工业企业特别是能源与制造业，将面临传统职业危害与新型职业危害并存的局面。一方面，多年来很多高危行业、企业在"追求经济效益"与"现代化安全管理及增大安全投入"的天平上明显向前者倾斜，因而已经"累积"了许多安全及职业病风险和隐患；另一方面，新技术，新业态下，新能源、新型材料、新兴工艺等不断增多，职业中毒、尘肺病和放射病等一些职业病危害将逐渐得到控制，而新型职业危害以及尚未被列入我国法定职业病的新兴产业从业人群的"工作相关性疾病"等新的职业危害因素对人体危害认识的滞后等都将会是对工伤保险特别是工伤预防极大的挑战。

二、制度保障范围及层次尚待进一步扩大与提高

从表 4-8 可以看出,每一次法律法规的颁布实施,或适当地或是大幅度地扩大了工伤保障范围,覆盖人群及数量亦随之大幅增加(见图 4-1)。但随着新一轮的产业结构调整与升级,传统产业就业人数将逐步减少,高新产业就业人数则快速增长,非全日制、灵活就业等非正规就业人员亦会大量增加,就业形式多元化以及高流动性、不稳定的劳动关系等,还有"并轨"的事业单位职工以及正在试点中的公务员等,工伤保险制度"扩面"还面临着诸多挑战。此外,由于我国工伤保险制度是在原有的与计划经济相适应的"劳动保险"基础上改革并逐步加以完善的,在这一过程中面临着"新""老"问题所带来的双重挑战。一方面是原有制度遗留下来的,以及在"渐进式"改革过程中出现的"老工伤";另一方面则是"渐进式"改革过程中尚未被覆盖人群的"新工伤"。此外,由于职业病"迟发性"的特点,会有大量未参保的农民工陆续被确诊为职业病,都将大大增加工伤保险制度实施的难度和负担。

三、"先行支付"执行难度大

尽管近年来参加工伤保险的人群数量逐年增多,但是,仍然有相当一部分就业人员没有参加工伤保险,他们大多数集中在乡村区域的中小企业里,由于这些企业普遍规模不大,承受工伤事故能力弱,一旦发生工伤致残、致亡,对这些职工本人和家庭都将是沉重打击。此外,由于职业病的"迟发性",相当数量的农民工从事职业危害因素较高的职业且流动性大,很多没有签订劳动合同,罹患职业病(主要是尘肺病)以后,治疗、补偿等一系列本属于工伤保险的事情却在他们身上难以兑现,以致"既流血又流泪"的现象并不罕见。为此,《社会保险法》针对用人单位未依法缴纳工伤保险费的情况以及由于第三人的原因造成工伤的情况提出"先行支付"。保障那些已就业但未参加工伤保险的人群的工伤权利,正是《社会保险法》立法确立先行支付制度的初衷之一。

社保经办机构先行支付工伤保险待遇后,能否向用人单位成功追回,对基金安全和制度实施的可持续至关重要。为此,迫切需要确立完善先行支付款追偿机制。由于国家层面和地方层面没有先行支付的细则,这

导致了在实践操作中出现诸多问题,加之部门权限有限,强制性不足,相应增加了社保机构执行与理解(对基金潜在性的风险的担忧)的难度,因此,追缴赔款的情况不甚乐观。《社会保险基金先行支付暂行办法》(人力资源和社会保障部第 15 号令)第 13 条规定"先行支付工伤保险待遇后,应当责令用人单位在 10 日内偿还。逾期不偿还的,社会保险经办机构可以向银行和其他金融机构查询其存款账户,申请县级以上社会保险行政部门做出划拨应偿还款项的决定,并书面通知用人单位开户银行或者其他金融机构划拨其应当偿还的数额。用人单位账户余额少于应当偿还数额的,社会保险经办机构可以要求其提供担保,签订延期还款协议。用人单位未按时足额偿还且未提供担保的,社会保险经办机构可以申请人民法院扣押、查封、拍卖其价值相当于应当偿还数额的财产,以拍卖所得偿还所欠数额"。但实际执行起来困难重重。

四、预防、康复两大短板须补齐

工伤事故预防体系中,企业的主体职责与安全生产部门的安全监察职能各司其职,分工明确,工伤保险预防基金用途不能因各参与主体的职责未能完整履行而替代其他主体越位预防。我国目前在工伤残疾的一级预防体系中,由于实际工作受政府相关部门职能的影响,立法、制度、宣传、教育培训、技术等措施涉及安全、卫生、劳动和社会保障等多部门,而工作内容又很分散,职责不清,不同机构之间缺乏协调配合,甚至出现互相推诿责任或越位管理的现象,没有像英美等国那样的统一的职业安全卫生立法,现有的法律各有不同侧重,有些法条之间甚至还有冲突。

二级预防的阶段正好处在《工伤保险条例》所规定的工伤医疗期内,对于工伤职工医疗期的确定和伤残等级的评定具有关键的作用,此时也正是康复治疗介入的最佳时期。《工伤保险条例》规定应按伤残鉴定等级给付待遇,但由于在意识上对工伤康复的认识不足,实际工作中出现了"偏差":就工伤职工而言,一些人发生工伤后最重要的目标是追讨工伤补偿金。在选择康复后的"低补偿"还是不康复的"高补偿"时,很多工伤职工选择了后者,有的甚至抵制或拒绝工伤康复治疗(特别是 4—5 级伤残者);另一方面,相关部门对于"尽快地、尽最大可能地恢复和重建伤残者已经丧失的功能,使他们在体格上、精神上、社会上和经济上的能力得到尽可能的恢复,使他们重新走向生活,重新走向工作,重新走向社会"的现代康复认识不足,加之康复人才严重缺乏、医疗与康复相脱节等原因,此外,工伤康复机构为员工提供康复服务需要资金的支持,但由于政策原因(《工伤保险条例》中没有明确规定),在社会保险基金由财政"收支两条线"的情况下,不能从工伤保险基金中提取有关经费,这些都影响了工伤残疾的二级预防。三级预防在我国更是严重不足。

五、待遇水平仍有进一步提高的空间

近几年工伤保险待遇享受人数和基金收支额都有较大幅度上升,在今后的发展中,除了改变工伤保险待遇增长与工资、物价水平上涨差距太大的问题之外,还应该提高一次性赔偿待遇。尤其在高危行业,劳动者大多是家里的青壮年男性,一旦发生伤亡事故,整个家庭将会失去经济支柱和生活来源。虽然赔偿不能挽回健康和生命,但却可以较好地解决生活上的困难。

4.3 在挑战中寻求机遇,促进中国工伤保险制度的新发展

4.3.1 加强风险控制

我国仍处于新型工业化、城镇化持续推进的过程中,安全生产工作面临许多挑战:经济社会发展、城乡和区域发展不平衡,安全监管体制机制不完善,全社会安全意识、法治意识不强等深层次问题没有得到根本解决;各类事故隐患和安全风险交织叠加;传统和新型生产经营方式并存,新工艺、新装备、新材料、新技术广泛应用,新业态大量涌现,增加了事故成因的数量,复合型事故有所增多,重特大事故由传统高危行业领域向其

他行业领域蔓延。[①]

控制与减少职业风险,努力增强劳动者的工作安全性,是政府、用人单位(雇主)以及整个社会都应当给予高度重视并切实承担的重要责任。尽管职业风险与职业灾害不可绝对避免,但却可以通过各种职业安全卫生措施及相关制度保障来缓解或进行有效控制,并通过工伤保险制度加以一定的保障。

有些职业危害因素是无法预知的,尽管医学科学技术飞速发展,但一些新型产业会出现哪些职业危害因素,可能会对人体产生何种影响,或是危害程度如何等,尚不得而知。但有些职业危害因素则不仅可以"预知",也是可以预防的:一些发达国家在高技术产业、装备制造业、航空航天、医药制造、电子信息等新型产业起步较早,对于这类产业中的职业危险与危害因素及其防护方面的相关研究成果是可以借鉴的。工伤保险制度应充分考虑扩大覆盖面的群体的职业特征以及新兴产业职业危害致因,对这些人员多发的职业性疾患等尽早制定相关劳动标准,并适时适当扩展职业病目录。

4.3.2 构筑多层次保障体系

建立工伤社会保险为主、商业性雇主责任保险为辅的职业伤害保障制度。对于未参加工伤保险的企业,必须强制性地将其纳入工伤保险范围。此外,在一些高风险行业还应鼓励企业为工人购买补充性的雇主责任保险。商业保险公司也应积极参与,运用商业保险模式,以契约方式明确理赔时效和标准,在工伤社会保险之外提供进一步的工伤保障,这不仅是拓宽其服务领域,促进产品和服务的创新,同时也可以提升公司业绩水平和品牌认知。由此,实现工伤社会保险与商业性雇主责任保险的相互补充和协调发展,构筑多层次的中国工伤保险赔偿体系,切实保障劳动者权益。

---

① 参考《安全生产"十三五"规划》(国办发〔2017〕3 号)。

4.3.3 增强工伤保险制度的理论性与技术性

在完善制度的过程中,我们既要注重政策的稳定和衔接,同时也要加强理论研究,加强量化指标体系的建设,如"职业伤害保障"与"工伤保险"的保障范围,工伤预防与职业安全健康的概念及功能界定,预防、补偿、康复三者关系、定位、作用机制,"购买服务"在预防与康复方面的作用及应用,科学的费率机制,事故及职业病预防评估指标体系,与其他部门(如安全、健康等)信息系统平台建设,工伤职工社会康复与职业康复评估指标体系,待遇指数化(其合理性、可持续性),等等,确保我国的工伤保险制度能够健康、可持续发展。

附表4-1 工伤认定范围变迁

法律法规名称	实施日期	工伤认定范围
《中华人民共和国劳动保险条例实施细则(修正草案)》	1953.1.2	工人职员在下列情况下负伤、残废或死亡时,应享受工伤保险待遇:(一)由于执行日常工作以及执行企业行政方面或资方临时指定或同意的工作;(二)在紧急情况下未经企业行政方面或资方指定而从事与企业有利的工作;(三)由于从事发明或技术改进的工作
《企业职工工伤保险试行办法》	1996.10.1	职工由于下列情形之一负伤、致残、死亡的,应当认定为工伤:(一)从事本单位日常生产、工作或者本单位负责人临时指定的工作的,在紧急情况下,虽未经本单位负责人指定但从事直接关系本单位重大利益的工作的;(二)经本单位负责人安排或者同意,从事与本单位有关的科学试验、发明创造和技术改进工作的;(三)在生产工作环境中接触职业性有害因素造成职业病的;(四)在生产工作的时间和区域内,由于不安全因素造成意外伤害的,或者由于工作紧张突发疾病造成死亡或经第一次抢救治疗后全部丧失劳动能力的;(五)因履行职责遭致人身伤害的;(六)从事抢险、救灾、救人等维护国家、社会和公众利益的活动的;(七)因公、因战致残的军人复员转业到企业工作后旧伤复发的;(八)因公外出期间,由于工作原因,遭受交通事故或其他意外事故造成伤害或者失踪的,或因突发疾病造成死亡或者经第一次抢救治疗后全部丧失劳动能力的;(九)在上下班的规定时间和必经路线上,发生无本人责任或者非本人主要责任的道路交通机动车事故的;(十)法律、法规规定的其他情形

法律法规名称	实施日期	工伤认定范围
《工伤保险条例》	2004.1.1	职工有下列情形之一的,应当认定为工伤:(一)在工作时间和工作场所内,因工作原因受到事故伤害的;(二)工作时间前后在工作场所内,从事与工作有关的预备性或者收尾性工作受到事故伤害的;(三)在工作时间和工作场所内,因履行工作职责受到暴力等意外伤害的;(四)患职业病的;(五)因工外出期间,由于工作原因受到伤害或者发生事故下落不明的;(六)在上下班途中,受到机动车事故伤害的;(七)法律、行政法规规定应当认定为工伤的其他情形 职工有下列情形之一的,视同工伤: (一)在工作时间和工作岗位,突发疾病死亡或者在48小时之内经抢救无效死亡的;(二)在抢险救灾等维护国家利益、公共利益活动中受到伤害的;(三)职工原在军队服役,因战、因公负伤致残,已取得革命伤残军人证,到用人单位后旧伤复发的。 职工有前款第(一)项、第(二)项情形的,按照本条例的有关规定享受工伤保险待遇;职工有前款第(三)项情形的,按照本条例的有关规定享受除一次性伤残补助金以外的工伤保险待遇
《工伤保险条例》修订	2011.1.1	职工有下列情形之一的,应当认定为工伤:(一)在工作时间和工作场所内,因工作原因受到事故伤害的;(二)工作时间前后在工作场所内,从事与工作有关的预备性或者收尾性工作受到事故伤害的;(三)在工作时间和工作场所内,因履行工作职责受到暴力等意外伤害的;(四)患职业病的;(五)因工外出期间,由于工作原因受到伤害或者发生事故下落不明的;(六)在上下班途中,受到非本人主要责任的交通事故或者城市轨道交通、客运轮渡、火车事故伤害的;(七)法律、行政法规规定应当认定为工伤的其他情形 职工有下列情形之一的,视同工伤:(一)在工作时间和工作岗位,突发疾病死亡或者在48小时之内经抢救无效死亡的;(二)在抢险救灾等维护国家利益、公共利益活动中受到伤害的;(三)职工原在军队服役,因战、因公负伤致残,已取得革命伤残军人证,到用人单位后旧伤复发的。 职工有前款第(一)项、第(二)项情形的,按照本条例的有关规定享受工伤保险待遇;职工有前款第(三)项情形的,按照本条例的有关规定享受除一次性伤残补助金以外的工伤保险待遇

附表 4-2　工伤保险待遇变迁

阶段划分 待遇水平		《中华人民共和国劳动保险条例》(1951.2.26 颁布)	《中华人民共和国劳动保险条例实施细则(修正草案)》[1] (1951.2.26 颁布)	《企业职工工伤保险试行办法》(1996.10.1 颁布)	《工伤保险条例》(2003.4.27 颁布)	《工伤保险条例修订》(2010.12.20 颁布)
医疗与康复待遇	医疗费用	全部治疗费、药费、住院费、住院时的膳费与就医路费,均由企业负担	同前	挂号费、住院费、医疗费、药费、就医路费全额报销	符合工伤保险诊疗项目目录、工伤保险药品目录、工伤保险住院服务标准的,从工伤保险基金支付	符合工伤保险诊疗项目目录、工伤保险药品目录、工伤保险住院服务标准的,从工伤保险基金支付
	伙食补助费	—	同前	按照当地因公出差伙食补助标准的三分之二发给住院伙食补助费;经批准转外地治疗的,所需交通、食宿费用按本企业职工因公出差标准报销	由所在单位按本单位因公出差伙食补助标准的70%发给住院伙食补助费;报经办机构同意到统筹地区以外就医的,所需交通、食宿费用由所在单位按本单位职工因公出差标准报销	住院治疗工伤的伙食补助费,以及报经办机构同意,工伤职工到统筹地区以外就医所需的交通、食宿费用从工伤保险基金支付
	停工留薪期[2] 期限	—	—	按照轻伤和重伤的不同情况确定为1—24个月,严重工伤或者职业病需要延长医疗期的,最长不超过36个月	一般不超过12个月。伤情严重或者情况特殊,经劳动能力鉴定委员会确认,可适当延长,但不得超过12个月	一般不超过12个月。伤情严重或者情况特殊,经劳动能力鉴定委员会确认,可适当延长,但不得超过12个月
	停工留薪期[2] 待遇	工资照发	同前	停发工资,改为按月发给工伤津贴。工伤津贴标准相当于本人受伤前12个月内平均月工资收入	原工资福利待遇不变,由所在单位按月支付	原工资福利待遇不变,由所在单位按月支付
	康复待遇	安装假腿、假手、镶牙、补眼的费用,完全由企业负担	职业康复费用由工伤保险基金支付	安装假肢、矫形器、假眼、假牙和配置轮椅等辅助器具,所需费用以及到签订服务协议的医疗机构进行工伤康复的费用,由工伤保险基金支付	安装假肢、矫形器、假眼、假牙和配置轮椅等辅助器具所需费用以及到签订服务协议的医疗机构进行工伤康复的费用符合规定的,由工伤保险基金支付	

①　对《劳动保险条例》的部分款项做补充修订,其余各项依旧,故表中采用"同前",不再做详细说明。

②　1996年的《企业职工工伤保险试行办法》称作工伤医疗期。

续表

阶段划分 \ 待遇水平		《中华人民共和国劳动保险条例》(1951.2.26颁布)	《中华人民共和国劳动保险条例实施细则(修正草案)》①(1951.2.26颁布)	《企业职工工伤保险试行办法》(1996.10.1颁布)	《工伤保险条例》(2003.4.27颁布)	《工伤保险条例修订》(2010.12.20颁布)
护理费①	生活完全不能自理	——	——	按上年度当地职工月平均工资的50%发放	按上年度当地职工月平均工资的50%发放	按上年度当地职工月平均工资的50%发放
	生活大部分不能自理	——	——	按上年度当地职工月平均工资的40%发放	按上年度当地职工月平均工资的40%发放	按上年度当地职工月平均工资的40%发放
	生活部分不能自理	——	——	按上年度当地职工月平均工资的30%发放	按上年度当地职工月平均工资的30%发放	按上年度当地职工月平均工资的30%发放
伤残待遇	伤残等级 一至四级	完全丧失劳动力②不能工作退职后,饮食起居需人扶助者,其因工残废抚恤费数额为本人工资75%,付至死亡时止	同前	(1)一级伤残为本人工资90%,二级为85%,三级为80%,四级为75%;(2)同时发给一次性伤残补助金:一级伤残为24个月的本人工资,二级为22个月,三级为20个月,四级为18个月;(3)伤残津贴实际金额低于当地最低工资标准的,由工伤保险基金补足差额	(1)一级伤残为本人工资90%,二级为85%,三级为80%,四级为75%;(2)同时发给一次性伤残补助金:一级伤残为24个月的本人工资,二级为22个月,三级为20个月,四级为18个月;(3)伤残津贴实际金额低于当地最低工资标准的,由工伤保险基金补足差额	(1)一级伤残为本人工资的90%,二级为85%,三级为80%,四级为75%;(2)伤残津贴实际金额低于当地最低工资标准的,由工伤保险基金补足差额;(3)同时发放一次性伤残补助金,一级伤残为27个月的本人工资,二级为25个月,三级为23个月,四级为21个月
	伤残等级 五至六级	完全丧失劳动力不能工作退职后,饮食起居不需人扶助者,其因工残废抚恤费数额为本人工资60%,付至恢复劳动力或死亡时止	同前	(1)原则上由企业安排适当工作,并可享受以下待遇:按伤残等级发给一次性伤残补助金,五级伤残为16个月的本人工资,六级为14个月。因伤残造成本人工资降低时,由所在单位发给在职伤残补助金,标准为工资降低部分的90%,本人技能提高而晋升工资时,在职伤残补助金予以保留。(2)企业难以安排工作的,按月发给相当于本人工资70%的伤残抚恤金	(1)用人单位难以安排工作的,由其按月发给伤残津贴:五级伤残为本人工资的70%,六级为本人工资的60%;(2)工伤保险基金按伤残等级支付一次性伤残补助金:五级伤残为18个月的本人工资,六级为16个月;(3)经工伤职工本人提出,该职工可以与用人单位解除或者终止劳动关系,由用人单位支付一次性工伤医疗补助金和伤残就业补助金	(1)用人单位难以安排工作的,由其按月发给伤残津贴:五级伤残为本人工资的70%,六级为本人工资的60%。伤残津贴实际金额低于当地最低工资标准的,由用人单位补足差额。(2)工伤保险基金按伤残等级支付一次性伤残补助金:五级伤残为18个月的本人工资,六级为16个月。(3)与用人单位解除或者终止劳动关系,由工伤保险基金支付一次性工伤医疗补助金,由用人单位支付一次性伤残就业补助金

① 1996年的《企业职工工伤保险试行办法》将护理等级分为全部护理依赖、大部分护理依赖和部分护理依赖三个等级。

② 《劳动保险条例》和《劳动保险条例实施细则》里面没有分级,而是分为"完全丧失劳动能力饮食起居需人扶助、完全丧失劳动能力饮食起居不需人扶助、部分丧失劳动力尚能工作"三类。

阶段划分 / 待遇水平			《中华人民共和国劳动保险条例》(1951.2.26 颁布)	《中华人民共和国劳动保险条例实施细则(修正草案)》①(1951.2.26 颁布)	《企业职工工伤保险试行办法》(1996.10.1 颁布)	《工伤保险条例》(2003.4.27 颁布)	《工伤保险条例修订》(2010.12.20 颁布)
伤残待遇	伤残等级	七至十级	部分丧失劳动力尚能工作者,应由企业行政方面或资方给予适当工作,并按其残废后丧失劳动力的程度,付给因工残废补助费,至退职养老或死亡时,其数额为残废前本人工资 5% 至 20%,但与复工时本人工资合计,不得超过残废前本人工资	部分丧失劳动力尚能工作者,应领的因工残废补助费,按其残废后工资减少的数额付给:工资减少 11%—20% 者,其因工残废补助费为残废前本人工资 10%;工资减少 21%—30% 者,为残废前本人工资 20%;工资减少 30% 以上者,一律补助残废前本人工资 30%	原则上由企业安排适当工作,并可以享受以下待遇:按伤残等级发给一次性伤残补助金,七级伤残为 12 个月的本人工资,八级为 10 个月,九级为 8 个月,十级为 6 个月。职工本人愿意自谋职业并经企业同意的,或劳动合同期满终止合同后本人另行择业的,可以发给一次性伤残就业补助金	(1) 从工伤保险基金按伤残等级支付一次性伤残补助金:七级伤残为 12 个月的本人工资,八级为 10 个月,九级为 8 个月,十级为 6 个月;(2) 劳动合同期满终止,或者职工本人提出解除劳动合同的,由用人单位支付一次性工伤医疗补助金和伤残就业补助金	(1) 从工伤保险基金按伤残等级支付一次性伤残补助金:七级伤残为 13 个月的本人工资,八级为 11 个月,九级为 9 个月,十级为 7 个月;(2) 劳动、聘用合同期满终止,或者职工本人提出解除劳动、聘用合同的,由工伤保险基金支付一次性工伤医疗补助金,用人单位支付一次性伤残就业补助金
工亡待遇	丧葬补助金		该企业全部工人与职员平均工资 2 个月(企业发放)	本企业的平均工资 3 个月作为丧葬费(企业发放)①	按省、自治区、直辖市上年度职工平均工资 6 个月的标准发给	6 个月的统筹地区上年度职工月平均工资	6 个月的统筹地区上年度职工月平均工资(工伤保险基金支付)
	供养亲属抚恤金		依其供养的直系亲属人数每月付给供养直系亲属抚恤费,其数额为死者本人工资 25%—50%,至受供养者失去受供养的条件时为止(劳动保险基金)	其供养直系亲属 1 人者,为死者本人工资 25%;2 人者,为死者本人工资 40%;3 人或 3 人以上者,为死者本人工资 50%。此项抚恤费付至受供养者失去受供养的条件时止	配偶每月按本省、自治区、直辖市上年度职工月平均工资的 40%;其他供养亲属每月按 30%;孤寡老人或者孤儿每月在上述标准的基础上加发 10%。抚恤金总额不得超过死者本人工资	按照职工本人工资的一定比例:配偶每月 40%,其他亲属每人每月 30%,孤寡老人或者孤儿每人每月在上述标准的基础上增加 10%。核定的各供养亲属的抚恤金之和不应高于因工死亡职工生前的工资	按照职工本人工资的一定比例:配偶每月 40%,其他亲属每人每月 30%,孤寡老人或者孤儿每人每月在上述标准的基础上增加 10%。核定的各供养亲属的抚恤金之和不应高于因工死亡职工生前的工资
	一次性工亡补助金		—	—	本省、自治区、直辖市上年度职工月平均工资 48—60 个月的金额。享受伤残抚恤金期间死亡的,一次性工亡补助金按全额标准的 50% 发给	48—60 个月的统筹地区上年度职工月平均工资	上一年度全国城镇居民人均可支配收入的 20 倍

---

① 《劳动保险条例实施细则》第 25 条规定,全家有两人或两人以上在实行劳动保险的企业内工作,其共同供养的直系亲属死亡时,丧葬补助费应由其中一人领取,不得重领。

阶段划分／待遇水平	《中华人民共和国劳动保险条例》(1951.2.26颁布)	《中华人民共和国劳动保险条例实施细则（修正草案）》①(1951.2.26颁布)	《企业职工工伤保险试行办法》(1996.10.1颁布)	《工伤保险条例》(2003.4.27颁布)	《工伤保险条例修订》(2010.12.20颁布)
其他	完全丧失劳动力不能工作退职后死亡时,按上述规定领取丧葬补助费与供养直系亲属救济费	完全丧失劳动力或死亡,其供养直系亲属具有工作能力而该企业需人工作时,行政方面或资方应尽先录用;受其供养的子、女、弟、妹有入该企业所办学校就读的权利	(1)工伤伤残抚恤金和供养亲属抚恤金根据上年度省、自治区、直辖市职工平均工资增长的一定比例每年调整一次;(2)易地安家的,发给相当于上年度职工平均工资六个月的安家补助费。旅途所需车船费、旅馆费、行李搬运费和伙食补助费,按照本单位职工因公出差标准报销	伤残津贴、供养亲属抚恤金、生活护理费由统筹地区劳动保障行政部门根据职工平均工资和生活费用变化等情况适时调整	伤残津贴、供养亲属抚恤金、生活护理费由统筹地区社会保险行政部门根据职工平均工资和生活费用变化等情况适时调整

5

中国军人社会保障改革与发展分析

中华人民共和国成立70年来,中国的进步与繁荣举世瞩目。与新中国一同发展起来的中国军人社会保障事业,取得的成绩也是巨大的,逐步形成一整套既有中国特色又符合现代军队建设规律的科学组织模式、制度安排和运作方式。本部分主要回顾中国军人社会保障制度的发展历程,明确新时期军人社会保障制度建设的新思路,以加强退役军人管理工作为重点研究如何推进军人社会保障制度建设进一步发展。

5.1 新中国军人社会保障的发展历程

中国军人社会保障制度起源于中国共产党领导下的革命根据地优抚制度,并在战争环境中逐步发展和完善。新中国建立之后,从军人优抚与退役安置制度建设入手进行军人社会保障制度建设。"文化大革命"时期,军人社会保障制度的建设也受到了冲击。直到党的十一届三中全会以后,中国的军人社会保障制度才开始了规范化、系统化建设。

5.1.1　1949—1979年的军人社会保障制度建设

1949—1978年的30年间,随着国民经济的恢复、发展和实行计划经济体制,我国军人社会保障也发生了巨大变化,军人优抚制度不断完善,军人退役安置制度也逐步建立起来。

新中国成立后,在继承根据地优抚工作传统的基础上,进一步完善了优抚、安置工作。

首先,制定了统一的优抚法规。1950年2月,政务院批准,内务部颁布《革命烈士家属革命军人优待执行条例》《革命残废军人优待抚恤执行条例》《革命军人牺牲、病故抚恤执行条例》。1988年将这三个条例合并,由国务院颁布《军人抚恤优待条例》,对人民解放军的现役军人、革命残废军人、复员退役军人、革命烈士家属、因公牺牲军人家属、病故军人家属、现役军人家属的抚恤与优待事项做了统一规定。条例主要涉及了死亡抚恤、伤残抚恤、伤残军人以及军人家属的优待 4 个方面的内容。

其次，调整了军人社会保障的实施办法。1956 年经国务院批准，在农村对优待对象实行优待工分的制度。从 1960 年起，对一部分老年病残的优抚对象实行了定期定量补助。牺牲病故抚恤工作经过多次调整后，由当时的发抚恤粮，逐步演变为一次性发给抚恤金，标准也在不断提高。在新中国成立之后的头 10 年里，国家发给军、烈属的生活补助费多达 4.2 亿元，每年享受政府定期定量补助的烈属有 75 万人，享受政府临时补助的军、烈属多达 420 万人。①

最后，制定了退役军人安置制度，增加了退休军官和离休军官的安置养老制度。关于我国军人的退役安置工作，在《中国人民政治协商会议共同纲领》中明确规定："革命军人家属，其生活困难者，应受国家和社会优抚。参加革命战争的残废军人和转业退伍军人，应由人民政府给以适当安置，使其能谋生立业。"1950 年，中央人民革命军事委员会和政务院颁布了《关于人民解放军 1950 年的复员工作决定》。其后国家和军队先后制定颁布了《复员军人安置执行办法》《国务院关于安置复员军人的决定》等。这些法规体现了退役干部"能官能民"的原则。20 世纪 50 至 70 年代，国家关于军队退役干部的安置办法，都把复员作为一种去向。如 1963 年全国人大常委会修订颁布的《军官复员条例》，将"回乡从事劳动生产"列为退出现役军官的去向之一。总政治部据此提出，退出现役的排级干部和 1955 年以后入伍的连级干部可做复员处理。直到 1978 年 8 月全国人大常委会通过的《中国人民解放军干部服役条例》，仍保留了"退出现役需要复员的干部，经组织批准，办理复员"的规定。但是，20 世纪 80 年代以后，历年来关于正常退出现役干部的安置办法中，不再把复员作为一种去向提出。在转业安置方面也颁布了一些法规。如 1965 年《国务院关于军队干部转业地方工作暂行办法》规定，转业干部必须统一分配，但国家有困难，可在地区上给予照顾等。从这些法规中我们可以看

---

① 聂和兴、张东江:《中国军人社会保障制度研究》，解放军出版社 2000 年版，第 154 页。

到,干部转业是作为一种行政指令性的安置制度存在的。同时,在军队干部离退休制度方面也做了规定,颁布了相应的法规。如国务院颁布了《关于现役军官退休离休处理的暂行规定》,以及 1959 年 12 月,中央军委批转总政治部《关于高级干部在军队离职休养的待遇和管理问题规定》。转业复员及离退休安置法规的颁布,逐步形成了退役安置保障的制度体系。由此可以看到,1949—1979 年,我国军人社会保障的内容主要集中在军人优抚、退役有工作能力者的职业保障及年老、伤残、疾病者的生活保障方面。这种军人社会保障制度模式在计划经济体制下,在维护军人的权益、保障军人的待遇等方面取得了显著的社会效果。

5.1.2 1979—1991 年期间的军人社会保障制度建设

从 20 世纪 70 年代末开始,中国社会走进了改革开放的新时代。这一期间,国家、社会和军队都发生了许多变化,我国军人社会保障面对工作中出现的新情况和新问题,进行了一些改革和尝试,积极探索军人社会保障发展的新路子。

党的十一届三中全会以来,随着我国经济体制改革的不断深化,特别是社会主义市场经济体制的建立,社会保障制度的完善被提到极为重要的位置。军人社会保障制度也随之进行了调整和改革。改革开放前期,我国军人社会保障制度主要在军人优抚和退役军人及退休、离休干部安置方面进行了适当调整。从国家宪法、法律到各级政府和部门的优抚制度及规定都进行了不断的充实。1982 年《中华人民共和国宪法》第 45 条就残疾军人的生活、烈士家属的优抚、军人家属的优待,都做了规定。此后,在 20 世纪 80 年代相继出台了《中华人民共和国兵役法》《革命烈士褒扬条例》《军人优待抚恤条例》等,分别就优抚制度进行了规范,完善了优抚工作的法规制度。2004 年又出台了新的《军人优待抚恤条例》,在离退休军队干部安置方面做了相应的规定——逐步移交地方管理,这一举措为军队安置离退休干部开辟了新的途径,减轻了军队非军事工作的压力。此外,对义务兵、志愿兵、转业干部方面也都进行了一系列的政策调整。如 1983 年国务院、中央军委发布的《中国人民解放军志愿兵退出现役安置条例》,1987 年 12 月国务院颁布的《退伍义务兵安置条例》。这一时期的军人社会保障制度的调整,一方面适应了国家改革开放的新形势,另一方面也为军人社会保障制度的改革做了一些理论上的探索。

5.1.3 1992 年至今的军人社会保障制度建设

进入 20 世纪 90 年代后,随着我国市场经济体制的确立,社会保障制度的改革也清晰凸显出来。党的十四届三中全会通过的《中共中央关于建立社会主义市场经济体制若干问题的决定》中指出了中国社会保障制度改革的趋势。作为我国社会保障制度的重要组成部分——军人社会保障制度也进行了多方面的改革。

1995 年 3 月军队开始论证研究建立军人保险制度。1997 年 1 月,中央军委常务会议确定建立军人保险制度,并成立全军军人保险办公室。全军军人保险办公室在国家有关部委的支持下,拟制了《军人保险制度实施方案》,方案规定了军人保险制度的指导思想和原则、保险项目和基金筹集、保险给付和管理体制等内容。1997 年 3 月全国人大通过了《中华人民共和国国防法》,在第 60 条明确规定"国家实行军人保险制度",为改革和完善军人保险制度提供了法律依据,同时也明确了军人保险的法律地位,国家是军人保险的责任主体。1998 年 6 月,国务院、中央军委批准颁布了《军人保险制度实施方案》,标志着军人保险制度正式建立。方案设置了军人伤亡保险、军人退役医疗保险、军人退役养老保险三个险种,以及根据国家建立多层次社会保险体系的要求和军队建设的需要,在适当的时机开设其他保险项目。同年,《中国人民解放军军人伤亡保险暂行办法》颁发。1998 年 7 月 6 日,中央军委批准成立了中国人民解放军军人保险委员会,其成员主要由总参谋部、总政治部、总后勤部、总装备部、军委办公厅等单位的有关领导同志组成。全军军人保险委员会下设办公室,办公室设在总后勤部财务部。1999 年 12 月又颁布了《中国人民解放军军人退役医疗保险暂行办法》,使军人保险制度的内容进一步丰富,军人退役医疗保险解决了退役到地方的军人医疗保险待遇接轨问题。

2002 年 11 月,劳动部和社会保障部、财政部、人事部和总政治部、总后勤部联合下发了《关于转业进企业工作的军官、文职干部养老保险有关问题处理意见的通知》,解决了转业进企业的军队人员养老保险个人账户资金积累问题。2003 年年底,又出台了《军人配偶随军未就业期间社会保险暂行办法》。至此,军人保险的险种体系基本建立起来。2005 年 3 月,出台了《关于调整军人伤亡保险适用范围和有关称谓及等级标准的通知》,扩大了军人伤亡保险的保障范围。2006 年 6 月,出台了《关于军队文职人员社会保险有关问题的通知》,将军队文职人员的社会保险问题进行了规范。2000 年 6 月,开始拟制《中华人民共和国军人保险法(草案)》,它作为军人保险法律制度体系的母法,主要规范军人保险制度的基本制度、基本原则、基本标准和基本程序等一些带有宏观性、根本性和方向性的问题。2012 年 7 月 1 日,《中华人民共和国军人保险法》正式开始实施,有力地推动了军人保险制度的全面发展与规范化管理的进程,标志着军人保险制度建设向法制化轨道迈进。

根据《中华人民共和国国防法》《中华人民共和国兵役法》《中华人民共和国现役军官法》等法律法规,2001 年 1 月 19 日,中共中央、国务院、中央军委共同发布了《军队转业干部安置暂行办法》,该办法共 11 章 70 条,在许多方面作了较大改革,允许部分职级较高、服役时间较长的军队转业干部,自愿选择计划分配或自主择业领取退役金的安置方式等。该暂行办法指出,今后,国家对军队转业干部实行计划分配和自主择业相结合的方式进行安置。自主择业制度解除了军队干部的后顾之忧,有利于军队干部队伍的思想稳定和长远建设。军队干部为国家作出了贡献,退役后理应得到社会的优待。2005 年 2 月 23 日,财政部、国家税务总局联合颁发了《关于加强军队转业干部城镇退役士兵随军家属有关营业税优惠政策管理的通知》,规定对从事个体经营的军队转业干部、城镇退役士兵和随军家属,自领取税务登记证之日起,3 年内免征营业税。个体经营是指雇工 7 人(含 7 人)以下的个体经营行为,军队转业干部、城镇退役士兵、随军家属从事个体经营凡雇工 8 人(含 8 人)以上的,无论其领取的营业执照是否注明为个体工商业户,军队转业干部和随军家属均按照新开办的企业、城镇退役士兵按照新办的服务型企业的规定享受有关营业税优惠政策。2006 年 2 月 8 日，国务院军转工作小组、人事部、外交部、公安部、财政部、劳动和社会保障部、人口与计划生育委员会和总政治部联合颁发了《关于自主择业军队转业干部安置管理若干具体问题的意见》，对自主择业军人的军龄和工作时间计算、退役金计发、有关待遇、管理服务等问题作了进一步规范。2004 年 1 月 20 日，国务院办公厅转发民政部等部门《关于扶持城镇退役士兵自谋职业优惠政策意见的通知》，对城镇退役士兵自谋职业享受优惠政策的资格、就业服务和社会保障、成人教育和普通高等教育、个体经营、税收及贷款等方面作出了规定。

这些军人社会保障制度改革的尝试，特别是军人保险制度的建立，相对于传统的优抚、福利政策来讲，是一个完善、突破和创新的过程，标志着以军人保险、军人社会优抚、军人退役安置、军人社会福利和军人社会救助为基本框架的军人社会保障体系初步建立，成为国家社会保障体系的重要组成部分。然而，我国现行军人社会保障体系是在计划经济下统包统配的劳动力管理体制与统支统收的财政体制下建立起来的。随着我国经济体制的转型，军人社会保障各种制度性矛盾已引发出种种弊端，被寄予厚望的军人社会保障制度仍存在诸多不尽如人意之处，我国军人社会保障制度建设仍任重而道远。

回顾 70 年来中国军人社会保障建设发展的历程，可以说整体上取得了十分显著的成绩。首先，保障的覆盖面不断扩大。其次，保障的项目形成了综合体系。一般社会保障中的社会救助、社会福利、社会保险等子系统分别承担某一方面的任务。现行的军人社会保障综合了社会保障主要子系统的基本内涵，建构了对军人及家属负全面保障责任的项目体系。这些项目分为优待、抚恤、保险、安置、离休退休、福利等方面，它们结合起来实现对保障对象基本生活需要的保障。再次，保障的水平逐步提高。最后，保障的管理进入了规范化轨道。

5.2　改革开放以来退役军人工作取得的成绩

退役军人是党和国家的宝贵财富,是建设中国特色社会主义的重要力量。退役军人安置保障工作事关广大退役军人切身利益,事关国防和军队现代化建设,事关国家改革发展稳定大局。党和政府历来重视退役军人的安置保障问题,改革开放40多年来,随着社会主义市场经济的深入发展,退役军人安置保障工作进行了一系列改革,制度不断发展完善,利好政策不断出台落地。尤其是党的十八大以来,习近平主席高度重视退役军人管理工作,亲自部署推动组建退役军人管理保障机构,并对退役军人工作作出系列重要论述,充分体现了党中央和习近平主席对广大退役军人的关心关爱,不仅暖了退役军人的心,也安了现役军人的心,必将凝聚起全体军人奋进新时代、履行新使命、实现新作为的磅礴力量。

5.2.1　组织机构沿革

改革开放以来,退役军人安置保险工作率先从组织机构开局起步,改组构架,整合力量,形成合力。1978年3月5日,第五届全国人民代表大会第一次会议通过决议,设立民政部,主要承担优抚、复退安置等任务。1980年7月14日,国务院决定将民政部政府机关人事局和国务院军队转业干部安置工作小组办公室合并成立国家人事局。1981年2月12日,国务院退伍军人和军队退休干部安置领导小组成立,其办公室设在民政部(简称"双退办公室")。1982年5月,劳动总局、国家人事局、国家编委和国务院科技干部局合并成立劳动人事部,设军官转业安置司,加挂国务院军队转业干部安置工作小组办公室。1998年,国务院机构改革,将民政部优抚局与安置司合并为优抚安置局。2008年,国务院机构改革,成立人力资源和社会保障部,设军官转业安置司,加挂国务院军队转业干部安置工作小组办公室。长期以来,退役军人有关工作由多部门分工负责,主要由人力资源社会保障部和民政部有关司局承担。2017 年 10 月,党的十九大报告提出,组建退役军人管理保障机构,维护军人军属合法权益,让军人成为全社会尊崇的职业。根据第十三届全国人民代表大会第一次会议批准的国务院机构改革方案,2018 年 4 月 16 日,中华人民共和国退役军人事务部挂牌成立。

5.2.2 军转安置工作

军转安置,历来是一项事关强国强军的重要工作。妥善安置军转干部,是军地双方共同责任。改革开放初期,军转安置工作主要围绕军队"消肿"展开。

一、五次裁军军转安置工作顺利完成

1982 年 9 月,中央军委下达《军队体制改革、精简整编方案》,撤销铁道兵和基建工程兵建制。两个兵种 51 万余官兵集体转业,其中十万余名干部转业到地方。1985 年 5 月至 6 月,中央军委召开扩大会议,决定裁军 100 万人。百万大裁军期间,共妥善安置 40 万余名军队干部。1997 年 9 月,党的十五大报告提出,将在今后 3 年内裁军 50 万人。期间,20 万余名军队干部转业到地方。2003 年 9 月,为了进一步压缩规模、改善官兵比例,加强信息化建设步伐,中央军委决定裁军 20 万人。之后,10 万余名军队干部转业到地方。2015 年 9 月 3 日,习近平主席宣布裁军 30 万人。2016 年、2017 年全国分别接收安置军转干部五万余名和八万余名,2018 年接收安置军转干部八万余名。

二、"复改转"促进了国防建设发展

1980 年 1 月 10 日,中共中央、国务院、中央军委同意总政治部、民政部、国家劳动局《关于将 1969 年至 1975 年期间军队复员干部改办转业的请示报告》,并对这项工作提出要求。同年 5 月 10 日,《关于贯彻执行中发〔1980〕3 号文件若干具体问题的规定》明确对 1969 年 1 月 1 日至 1975 年 7 月 31 日期间复员的干部,原则上改为转业、改办转业的干部,均为国

家干部。文件还对没有安排工作的复员干部以及没有定级别的复员干部的问题作了规定。期间,41万复员干部改办转业,补发了工资,安置或调整了工作,并按原职级安置了相应的干部职务,对稳定军队、促进国防建设起了很大作用。

三、建立"阳光安置"机制

2001年,中共中央、国务院、中央军委出台《军队转业干部安置暂行办法》,明确计划分配的军转干部,由各级党委、政府根据其德才条件和在军队的职务等级、贡献、专长安排工作和职务。各地根据实际情况,在坚持考核选调、双向选择、指令性分配等安置办法的基础上,不断改进考试考核相结合的分配办法,健全统一规范的军转干部考核评价体系,合理确定军转干部安置考试的内容和方式方法,形成更加公开公平公正的"阳光安置"机制。师团职干部,原则上采取考核选调的办法安置;营级以下职务和专业技术职务军转干部,原则上采取考试考核和双向选择的办法安置。2007年,中共中央、国务院、中央军委印发文件,对军转安置工作进一步做出了明确规定。2016年,中央下发关于做好深化国防和军队改革期间军队转业干部安置工作的通知,在放宽安置条件、调整增编办法、加强管理服务、探索开展军转干部进高校专项培训等方面提出了一系列特殊的政策措施。

四、坚持师团职干部重点安置

长期以来,有关部门坚持把师团职军转干部作为安置重点,照顾安排好功臣模范、长期在艰苦边远地区和特殊岗位工作的军转干部。对列入计划分配的师职干部,建立专门工作台账,加强协调沟通、政策指导、督促推进。各级统筹考虑领导班子和干部队伍建设实际,采取预留领导职数、使用空缺领导职位、增加非领导职数或者先进后出、带编分配等办法,对计划分配师团职干部进行重点安置。坚持把师团职干部安置与他们的德才表现和贡献挂钩,根据地方和部门工作需要,兼顾本人意愿,坚持人岗相适,进一步完善考试考核、面谈比选等办法措施,妥善安排好他们的工作和职务。

五、单列中央单位接收安置军转干部

1986 年,中共中央、国务院、中央军委根据中央国家机关既有承担接收转业干部的义务,又对干部素质要求较高的特点,决定按照"控制数量,保证质量"的方针,对中央国家机关接收选调转业干部实行归口管理、计划单列。1996 年 1 月 12 日,在中央国家机关接收安置军转干部计划单列 10 周年之际,国务院军转安置工作小组、中直机关工委在京首次联合召开"中央和国家机关接收安置军队转业干部工作总结表彰大会"。多年来,中央单位发挥模范表率作用接收安置军转干部,逐步探索完善了公开公平公正的安置办法。2011 年起,中央单位和北京市市级党政机关、事业单位实行统一笔试的办法接收安置军转干部,2012 年进一步采取统一笔试和网上双选相结合的办法。

六、自主择业安置政策更加完善

2001 年,《军队转业干部安置暂行办法》颁布实施,确定对军队转业干部实行计划分配和自主择业相结合的方式安置。截至目前,累计 25 万名军队干部选择了自主择业。中共中央、国务院、中央军委先后下发了一系列文件,明确了自主择业安置方式基本政策。相关部门先后研究下发了 24 个政策性配套文件。国家根据军队和地方的工资改革、规范津补贴、调整地区津贴的情况,先后 9 次对退役金标准进行了调整和规范。31 个省区市相继出台了自主择业工作实施细则,初步建立起省级、地(市)、街道(社区)和乡镇三级管理服务结构,明确了各级管理服务的内容、程序和标准,形成了独特的自主择业管理服务模式。2016 年建立"全国自主择业军转干部信息平台"以来,18 万名自主择业军转干部的信息已经采集录入,使他们受益于"互联网+军转"线上线下服务。

七、召开全国军转表彰大会

改革开放以来,我国共召开了六次全国军转表彰大会。百万大裁军期间,为了推动全社会进一步认识军转安置工作的重要意义,1986 年,经国务院和中央军委批准,召开了新中国成立以来第一次全国军队转业干部先进个人、安置工作先进单位代表会议(简称"双先会")。此后分别于

1991 年、1996 年、2001 年、2009 年、2014 年召开了五次全国军转表彰大会,受表彰的 1077 名全国模范军转干部来自各行各业,基本都在基层和一线岗位,他们响应号召,到党和人民最需要的地方去,"在人生的不同阶段、不同岗位上继续出色工作、活出精彩人生"。

5.2.3　退役士兵安置工作

如果把征兵比作"入口",退役士兵安置就是"出口"。"出口"疏通了,"入口"才能有源源不断的活水。1978 年以前,退役士兵安置工作处于以计划分配为主的阶段。伴随着改革开放的春风,社会劳动力资源配置方式逐步由计划转为市场,传统的退役士兵安置制度面临改革调整。党和政府高度重视退役士兵安置工作,出台了一系列政策措施,改革有序推进,取得显著成效。

一、颁布实施《退役士兵安置条例》

退役士兵安置工作关系军心稳定和社会安宁。研究、制定和落实政策,一直是退役士兵安置工作的重点。改革开放伊始到 2011 年间,退役士兵安置工作处于改革探索阶段,退役士兵安置仍然按照"妥善安置、各得其所"的方针和"从哪里来、回哪里去"的原则进行。这一时期的安置工作主要以 1984 年《中华人民共和国兵役法》为法律依据。为解决退役士兵安置难题,中共中央、国务院、中央军委审时度势,决定对退役士兵安置进行重大改革。2011 年 11 月 1 日,国务院、中央军委颁布实施了《退役士兵安置条例》,国家建立城乡一体的以扶持就业为主,自主就业、安排工作、退休、供养等多种方式相结合的退役士兵安置制度。《退役士兵安置条例》颁布施行以来,国家层面出台了多个配套政策文件,包括退役士兵档案移交审核、安排工作、职业教育和技能培训以及伤病残接收安置流程等,形成了比较明晰的政策规定。省级层面出台相关配套政策文件140 多个,有效保证了国家政策有效落实。

二、安置方式作了重大调整

《中华人民共和国兵役法》和《退役士兵安置条例》对安排工作退役士兵对象范围作了重大调整。改革前,国家根据退役士兵户籍性质、服役时间、年龄、军衔级别,以及立功受奖和伤病残等情况,规定不同的安置待遇。改革后,不再依据退役士兵的户籍性质,而主要根据其服役时间和贡献大小来确定安置方式。近年来,国家持续推动符合政府安排工作条件的退役士兵安置工作。2016 年,出台文件明确"由政府安排工作退役士兵安置到机关、事业单位和国有企业的比例不低于 80%"。2017 年首次从国家层面"总对总"地向中央企业下达接收安置计划,2018 年实现中央企业接收安置退役士兵全覆盖,共提供 1.5 万个岗位安置退役士兵。2018 年,退役军人事务部等 10 部门联合印发文件,进一步加强由政府安排工作退役士兵就业安置。

三、安置理念发生重大转变

《退役士兵安置条例》规定,义务兵和服现役不满 12 年的士官退出现役,采取由人民政府扶持自主就业的方式安置,由部队发给一次性退役金。每年退出现役的自主就业退役士兵约 45 万人,占退役士兵总数的 90%以上。给退役士兵适当的货币补偿,有利于实现城乡退役士兵一体化安置,体现"服役贡献相同,安置待遇相同",是安置理念的重大转变。国家和地方陆续出台完善了扶持退役士兵创业就业优惠政策,加强了退役士兵职业教育和技能培训工作。

四、退休安置条件发生变化

2011 年安置改革前后,士兵退休安置条件的主要变化体现在两方面:一是把退休的条件从"士官"调整为"中级以上士官",初级士官不再作退休安置;二是把原来因战、因公致残可作退休安置的范围从"被评定为 1 级至 4 级残疾等级"调整为"被评定为 1 级至 6 级残疾等级",放宽了因战、因公致残退休的等级范围。按照规定,年满 55 周岁、服现役满 30 年、因战因公致残被评定为 1 级至 6 级残疾等级,或者经军队医院证明和军级以上单位卫生部门审核确认因病基本丧失工作能力的中级以上士官作退休安置。

五、伤病残移交安置逐步规范

2009 年,军地有关部门联合颁发《伤病残军人退役安置规定》,这是国家和军队首次以军事行政规章的形式,对伤病残军人的退役方式、安置办法、住房和医疗保障等问题作出全面系统的规范,是军地各级做好伤病残军人退役安置工作的基本遵循和依据。经过军地双方的不断努力,列入伤病残军人三年集中移交安置计划(2010—2012年)的伤病残退役士兵全部移交地方安置。2012—2017年下达的伤病残移交安置计划,凡具备移交安置条件的地方全部接收,做到了只要部队交得出,地方就能接得下,有效为部队减压卸负。

5.2.4 军休安置工作

40多年来,军休系统积极适应国家和军队改革、经济社会发展以及军队离退休干部年龄结构、思想观念、活动方式的变化,不断拓展服务内容,创新服务方式,提升服务效能,努力为军休干部打造幸福养老的和谐家园。

一、军休安置政策不断完善

为进一步加强军休人员接收安置和服务管理工作,国家先后制定了一系列政策规定,为顺利完成移交安置工作提供了强有力的政策支撑。1982年,国务院、中央军委发出了关于军队执行《国务院关于老干部离职休养制度的几项规定》的通知,1983年,国务院办公厅发出《关于军队离休干部移交地方管理问题的通知》,文件规定军队离休干部移交地方后由民政部门管理,对军休干部安置管理的体制和相关办法进行了一系列改革和完善。1984年,中央下发了《国务院、中央军委批转民政部、总政治部关于做好移交地方的军队离休退休干部安置管理报告的通知》,该文件标志着军休工作体系和政策框架的基本确立。1994年,经党中央、国务院、中央军委批准,决定从1993年10月起,移交政府安置的军休干部生活待遇与离休干部一样开始执行军队统一标准,标志着军休工作步入正规化发展轨道。2004年,中共中央办公厅、国务院办公厅、中央军委办公厅《关于进一步做好军队离休退休干部移交政府安置工作的意见》(中办发〔2004〕2号)出台,标志着军休工作进入多元化、多样化、社会化发展的新阶段。党的十八大以来,制定实施《军队离退休干部服务管理办法》《军队无军籍退休退职职工服务管理办法》,首次以部门规章形式对军休人员服务管理工作作出全面规范;制定印发《军队离休退休干部服务管理机构工作指引》,全面加强军休服务管理机构建设,进一步提高运行规范化、服务社会化、管理专业化水平;联合军地 6 部门制定出台《关于加强移交政府安置的军队离休退休干部医疗保障工作的通知》,明确具体措施和要求,使军休干部普遍关心的医疗保障热点难点问题有了解决依据。

二、实行多元服务管理模式

全国自上而下成立服务管理机构,配备专门人员和车辆;在管理体制上,按事业单位性质建立干休所(服务站)、军休服务管理中心,依托乡镇街道,实行多元服务管理模式。20 世纪 80 年代开始,全国军休系统根据国家改革发展形势,在干休所推行了以用车、用工和医疗服务等三项改革为主要内容的多方面改革。20 世纪 90 年代开始,随着社会服务和社会保障体制变化,各地纷纷启动军休服务管理社会化探索。中办发〔2004〕2 号文件下发后,经国务院、中央军委批准的民发〔2005〕135 号文件出台,调整军休人员安置政策,理顺移交安置体制,各地积极开展军休服务管理中心体制的创制工作。截至 2017 年年底,全国建立专门服务管理机构 2067 个、配备工作人员 32671 名、服务保障车辆 5964 台,建设服务机构用房 269 万平方米,逐渐形成配置齐备、覆盖广泛、配合顺畅、运转灵活的工作体系。

5.2.5 就业创业工作

就业是民生之本,创业是就业之源,就业创业始终是广大退役军人最关心最直接最现实的利益问题。党和政府始终坚持以退役军人为中心,紧贴就业创业需求,从提升就业创业能力,加大就业支持力度,建立健全服务体系等方面入手,这对于更好地实现退役军人自身价值、助推经济社会发展,服务国防和军队建设具有重要意义。

一、军转干部就业创业给予扶持

《军队转业干部安置暂行办法》规定,安置地政府应当采取提供政策咨询、组织就业培训、拓宽就业渠道、向用人单位推荐、纳入人才市场等措施，为自主择业军转干部就业创造条件，要求国家机关、团体、企事业单位在社会上招聘录用人员时，对适合军转干部工作的岗位，应当优先录用、聘用自主择业军转干部，并要求安置地政府和金融、工商、税务等部门对自主择业军转干部创业予以扶持。近年来，国家层面开展了自主择业就业创业帮扶探索和示范引导。目前，全国自主择业军转干部就业创业率达78%以上。

二、退役士兵就业创业政策体系不断完善

《退役士兵安置条例》规定，通过组织免费教育培训，提供税收贷款优惠政策等，帮助退役士兵实现就业创业。2018年7月，《关于促进新时代退役军人就业创业工作的意见》明确，通过机关、社会团体、企业事业单位优先招录(聘)、制定适合退役军人就业的岗位目录、鼓励企业招用、搭建就业服务平台、实施再就业帮扶等措施，促进退役士兵就业；通过开展创业培训、优先提供创业场所、给予金融税收优惠、探索设立创业基金等方式，扶持退役士兵创业。2018年9月，国务院印发《国务院关于推动创新创业高质量发展打造"双创"升级版的意见》，提出完善退役军人自主创业支持政策和服务体系。

三、退役士兵教育培训与时俱进

1983年5月，总政治部先后在徐州、金华两地召开了全军培养军地两用人才、学习科学文化知识经验交流会。1984年下半年，有些先进单位，已把军民共建精神文明和军地共育两用人才结合起来，实行定向培养。新世纪以来，退役士兵教育培训不断与时俱进，有关部门进行专题调查研究。2010年12月15日，国务院、中央军委下发《国务院、中央军委关于加强退役士兵职业教育和技能培训工作的通知》，各省份都制定了配套的政策文件。2011年，财政部和教育部等联合印发《关于实施退役士兵教育资助政策的意见》。2014年，民政部、财政部、总参谋部联合印发《关于加强和改进退役士兵教育培训工作的通知》。中央财政不断加大教育培训扶持力度，全国承担退役士兵教育培训任务的机构近2000个，每年参加教育培训的退役士兵超过30万人，2018年将人均补助标准提高为 3500 元。自 2012 年以来,退役士兵平均参训率达 85%,培训后就业率达 90% 以上。

四、军转干部教育培训中心不断扩大

改革开放初期,按照邓小平同志的指示,各地普遍开办了不同专业的军转干部训练班,培训上岗专业技能。1985 年 11 月 17 日,全国首次召开军转干部培训工作会议,确定军转培训是军转安置工作的重点之一,建立专门的军转培训机构被提上日程。1986—1996 年,由中央财政和军队拨款支持,各省、区、市相继建立了 200 多个军转培训中心。同时,开始组织编写全国统一的军转教材,培训经费有了明确规定并得到调整提高。2008 年年底,多部门联合印发《关于加强和改进军队转业干部教育培训工作的意见》,标志着军转教育培训工作进入了崭新的历史阶段。目前,军转教育培训形成了有政策规定、有经费保障、有培训大纲、有培训基地、有培训队伍、有配合机制的"六有"工作局面。2017 年起,按照中央文件精神,军转干部进高校专项培训探索实施。截至 2017 年,全国军转干部适应性培训基本全覆盖,计划分配军转干部专业培训参训率 98.5% 以上,4.6 万余名自主择业军转干部参加了网络培训,2 万余名自主择业军转干部参加了含就业创业培训在内的个性化培训,全国共有军转教育培训基地 1031 家。

5.2.6 双拥工作

改革开放 40 多年来,全国上下大力营造爱国拥军、爱民奉献浓厚氛围,扎实做好节日期间拥军优属、拥政爱民工作,不断巩固军政军民关系,为推进军地建设改革凝聚了强大力量。

一、军地联合召开"双拥"大会

1984 年 8 月 1 日至 8 日,民政部和总政治部联合召开全国拥军优属、拥政爱民先进单位和先进个人代表大会。由军地联合召开全国规模的"双拥"大会,这是新中国成立以来第一次。此后,中共中央、国务院、中央军委先后 10 次批准召开全国双拥工作会议或双拥模范城(县)命名表彰大会。中央政治局常委先后 5 次集体接见出席全国双拥模范城

(县)命名表彰大会的代表,连续 19 年集体观看军民迎新春文艺晚会,进一步加深了"同呼吸、共命运、心连心"的新型军政军民关系。

二、成立全国双拥工作领导小组

1991 年 6 月,全国拥军优属、拥政爱民工作会议在福建省福州市召开,军地有关业务部门共 260 人参加会议。经党中央批准,国务院、中央军委成立全国拥军优属拥政爱民工作领导小组,统一指导和协调全国的双拥工作。随即,全国 30 多个省、直辖市、自治区相继成立由党政军主要领导参加的双拥工作领导小组,各市、地、县(区)普遍建立了双拥工作组织机构,形成了以宣传部门牵头的国防教育体系,以文明办牵头的"军民共建、共管、共育"体系,以驻军和武警部队牵头的"拥政爱民"工作体系,以组织、人事、民政部门牵头的优抚安置工作体系,以工、青、妇等群团组织牵头的基层活动体系,以公安部门牵头的军警民联防体系。以全国双拥工作领导小组成立为标志,双拥工作跃上一个新起点,跨入开拓创新的新时期。

三、创建"双拥模范城(县)"

1991 年 1 月,经邓小平同志亲笔题词,民政部、总政治部命名了 10 个"双拥模范城(县)",创建双拥模范城(县)活动由此兴起。1993 年,全国双拥工作领导小组制定颁发了《双拥模范城(县)命名管理办法》。2004 年开始增加了双拥模范单位和个人表彰项目。全国双拥工作领导小组先后 4 次修订《创建命名管理办法》、2 次修订《考评标准》,逐步完善量化考评、动态管理、一票否决等制度,丰富拓展创建活动的内涵和形式,使之成为巩固军政军民团结最具影响力的有效载体。2014 年 1 月、2015 年 2 月,习近平总书记、李克强总理等党和国家领导人先后两次亲切接见参加军民迎新春茶话会的全国双拥模范代表。2016 年 7 月,第十次全国双拥模范城(县)命名暨双拥模范单位和个人表彰大会在北京隆重召开,习近平总书记亲切会见与会代表并作重要指示,李克强总理出席大会并发表讲话,对在新的起点上推动双拥工作创新发展提出了新的要求。

四、开展双拥主题宣传活动

改革开放以来,宣传表彰了一大批全国和省级双拥模范城(县)、双拥模范单位和个人,集中宣传了"爱国拥军模范"姚慈贤、"子弟兵的好妈妈"胡玉萍、"优秀伤残军人妻子"宋顺女、优秀大学生军嫂吴新芬、"为民打井模范团长"李国安、"扶贫司令"彭楚政、"抗洪英雄"高建成等的先进事迹;集中宣传了各地积极参与打赢脱贫攻坚战等经验做法。2014 年、2017 年,中宣部、民政部联合发布两届共 20 名"全国最美拥军人物"。通过大力宣传富有时代特色的双拥模范典型,进一步增强了广大军民做好双拥工作的自觉性和责任感。

5.2.7 优待抚恤工作

优待抚恤工作一直是退役军人工作的重要内容之一。40 多年来,优待抚恤工作从解困型逐渐向褒扬激励型转变,建立了更加公平合理的优抚制度,更好地发挥了其激励功能,不断增强了广大退役军人和其他优抚对象的获得感、幸福感。

一、优抚对象登记工作更加动态精细

1978 年 10 月,民政部发出《关于做好优抚对象普查工作的通知》,决定对全国优抚对象进行普查登记,并就革命烈士家属、失踪病故军人家属、革命军人家属、革命残废人员、退伍红军老战士、复员退伍军人、军队退休干部和退休工作人员等七个方面的普查工作做了具体规定。进入新世纪,优抚对象普查登记走进了信息时代,2001 年,优抚信息管理系统上线。为适应优抚对象范围扩大的需要,2007 年,信息系统升级改造。2012 年,《全国优抚信息管理系统部省联网及数据管理工作规范》下发,开展了部省数据全国联网及二代身份证采集认证工作。2014 年,全国优抚信息管理系统优抚对象数据核查规范印发,数据登记实现精细化、动态化。

二、优待抚恤政策法规更加系统化体系化

1988 年 7 月 18 日,国务院发布《军人优待抚恤条例》,把对优抚对象

在各方面的优待更加具体地固定下来。1998 年修订后的《兵役法》，再次对优抚对象优待工作进行了明确规定。2004 年修订后的《军人抚恤优待条例》，对优抚对象在义务兵家属优待、医疗优待、交通优待、参观旅游优待、教育优待、住房优待、随军家属安置等多方面的优待内容进行了详尽规定。近年来，先后修订、制定出台 50 多个重要法规政策，形成了以《军人抚恤优待条例》《伤残抚恤管理办法》《一至六级残疾军人医疗保障办法》《优抚对象医疗保障办法》《优抚对象住房优待办法》《优抚对象及其子女教育优待暂行办法》《人民警察抚恤优待办法》等为骨干，涵盖生活、医疗、住房、抚恤、社会优待等方方面面的完善的优待抚恤政策法规体系。全面建立了优待抚恤补助标准自然增长机制，并将优抚对象的住房、医疗、养老等优先纳入社会公共服务和保障体系，形成了"普惠+优待"保障模式。

三、优抚待遇逐年"提标"

自改革开放以来，国家已 25 次提高残疾军人残疾抚恤金标准，28 次提高"三属"定期抚恤金标准和"三红"生活补助标准。2018 年 8 月 1 日提标后，一级因战、因公、因病残疾军人抚恤金标准为每人每年 80140 元、77610 元、75060 元；烈属、因公牺牲军人遗属、病故军人遗属定期抚恤金标准分别为每人每年 25440 元、21850 元和 20550 元。在乡退伍红军老战士、在乡西路军红军老战士和红军失散人员生活补助标准分别为每人每年 55570 元、55570 元和 25070 元。在乡老复员军人中央财政最高补助标准为每人每年 13022 元。带病回乡退伍军人生活补助标准为每人每月 550 元。参战参试退役人员定期生活补助标准为每人每月 600 元。烈士老年子女定期生活补助标准为每人每月 440 元。农村籍退役士兵老年生活补助标准为，每服一年义务兵役每人每月补助 35 元。保障经费从1981 年的 1690 万元增加到 2018 年的 463 亿元，实现了由保障优抚对象基本生活向提高生活质量转变。

四、优抚保障对象不断"扩容"

2004 年，初级士官纳入评病残范围，并取消了患精神病义务兵和初级士官不能评残的限制。2006 年，中央财政首次将带病回乡退伍军人列入定期生活补助范围。2007 年,国家将部分参战退役人员和参加核试验军队退役人员首次列入国家补助范围。2011 年,国家首次给 60 周岁以上农村籍退役士兵发放老年生活补助,当年惠及 300 多万人,今后将惠及近 1900 万人;首次将部分老年烈士子女纳入国家优抚保障范围,惠及 20 多万人;首次将铀矿开采退役人员比照参加核试验军队退役人员享受有关待遇,惠及 3 万多人。2016 年,实现烈士遗属、因公牺牲军人遗属、病故军人遗属定期抚恤金城乡一体,改变了 37 年来"三属"定期抚恤金城乡不一致的局面。国家予以抚恤补助的人数由 1978 年的 300 余万人增加至 2018 年的 861 万人,实现了农村和城镇无工作退役军人抚恤优待的全覆盖。

五、优抚事业单位管理工作不断进展

1978 年全国优抚医院不足 60 所,床位约 8000 张;光荣院 467 所,入院老人 7436 人。1981 年全国优抚事业单位工作座谈会召开,对加强光荣院和优抚医院工作作出部署。这一时期,颁布了《光荣院管理工作暂行办法(草案)》等文件,明确了光荣院和三类优抚医院的主要任务和工作制度等。《光荣院管理工作暂行办法(草案)》是优抚事业单位管理工作发展史上第一部全国性规章,为工作转入正轨提供了坚实制度保障。20 世纪 80 年代末期,光荣院达 1100 余所,优抚医院 110 多家。党的十八大以来,优抚事业单位管理工作在各方面取得新进展,逐步成为孤老优抚对象供养体系和重点优抚对象医疗保障体系的重要平台。国家分别于 2012 年、2014 年下发《民政部关于建立优抚医院医疗巡诊制度的通知》和《民政部关于建立重点优抚对象短期疗养制度的通知》两个政策性文件,在全国范围内部署推动医疗巡诊和短期疗养工作。目前,全国共有优抚医院 246 所、光荣院 1425 所、床位 13 万多张,每年巡诊和疗养退役军人和其他优抚对象超过 70 万人次。

5.2.8 烈士褒扬工作

伴随着改革开放不断推进的步伐,我国的烈士褒扬工作在探索中发展,在改革中创新,谱写了一曲辉煌而不平凡的时代之歌。

一、烈士褒扬政策不断完善

1980 年 6 月 4 日,国务院发布《革命烈士褒扬条例》,这是我国历史上第一部专门的烈士褒扬法规,为审批和褒扬烈士工作提供了法律依据。《军人抚恤优待条例》进一步完善了现役军人和相关人员烈士评定制度和烈士遗属抚恤优待制度。2011 年 7 月,国务院颁布了《烈士褒扬条例》,标志着新时期完整、统一的烈士褒扬框架体系形成。2013 年,中央办公厅、国务院办公厅、中央军委办公厅印发《关于进一步加强烈士纪念工作的意见》,是开展烈士褒扬工作的纲领性文件。2014 年 8 月 31 日,第十二届全国人大常委会第十次会议通过将 9 月 30 日设立为烈士纪念日的决定。2018 年 4 月 27 日,十三届全国人大常委会第二次会议通过《中华人民共和国英雄烈士保护法》,这是我国首次以立法形式维护和捍卫英雄烈士合法权益。在境外烈士纪念设施保护方面,2010 年,中共中央、国务院、中央军委为进一步规范境外烈士纪念设施保护管理工作,成立"境外烈士纪念设施保护管理领导小组"。2011 年修订的《烈士褒扬条例》首次将境外烈士纪念设施保护管理工作写入法规。2012 年,民政部在优抚安置局设立了境外烈士纪念设施保护管理处。《中华人民共和国英雄烈士保护法》对境外烈士纪念设施保护管理工作也作出了明确规定。这一系列举措,彰显了国家尊重烈士的大国形象,赢得社会各界广泛赞誉。

二、志愿军烈士遗骸归国

2013 年 7 月起,中韩双方就志愿军遗骸交接事宜多次协商,于 2014 年 1 月签署协议,决定每年清明节前,由中韩双方共同组织实施在韩志愿军烈士遗骸交接工作。2014 年 3 月 28 日,中韩双方在韩国仁川国际机场举行首批 437 位中国人民志愿军烈士遗骸交接仪式。10 月 29 日,437 位在韩志愿军烈士遗骸安葬仪式在沈阳抗美援朝烈士陵园举行。自 2014 年起,共迎接六批 599 位在韩志愿军烈士回国,安葬在沈阳抗美援朝烈士陵园。

三、起草《中华人民共和国退役军人保障法》

2018 年 7 月 19 日,退役军人事务部召开座谈会,就《中华人民共和国退役军人保障法（初稿）》向各界征集意见。9 月,全国人民代表大会官方网站公布《十三届全国人大常委会立法规划》,《中华人民共和国退役军人保障法》被列入 47 件"需要抓紧工作、条件成熟时提请审议的法律草案"之一。10 月 16 日,退役军人事务部发布消息,《中华人民共和国退役军人保障法（草案）》征求意见稿,正在送中央和国家机关,各省、自治区、直辖市人民政府以及军队有关部门征求意见。同时,退役军人事务部已启动开展全面清理退役军人工作法律法规政策工作,将这项工作列为"家底工程"重点推进,与《中华人民共和国兵役法》等法律法规制定修订协调衔接,科学制定退役军人工作法律政策体系。

5.3 新时代退役军人工作开创新局面

强国必先强军,兴军方可安邦。党的十八大以来,以习近平同志为核心的党中央高度重视退役军人工作,习近平总书记多次就退役军人工作作出重要指示,为做好退役军人工作提供了根本遵循。

5.3.1 服务机构延伸至乡村一级

在 2018 年 4 月 16 日退役军人事务部挂牌成立后,2018 年年底省级退役军人事务部门全部挂牌组建;2019 年 2 月 26 日,国家退役军人服务中心挂牌成立。随后,省市县乡村各级退役军人服务中心（站）相继成立。

5.3.2 政策法规制度逐步建立完善

2018 年,退役军人事务部组建后,相继出台包括《关于促进新时代退役军人就业创业工作的意见》《关于进一步加强由政府安排工作退役士兵就业安置工作的意见》《为烈属、军属和退役军人等家庭悬挂光荣牌工作实施办法》《关于调整部分优抚对象等人员抚恤和生活补助标准的通知》等在内的 12 个政策文件;以《退役军人保障法》和《关于加强新时代退役军人工作的意见》为重点的 11 部法规和 17 个政策文件正在着手制定。

5.3.3　妥善接收安置退役军人

把接收安置好退役军人作为支持国防和军队改革的实际行动。各级共妥善安置了 33 万名军转干部、6 万名随调随迁家属子女、20 余万名符合政策安排工作条件的退役士兵,约 10.4 万名军休干部和无军籍退休退职职工;国家出台政策大力帮扶退役军人就业创业,约 170 万名退役士兵通过参加教育培训实现就业。

5.3.4　是优抚力度和范围持续加大

连年以 10%—15% 的幅度提高优抚对象定期抚恤补助标准,重点优抚对象提标时间由每年 10 月 1 日提前到 8 月 1 日,实现烈士遗属、因公牺牲军人遗属、病故军人遗属定期抚恤金城乡一体,让优抚对象老有所养、病有所医、住有所居,让他们生活得更有尊严。

5.3.5　大力营造尊崇英烈的良好风尚

2014 年 8 月,十二届全国人大常委会第十次会议通过《关于设立烈士纪念日的决定》,将 9 月 30 日设立为烈士纪念日;《中华人民共和国英雄烈士保护法》自 2018 年 5 月 1 日起,以立法形式维护和捍卫英烈合法权益;自 2014 年起,先后迎接六批 599 位在韩志愿军烈士遗骸归国。

5.3.6　信息采集工作有序展开

2018 年 8 月,退役军人事务部部署开展退役军人和其他优抚对象信息采集工作。目前,已采集退役军人和其他优抚对象信息 3900 万人。

5.3.7　悬挂光荣牌

2018 年 7 月,国务院办公厅印发《为烈属、军属和退役军人等家庭制作光荣牌工作实施办法》的通知,对进一步做好光荣牌悬挂工作作出规范和安排部署。一年来,共为烈属、军属和退役军人家庭悬挂光荣牌3958 万块。

5.3.8 宣传"最美退役军人"

2018 年 11 月 10 日,20 位"最美退役军人"先进事迹面向全社会发布,他们充分展示了退役军人永葆本色、奋发图强的优秀品质和良好精神风貌,激励广大退役军人珍惜荣誉,积极投身国家建设发展,在全社会进一步形成了尊崇和关爱退役军人的良好社会风尚。

5.4 进一步做好新时代退役军人工作的对策建议

进一步做好新时代退役军人工作,应坚持以习近平新时代中国特色社会主义思想为指导,以退役军人工作面临的重点难点为导向,对接军事政策制度改革,解放思想,开拓创新,深化改革,加强政策制度和体制机制创新,维护退役军人合法权益。

5.4.1 对接军事政策制度改革,完善政策制度体系

军事政策制度调节军事关系、规范军事实践、保障军事发展,退役军人工作也要坚持按法行政、科学管理,落实军事政策制度改革要求,在全面梳理和科学评估现行政策的基础上,厘清退役军人工作政策需求,结合地方实践经验,积极稳妥出台政策,逐步形成与经济社会发展水平相适应、与国防和军队改革相衔接,以《退役军人保障法》为根基,出台或修订《退役军人安置条例》《军人抚恤优待条例》《烈士褒扬条例》等行政法规为主干,以部门规章制度或规范性文件为支撑的政策制度体系。

5.4.2　大力解决历史遗留问题,优化接收安置体系

目前,退役军人仍面临政治待遇与相关待遇落实不到位、企业军转失业、住房保障等一些共性的、历史性遗留问题,需要下大力解决。一是强化工作安排政策刚性。建立以服役贡献和德才条件为依据、公开公平公正的"阳光安置"机制。二是优化自主就业创业政策,完善教育培训体系,拓宽就业渠道,加强创业扶持,促进广大退役人员更好地投身大众创业、万众创新热潮。三是加快伤病残休人员移交办理,建立符合条件人员即退即交即接工作机制,做好随军家属安置工作,服务部队集中精力专司打仗、专谋打赢。

5.4.3　坚持以抚恤优待为核心,构建待遇保障体系

一是提高服务保障水平。坚持抚恤优待本质属性,按照贡献与待遇匹配、普惠与优待叠加的原则,提高服务保障水平。建立统筹平衡的待遇保障标准,健全经费自然增长机制。二是创新待遇保障举措。统一制发优待证,研究制定优待目录清单,探索适合退役军人的保险项目,使其得到更多保障。三是建立兜底保障的困难援助机制。对生活困难退役军人,在享受社会基础保障上,依据困难程度区分层次进行帮扶援助。

5.4.4　坚持精神物质保障并重,健全荣誉激励体系

一是大力弘扬英烈精神。褒扬彰显退役军人为党、国家和人民牺牲奉献的精神风范和价值导向。加强英烈纪念设施管理,推进军人公墓建设,建立健全烈士祭扫制度和礼仪规范,依法保护英烈荣誉,宣传英烈事迹和英雄故事。二是健全表彰机制。深入开展双拥模范创建活动,定期进行全国退役军人工作表彰,邀请优秀退役军人代表参加重大庆典,将退役军人先进典型载入地方志,坚持开展送立功喜报、悬挂光荣牌、走访慰问等活动。三是注重宣传引导。利用新媒体大数据,发掘推广退役军人先进典型,讲好退役军人故事,营造全社会尊崇军人的浓厚氛围。

5.4.5　充分发挥基层组织责任，建立教育管理体系

一是充分发挥基层党组织作用。坚持严爱与厚爱相结合，将退役军人党员全部纳入党组织管理。加强思想教育，压实基层组织责任，对本单位、本地区退役军人进行社会主义核心价值观教育，开展社会公德、职业道德、家庭美德、个人品德和法治教育。严格党员管理，做好退役军人党员组织关系转接，依托基层服务站点，加强退役军人流动党员管理。二是探索建立诚信机制。将退役军人纳入社会诚信体系，将待遇保障与现实表现挂钩，对违法乱纪者给予惩戒，对建功立业者给予激励，引导他们珍惜荣誉，永葆本色。

5.4.6　不断理顺工作格局机制，健全组织运行体系

一是理顺工作格局。充分履行党委政府在退役军人管理保障方面的重要职责，构建党委领导、政府牵头、退役军人事务部门协调、相关部门配合、社会参与的工作格局。二是理顺经费保障渠道。强化中央财政主体责任，加大省级财政投入力度，引入社会资金，形成多元化保障格局。三是构建优质高效服务体系。着力构建横向到边、纵向到底、覆盖全员的服务体系，逐步优化政府购买服务、社会专项服务、鼓励自我服务、倡导资源者服务相结合的模式，建设退役军人信息数据库，完善信息采集，构建"互联网+退役军人服务"平台，为退役军人提供优质高效服务。

6

中国补充保险
发展研究

构建多层次社会保障体系,是世界各国推进社会保障制度改革的共同选择,也是我国建设更加公平、可持续的社会保障制度的必要政策支持。加快完善企业年金、职业年金、大病保险等补充保险制度,促进补充保险与社会保险协调发展,是维持社会稳定和经济发展的重要举措。

补充保险是相对于社会保险而言的,是在国家统一建立的社会保险之外,个人和企业根据自身情况自愿参加的以对社会保险进行补充的保险,主要包括补充养老保险、补充医疗保险和补充工伤保险等形式。补充保险不是通过国家立法强制实施的,而是由单位和个人根据自己的需求来适当增加保险项目,来提高保险保障水平的一种保险形式。补充保险与基本社会保险之间是相互补充的关系,补充保险是对基本社会保险的一种补充和完善,这两种保险是不可互相替代的,各有其独特的作用。

6.1 我国补充养老保险发展分析

6.1.1 我国补充养老保险的基本情况

党的十九大报告明确提出:"加强社会保障体系建设。按照兜底线、织密网、建机制的要求,全面建成覆盖全民、城乡统筹、权责清晰、保障适度、可持续的多层次社会保障体系。"构建多层次养老保障体系是我国社会保障制度改革发展的既定目标。多层次社会保障体系包含政府主导的法定基本养老保险、政策支持的企业年金或职业年金、市场自愿交易的商业养老保险三个层次。中共十八届三中、五中全会均提出要加快发展企业年金、职业年金和商业养老保险。

企业年金,是指在政府强制实施的基本养老保险制度之外,企业在国家政策指导下,根据自身经济实力和经济状况建立的,旨在为本企业职工提供一定程度退休收入保障的制度。企业年金是基本养老保险的重要补充,也是多层次养老保险体系的重要组成部分。

职业年金,是指机关事业单位及其工作人员在参加机关事业单位基本养老保险的基础上,建立的补充养老保险制度。职业年金与企业年金同属我国第二支柱补充养老保险制度,同样采用个人账户方式管理,主要区别有两个方面:一是参加的人群不同。职业年金适用于按照公务员法管理的单位、参照公务员法管理的机关(单位)、事业单位及其编制内的工作人员。二是建立是否具有强制性。职业年金的建立具有强制性,企业年金的建立由企业及其职工自愿决定。

商业养老保险是商业保险机构提供的,以养老风险保障、养老资金管理等为主要内容的保险产品和服务,是养老保障体系的重要组成部分。发展商业养老保险,对于健全多层次养老保障体系,促进养老服务业多层次多样化发展,应对人口老龄化趋势和就业形态新变化,进一步保障和改善民生,促进社会和谐稳定等具有重要意义。

目前关于促进我国补充养老保险发展的积极意义已成共识:(1)保障养老保险体系正常运行,稳定退休人员养老水平。国际经验充分表明,随着老龄化程度的不断加深,解决一个国家的养老问题,必须要建立政府基本养老、企业年金、个人商业养老的多层次养老保障体系,单靠某一支柱或过于倚重某一支柱都是不可持续的。随着我国基本养老金的替代率逐渐下降,建立三支柱养老金体系,通过第二支柱的企业年金和第三支柱的个人养老金对基本养老金形成补充,可以提高养老金整体的替代率,保证退休人员的正常生活水平。(2)促进资本市场稳定发展。资本市场的健康发展,需要长期稳定的资金支持,也需要大量机构投资者的参与。通过发展多支柱养老金体系,特别是 DC 模式的企业年金和个人养老金,可以形成庞大的养老基金。这些基金期限长、规模大,将成为资本市场发展重要的资金来源,维护资本市场稳定。

一、中国企业年金的发展历程与现状

企业年金是中国养老保障体系的重要支柱。中国企业年金制度历经探索、试点、完善、拓展四大发展阶段,其中的关键时点和较为重要的法律法规如表 6-1 所示。

表 6-1 我国企业年金发展历程

时间	法律法规	具体内容
1991	国务院《国务院关于企业职工养老保险制度改革的决定》（国发〔1991〕33号）	首次提出国家提倡、鼓励企业实行补充养老保险，并在政策上给予指导
1994	全国人民代表大会常务委员会《中华人民共和国劳动法》	正式以法律形式明确"补充养老保险"
2000	国务院《国务院关于完善城镇社会保障体系试点方案》（国发〔2000〕42号）	将"企业补充养老保险"更名为"企业年金"。有条件的企业可为职工建立企业年金，并实行市场化运营和管理
2004	劳动和社会保障部《企业年金试行办法》（劳动和社会保障部第20号令）	规定企业年金实行完全积累，采用个人账户方式进行管理，企业年金受托人应选择具有资格的商业银行或专业托管机构
2004	劳动和社会保障部《企业年金基金管理试行办法》（劳动和社会保障部、银监会、证监会、保监会第23号令）	明确规定企业年金基金的受托管理、账户管理、托管以及投资管理
2004	劳动和社会保障部、证监会《关于企业年金基金证券投资有关问题的通知》（劳社部发〔2004〕25号）及其附件《企业年金基金证券投资登记结算业务指南》	首次对企业年金基金证券投资的开户、清算模式、备付金账户管理等有关问题进行规定
2009	国家税务总局《关于企业年金个人所得税征收管理有关问题的通知》（国税函〔2009〕694号）	企业年金个人缴费部分，不得在个人当月工资、薪金计算个人所得税时扣除
2011	人力资源和社会保障部、银监会、证监会及保监会《企业年金基金管理办法》（人力资源和社会保障部、银监会、证监会、保监会第11号令）	对企业年金基金投资产品及比例作出明确规定
2013	财政部、人力资源和社会保障部、国家税务总局《关于企业年金 职业年金个人所得税有关问题的通知》（财税〔2013〕103号）	年金个人缴费部分，在不超过本人缴费工资计税基数的4%标准内的部分，从个人当期的应纳税所得额中扣除，年金基金投资运营管理收益分配计入个人账户时，个人暂不缴纳个人所得税
2017	人力资源和社会保障部、财政部《企业年金办法》（人力资源和社会保障部、财政部第36号令）	弱化企业年金的自愿性质。下调筹资规模上限。适当放宽待遇领取条件。扩大适用范围

资料来源：根据公开资料整理。

（一）企业年金探索阶段（1991—1999 年）

中国的企业年金制度发轫于 20 世纪 80 年代，最初称之为"企业补充养老保险"。在经济体制改革的大背景下，企业职工养老保险逐步从计划经济体制下的"劳动保险"转向"社会保险"。退休费用的"社会统筹"使得经营状况较好的国有企业面临潜在的福利损失，部分国有企业为补偿改革造成的退休福利减损，开始建立企业补充养老保险。随后为规范企业补充养老保险，适应"多支柱"的体系建设，国务院于 1991 年 6 月颁布《国务院关于企业职工养老保险制度改革的决定》（国发〔1991〕33号），提出"企业补充养老保险由企业根据自身经济能力，为本企业职工建立，所需费用从企业自有资金中的奖励、福利基金内提取"，"国家提倡、鼓励企业实行补充养老保险"。1994 年 7 月颁布的《中华人民共和国劳动法》第七十五条规定，"国家福利用人单位根据本单位实际情况为劳动者建立补充保险"，这为我国企业建立补充养老保险制度奠定了法律基础。

在具体经办管理方面，这一时期也做出了一些基本规定。1995 年 3月《国务院关于深化企业职工养老保险制度改革的通知》（国发〔1995〕6号）提出，"企业补充养老保险和个人储蓄性养老保险，由企业和个人自主选择经办机构"。1995 年 12 月，劳动和社会保障部《关于印发〈关于建立企业补充养老保险制度的意见〉的通知》（劳部发〔1995〕464 号），进一步对企业补充养老保险的实施主体和条件、决策程序和管理组织、资金来源、记账方式和计发办法、投资运营、基金转移等作出了较为细致的规定。

这一时期的企业年金制度是在经济体制改革的背景下，为适应养老保险制度改革，在各地区部分企业实践基础上逐步探索并确立的企业年金制度雏形。

（二）企业年金试点阶段（2000—2003 年）

针对企业年金制度探索时期存在的问题，政府开始推行试点方案。2000 年 12 月国务院颁布《关于完善城镇职工社会保障体系的试点方案》（国发〔2000〕42 号），具体做了四项新规定：一是首次将"企业补充养老保险"规范更名为"企业年金"；二是确定采用个人账户管理方式；三是首次以正式文件形式提供税收优惠,规定试点地区企业缴费在工资总额4%以内的部分,可从成本中列支;四是实行市场化运营和管理。按照该文件精神,国务院选择辽宁省在全省范围内开展完善城镇职工社会保障体系试点。

2001年7月,《国务院关于同意〈辽宁省完善城镇职工社会保障体系试点实施方案〉的批复》(国函〔2001〕79号)进一步明确了建立企业年金的企业需具备三个条件:"一是依法参加基本养老保险并按时足额缴费;二是生产经营比较稳定,经济效益较好;三是企业内部管理制度健全。"同时,该文件还提出"大型企业、行业可以自办企业年金,鼓励企业委托有关机构经办企业年金",这成为内部理事会受托模式和外部法人受托模式的雏形。此外,"管理和运营企业年金的机构要经国家劳动保障行政部门会同财政部门的认定和批准"的规定也为企业年金管理机构的遴选制度奠定了基础。

这一时期企业年金的建设思路日渐清晰,基本轮廓逐渐明确,企业年金在整个养老保险体系中的第二支柱地位得到明晰和强化。相对谨慎的试点工作也为企业年金在全国铺开积累了经验。

(三)企业年金完善阶段(2004—2014年)

在各地试点实践经验的基础上,借鉴发达国家企业年金制度的基本经验,劳动和社会保障部于2004年1月颁布《企业年金试行办法》,对企业年金的制度定位、建立条件和决策程序、计划构成要素、缴费比例、管理办法、待遇给付以及监管和法律纠纷等作出了明确规定。劳动和社会保障部《关于印发〈关于建立企业补充养老保险制度的意见〉的通知》(劳部发〔1995〕464号)同时废止。同年2月,劳动和社会保障部会同银监会、证监会、保监会联合发布《企业年金基金管理试行办法》,对企业年金基金的受托管理、账户管理、托管以及投资管理作出规范。上述两个"试行办法"确立了我国企业年金制度的基本模式以及基金信托管理模式的基本框架。

随后,劳动和社会保障部颁布了《企业年金管理指引》《关于企业年金基金证券投资有关问题的通知》《企业年金基金证券投资登记结算业务指南》《企业年金基金管理运作流程》《企业年金基金账户管理信息系统规范》等一系列法规和政策文件,企业年金运作步入专业化和规范化。2005 年,劳动和社会保障部发布《企业年金基金管理机构资格认定暂行办法》,同年 5 月公布了首批获得企业年金基金管理资格机构名单,标志着我国企业年金已从制度建设走向实务操作。

2009 年人力资源和社会保障部出台了《关于企业年金基金管理信息报告有关问题的通知》(人社部发〔2009〕154 号),建立了企业年金的信息披露制度。财政部与国家税务总局发布《关于补充养老保险费、补充医疗保险费有关企业所得税政策问题的通知》(财税〔2009〕27 号)、《关于企业年金个人所得税征收管理有关问题的通知》(国税函〔2009〕694 号),进一步规定了企业年金的税收政策。针对企业年金基金运行中逐渐暴露出的问题,2011 年 2 月,人力资源和社会保障部颁布新修订的《企业年金基金管理办法》,进一步规范了企业年金的计划管理、受托管理、账户管理、托管管理、投资管理、信息披露和权益归属,明确了部门监管职责、监管程序、监管方式以及中央、地方的监督权限划分;同时还调整了企业年金基金的投资范围和比例,将固定收益类投资比例由不高于 50% 提高到 95%,流动性投资比例由不低于 20% 降低为 5%,取消投资股票比例不高于基金净资产 20% 的比例限制,首次提出企业年金基金可以投资后端集合的养老金产品。

2013 年 4 月,人力资源和社会保障部颁布《关于扩大企业年金基金投资范围的通知》(人社部发〔2013〕23 号)和《关于企业年金养老金产品有关问题的通知》(人社部发〔2013〕24 号),在第 11 号令的基础上进一步扩大了企业年金基金的投资范围,增加了理财产品、信托产品、基础设施债权计划、特定资产管理计划、股指期货投资等投资品种;债权投资比例上限由 95% 提高至 135%;对投资后端养老金产品进行了操作化规定。

(四)企业年金扩展阶段(2015 年至今)

2015 年 4 月,《国务院办公厅关于印发机关事业单位职业年金办法的通知》(国办发〔2015〕18 号)发布,机关事业单位职业年金正式建立,为企业年金制度的发展带来新的推动力。2016 年 6 月,人力资源和社会保障部对《企业年金试行办法》进行修订,发布了《企业年金规定(征求意见稿)》并向社会公开征求意见。随后,2017 年 12 月,人力资源和社会保障部、财政部颁布《企业年金办法》,较为显著的变化是在缴费比例和待遇发放方面进行了调整,企业缴费由每年不超过本企业职工工资总额的"1/12"调整为"8%",企业和职工个人缴费由合计不超过本企业职工工资总额的"1/6"调整为"12%"。

自 2004 年 5 月 1 日起实施《企业年金试行办法》和《企业年金基金管理试行办法》以来,中国建立了规范的企业年金制度,确立政府监管、税收优惠、个人账户、基金积累、市场运营等特征。企业年金积累规模从 2007 年的 1519 亿元增长到 2018 年的 14770 亿元,增长了 8.72 倍。从表 6-2 可以清晰看出参与企业年金的企业数、职工数、基金规模变化的基本趋势:基金规模总体保持高速增长,参保企业数以及参保职工数增速均低于基金规模增速,且在 2015 年及以后出现明显下跌,尤其是参保职工数增长几乎陷于停滞。

表 6-2　我国企业年金基本情况

年份	企业数（个）	增长率（%）	参保职工数（万人）	增长率（%）	积累基金（亿元）	增长率（%）
2007	32000		929		1519	
2008	33100	3.44	1038	11.73	1911	25.81
2009	33500	1.21	1179	13.58	2533	32.55
2010	37100	10.75	1335	13.23	2809	10.90
2011	44900	21.02	1577	18.13	3570	27.09
2012	54700	21.83	1847	17.12	4821	35.04
2013	66100	20.84	2056	11.32	6035	25.18
2014	73300	10.89	2293	11.53	7689	27.41
2015	75500	3.00	2316	1.00	9526	23.89
2016	76300	1.06	2325	0.39	11075	16.26
2017	80400	5.37	2331	0.26	12880	16.30
2018	84700	5.35	2338	0.30	14770	14.67

资料来源:根据历年人力资源和社会保障部《人力资源和社会保障事业发展统计公报》和《全国企业年金基金业务数据摘要》整理。

从建立企业年金制度的企业数量和全部企业法人数量来看,截至 2017 年,我国企业法人单位数为 18097682 个[①],全国建立企业年金制度的企业数量不到企业法人单位数的 1%,企业年金制度对企业的覆盖面极为有限。从企业职工参与企业年金计划的人数与企业职工基本养老保险参保人数来看,截至 2018 年年底,我国城镇职工基本养老保险参保职工人数为 30104 万人[②],企业职工参与企业年金计划人数不到基本养老保险参保职工人数的 10%,总体覆盖面同样十分有限。

二、中国职业年金制度的发展历程与现状

(一)机关事业单位养老保险制度建立时期(1951—1977 年)

我国机关事业单位养老保险制度是在依据 1951 年《中华人民共和国劳动保险条例》建立企业养老保险制度之后逐步发展形成的。1955 年 12 月,《国家机关工作人员退休处理暂行办法》《国家机关工作人员退职处理暂行办法》的出台,标志着我国机关事业单位养老保险制度正式建立。

(二)机关事业单位养老保险恢复发展时期(1978—1990 年)

改革开放后,我国机关事业单位养老保险制度进入恢复发展时期。我国先后出台了《国务院关于安置老弱病残干部的暂行办法》《国务院关于工人退休、退职的暂行办法》《国务院关于老干部离职休养的暂行规定》《国家公务员暂行条例》《机关事业工作人员工资制度改革实施办法》等,对既有的机关事业养老保险制度进行了补充和完善。

(三)机关事业单位养老保险改革试点时期(1991—2014 年)

20 世纪 90 年代以来,一些地区和行业对改革机关事业单位养老保险制度进行了初步探索,先后有 28 个省市开展了局部试点。《事业单位工作人员养老保险制度改革试点方案》(国发〔2008〕10 号)确定在山西省、上海市、浙江省、广东省、重庆市先期开展试点,与事业单位分类改革试点配套推进。但直至 2014 年,山西、浙江等城市多数事业单位仍然沿用旧的养老金制度,或者没有取得任何实质性进展。

---

① 中华人民共和国统计局:《中国统计年鉴》,中国统计出版社 2018 年版。
② 人力资源和社会保障部:《2018 年度人力资源和社会保障事业发展统计公报》,见 http://www.mohrss.gov.cn/SYrlzyhshbzb/zwgk/szrs/tjgb/201906/W020190611539807339450.pdf。

（四）机关事业的养老保险改革全面推进时期（2015年至今）

《国务院关于机关事业单位工作人员养老保险制度改革的决定》（国发〔2015〕2号），决定从2014年10月1日起对机关事业单位工作人员养老保险制度进行改革，养老保险待遇"双轨制"正式终结。改革思路按照一个统一、五个同步的基本原则。其中，"一个统一"，即党政机关、事业单位建立与企业相同基本养老保险制度，实行单位和个人缴费，改革退休费计发办法，从制度和机制上化解"双轨制"矛盾。"五个同步"，即机关与事业单位同步改革，职业年金与基本养老保险制度同步建立，养老保险制度改革与完善工资制度同步推进，待遇调整机制与计发办法同步改革，改革在全国范围同步实施。

为适应机关事业单位养老保险并轨，建立多层次养老保险体系，保障机关事业单位工作人员退休后的生活水平，促进人力资源合理流动，根据国发〔2015〕2号等政策的相关规定，国务院办公厅出台了《机关事业单位职业年金办法》（国办发〔2015〕18号），明确了机关事业单位职业年金缴费比例、个人账户管理、投资运营、转移接续、领取条件和方式等。

《职业年金基金管理暂行办法》（人社部发〔2016〕92号）的出台，标志着我国职业年金市场化投资运营正式启动。作为养老保障体系第二支柱的新生力量，职业年金基金的受托招标和投资运作正在快步推进。截至2019年7月中旬，已有中央国家机关事业单位、山东省、湖北省、北京市和新疆维吾尔自治区职业年金计划相继投资运营，后续其他各省份职业年金资金也将陆续投入市场。

三、中国个人商业养老保险的发展历程与现状

（一）个人商业养老保险初步探索阶段（1991—2000年）

1991年，《国务院关于企业职工养老保险制度改革的决定》（国发〔1991〕33号）规定：随着经济的发展，逐步建立起基本养老保险与企业补充养老保险和职工个人储蓄性养老保险相结合的制度。这是首次提及商业养老保险作为职工养老保障的补充。

1994年颁布的《财政部、国家税务总局关于对若干项目免征营业税的通知》（财税字〔1991〕2号）规定：保险公司开办1年期以上到期返还本利的养老年金保险业务的保费收入,免征营业税。免税条款有助于促进保险公司积极开展商业养老保险业务。

1995 年 6 月颁布实施的《中华人民共和国保险法》第 46 条规定:人身保险公司可以经营的业务范围中包括了个人和团体年金保险。

1995 年国务院又颁布《国务院关于深化企业职工养老保险制度改革的通知》(国发〔1995〕6 号),进一步鼓励商业养老保险的建设。1997 年,《国务院关于建立统一的企业职工基本养老保险制度的决定》(国发〔1997〕26 号)中更进一步明确:为使离退休人员的生活随着经济与社会发展不断得到改善,体现按劳分配原则和地区发展水平及企业经济效益的差异,各地区和有关部门要在国家政策指导下大力发展企业补充养老保险,同时发挥商业保险的补充作用。商业养老保险的补充作用再一次被强调。

(二)个人商业养老保险快速发展阶段(2001—2007 年)

自 21 世纪以来,我国商业养老保险的年均增长速度已经超越了同期的 GDP 增速,达到了 15% 的高速增长。保险业务快速增长,服务领域不断拓宽,市场体系日益完善,法律法规逐步健全,监管水平不断提高,风险得到有效防范,整体实力明显增强。2003 年 10 月,党的十六届三中全会通过的《中共中央关于完善社会主义市场经济体制若干问题的决定》提出,"鼓励有条件的企业建立补充养老保险,积极发展商业养老、医疗保险"。2004 年平安、太平首批养老保险公司成立,随后国寿、泰康、长江养老保险公司相继成立。目前中国主要的保险公司均推出了个人养老年金保险产品。2006 年,《国务院关于保险业改革发展的若干意见》(国发〔2006〕23 号)正式颁布,该文件进一步鼓励保险业大力发展商业养老保险业务。

(三)个人商业养老保险专业化纵深发展阶段(2008 年至今)

《保险公司养老保险业务管理办法》于 2008 年 1 月 1 日正式实施,推动了我国商业养老保险进一步向专业化纵深发展。在 2009 年召开的两会上,商业养老保险的发展以及相关税收优惠的政策得到了广大代表、委员的密切关注。其中,个税递延型商业养老保险作为养老保险第三支柱的重要安排,受到高度关注。所谓个税递延型商业养老保险,具体是指投保人依据法规规定在个人所得税前列支商业养老保险保费,而在退休领取保险金时再依据相关法规缴纳个人所得税的商业养老保险。税延型养老保险可以降低个人当期的所得税负担,从而激励个人参与商业养老保险、提高未来退休养老的保障程度。

2017 年 7 月发布的《国务院办公厅关于加快发展商业养老保险的若干意见》(国办发〔2017〕59 号)将商业养老保险定位为"商业养老保险成为个人和家庭商业养老保障计划的主要承担者、企业发起的商业养老保障计划的重要提供者、社会养老保障市场化运作的积极参与者、养老服务业健康发展的有力促进者、金融安全和经济增长的稳定支持者",并提出"在 2017 年底前启动个人税收递延型商业养老保险试点"。

表 6-3 个税递延型商业养老保险发展历程

时间	事件
2007.11	保监会与天津市政府联合印发《加快天津滨海新区保险改革试验区创新发展的意见》(保监发〔2007〕110 号)。天津市滨海新区被正式列为发展个人延税型补充养老保险的试点地区,规定 30%工资收入比例可税前列支购买商业养老保险。但由于个税优惠政策存在异议,涉及个税优惠的试点工作叫停
2008.12	国务院办公厅《关于当前金融促进经济发展的若干意见》(国办发〔2008〕126 号)提出包括养老保险在内的税收优惠问题,"积极发展个人、团体养老保险业务,鼓励和支持有条件企业通过商业保险建立多层次养老保险计划,研究对养老保险投标人基于延迟纳税等税收优惠"
2012.6	保监会在 2012 年上海"陆家嘴论坛"表示将选取上海试点税延型养老保险。试点方案为税延上限为 1000 元,其中商业养老保险可税前列支 700 元
2013.11	党的十八届三中全会通过的《中共中央关于全面深化改革若干重大问题的决定》明确指出制定实施免税、延期征税等税收优惠,加快发展企业年金、职业年金、商业保险,构建多层次社会保障体系
2014.8	新"国十条"提出适时开展个人税收递延型商业养老保险试点
2015.3	国务院《政府工作报告》直接提出"推出个人税收递延型商业养老保险"

续表

时间	事件
2017.7	国务院办公厅印发《关于加快发展商业养老保险的若干意见》（〔2017〕59 号），明确要求要在 2017 年年底前启动个人税收递延型商业养老保险试点
2018.5	《关于开展个人税收递延型商业养老保险试点的通知》（财税〔2018〕22 号）规定，自 2018 年 5 月 1 日起，在上海市、福建省（含厦门市）和苏州工业园区实施个人税收递延型商业养老保险试点。试点期限暂定一年

资料来源：根据公开资料整理。

由于基本养老保险替代率持续下行，企业年金基本缺失，商业养老保险将成为现有养老保障体系中最重要的补充力量。截至 2018 年 1 月我国共有 86 家人寿保险公司，其中专业养老保险公司有 6 家。大多数产品还是以理财型为主的储蓄类年金险，商业养老保险的发展尚不成熟。按照寿险占比 20% 的结构推测，中国商业养老险深度常年低于 0.5%，在养老体系中参与度较低，亟须提速发展。

6.1.2 补充养老保险发展中存在的问题分析

一、各类补充养老保险保障程度不足

无论是从参保人数、参保企业来看，还是从资产规模、投资收益等方面来看，现阶段我国企业年金虽有所发展但覆盖范围小，保障力度不足，主要表现在以下三个方面：一是企业年金市场规模较小。人力资源和社会保障部发布的《全国企业年金基金业务数据摘要 2018 年度》显示[①]，截至 2018 年年末，企业年金参保人数 2388.17 万人，约占城镇养老保险参保人数的 5.71%；企业年金基金结余仅占城镇职工基本养老保险基金结余的 33.65%。二是行业间和地区间企业年金发展水平不均衡。已建立企业年金制度的企业多集中在电力、石油、通讯、金融、保险等高收入和垄

---

① 人力资源社会保障部社会保险基金监管局：《全国企业年金基金业务数据摘要 2018 年度》，见 http://www.mohrss.gov.cn/SYrlzyhshbzb/shehuibaozhang/gzdt/201904/W020190402665-288131918.pdf。

断性的大型国有企业企或效益较好的私营企业,且多分布在上海、广东、北京、浙江等经济发达地区,中小企业、经济欠发达地区的企业参与企业年金的积极性不高。三是年金基金投资的收益低。根据《全国企业年金基金业务数据摘要2018年度》统计,2014年至2018年企业年金基金投资加权平均收益率分别为9.30%、9.88%、2.63%、5.00%、3.01%,收益率水平较不平稳。[①]

我国机关事业单位数量多,情况复杂且工资制度不够完善,虽然职业年金是强制性的,即每一名缴费者退休后都可以享受"基础养老金+职业年金"的两重保险,但针对财政全额拨款的单位和非财政全额拨款的单位采用两种不同的个人账户管理模式,前者采用基金积累制,而后者采用实账积累制并实行市场化投资运营。然而事业单位改革的分类界限和分类标准模糊,分类改革进展缓慢,直接影响推行职业年金制度的进度。

个人储蓄性商业养老保险规模则更小。《中国证券报》的报道显示我国人身险市场共有82家经营主体,但专业的养老保险公司仅有7家,在人身保险市场上且大多集中于给付型重大疾病保险和补偿型健康医疗保险。前瞻产业研究院的报告显示2016年我国商业养老保险仅占人身保险险种的4.4%,在我国总体养老保险险种的占比仅有2.0%,传统意义上的退休后以年金形式领取的养老保险产品种类相对更少,客户的选择空间十分有限。

二、补充养老保险发展动力不足

补充养老保险发展滞后的重要原因是发展动力不足,一方面长期以来"五险一金"的高缴费率使企业和职工没有余力发展补充保险,另一方面基本养老保险"高替代"形成明显"挤出"效应,再加上我国尚无将补充养老保险地位予以明确说明和规定的法律文件,税收优惠政策层次低、幅度小。这些在企业年金、职业年金、个人商业养老保险发展中的具体表现如下。

[①] 人力资源社会保障部社会保险基金监管局:《全国企业年金基金业务数据摘要2018年度》,见 http://www.mohrss.gov.cn/SYrlzyhshbzb/shehuibaozhang/gzdt/201904/W020190402665-288131918.pdf。

我国现阶段的企业年金主要依靠"外源性"拉动发展,2004 年实施的《企业年金试行办法》严格规定信托模式为唯一运营模式,企业年金计划的受托人、基金托管人、账户管理人和投资管理人为独立角色,并施行管理运营资格限制,导致企业年金对团体养老险产生很大的挤出效应,而面对更灵活的劳动就业市场,企业年金的发展和扩面均进展缓慢。虽然2014 年起我国针对企业年金缴税方面提出新规定,对企业年金实行延迟税收的优惠政策。然而政策出台一年后,有调查结果显示该项优惠政策的推行没有起到激励作用,收效甚微,仅有 1.5% 的企业对年金计划做出调整,由于该项税收优惠制度而参加企业年金的单位仅有 3%。①

《职业年金办法》对于个人缴费实行"一刀切"政策,即本人基本工资的 4% 纳入职业年金的个人账户,缴费政策缺乏灵活性,激励作用不明显。在待遇计发方面也遵循缴费确定(DC)原则,不符合多元化参保需求。

和其他金融产品相比,个人商业养老保险投资期限较长,且投资收益率相对较低,由于投资者对资产流动性和收益性的追求,个人商业养老险不会成为人们投资计划的首要选择;其次,由于个人商业养老保险投资期限较长,且未来的养老金给付金额相对固定,经济发展速度和通货膨胀率等不确定因素均会对职工退休后养老金的购买力水平造成直接的影响,容易对职工退休后的生活造成较大波动。国家对商业养老保险的具体税收优惠政策,即个税递延型养老保险在 2017 年年末进入试点阶段,对居民的激励作用还有待观察。

三、"隐性双轨制"带来新的不公平

养老保险并轨政策的实施让长期横亘在机关事业单位和企业之间的鸿沟逐渐削平,而职业年金的建立是否会出现另一条鸿沟是摆在我们面前的另一个难点问题。由于职业年金是强制性的且财政给予职业年金的补贴是稳定的,因此机关事业单位人员的退休待遇和养老金并轨政策实行前差距不大。相比而言,企业年金是企业根据自身经营情况自愿为员

---

① 李翠:《我国企业年金发展问题及对策研究》,《市场研究》2018 年第 3 期,第 55—56 页。

工缴纳的,而出于风险性和逐利性,愿意为员工缴纳企业年金的企业目前并不多。而对于大部分企业职员来说,企业年金仅是一纸空文。因此,在总体退休待遇方面,机关事业单位人员与企业职工之间仍有较大差距。原为缩小养老金差距设立的职业年金制度并未让企业职工感觉到制度改革带来的公平感,而新的差距势必引发新的不满。

职业年金制度又造成了机关单位与事业单位之间新"双轨制"。按照机关事业单位养老金并轨改革方案,新旧制度之间待遇不足部分,由职业年金"补差"。机关单位和全额拨款事业单位职业年金先行记账,退休时财政筹资解决,而差额拨款和自收自支事业单位则需要单位和个人实缴高达12%的费用。我国事业单位涉及面广、情况复杂,一些经营类事业单位和公益性事业单位并不是完全市场经营主体,同时肩负着参与生产经营、供给社会福利、科技创新创造等多重职能,仅依靠生产经营性收入无法满足其刚性支出,更没有富余财力承担职业年金缴费,其职工在退休时的待遇"补差"成了"无源之水",造成行政机关、全额拨款事业单位与其他事业单位之间的待遇高低分化。

四、民众对补充养老保险认知不够

我国补充养老保险起步较晚,发展时间较短,保险知识的普及教育也较为欠缺,导致大多数人的养老保险意识较为淡薄,对于补充养老保险的认同较低,对补充养老保险的有效需求不足,与发达国家还存在一定的差距。与此同时,具有一定社会资本积累的居民一直以来对于商业养老保险的知识获取相对欠缺,对于商业养老保险的认知存在一定的偏差,对于我国政府相关监管政策也缺乏了解,这就在某种程度上使得这些具有购买商业养老保险能力的人群缺少购买意愿。因此,虽然目前我国商业养老保险市场发展潜力巨大,但是广大居民的商业养老保险意识与行业发展的需求还不能完全匹配。

与此同时,我国资本市场建设尚不完善,市场规模偏小,投资品种结构简单,产品和避险工具创新相对不足。机构投资者趋势性投资泛滥,市场随机性强,加剧了资本市场运行不稳定性,也使企业年金等补偿养老基金市场化管理面临更大的收益波动风险和本金保值风险。对于养老保险产品投资经验不足的个人说,更是不敢投资。

6.1.3 补充养老保险发展的政策建议

一、促进企业年金制度的创新发展

采取更多的税收激励和投资激励等相关措施,提高企业参与企业年金的能力,促进企业年金快速发展。一是对不同类型的企业和不同收入水平的职工实行差异性的税收优惠政策,明确和扩大税收优惠的缴费基数,使企业单位和参保个人都能获得相应的税收优惠;二是提高政府的有效监管和风险控制能力,借助于大数据思维和互联网等现代技术条件,通过技术创新推进管理创新。特别是应该统一养老保险体系的管理,在人社部门设立专门的补充养老保险机构进行管理、指导和监督,委托专门机构进行管理和投资运营,推行一站式经办服务,与其他社会保险项目统一整合经办。

针对规模不大、企业生命周期短和人员流动频繁的中小微企业和民营企业、新业态灵活就业人员,各地区应根据实际情况,推出适宜的集合年金类型。目前,省(市、区)级应以行业为统筹,因此可以以行业协会为基础,针对本地区不同行业的各类中小微企业,建立集合型行业年金计划;县级及以下,应以区域为单位,建立"零售年金"。运营模式上,推行多元化的年金运营模式,更具灵活性,能够提高中小微企业建立年金计划的积极性。除了实施单一信托模式之外,可以考虑增加筹资和给付更灵活的保险合同模式。这能够降低企业年金的管理成本,避免信托模式下中小微企业选择账户管理人、投资管理人和托管人支付的较高费用。

二、完善职业年金制度

继续完善职业年金的筹资、待遇给付、转移接续,规范制度设计、明确主体的权利义务。筹资应继续坚持责任共担和个人账户积累的原则,"个人缴费、单位匹配"应有缴费的起点与封顶线,规范缴费基数(包括工资收入、奖金、津贴等),做到应缴尽缴,对缴费压力较大的差额拨款事业单位应进行适度的财政补助。待遇给付应考虑到长寿老人,当个人账户领取完毕时,可通过财政筹资保证与原有的待遇基本持平。

积极推进补充养老保险的专业化、市场化发展,在基金管理与投资环节,应采用信托模式,引入市场竞争机制,提高投资效率、基金安全与保值增值;经办服务环节也可引入商业保险公司参与竞争。打通职业年金与企业年金通道,实现顺畅相互转移,转移接续的程序和手续应尽量简便。

三、增强补充养老保险制度的公平性

一方面,促进企业单位内部、机关事业单位内部补充养老保险的公平。一是关注大型国有企业与中小微型企业之间存在企业年金的差别,对中小微企业实施更多的激励机制,实现企业内部的补充养老保险待遇公平。二是统筹考虑行政事业单位编制内和编制外人员的职业年金问题,实现编制内外人员同工同酬。

另一方面,保障企业单位和行政事业单位的补充养老保险的公平。为避免公职人员及城镇企业职工之间不公平的加剧,同为补充养老保险的企业年金也需要得到同步合理发展。企业年金想要实现良好发展,企业社会保险各项费率的降低是必要条件,减轻企业缴费负担。同时政府应高度重视,应给予中小微企业政策支持,从而缩小二者差距,实现企业年金和职业年金的公平。

四、优化个人商业养老保险产品

广泛宣传个人商业保险"第三支柱"的地位,提高民众对商业保险的接受程度,同时积极促进个人商业养老保险产品的多元化,从产品类型和产品结构方面优化产品供给,提高民众的可选择性。

一是面向普通大众,积极发展具有安全性高、保障性强、满足长期或终身领取要求等特点的商业养老年金保险。在个人税收递延型商业养老保险试点和全面推开中重点推出此类产品。二是面向独生子女家庭、无子女家庭、"空巢"家庭等特殊群体养老保障需求,探索发展涵盖多种保险产品和服务的综合养老保障计划。三是面向新业态就业群体保障需求,积极发展多样化商业养老保险产品。四是面向老年群体保障需求,积极发展老年人意外伤害保险、住房反向抵押养老保险等适老性强的商业保险,坚持保障适度、保费合理、保单通俗的设计原则。

6.2 我国补充医疗保险发展分析

补充医疗保险是按照保护与激励相统一的原则,在符合国家有关政策规定的前提下由特定主体提供的,旨在为某些需要特殊帮助者分散疾病风险,以保证其特定医疗安全的,相对于某一特定主体医疗保险制度而言处于补充地位的医疗费用保险制度安排。补充医疗保险包括企业补充医疗保险、城乡居民大病保险、公务员医疗补助和商业健康保险等多种形式,能够适应医药服务多样性的供求关系,有效提高医疗保障水平,是基本医疗保险的有利补充,有助于健全多层次医疗保障体系。

6.2.1 我国补充医疗保险发展情况

一、企业补充医疗保险

(一)企业补充医疗保险概念及相关政策

企业补充医疗保险是指在政府强制实施的基本医疗保险制度之外,企业为进一步提高职工医疗保障水平,在国家政策指导下根据自身经济实力和经济状况而建立的,旨在为企业职工提供多层次医疗保障水平的补充性医疗保险制度。企业补充医疗保险具有福利性特征,其筹资、管理和支付都具有相对独立性,是企业职工基本医疗保障的第二道防线,在我国医疗保障体系中发挥重要作用。狭义的企业补充医疗保险是城镇职工基本医疗保险的有益补充,一般由职工个人和用人单位共同筹集资金设立,职工自愿选择参加。广义的企业补充医疗保险包括职工互助医疗保险、城镇职工大额补充医疗保险、企业补充医疗保险和商业团体健康保险等。本部分主要介绍狭义的企业补充医疗保险的发展情况。

2009 年财政部国家税务局发布《关于补充养老保险费补充医疗保险

费有关企业所得税政策问题的通知》（财税〔2009〕27 号）规定，"为在本企业任职或者受雇的全体员工支付的补充养老保险费、补充医疗保险费，分别在不超过职工工资额 5% 标准内的部分，在计算应纳税所得额时准予扣除；超过的部分，不予扣除"，为企业开展补充医疗保险提供了税收优惠。同时，伴随着我国个人卫生支出和卫生总费用的急剧增长，企业职工面临的医疗风险也不断增加，这要求医疗保障水平的进一步提高，企业补充医疗保险的发展至关重要。

（二）企业补充医疗保险运行现状

目前，我国关于企业补充医疗保险的运行并没有形成统一规定，各地区实施的具体办法也有所不同，主要是表现为三种模式，见表6-4。

表6-4　我国企业补充医疗保险的主要运行模式

模式	主要内容
保障型补充医疗保险	企业为职购买商业保险，由保险公司承担保险的责任，一般按照基本医疗保险执行支付
自主管理型企业补充医疗保险	企业自主筹资和管理，根据自身经营情况和职工年龄结构等，制定符合企业自身需要的医疗保险方案
第三方管理型企业补充医疗保险	保险公司作为介于保险方和被保险方之外的第三方管理者出现，利用自身丰富、专业的医疗管理经验，向企业提供医疗控制和理赔的咨询服务和管理服务，收取一定的管理费用

资料来源：陈岩：《国有企业实行补充医疗保险的模式分析》，《现代国企研究》2017 年第 18 期，第 157 页。

在不同的运行模式下，各地区各企业在推行企业补充医疗保险的过程中也面临各种各样的问题：其一，保险赔付率居高不下，商业保险公司承保积极性不够。一般情况下，企业作为团体性保险投保人，在国家规定的基本医疗保险之外，与商业保险公司通过谈判建立契约式合作关系，由保险公司直接向企业提供商业性补充医疗保险服务，由单位出资或者由单位和个人共同出资缴纳保险费。以北京为例，2004 年，北京市各个保险公司承保的企业补充医疗保险平均赔付率高达 120%—150%，部分公司的赔付率甚至达到 200%。近年来这种情况并没有得到明显的改观，

2016 年北京市的企业补充医疗保险的整体赔付率达到了 120% 左右。[①]
居高不下的赔付率和有限的盈利率会导致保险公司的承保积极性不高,
不利于企业补充医疗保险的可持续发展。其二,风险管理有待强化,企业
补充医疗保险可持续性不强。企业补充医疗保险运行过程中,多数情况
下由保险公司直接提供保险产品,但补充医疗保险产品的费率厘定机制
比其他的险种都更加复杂,需要考虑投保人群、职业类别、年龄构成、在职
退休比例、免赔额、给付比例等,许多保险公司对于补充医疗保险的承保
经验严重不足,并没有建立系统性的数据库,很难厘定出科学合理适用广
泛的产品费率,对于参保公司和职工个人来说风险都较大。

二、城乡居民大病保险

(一)大病保险概念及相关政策

城乡居民大病保险(以下简称大病保险)作为我国多层次医疗保障
体系中的重要一环,对城乡居民基本医疗保险起到补充作用,与医疗救助
等制度共同发挥着托底保障功能。为缓解部分城乡居民因重特大疾病致
贫返贫问题,化解灾难性医疗风险,继实现城乡居民基本医疗保险全覆盖
之后,2012 年,国家六部委发布了《关于开展城乡居民大病保险工作的指
导意见》(发改社会〔2012〕2605 号),提出了开展城乡居民大病保险工作
的基本原则,并从筹资机制、保障内容和承办方式等方面对于大病保险进
行严格规定,切实保障了试点工作的顺利展开。2015 年,国务院办公厅
发布了《国务院办公厅关于全面实施城乡居民大病保险的意见》(国办发
〔2015〕57 号),制度总体目标和政策宏观设计保持不变,在总结试点经验
和问题的基础上对实施办法则进行了调整和细化,如:商业保险机构的介
入形式由"专业运作"到"专业承办",进一步明确了商业保险公司在大病
保险中的重要地位;提出了大病保险的动态调整机制,分别是高额医疗费
用的动态调整、收支结余和政策性亏损的动态调整;等等。2016 年以来,
全国各地稳步推进大病保险高效运转,目前大病保险制度保障范围逐步

---

① 张体栋:《企业补充医疗保险的"困境"与应对策略——从可持续发展的角度》,《现代
国企研究》2018 年第 4 期,第 73—75 页。

扩大,保障水平逐渐提高,基本实现了城乡居民全覆盖,达到了应保尽保。

(二)大病保险运行现状

在大病保险的实践运行过程中,各地区根据本地情况规定了大病保险实施的具体细则。在筹资机制上,各地区主要是从城乡居民医疗保险基金中调资统筹,四川、江苏、湖北和陕西等城市以固定金额筹资的方式每年按一定金额设定缴费标准,上海、福建、河南和山西等以约定比例进行筹资,取当年城乡居民的基本医保筹资标准的一定比例设定缴费标准。在保障范围上,各地对于保障范围的确定主要是以"目录"为参考标准,部分省市如浙江省和山东省在大病保险推行过程中将保障范围进一步扩大。在保障水平上,多数地区以患病医疗费用而非具体患病病种来确定是否达到赔付标准,且都是以当地居民年人均可支配收入作为赔付标准起付线,大病保险支付比例应达到50%以上。目前,浙江省大病医疗发展水平走在发展前列,下面以浙江省为例对大病保险的具体运行情况和实施效果进行分析。

截至2017年年底,浙江省各设区市均已出台居民大病保险政策,实现了大病保险制度全覆盖,参保人数达5300多万人,累计报销金额56.87亿元。① 总的来看,浙江省大病保险制度建设工作平稳推进,成效较为显著。

第一,大病患者高额医疗费用负担减轻。一方面,通过建立大病保险制度,对高额医疗费用进行二次报销,提高参保人员补偿率;另一方面,通过扩大药品目录将用于拯救生命、疗效确切、不可替代的高值药品纳入大病保险支付范围,大大缓解参保人员费用负担。从2014年年底开始,医保部门从31种治疗癌症等大病的高值药物中选取15种纳入医保,截至2018年年底,浙江省人社厅已纳入28种药品进大病保险支付范围,进一步提高病者总的报销水平,有效减轻了大病患者高额的医疗费用负担。

第二,参保人受益情况有效改善。2014—2017年间,浙江省大病医

---

① 根据对浙江省医疗保障局访谈整理得到。

疗制度建设情况较好,除目录外特殊药品范围扩大之外,参保人享受待遇的其他方面也得到有效改善。从享受人数来说,2014 年浙江省大病保险待遇享受人数为 13.59 万人,赔付人数呈现上升趋势,截至 2017 年年底,赔付人数达到 39.72 万人;从赔付总额上来说,浙江省 2017 年赔付总额接近 2014 年赔付总额的 4 倍,达到 22.76 亿元;从人均赔付额来说,浙江省大病保险人均赔付额由 2014 年的 4547.46 元/人提高到 5730.11元/人,上涨幅度达到 26.01%。与此同时,从基金收支角度来说,2017 年浙江省大病保险基金收入为 27.13 亿元,滚存结余 23.06 亿元①,能维持基金收支平衡并略有结余,为大病保险制度长期平稳运行奠定了基础,有利于充分保障参保人的待遇水平。

表 6-5 2014—2017 年浙江省大病保险参保人受益情况

年份	赔付总额(亿元)	赔付人数(万人)	人均赔付额(元/人)
2014	6.18	13.59	4547.46
2015	11.35	22.3	5089.69
2016	16.58	29.13	5691.73
2017	22.76	39.72	5730.11

资料来源:根据对浙江省医疗保障局访谈整理得到。

第三,商保承办经验得到积累。2014 年规定"鼓励委托商业保险公司承办大病保险",商保承办模式进入起步阶段。2018 年浙江省进一步明确大病保险商保承办模式,在不过高增加政府投入的前提下保证基金精算平衡,完善大病保险招投标机制,实行商业保险公司与政府盈亏共同分担模式,对超出预定盈余的超额结余和政策性亏损建立动态调整机制和分担机制。通过委托商业保险机构承办大病保险业务,利用市场化机制,增强医疗保障公共服务能力,缓解了基层经办业务激增、人手不足的压力。

---

① 根据对浙江省医疗保障局访谈整理得到。

三、商业健康保险

（一）商业健康保险概念及相关政策

商业健康保险不同于以上三种分别针对城镇职工、城乡居民和公务员的定向补充医疗保险，它从属于保险市场中的人身保险，以被保险人的身体健康作为保险标的，是保证被保险人在疾病或意外事故所致伤害时的直接费用或间接损失获得补偿的保险，包括疾病保险、医疗保险、收入保障保险和长期看护保险等形式。商业健康保险能满足人们日益多样和更高水平的医疗保险需求，在抑制医疗费用过快上涨的同时减轻人们医疗的经济负担，提升医疗保障程度。

近年来，国家释放了一系列政策红利来促进商业健康保险的发展。2014 年，《国务院办公厅关于加快发展商业健康保险的若干意见》（国办发〔2014〕50 号）发布，对商业健康保险的发展路径给予了全面指导；2015 年，财政部、国家税务总局和保监会发布了《关于实施商业健康保险个人所得税政策试点工作的通知》（财税〔2015〕126 号），标志着我国开始试点税收优惠型健康保险产品，具有里程碑的意义；2016 年，中共中央、国务院在《"健康中国 2030"规划纲要》中指出，现代商业健康保险服务业在 2030 年前得到进一步发展，提高商业保险费赔付支出占卫生总费用的比重；2017 年，财政部、国家税务总局和保险业监管部门联合发布了《关于将商业健康保险个人所得税试点政策推广到全国范围实施的通知》（财税〔2017〕39 号），以税收优惠推动商业健康保险的发展。

（二）商业健康保险运行现状

根据中国保险行业协会发布的《2018 中国商业健康保险发展指数报告》显示，中国商业健康保险发展指数为 63.0，商业健康保险综合实力大幅提升。

第一，保费规模迅速增长。根据 2009—2018 年《中国保险年鉴》统计数据显示：2008—2017 年，我国商业健康保险的保费规模呈现迅速增长的态势，2017 年保费收入达到 4389.46 亿元，是 2008 年保费收入的6.5 倍，同比增长率为 8.58%，2016 年时达到最高增速 67.71%（见图6-1）。与此同时，商业健康保险保费收入占全行业保费收入的比重整体上也呈现增长趋势,在 2016 年和 2017 年分别高达 13.06% 和 12.00%,这意味着商业健康保险在保险领域的地位越来越重要(见图 6-2)。

图 6-1 2008—2017 年我国商业健康保险保费收入与增速

资料来源:根据 2009—2018 年《中国保险年鉴》整理得到。

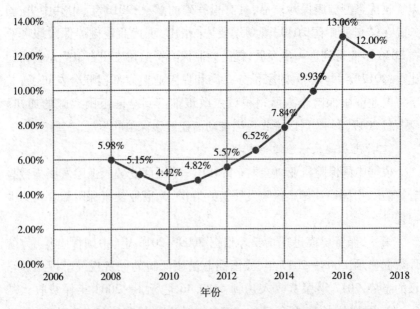

图 6-2 2008—2017 年我国商业健康保险占全行业保费收入的比重

资料来源:根据 2009—2018 年《中国保险年鉴》整理得到。

第二,赔付支出稳步增加。由图6-3可知,伴随着保费收入的快速增长,我国商业健康保险的赔付支出水平在近十年间始终居高不下,并且呈现稳步上升的态势,仅在2012年时出现负增长,其他年份均为正值,且趋于平稳。自2008年到2017年,我国商业健康保险的赔付支出从175.28亿元上涨到1294.77亿元,涨幅超过6倍,与其保费增长幅度基本持平,但目前商业健康保险公司利润率仅在有限区间上下浮动,净盈利比较低,公司经营可持续发展较为困难,这也是目前政府积极推进商业健康保险政策环境优化的重要原因。

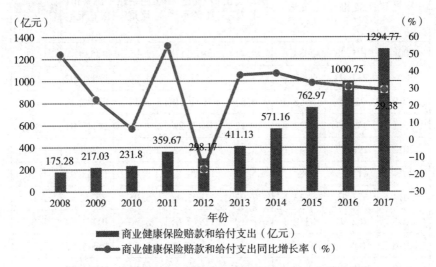

图6-3 2008—2017年我国商业健康保险赔付支出额及增速

资料来源:根据2009—2018年《中国保险年鉴》整理得到。

第三,商业健康保险赔付占卫生费用比重逐渐提高。从表6-6可知:首先,对比我国商业健康保险和基本医疗保险,商业健康保险赔付支出较少,商业健康保险赔付仅占基本医疗保险基金支出比重的8%左右,对医疗保障发挥的作用非常有限。其次,相对于高额的个人卫生支出和卫生总费用,商业健康保险赔付支出占比同样较低,2008年,商业健康保险赔付支出仅占个人卫生费用的2.98%,占卫生总费用的1.21%,其所承担的医疗卫生费用缓解功能相对薄弱。最后,2008—2017年间,商业保险赔付占个人卫生费用比重和占卫生总费用的比重分别从 2.98%、1.21%上升到 8.56%、2.46%,总体上一直呈现稳步提升的态势,这表明我国商业健康保险在分担居民医疗风险的作用正在不断强化,未来发展潜力大。

表 6-6　2008—2017 年我国商业健康保费支出及其占
个人卫生支出、卫生总费用的比重

年份	商业健康保险赔付支出（亿元）	基本医疗保险基金支出（亿元）	商保赔付占基本医保支出比重（%）	个人卫生支出（亿元）	商保险赔付占个人卫生费用比重（%）	卫生总费用（亿元）	商保赔付占卫生总费用比重（%）
2008	175.28	2083.6	8.41	5875.86	2.98	14535.4	1.21
2009	217.03	2797.4	7.76	6571.16	3.30	17541.92	1.24
2010	231.8	3538.1	6.55	7051.29	3.29	19980.39	1.16
2011	359.67	4431.4	8.12	8465.28	4.29	24345.91	1.48
2012	298.17	5543.6	5.38	9656.32	3.09	28119	1.06
2013	411.13	6801	6.05	10729.34	3.83	31668.95	1.30
2014	571.16	8133.6	7.02	11295.41	5.06	35312.4	1.62
2015	762.97	9312.1	8.19	11992.65	6.36	40974.64	1.86
2016	1000.75	10767.1	9.29	13337.9	7.50	46344.88	2.16
2017	1294.77	14421.7	8.98	15133.6	8.56	52598.28	2.46

资料来源:根据 2009—2018 年《中国保险年鉴》和《中国统计年鉴》整理得到。

　　第四,保险深度和密度有所提高。通常,保险学界用保险深度和保险密度这两个相对指标来衡量一个国家或地区保险发展水平。其中,保险深度是指某国家或地区的保费收入占国内生产总值的比重,反映该保险业在整个国民经济中的地位;保险密度是指按照当地当年的保费收入与当地常住人口的比值,反映某国家或地区的人均保费,体现该地居民的保险意识水平和保险市场的发育情况。从保险深度来看,2008—2017 年间我国商业健康保险深度从 0.18%提高到 0.53%,虽然相对比重仍然处于较低水平,但始终保持良好的发展态势,在国民经济中的地位越来越重要。从保险密度来看,2008—2017 年间我国商业健康保险密度从 44.09 元/人上升到 315.77 元/人,增长幅度比较大,尤其是 2016 年同比增速达到了 66.72%,增长尤为明显,总体发展趋势良好。

表 6-7　2008—2017 年我国商业健康保险的保险密度及保险深度

年份	国内生产总值（亿元）	商业健康保险的保险深度（%）	人口数量（亿人）	商业健康保险的保险密度（元/人）
2008	319515.5	0.18	13.28	44.09
2009	349081.4	0.16	13.35	43.01
2010	413030.3	0.14	13.41	42.77
2011	489300.6	0.14	13.47	51.34
2012	540367.4	0.16	13.54	63.72
2013	595244.4	0.19	13.61	82.57
2014	643974	0.25	13.68	116.04
2015	689052.1	0.35	13.75	175.36
2016	743585.5	0.54	13.83	292.36
2017	827121.7	0.53	13.90	315.77

资料来源:根据 2009—2018 年《中国保险年鉴》和《2018 年中国统计年鉴》整理得到。

6.2.2　补充医疗保险发展中存在的问题

一、补充医疗保险发展落后,没有起到应有的补充作用

从总体上看,我国医疗支出个人自付比例相对来说偏高。而之所以出现"看病贵"的问题,主要是因为自付比例高,解决这一问题的主要办法除了控制医疗费用总额外,还需要提高基本医疗保险和补充医疗保险的政府支付比例。从国际经验看,在政府医疗卫生支出较低的国家,补充医疗保险发展可以很大程度上降低个人医疗负担,如美国和南非;而补充医疗保险发展不充分则个人医疗负担就比较重,如俄罗斯、印度和中国。数据显示,2001—2014 年我国医疗支出个人自付比例从 60% 下降到

32%,一定程度上缓解了看病贵问题。需要指出的是我国个人医疗支出负担下降的主要驱动因素是政府卫生支出增加以及基本医疗保险支出在政府卫生支出中比例提高,补充医疗保险作用有限。2001—2014年,在我国卫生支出占政府总支出的比例提升5%的条件下,医疗保险支出占政府卫生总支出的比例从55.2%上升到67.6%,增幅主要来自城乡居民基本医疗保险缴费补贴。同期,补充医疗保险支出在个人自付中的比例虽然由1.88%上升到10.2%,但远没有起到应有的补充作用。

表6-8 2014年部分国家卫生支出情况

(单位:%)

国家	政府卫生支出/卫生总支出	非政府卫生支出/卫生总支出	补充医疗计划/个人医疗总支出	个人自付/医疗总支出
瑞典	84.03	15.97	3.41	14.06
英国	83.14	16.86	20.40	9.73
德国	76.99	23.01	38.80	13.20
美国	48.30	51.70	64.20	11.05
中国	55.79	44.21	10.20	31.99
印度	69.96	30.04	2.54	62.42
巴西	53.96	46.04	49.70	25.47
俄罗斯	52.20	47.80	3.50	45.85
南非	51.76	48.24	82.80	6.49

资料来源:李亚军、吴孝芹:《我国补充医疗保险职能再界定与政策优化》,《山东工商学院学报》2018年第1期,第112—124页。

二、缺乏政府干预,中小企业参保率过低

由于我国基本医疗保险坚持"广覆盖、低水平"的原则,所以在实际需求中,大多数人都有通过职工补充医疗保险来分担大额医疗费用的意向。政府出台针对企业补充保险的税收优惠政策,对实施企业补充医疗保险的企业提供政策支持。部分中小企业从人力资源管理的角度也期望为职工提供补充医疗保险,但由于缺乏面向个人和中小企业的一站式服务产品,多数中小企业并未建立补充医疗保险。

一般企业都会认为,企业补充医疗保险是企业自身建立的,应该由企业自身来设定相关的内容,跟社会医疗保险的经办机构没有关系,所以在政府方面,缺乏对企业补充医疗保险的干预,对发展的相关政策没有进行确立和完善,在政府的监管力度方面也存在着严重的不足,对企业补充医疗保险的发展,没有起到一定的促进作用。

三、大病保险运行模式存在较大差异,易引发风险问题

城镇职工大额医疗补助和城乡居民大病保险作为基本医疗保险的延伸,各级政府分别进行管理。城镇职工大额医疗补助大多由社保经办机构进行管理。由于我国大病保险是属地化管理,各个地方在费率、覆盖风险、报销比例和方式上存在很大的差异,如果都由社保经办机构进行管理那么很容易造成风险集中。一旦基本医疗保险基金出现缺口,社保经办机构可能会从城镇职工大额医疗补助账户挪用资金。城乡居民大病保险是政府采取招标方式委托商业保险机构承办,由于保险公司不是按照精算后参与投标,所以即使同一保险公司,筹资标准和补偿标准等也差异比较大。

四、商业健康保险政策需要进一步完善和拓展

近年来,商业健康保险高速发展。2017 年实现保费收入 4389 亿元,而在 2010 年保费收入仅有 677.47 亿元[①],近几年保费增长迅速。目前已经有超过 100 家保险公司开展了商业健康保险业务,产品多达 2300 多个,范围涵盖疾病险、医疗险、护理险和失能收入损失险四大类。[②] 然而,和发达国家相比,2017 年我国健康保险支出仅占当年医疗卫生总费用的 2%,而德国、加拿大、法国等发达国家的平均水平在 10% 以上,美国甚至高达 37%。[③]

目前我国的商业健康保险总体存在以下问题:一是自身角色定位模

---

① 朱艳霞:《我国商业健康保险待挖潜》,中国保险报网,见 http://shh.sinoins.com/2018-07/04/content_265433.htm。
② 项俊波:《推进商业健康保险发展》,《中国金融》2015 年第 3 期,第 10—12 页。
③ 《中保协会长朱进元:商业保险在医疗费用中承担的比例为 2% 左右》,《新京报》2017 年 9 月 9 日。

糊,社会医疗保险和商业健康保险两者对于自身的服务范围以及角色定位仍然模糊不清,商业健康保险如何在新医改下借助政府和市场调查进行创新管理与发展、有效分工、提高效率还有待改进;二是医政不分、以药养医、以费养医等情况仍未改善,相关的保险公司缺乏医疗服务定价权和对医疗卫生资源的有效利用实施权;三是由于基础数据和业务经验不足,目前多数保险公司暂未开放个人购买,没有覆盖需求更大但道德风险和逆向选择较难控制的非正规就业者。当然,目前尚处于试点阶段,随着试点扩大,经验总结以及卫生体制和基本医疗保险改革的完善,商业健康保险市场潜力将会逐步释放。

五、商业保险公司发挥的作用有待提升

之所以引入商业保险公司运营保险,是为了发挥其专业化管理和产品开发与优势。但实际上,商业保险应发挥的作用没有完全体现。部分地区直接把保险公司定位在财务报销的位置,保险公司对医保部门大病保险赔案的审核过程和结果没有更多的话语权,违背了保险公司参与大病保险管理、发挥风险管控优势的初衷。另外,保险公司大病保险信息系统与医院、医保部门之间信息系统的对接还存在一定的缺口,导致保险公司游离于就医过程的核心风险管理流程之外。由于目前商业保险公司与社保衔接的基础数据不够完整,致使保险公司介入保险前无法准确测算盈亏。在运营过程中,由于理赔阶段数据传输不及时或只能提供简单的结算结果数据,无医疗明细数据,保险公司无法对诊疗行为做到事前预警、事中巡查,仅能对赔付数据做到事后审核,故无法准确、真实地分析评估保险的诊疗合规性,专业服务价值的提升能力受阻。虽然商业保险公司和社保经办机构组成了联合巡查稽核组织来监管医疗行为,但大部分都缺乏医疗管理方面的相关知识。而且目前除了主险之外的附加补充险(如疾病险、长期护理险等)这方面的开发几乎是空白的。

补充医疗保险有着较强的公共物品的属性,保险公司可通过一定的规模实现可观的长期经济效益,但是在实际的管理实践中很多保险公司把补充医疗保险纳入地方公司总体的利润指标和赔付率进行考核,使得公司决策行为短期化。其次,政府在设置赔付率和报销比例时方法不当,使得保险公司出现大面积亏损,运营缺乏激励。目前我国医疗卫生体制顶层设计仍在探索,虽然部分地方政府鼓励保险公司开发长期护理险等,但由于基本长期护理险政策不明确,补充保险制度也难以设计。

6.2.3 推动补充医疗保险发展的政策建议

一、提升居民对补充医疗保险的认知程度

在基本医疗保险支付能力有限的情况下,为了应对昂贵的药品价格,积极参加补充医疗保险成为人们面对昂贵医药费的办法。应该通过多种方式对补充医疗保险进行宣传,让人们对其有所认知。各级人力资源和社会保障部门、保险监督管理部门、卫生和健康部门、工会组织、医疗服务提供者、药品生产商和销售商、用人单位以及补充医疗保险的直接提供者商业健康保险公司应该成为补充医疗保险的信息宣传主体。实施电子传媒和纸质传媒相结合的信息传播方式。此外,相关主体也可以通过举办补充医疗保险参保的经验座谈会、交流班来提升居民对于补充医疗保险的认知程度。

二、遵循市场原则,提高保险的交易层级

目前我国补充医疗保险是采取行政定价方式招标保险公司运作,但补充医疗保险作为商业保险,应该遵循市场原则。由于目前是县市级统筹,导致保险公司很难就一个县市进行精算定价,风险无法在更大范围分散。在短期内,保险公司为了构建与地方政府的良好关系和扩大市场影响力,可能愿意承受损失参与竞标,但是如果长期普遍亏损,制度将难以为继。补充医疗保险的性质决定其交易层级不能过低。各保险公司可以以省份为单位进行大病保险费率精算,省级社保机构从中选择最适宜的一家或几家公司运作,并建立动态调整机制促进竞争。

三、对补充医疗保险的税收优惠政策进行优化

目前政府主要是通过税收优惠政策来激励市场主体提供或者购买补充医疗保险。我国对企业补充医疗保险的雇主或团体医疗保险给予5%的税前列支优惠,对2016年年初开始启动的个人税收优惠型健康保险产品,税前扣除额上限为 2400 元/年。目前,对于超出基本保障范围的商业健康保险尚不能进行税前列支,只是对经营一年期以上健康保险产品的保险公司的保费收入免征营业税,对参保人的激励作用不大。从我国补充医疗保险长期发展来看,应该对税收优惠政策进行进一步优化。

四、培养专业的优秀人才,提升业务水平

保险公司要注重培养对口的优秀人才,提升自身业务水平的专业化程度,加大补充保险产品创新的力度与信息化建设,提高服务的质量,满足时代与人群需求。首先,补充医疗保险提供者要培养强大的精算团队。只有储备了充足的健康保险精算人员,才能根据相关数据开发适合不同健康风险人群的补充医疗保险产品,增加补充医疗保险参保的吸引力。其次,补充医疗保险提供者要把获取、分析和利用补充医疗保险参保和赔付的相关数据作为其近期的关键任务来实施。除了政府要尽可能地提供补充医疗保险发展的基础数据信息外,补充医疗保险提供者在其业务发展初期可以成立自己的医疗服务机构来积累补充医疗保险参保和赔付的相关数据。再次,补充医疗保险提供者要提升对医疗机构所提供医疗服务的监控能力,保证补充医疗保险基金的安全。最后,补充医疗保险提供者可以探索多元化业务分工方式,应该以提供准确的、精算平衡的补充医疗保险产品为核心,其余业务如补充医疗保险产品的销售、补充医疗保险相关医药费用的报销等业务既可以自营,也可以外包,从而在突出其产品核心竞争力的前提下降低经营成本。

五、创办医疗信息共享平台,促进行业有序发展

将保险公司纳入医疗信息共享平台,让保险公司和保险经办机构与医疗机构实时实现信息共享,这对于双方都是有利的。对于保险公司来说,信息共享可以提高对医疗服务的监管能力,有效控制诊疗费用的发生,实现补充医疗保险产品保障的精准定位,还可以运用精算原则科学设定费率,提高保险产品和个人需求的匹配性,增加保险产品的吸引力。对于社保经办机构来说,实现信息共享可以更好地对医疗保险的运行情况进行监督。

6.3 我国补充工伤保险发展分析

6.3.1 补充工伤保险概念界定及辨析

补充工伤保险是由政府引导,用人单位投保,在职工发生工伤事故或患职业病后,由承保的保险公司按约定支付保险金的商业保险。补充工伤保险是运用商业保险模式,在工伤社会保险之外提供进一步的职业伤害保障,这一制度有利于更好地维护职工工伤保险权益,降低用人单位风险,建立多层次工伤保障体系,促进社会保障体系发展。

补充工伤保险与工伤保险的区主要体现在以下几个方面:

一是在社会保障体系中扮演的角色不同。补充工伤保险主要扮演了一个附加性保险的角色,必须是在参加基本工伤保险的基础上购买,是工伤保险的延伸和有益补充。

二是强制性不同。工伤保险属于社会保险,它是国家管理部门以法律为依据,以行政手段实施和管理的强制性社会保险,凡是用人单位都必须参加。而补充工伤保险是商业保险,它采取自愿购买的原则,用人单位可以根据自己的保障需要和本身的经济支付能力,自行决定是否进行购买。

三是直接受益对象不同。工伤保险和补充工伤保险参保人都为用人单位,但工伤保险保障的是用人单位职工,而补充工伤保险保障的是用人单位本身。工伤保险的直接受益对象是工伤职工,而补充工伤保险直接将本应由用人单位承担的赔偿责任转嫁给了商业保险公司,直接受益对象为用人单位。

补充工伤保险的推行是进一步贯彻落实党的十九大关于加强社会保障体系建设和《国务院关于加快发展现代保险服务业的若干意见》(国发〔2014〕29 号)相关要求,以及人力资源和社会保障事业发展“十三五”规划纲要总要求。补充工伤保险也符合政府简政放权、转变政府职能的要求,把一些具体的事务性管理职能和公共服务职能,从体制内转移到体制外,由社会组织来承接,从而可以有效地提高行政效能和公共服务质量,使政府各级行政管理部门从繁杂的事务性工作中解脱出来,把更多的精力投入到政策的制定和监管方面,节约整体的社会资源。

6.3.2 补充工伤保险发展历程

就历史发展来看,补充工伤保险是工伤保险发展到一定程度的产物。

2003 年 4 月,国务院讨论通过《工伤保险条例》(国务院令第 375 号),这标志着工伤保险在中国首次立法。随后,我国陆续出台一系列政策文件,促进了工伤保险与商业保险的共同发展。2006 年 6 月,《国务院关于保险业改革发展的若干意见》(国发〔2006〕23 号)提出,保险"是市场经济条件下风险管理的基本手段,是金融体系和社会保障体系的重要组成部分";2007 年,党的十七大报告再次强调,要以慈善事业和商业保险为补充,加快完善社会保障体系。

2011 年 1 月 1 日,正式实施新《工伤保险条例》(国务院令第 586 号),新条例及相关配套政策规定了工伤认定、伤残鉴定办法,并规定了须由用人单位承担的责任,为商业保险公司参与补充工伤保险提供了政策依据及发展空间。随后,政府也发布了一系列支持商业保险发展的文件。2011 年 3 月,"十二五"规划中指出,健全覆盖城乡居民的社会保障体系,发挥商业保险补充性作用;2014 年 3 月,保监会关于印发《保险业服务新型城镇化发展的指导意见》(保监发〔2014〕25 号)提出,"积极发展补充工伤保险,减轻企业负担,保障劳动者权益";2014 年 8 月,国务院发布了《国务院关于加快发展现代保险服务业的若干意见》(国发〔2014〕29 号),提出了"把商业保险建成社会保障体系的重要支柱"。

在国家政策支持的大背景下,全国各大保险公司纷纷加快补充工伤保险等社会保障直接相关的保险业务发展,各地政府也纷纷开展补充工伤保险实践工作,补充工伤保险事业不断向前发展。

6.3.3 补充工伤保险基本运行框架

从 2008 年开始,湖北、山东、吉林、江西、江苏、湖南等地陆续开展补充工伤保险工作,目前大多数地区都在试行阶段,其保障范围和标准因地制宜、各不相同。但随着补充工伤保险制度不断完善,保障范围不断扩大,我国补充工伤保险也呈现出很多共同点,具体来说可归结为以下几个方面。

一、参保条件和覆盖范围

补充工伤保险以依法参加工伤保险为前提,用人单位需要在足额缴纳工伤保险的基础上自愿办理补充工伤保险业务,未参加基本工伤保险的用人单位不能单独参加补充工伤保险。补充工伤保险覆盖范围从企业单位逐步扩大到包括行政事业单位。如 2014 年九江市规定:行政事业单位暂不纳入补充工伤保险范围,待条件成熟后,再纳入参保范围。2018年《九江市补充工伤保险实施办法》出台,规定覆盖范围为本市统筹区域内已经参加工伤保险的用人单位及其职工(用人单位包括:行政、企业、事业单位、社会团体、民办非企业单位、基金会、律师事务所、会计师事务所等组织和有雇工的个体工商户)。[①]

二、参与主体

补充工伤保险由社会保险部门与商业保险公司合作推广,其参与主体是:参加补充工伤保险的用人单位为参保人,参保职工为被保险人,商业保险公司为保险人。社会保险经办机构承担部分管理业务,工伤保险行政部门及劳动能力鉴定委员会进行工伤认定和伤残等级鉴定。

三、资金来源

补充工伤保险费由用人单位缴纳,职工不缴费。用人单位按月到当地社会保险经办机构缴纳工伤保险费的同时,缴纳补充工伤保险费。缴费标准主要有三种:

一是按参保单位职工缴费基数的一定比例缴费。如张家界市分别按参保单位职工缴费基数的 0.14%、0.2%、0.28%、0.32%、0.36%、0.44%、

---

① 九江市委市政府网站,见 http://www.jiujiang.gov.cn。

0.5%、0.54%征收补充工伤保险费。①

二是以用人单位工伤保险行业风险分类为基础,不与职工的工资等级挂钩。以沈阳市为代表,其补充工伤保险的具体标准为:一类行业每人每月5元;二类行业每人每月8元;三类行业每人每月10元。②

三是将工伤社会保险费的一部分用于投保补充工伤保险。如南通市统一将用人单位工伤保险费率降低0.19个百分点,少缴的费用,用于投保补充工伤保险。③ 补充工伤保险费从工伤保险基金统一拨付,不增加参保单位负担。津市规定补充工伤保险费从工伤保险基金统一拨付,不增加参保单位负担,筹资标准应当控制在当年工伤保险基金征缴收入(不含老工伤人员纳入统筹管理一次性趸缴费用)8%以内,暂定为7%。④

四、待遇领取

享受补充工伤保险待遇应当满足以下条件:启动了补充工伤保险工作,且用人单位和职工依法参加了工伤保险并按时足额缴纳了工伤保险费,职工因工作遭受事故伤害(含患职业病和因工染血吸虫病),经社会保险行政部门认定为工伤的,可享受补充工伤保险待遇。

补充工伤保险制度下,由保险人负责支付补充工伤保险待遇补偿,按照伤亡情况一次性支付补偿金。如《九江市补充工伤保险暂行办法》规定:经市社会保险行政部门认定为工亡或者视同工亡的,由保险人一次性支付10万元的补偿金。认定为工伤或者视同工伤,省、市劳动能力鉴定委员会鉴定为一级至十级的,由保险人按照伤残等级一次性支付补偿金,标准为:一级5万元,二级4.5万元,三级4万元,四级3.5万元,五级3万元,六级2.5万元,七级1.5万元,八级0.55万元,九级0.35万元,十级0.25万元。⑤

---

① 张家界市人力资源和社会保障局网站,见 http://rs.zjj.gov.cn。
② 沈阳市人力资源和社会保障局网站,见 http://rsj.shenyang.gov.cn。
③ 南通市人民政府网站,见 http://www.nantong.gov.cn。
④ 津市市文旅广体局网站,见 http://www.jinshishi.gov.cn。
⑤ 九江市医疗保障局网站,见 http://ybj.jiujiang.gov.cn/zcfg1/gsbx/201708/P020170822353957410501.pdf。

五、运行模式

目前补充工伤保险仍处于市级统筹水平,比较实行补充工伤保险的城市,其运行模式大同小异。大连、烟台等地保险业借助社保中心基层机构提供便捷服务,建立统一标准实现快速理赔,探索建立补充工伤保险发展模式;厦门市实施的《厦门市补充工伤保险试行办法》,直接将工伤保险引入商业保险,建立风险共担机制;益阳市采用工伤保险经办机构向商业保险公司整体投保的形式,即保费由工伤保险统一打单征缴,工伤保险基金预留 10% 作为补充工伤保险的风险保障金,其余保费划拨保险公司,由保险公司按规定对发生工伤的用人单位进行赔付。当年若无重大风险,风险保障金并入工伤保险基金。

总的来说,目前我国补充工伤保险制度运行效果显著。一是补充工伤保险制度通过"二次补偿"有效地解决了一部分人对提高工伤保障的需求;二是补充工伤保险制度减少了企业尤其是小微企业的补偿压力和经营风险,发挥了经济助推器和社会稳定器的作用;三是推动了我国工伤保障体系完善,促进了社会保障体系发展。

六、承保商业保险机构资质

为了确保补充工伤保险制度的平稳运行,社会保险行政部门与商业保险机构开展合作时会选取满足一定条件的商业保险机构。如亳州市规定:承保补充工伤保险的商业保险机构应同时具备以下条件:(1)注册资本不低于人民币 50 亿元、经营范围具有健康保险业务并具备 3 年以上亳州市城镇职工医疗保险承保经验的人身保险公司。(2)配备与工伤调查相适应的事故查勘车辆(不少于 5 辆)和事故查勘人员(不少于 10 人),有完备的事故查勘网络,能够满足统筹地区区域内外的查勘工作。(3)依法合规经营,近 3 年内无重大违法违规行为且公司偿付能力在 200%以上。(4)在市内各级工伤保险经办机构设立"一站式"服务窗口,配备 15名以上具有本单位两年工作经验的医学类人员承办企业补充工伤保险业务。①

---

① 亳州市人力资源和社会保障局网站,见 http://rsj.bozhou.gov.cn。

6.3.4 补充工伤保险现存问题

一、长效监管机制有待健全

目前我国基本是以社会保险管理部门与保险公司以平等合作的方式开展补充工伤保险,但补充工伤保险资金长效监管机制建设滞后,存在监管风险,不利于补充工伤保险的长远发展。

二、企业参保积极性不高

一些企业负责人只注重眼前利益,不重视职工的权益,参保积极性不高,特别是一些商业、服务业等企业,往往以工伤发生率低为由,排斥、不认同补充工伤保险。

三、预防机制有缺失

现行的补充工伤保险制度仍侧重于事故发生后的补偿,而对于事故发生前的教育和防范,无论是在政策层面还是在实践层面都存在着一定程度的缺失,仍然具有很大的进步空间。

部分城市下浮一定工伤保险费率转让给补充工伤保险基金,实质上是直接从工伤保险基金中扣除一部分参加补充工伤保险。尽管这一做法减轻了企业负担,然而因用人单位未再承担缴费义务,从而弱化了工伤预防意识,对于减少工伤事故并未起到积极的影响。

6.3.5 发展补充工伤保险政策建议

一、健全长效监管机制

政府需健全长效监管机制,建立有效的考核指标,约定政府与保险公司的权利、义务和法律责任。建立准入机制和绩效考核体系,保证商业保险公司有足够资质完成受托业务。

二、提高企业参保积极性

建议各保险公司在借鉴典型经验的基础上,针对企业及社保部门的个性化需求,开发个性化、差异化的产品,满足当地特色的补充保险需求,提高企业参保积极性,增强补充工伤保险覆盖率。

三、突出预防,完善工伤预防机制

充分发挥保险公司作为专业的风险管理机构,有重点、有针对性地对投保企业进行职业健康和安全监督检查,督促企业做好减损和防损工作。同时,积极推广安全性能可靠的新技术、新工艺,促使企业提高安全生产水平。保险机构应加大资源投入,利用专项资金从事公益性、社会性安全生产宣传教育,增强从业人员和社会公众的安全意识,从而减少事故,降低赔付。

结合我国实际,建议政府部门和商业保险公司加强对建立补充工伤保险的研究,提高对建立多层次工伤保障制度的认识,细化和改进补充工伤保险政策,增加补充工伤保险的赔付范围,推进我国相关商业保险的发展,与工伤社会保险相辅相成,为遭受职业伤害的人们提供多层次的保障。

6.4 社会保障其他领域:商业保险发挥补充作用

6.4.1 扶贫攻坚领域的补充保险

一、扶贫攻坚领域中商业保险发挥补充作用的重要意义

保险具有保障、增信、融资功能,这些功能与扶贫开发需求天然契合,在扶贫开发中引入保险可以提供风险保障和统筹利用社会扶贫资源,为打赢脱贫攻坚战提供强有力支撑。保险对于个人或家庭而言可以是分摊意外事故损失的一种财务安排,对于企业而言可以是保障正常生产、经营的一种风险管理手段,对于政府而言可以是保障人民群众基本生活水平、建设稳定与和谐社会的一种体制。在扶贫攻坚领域发挥补充保险的作用,不失为一种有效的用市场机制解决社会问题的重要手段。

第一,保险保障功能可以兜住贫困人口生产生活风险,有助于促进贫

困地区风险管控能力提升,实现精准扶贫、精准脱贫。举例说明,农业保险、团体意外伤害保险等险种直接为贫困人口的人身伤害或财产损失(包括居住场所或其自有农作物等)承担风险,很大程度上使贫困群众在发生疾病或意外时对日常生活造成的消极影响有所缓解。

第二,保险增信功能可以帮助贫困人口低成本便捷获得贷款,有助于激发贫困人口的内生发展动力,向贫困地区"输血"并增强"造血"功能。

第三,保险融资功能可以缓解贫困地区资金短缺,有助于促进贫困地区经济发展。保险机制具有阻隔风险、补偿风险损失的功能,可以将违约风险分散转移,减少银行的贷款顾虑和担忧,提高贫困户的信用等级,降低贫困地区融资成本,推动贫困地区信贷持续增长,为扶贫开发注入动力,同时直接向贫困地区直接提供资金支持。

第四,保险机制的杠杆作用放大了财政资金的使用效率和扶贫力度。政府为贫困人口购买保险服务或者提供保费补贴,以较少的资金撬动百倍、千倍的保障额度,既可以保证政府预算的稳定性,把波动控制在一定范围内,又切实保障了贫困人口的权益,扩大了保险扶贫的深度和广度。

二、扶贫攻坚领域商业保险发挥补充作用的现状

第一,扶贫攻坚领域补充保险的政策支持力度越来越大。中央高度重视保险扶贫工作,先后出台了一系列政策(见表6-9)。

表6-9 中国保险扶贫相关政策

时间	文件	发布机构	主要内容
2011.11	《中国农村扶贫开发纲要(2011—2020年)》	中共中央、国务院	完善中央财政农业保险保费补贴政策,鼓励贫困地区发展特色农业保险
2013.12	《关于创新机制扎实推进农村扶贫开发工作的意见》	中共中央办公厅、国务院办公厅	推进小额信用贷款保险,扩大农业保险的覆盖面
2014.3	《关于全面做好扶贫开发金融服务工作的指导意见》	中国人民银行、财政部等7部门	鼓励发展特色农业保险、扶贫小额保险,扩大特色种养业险种;积极探索发展涉农信贷保证保险

续表

时间	文件	发布机构	主要内容
2015.11	《中共中央国务院关于打赢脱贫攻坚战的决定》	中共中央、国务院	积极发展扶贫小额贷款保证保险;扩大农业保险覆盖面,支持贫困地区特色农产品保险发展
2016.3	《关于金融助推脱贫攻坚的实施意见》	中国人民银行、中国保监会等7部门	创新精准扶贫保险产品和服务,扩大贫困地区农业保险覆盖范围
2016.5	《关于做好保险业助推脱贫攻坚工作的意见》	中国保监会、国务院扶贫办	精准对接脱贫攻坚多元化保险需求,充分发挥保险机构主体作用,完善保险支持保障措施,完善保险服务工作机制
2016.12	《关于加快贫困地区保险市场体系建设 提升保险业保障服务能力的指导意见》	中国保监会	优化保险机构资源配置,聚焦民生领域精准对接脱贫攻坚的保险需求
2017.9	《关于支持深度贫困地区脱贫攻坚的实施意见》	中共中央办公厅、国务院办公厅	提高保险服务水平,加快发展多种形式的农业保险,适当降低贫困户保险费率
2017.12	《保险扶贫统计制度(试行)》	中国保监会	统计与建档立卡贫困人口生产生活密切相关农业保险、大病保险、健康保险和意外伤害保险业务数据

资料来源:由相关政府网站汇总。

第二,形成以农业保险、大病保险为核心的保险扶贫保障体系,防止贫困农户因病因灾返贫致贫。农业保险方面,我国农业保险市场规模已居亚洲第一、全球第二。

第三,形成以小额贷款保证保险、农业保险保单质押为核心的保险扶贫增信体系。低成本盘活农户资产,推动信贷资源向贫困地区投放,推动产业脱贫政策落地。2017年小额贷款保证保险试点已在河北、湖南等26个省、近百个地市启动。

第四,以保险资金支农融资和直接投资为核心的保险扶贫投资体系。保监会支持行业设立中国保险业产业扶贫投资基金,以市场化的方式,专项用于贫困地区资源开发、产业园区建设、新型城镇化发展等领域。此外,保监会批准人保集团设立 250 亿元的支农支小资管产品,在河北、陕西、河南等 22 省开展"农业保险+扶贫小额信贷保证保险+保险资金支农融资"试点,探索利用保险资金和保险机构网络,通过保险服务解决"三农"和小微企业融资难、融资贵问题。

第五,通过承办商业补充医疗保险、助学贷款保证保险、移民安置项目农房保险等方式,多形式、多渠道助推国家健康扶贫、教育扶贫、异地搬迁扶贫等战略的实施。

三、扶贫攻坚领域中商业保险发挥补充作用的未来方向展望

要想充分发挥商业保险在扶贫攻坚领域的补充作用,要着力解决三个方面的难点问题。

一是需求方面,地方政府要充分认识到保险在化解致贫返贫风险上的独特优势,并把它作为脱贫攻坚的有效工具。在理念上,地方政府应当提高对保险的重视程度,将保险作为一项制度性安排纳入扶贫开发政策支持体系;在制度上,地方政府应当为保险扶贫提供政策支持,从财政补贴、工作协调、数据共享等方面积极支持保险扶贫工作。

二是供给方面,保险机构应加强产品创新和服务创新,为地方扶贫痛点提供解决方案。根据各地致贫原因和脱贫需求,保险机构需要因地制宜创新保险扶贫模式,提供"精准对接需求"的扶贫保险产品和服务。

三是合作方面,地方政府与保险机构应当创新合作模式,只有政府与保险机构紧密配合,充分发挥各自的行政资源优势和技术服务优势协同推进保险扶贫工作,才能降低保险扶贫的成本和难度,才能提升扶贫的精准性和可持续性。

6.4.2　长期护理保险中的补充保险

一、长期护理保险中商业保险发挥补充作用的现实情况

国内学术界关于长期护理保险社商协作机制的探索大致始于 21 世

纪初,主要分为三个阶段:第一个阶段是 21 世纪的前十年,该阶段学者们的主流意见是发展商业长期护理保险;第二个阶段是 2010 年到 2016 年,该阶段建立社会长期护理保险体系变为主流观点;2016 年随着《关于开展长期护理保险制度试点的指导意见》的颁布,探索进入第三个阶段,此时学者们突破"政府负责社会保险、市场负责商业保险"的简单思路,探索通过"政府—市场"的共同作用,构建社会保险与商业保险的协作机制。当前我国长期护理保险按照商业保险、社会保险两条不同路径发展:一种是长期护理保险社会化的前提下,商业保险参与的模式;另一种是商业长期护理保险参与疾病预防、健康维护、慢性病管理、健康咨询、健康档案管理等各方面的服务提供。

长期护理保险社会化的前提下,商业保险参与的模式有很多案例。从 2015 年国务院提出在 15 个城市展开社会性长期护理保险的试点工作起,人保寿险、太平洋人寿、人保健康和中国人寿等多家商业保险公司积极参与,开发了多款商业长期护理保险。

为了实现居民的健康养老,我国政府多次提出保险公司应适时开展商业长期护理保险业务。2011 年,国务院鼓励保险公司开展商业长期护理保险等人身保险业务,以发挥商业保险在社会养老服务体系建设中的重要作用;2014 年《国务院关于加快发展现代保险服务业的若干意见》明确提出保险公司应研发商业长期护理保险产品,为失能失智老人提供专业的保险服务。从产品种类上来看,我国商业长期护理保险产品的类型较为丰富;从缴费方式来看,我国商业长期护理保险给予消费者两种选择,趸交和期交;从保障期限来看,我国在售产品的保障期限可分为四种,即定期、终身、被保险人达到特定周岁和至保险责任终止日或保险金领取日;从保险责任范围来看,我国商业长期护理保险的给付形式均为现金支付,所给付的保险金一般有长期护理保险金、疾病身故保险金以及健康维护或老年关爱保险金;从保险金的给付来看,我国商业长期护理保险的保险金都是按保险金额的一定比例进行支付。

二、长期护理保险中商业保险发挥补充作用的现存问题

从我国长期护理保险发展的实践来看,目前很多保险公司开发了多款商业长期护理保险。但是,无论是构建社会保险与商业保险的协作机制,还是发展商业长期护理保险,都面临很多问题。

第一,缺乏足够的政策支持,难以发挥保险公司的主观能动性。我国长期护理保险起步较晚,发展缓慢,政府未出台足够的政策扶持商业长期护理保险的发展,也未建成长期护理保险领域社会保险与商业保险的协作机制。比如《关于开展长期护理保险制度试点的指导意见》推行的长期护理保险是社会保险性质的,且只有在涉及保险经办管理服务时提到,在确保基金安全和有效监督的条件下,发挥具有资质的商业保险机构的作用,这就大大降低了商业保险公司参与长期护理保险的积极性。而且保险公司只负责承办具体业务,也在一定程度上限制了保险公司的作用,难以发挥保险公司保险精算技术和控制风险方面的真正优势。

第二,受多种因素的影响,居民的长期护理保险意识淡薄。虽然随着人口老龄化加剧,理论上居民对于长期护理的需求是增加的,但是受传统养老观念束缚,居民对传统养老模式的偏好影响到了行为选择。同时,居民对于长期护理保险尤其是商业长期护理保险认识不足,导致居民对长期护理保险的有效需求不足,也影响到了商业保险补充作用的发挥。

第三,商业保险盈利性目标和长期护理保险社会性目标存在冲突。商业保险的第一目标是盈利,长期护理保险社会化的前提下,商业保险参与的模式难以达到预期目标。而商业长期护理保险费用较高,对于很多公民来说成本太高,所以长期护理保险的补充保险所占市场份额较小。

三、长期护理保险中商业保险发挥补充作用的前景展望

做好以下几点,长期护理保险的补充保险有更广阔的前景。

第一,完善政策法规,加大政策支持力度。各地政府应根据实际情况,针对商业保险补充长期护理保险的实际情况出台并完善相应的政策法规,在鼓励发展的同时注意规范保险公司经营行为。

第二,科学宣传普及,增强居民的长期护理保险意识。各地政府应加强长期护理保险相关科学知识的宣传工作,通过各种新闻、视频、进社区等宣传方式,改变大多数居民的传统养老观念,增强长期护理的意识。

第三,构建社会保险与商业保险的协作机制。目前中国的长期护理保险发展出多种模式,无论是什么模式,一定要界定清楚社会保险和商业保险的性质、经营范围等,并着手构建社会保险和商业保险的协作机制,促进长期护理保险的发展。

6.4.3 商业保险对社会保险的补充功能评述与展望

一、评述:商业保险对社会保险在保障水平和作用领域起补充作用

我国社会保障体系已经实现制度全覆盖,社会保险中的养老保险、医疗保险、工伤保险、失业保险和生育保险为广大社会成员的基本生活提供了一张安全网。但是从目前社会保障的发展来看,依然存在着很多问题,这个时候就需要商业保险发挥补充作用。所谓商业保险对社会保险的补充功能,在其供给方面实际上是有着一定社会需求作为对应的。一方面,商业保险对社会保险起着水平上的补充功能。商业保险对基本保障制度中的个人自付部分和超过封顶线以上的部分费用给予补偿,随着社会经济的发展能够满足更高层次的需求。另一方面,商业保险在某些领域是社会保险的补充保险。在某些特定领域商业保险的保障、增信和融资等功能和市场化运作相对于社会保险能够发挥更大作用,对整个社会保障体系的发展起到了良好的补充作用。

探讨商业保险在扶贫和长期护理两大领域的补充功能,发现商业保险对社会保险的补充作用既有理论支撑又有实践经验。当然,商业保险对社会保险补充功能的发挥还存在一些障碍。从需求层面来说,政府对商业保险在社会保险领域发挥补充作用的认识不够,缺乏足够的政策法规支持;我国居民受部分传统保险观念的影响,对于部分商业保险险种缺乏认识。从供给层面来看,保险公司依然存在一些问题,发展水平低,总体水平落后;市场主体少,培育发展不健全;职工队伍业务素质低,保险人才问题突出;创新能力不足。从合作层面来看,存在混淆商业保险和社会保险经营范围的问题,出现越位或缺位现象;商业保险和社会保险的合作协商机制有待完善。

二、展望:让商业保险在社会保障体系中发挥更重要的作用

目前商业保险对社会保险在保障范围和对象、保障水平、运行机制、险种项目等方面发挥了重要的补充作用,但仍有更大的发展前景。让商业保险在社会保障体系中发挥更大的作用,既要树立长期作战的思想,又要增强紧迫感;既要考虑长远,又要立足当下。

首先,要加大商业保险补充社会保障体系的政策支持。各地政府应根据实际情况,针对商业保险补充社会保障体系的实际情况出台并完善相应的政策法规,在鼓励发展的同时注意规范保险公司经营行为。

其次,要进一步提高商业保险补充社会保障体系的能力。着眼保险公司的市场化运作水平,强化精算技术,提高保险人才素质,健全偿付管理,推动保险产品创新。充分发挥商业保险的专业优势,更好地发挥商业保险对社会保障体系的补充作用。

最后,要明确商业保险和社会保险的关系,构建二者长期合作协商机制。找准商业保险在整个社会保障体系中的定位,分清商业保险和社会保险各自的经营范围,实现社会利益目标和商业利益目标的和谐统一。

7

中国妇女权益保障
事业发展研究

7.1 引 言

2015 年 9 月在全球妇女峰会上,习近平主席对妇女的社会地位及其在推动人类文明进步和发展中的作用给予了高度肯定和赞扬:"妇女是物质文明和精神文明的创造者,是推动社会发展和进步的重要力量。"[①]人类发展离不开妇女,历史证明在人类追求美好生活的过程中妇女撑起了"半边天",她们也是中国特色社会主义建设的重要力量。然而,在现实中妇女也常常处于社会弱势群体的角色。很多事实表明,妇女往往是武装冲突、社会动乱、极端贫困、经济落后和环境恶化的最直接受害者[②]。联合国开发计划署在《人类发展报告》中指出:"全世界生活在贫困中的13 亿人口中,妇女占比达 70%,贫困是一张女性的面孔。"[③]保障妇女的生存权和其他基本权益是时代发展之所迫、时代前进之所需。从 1971 年奥兰普·德古热发表的《女权宣言》(*The Declaration of the Rights of Woman and the Female Citizen*),到 2014 年 183 个国家签署国际公约《消除对妇女一切形式歧视公约》(*The Convention on the Elimination of All Forms of Discrimination against Women*),妇女权益保障从被迫展开到主动完善,妇女从举目无亲、申诉无门到有法可依、有章可循,其政治、法律、教育、医疗和家庭等权益均得到不同程度的保障。

妇女权益是指妇女在政治、经济、文化、社会和家庭生活等方面应该享有的权利和权益。妇女权益保障是指通过确定妇女的优先发展地位和

---

① 习近平:《促进妇女全面发展　共建共享美好世界——在全球妇女峰会上的讲话》,《中国妇运》2015 年第 11 期,第 4—5 页。

② 全国妇联办公厅编:《七大以来妇女儿童工作文选(1993 年 9 月—1998 年 6 月)》,《内部文件汇编》1998 年,第 105—106 页。

③ 梁文凤:《基于精准扶贫视角的农村妇女脱贫路径研究》,《改革与战略》2018 年第 9期,第 75—80 页。

加强依法维护力度,将性别差异纳入社会资源配置当中,让妇女可以享受平等的社会保障和福利,最终实现男女平等发展的目标。① 新中国成立以来我国妇女权益保障得到了长足的发展,我国已经建立一套较为完整的妇女权益保障法律体系,从 1950 年新中国颁布的第一部法律《中华人民共和国婚姻法》到 1954 年制定颁布《中华人民共和国宪法》,再到 2005年修订《妇女权益保障法》,2018 年民法典婚姻家庭编草案提请二审,一套以《中华人民共和国宪法》为基准,以《中华人民共和国妇女权益保障法》为主体内容,以《中华人民共和国婚姻法》《中华人民共和国劳动法》等法律、行政法规、地方性法规、自治条例和单行条例,以及国际性公约为辅助的法律保障体系已初具规模,并与时俱进。法律法规的制定颁布使男女平等上升为国家意志,并深入人心,妇女在政治参与、文化教育、劳动和社会保障、财产、人身权利和婚姻家庭权益方面都得到了国家相关法律法规的保护。与之配套的是,我国形成了以政府、相关部门、企事业组织、社会团体和基层群众协作的妇女权益保障组织体系,以政府为主导、以妇联为主力军、工会等其他社会团体和群众积极参与的工作体系和妇女发展综合统计制度等监督机制。国家自上而下的妇女权益保障举措让妇女发展得到充足养分,性别歧视有所弱化,妇女受教育覆盖面和高学历群体扩大,参政比例提升,经济独立得以实现,劳动就业环境改善,人身和财产有安全保障,社会地位显著提高。但是,尽管我国妇女权益保障的成就不胜枚举,不可忽视的是,我国妇女仍然面临着一些权益受损的情况。在现有生产力条件下,妇女时常面临着婚姻、就业等方面的不公正对待,性别歧视也并没有完全根除,一项调查(2010 年)显示,33.7%的被调查者认为男性社会地位高于女性②,这与历史封建残余思想、相关制度不完善、政策落实不到位等有直接或间接的联系,也与新时期面临新挑战有关。21 世纪是机遇与挑战并存的时代,信息技术的发展带来了高效运作,也隐藏了不安定因素。如何在二孩政策下保障妇女的婚姻家庭权益和就业

---

① 顾秀莲:《新形势下的妇女权益维护》,《中国妇运》2001 年第 6 期,第 6—9 页。

② 《第三期中国妇女地位调查主要数据报告》,中国妇女研究网,见 http://www.wsic.ac.cn/staticdata/84760.htm。

权益,如何在人口老龄化加深背景下保障老年妇女体面生活的权益,这些都是新时期需要探讨解决的问题。本部分试图沿着历史脉络对中国妇女权益保障发展历程进行梳理归纳,回顾新中国妇女权益保障的基本理念、逻辑发展路径和相关政策以及取得成就,聚焦新时代妇女权益保障的挑战,以期为推动我国妇女权益保障进一步发展做出有益探索。

7.2　妇女权益保障70年发展历程

7.2.1　计划经济时期的权利平等(1949—1977年)

新中国成立之初,百废待兴,妇女权益保障和国家发展社会主义事业是统一的。大力发展生产力,加快建设社会主义事业需要借助妇女解放运动来进一步挖掘和释放妇女劳动力资源。1949年,毛泽东同志为《新中国妇女》杂志题词:团结起来,参加生产和政治活动,改善妇女的经济地位和政治地位。上至国家意识形态,下至活动宣传,在改革开放前这一段时期,计划经济体制使得男女平等的国家意志下达到全社会,妇女权益保障得到快速发展,尤其是妇女的劳动就业权益和参与决策权利。

一、破除封建糟粕和确立男女平等

新中国成立后党和国家非常重视性别平等问题,改变了长期以来普遍存在的男女不平等的社会现象。首先,法律成为男女平等理念强有力的支撑。新中国成立之际,中国人民政治协商会议第一届全体会议通过的临时宪法《中国人民政治协商会议共同纲领》做出承诺:中华人民共和国废除束缚妇女的封建制度。1954年新中国的第一部宪法以国家根本大法的形式专门肯定了男女平等的法律地位,中华人民共和国公民在法律上一律平等。《中华人民共和国宪法》第九十六条规定,"中华人民共和国妇女在政治的、经济的、文化的、社会的和家庭的生活各方面享有同男子平等的权利"。新中国的成立推倒了压迫中国人民数千年的"三座大山",也让妇女从政权、族权、神权和夫权的牢笼中得以释放。妇女的人权就是指妇女作为人应当享有的自由平等的权利。男女平等是妇女人权的基本特征,妇女可以平等参与政治、经济和文化生活,而不受基于性别的一切形式上的歧视。法律的颁布实施让男女平等理念在妇女权益保障上更具有前瞻指导性,在理念宣传上更具有广泛动员性,在行为规范上更具有刚性约束力。其次,旧有的封建糟粕被废除,新的男女平等制度开始建立。在婚姻家庭关系上,"未嫁从父,既嫁从夫,夫死从子"的男尊女卑观念已被摒弃,平等自由的婚姻家庭关系逐步发展。1950 年 4 月 13 日颁布的《中华人民共和国婚姻法》第一条就规定"废除包办强迫、男尊女卑、漠视子女利益的封建主义婚姻制度",并在后面的条文中有具体的释义,如"禁止重婚、纳妾,禁止童养媳,禁止干涉寡妇婚姻自由","结婚须男女双方本人完全自愿,不许任何一方对他方加以强迫或任何第三者加以干涉"。男女权利平等、婚姻自由的新民主主义婚姻制度迈出了妇女权益维护的一大步。在妇女人身自由发展上,典型的封建糟粕是缠足,表现出的封建病态审美不仅加深男性对女性的思想控制也损害了女性正常的肢体发育和健康状况。为进一步解放妇女,更好发动全社会力量建设新中国,1950 年 7 月 15 日中央人民政府政务院发布的《明令禁止妇女缠足的决定》指出:"缠足是封建社会对妇女的压迫,且有害于妇女健康,妨碍妇女参加生产,必须加以禁止。"文件号召各级政权机关、协同妇联等社会团体,结合生产,深入群众进行宣传,说明缠足之害处,让妇女从被压迫的旧习中解放出来。在劳动生产方面,建立了新的土地所有制度,广大农村地区妇女劳动力得以解放。1950 年 6 月 28 日中央人民政府委员会第八次会议通过的《中华人民共和国土地改革法》第一条就明文规定,"废除地主阶级封建剥削的土地所有制,实行农民的土地所有制",土地分配按人口统一分配。无论男女,农民成为土地的主人,大量女性农民参与农业生产种植活动,经济地位得以提升。

二、男女平等制度下的妇女就业与参政

在国家立法和制度支持下,妇女的劳动就业和参政情况得到极大发展。

一是保障妇女的劳动就业权益,鼓励妇女积极投身社会主义建设事业。恩格斯曾说,妇女解放的第一个先决条件就是一切女性重新回到公共的劳动中去①,当妇女能够大规模、自由地参与社会生产时就具有了一定的话语权。经济基础决定上层建筑,女性受到的不公正对待和处于社会从属地位的根源在于其经济弱势地位。男女平等相关的国家立法和保障制度让女性和男性有同等的经济参与权利。新中国建立初期,为进一步完成对封建残余的清算,动员一切积极因素参与社会主义事业建设,需要广泛动员妇女参与其中,国家出台了一系列保护妇女劳动就业权益的法律和相关规定。这些保障措施大致可以分为三类:一是平等就业;二是同工同酬;三是妇女特殊权益保障。就业平等是经济平等的重要体现,也是促进其他方面经济平等的基础条件。《中央人民政府政务院关于劳动就业问题的决定》(1952 年)和劳动部《关于加强城市闲散劳动力的安置和管理工作的报告》(1962 年)等要求尽可能多的吸收妇女参与社会劳动,毛泽东同志提出中国的妇女是一种伟大的人力资源。必须发掘这种资源,为了建设一个伟大的社会主义国家而奋斗。在党和国家的肯定和支持下,我国妇女就业形势良好。首先,从就业人数上来看,在全民所有制部门中,女职工年末就业人数从 1949 年的 60 万增长到 1977 年的 2036 万②。尤其是在“大跃进”时期,广大职工家属和家庭妇女都被号召安置到国营企业和街道集体企业工作,城市女职工人数激增。其次,从女职工人数比来看,“一五”时期结束,到 1957 年年底,在全民所有制单位中,女职工人数占职工总数比重就达到 13.4%,比 1949 年增长 5.9 个百分点③。截止到 1978 年,女性社会劳动者有 1.7258 亿人,占全社会劳动者人数比重的 43.3%。从工资待遇上来看,以全民所有制单位为例,男性

---

① 吴宁:《女性与家务劳动——高兹的女性观略论》,《学习与探索》2009 年第 4 期,第 11—14 页。

② 中华全国妇女联合会妇女研究所、陕西省妇女联合会研究所:《中国妇女统计资料》(1949—1989),中国统计出版社 1991 年版,第 241 页。

③ 侯晓虹:《我国妇女就业制度的历史回顾与改革设想》,《经济经纬》2001 年第 1 期,第 72—75 页。

人均月工资收入为 62 元,女性为 50.5 元。① 在同工同酬和妇女特殊权益保障方面,相关政府部门和群团组织也积极为妇女谋福祉。一方面,《中华人民共和国宪法》《劳动保险条例》《中华人民共和国婚姻法》等法律法规规定要改善劳动条件和劳动待遇,保护工人职工的健康,对女性生育待遇等特殊权益也专门进行说明,各级政府出台相关政策文件落实法律法规的要求。另一方面,各级组织都在推动落实这些法律法规。以中华全国民主妇女联合会为例,1949 年中国妇女第一次全国代表大会在北平召开,并成立中华全国民主妇女联合会,这是妇女权益保障的成果,妇联反过来也一直致力于推动妇女解放运动。1949 年到 1979 年间,妇联召集开了三次全国妇女代表大会,始终按照其实现男女平等和妇女解放、保护妇女权益及儿童福利的宗旨展开妇女工作,如:大力号召并组织各界妇女参与社会主义经济建设和国家建设;广泛宣传并加强对妇女的思想政治教育,开展扫盲班;重视妇女育儿健康和各类幼托机构的建设;重视家庭家风建设等。

二是动员和组织妇女参政。新中国成立以来,在党和国家的动员和组织下,我国妇女参政情况得到大力发展,妇女参与决策能力提升,参与决策范围扩大。首先,为保障妇女的参政权利,我国通过法律形式规定妇女享有参政议政的基本权利。1949 年颁布的临时宪法《中国人民政治协商会议共同纲领》规定,妇女在政治方面有与男子平等的权利。1953 年由中央人民政府委员会第二十二次会议通过的《中华人民共和国全国人民代表大会及地方各级人民代表大会选举法》第四条规定,"凡年满十八周岁之中华人民共和国公民,不分民族和种族、性别、职业、社会出身、宗教信仰、教育程度、财产状况和居住期限,均有选举权和被选举权。妇女有与男子同等的选举权和被选举权"。1954 年通过的《中华人民共和国宪法》第八十六条再一次指出妇女有同男子平等的选举权和被选举权。选举权和被选举权是公民政治权利的重要组成部分,是公民参与国家政

① 中华全国妇女联合会妇女研究所、陕西省妇女联合会研究所:《中国妇女统计资料》(1949—1989),中国统计出版社 1991 年版,第 318—319 页。

治生活的首要渠道。妇女选举与被选举权利的法律赋权让其表达政治诉求、选举代表和进入国家权力机关、进行国家事务决策和管理有了法律依据和保障。以全国人民代表大会为例,在 1953 年新中国第一次基层人民代表选举中参与投票的女公民就超过了 90%①;1954 年全国第一届人民代表大会女性代表 147 人,占代表总数的 12%;到 1978 年第五届全国人民代表大会女性代表人数为 742 人,占代表总数比重已经达到 21.2%,女性常委数占比也由 1954 年的 5%提升至 21%②增长迅速。其次,重视培养和选拔妇女担任社会公职和领导干部。1956 年 9 月 16 日邓小平同志在《关于修改党的章程的报告》中指出,"党必须用很大的决心培养和提拔妇女干部,帮助和鼓励她们不断前进,因为她们是党的干部的最大来源之一"。新中国建立以后,为培养选拔女性干部,党和国家召开多次相关会议,制定政策和部署安排,各类行政干部学院、女子大学开展妇女教育,各部门都在为此展开工作。党和国家把妇女参政和担任社会公职作为社会主义民主政治建设的重要内容③。最后,保障妇女在参与政治活动时的合法权益。一方面,政府和各级部门不断出台细化妇女参政、进入国家机关的录用、培养和福利发放等相关规定。另一方面,政府相关部门在制定政策方案时广泛听取妇女代表和各类妇女群团组织关于妇女发展的相关建议并酌情采纳。

从新中国建立到改革开放前的近三十年,我国妇女权益保障取得了跨越式的发展。国家根本大法从无到有,从第一部到不断地修订,都始终将妇女权益保障作为重要内容纳入其中。党和国家一直都全力支持妇女解放和妇女发展,并将这一支持理念贯彻到国家治理和经济建设当中。但是,不可否认的是妇女权益保障并不是一蹴而就,而是任重道远。"平等"更多的是法律赋予的权利平等,法律的应然已经做到,但从应然到实然是一个长期的过程。尽管男女平等在宪法、婚姻法等多个法律规章中

---

① 张晓玲:《妇女和人权》,新华出版社 1998 年版,第 177 页。

② 中华全国妇女联合会妇女研究所、陕西省妇女联合会研究所:《中国妇女统计资料》(1949—1989),中国统计出版社 1991 年版,第 571 页。

③ 张晓玲:《妇女和人权》,新华出版社 1998 年版,第 178 页。

予以体现,但是,在现实社会中性别歧视问题依旧很严重,男女平等也是以男性为标尺进行衡量,许多女性自身生理特性被忽略。此外,这一时期的妇女权益保障带着浓厚的政治革命和行政命令色彩,妇女的就业权益也是从国家建设角度出发,就业选择的自由度较小,妇女权益保障的成本更多的是由国家支出。一旦国家买单的计划经济体制有所变化,或单位体制有所改革,那么妇女权益就可能受到冲击,相应的制度安排和保障就会缺失。

7.2.2　改革开放初期的维权运动(1978—1989 年)

改革开放初期处在一个特殊的承前启后阶段,"文化大革命"期间国家经济发展缓慢、文化教育发展受到严重阻碍,妇女权益保障也困难重重。1978 年 12 月党的十一届三中全会揭开了改革开放的历史序幕,重新确立了党的思想、政治和组织路线,也标志着我国妇女权益保障之路迈入了新征程。这一时期妇女权益保障形成了与社会主义初级阶段相适应的定位,即维护妇女的基本生存、生育和婚姻家庭权益,让妇女积极参与到社会主义现代化建设中去。

"维权"维护的是妇女的合法权益,这个权益既包括妇女应有的与男性相同的权利,也包括专门针对妇女的特殊权益。如《中华人民共和国宪法》(1982 年)第三十三条规定"中华人民共和国公民在法律面前一律平等",第四十六条规定"中华人民共和国公民有受教育的权利和义务",法律明文规定中国公民在法律面前人人平等,不分性别,均享有相应的权利与义务。这里的权利与义务是普遍性的,一般性的,适用于所有公民。而《中华人民共和国宪法》第四十八条则专门强调国家要保护妇女的权益,尤其是"实行男女同工同酬,培养和选拔妇女干部",用法律条文为妇女参与社会生活给出立法保障。1983 年陈丕显同志在全国妇联四届七次常委扩大会议上讲到,维护妇女、儿童的合法权益,一方面要与侵犯妇女、儿童合法权益的各种行为作斗争,但同时也要进行大量的建设性的工作,从政治上、经济上、文化上和家庭生活等各个方面创造条件,如创办各种为妇女、儿童服务的事业,促进妇女儿童权益的实现,提高妇女的地位。①"维权"既要创造条件让妇女合法权益得以实现,也要与侵犯妇女权益的恶势力作斗争,降低权益受损带来的伤害。在这个时期妇女维权事业主要体现在以下四个方面:

一是通过法律法规的形式保护妇女的权益。新中国成立到 1982 年,我国共通过四部宪法,分别为 1954 年宪法、1975 年宪法、1978 年宪法和现行的 1982 年宪法,每一部宪法都以国家根本法的形式规定了"婚姻、家庭、母亲和儿童受国家的保护"。1982 年宪法对此进行了详细的阐释,即"三义务"和"两禁止","三义务"是指"夫妻双方有实行计划生育的义务,父母有抚养教育未成年子女的义务,成年子女有赡养扶助父母的义务","两禁止"是指"禁止破坏婚姻自由,禁止虐待老人、妇女和儿童"。改革开放初期重男轻女仍然是十分突出的问题,买卖婚姻,诱骗、拐卖和残害妇女儿童的社会问题仍然存在,针对这些损害妇女权益的社会问题,1980 年第五届全国人民代表大会第三次会议通过的《中华人民共和国婚姻法》第三条"禁止包办、买卖婚姻和其他干涉婚姻自由的行为。禁止借婚姻索取财物。禁止重婚。禁止家庭成员间的虐待和遗弃"、第十五条"禁止溺婴和其他残害婴儿的行为"都以坚决否定的态度对不当行为进行强制性规定。并在 1950 年婚姻法的基础上结合我国社会发展实际和婚姻情况对原有结婚和离婚进行修改补充,如男女结婚的法定年龄分别提高到 22 岁和 20 岁,增加"感情确已破裂,调解无效,应准予离婚"的规定,既坚持婚姻自由的原则,又增加了法院办理相关案件的灵活性。除此之外,1985 年 4 月 10 日通过的《中华人民共和国继承法》、1986 年 4 月 12 日通过的《中华人民共和国民法通则》和 1986 年 4 月通过的《中华人民共和国义务教育法》等进一步对妇女儿童的人身和财产安全以及其他合法权益作出相关法律规定。

二是从上至下的各级政府机构都很重视妇女保护,多主体、多部门协同参与,联合妇联等各界社会团体促进妇女的生存、生育和婚姻家庭权益

---

① 中国妇女管理干部学院:《中国妇女运动文献资料汇编》(第 2 册),中国妇女出版社 1988 年版,第 802—805 页。

的保障。为保护妇女权益不受侵害,首先,建立维护妇女权益的组织机构。根据妇女儿童权益严重受损情况和妇联的反映,为保护妇女权益,中共中央决定在县以上各级妇联逐步设置法律顾问处或顾问小组。① 1983年2月28日全国妇联党组向中共中央书记处提交了《关于县以上妇联组织逐步设置法律顾问机构的报告》,并得到审阅同意和文件转发。1983年7月全国妇联成立法律顾问处,到 1987 年,全国有 29 个省、自治区、直辖市妇联先后成立了法律顾问小组,255 个县配备了法律顾问,还有部分地区建立了妇女律师事务所。其次,大力宣传法制教育和加强妇女思想教育,破除封建残余和资本主义腐朽思想,形成保护妇女权益的社会氛围。相比法律,社会的道德风尚像看不见的手无形中影响妇女维权斗争的动向。妇联、政法和宣传等多主体合作大力展开法制宣传教育,尤其是宣传宪法、婚姻法、刑法和民事诉讼法等,提升广大群众法制维权意识。同时展开社会主义精神文明宣传教育活动,利用报纸、杂志、电视和广播等多途径,开展"五讲四美"和"三热爱"等活动,加强社会主义精神文明建设,尤其是加强对妇女的思想教育,提高她们维权和自我保护的意识,摆脱糟粕思想的影响和束缚。

三是严厉打击、惩罚各种侵犯妇女权益的恶劣行径。除宪法、婚姻法等相关规定外,1979 年通过的《中华人民共和国刑法》对侵犯妇女权益的法律后果进行了说明,情节由轻到重均有涉及,如第一百六十条规定"侮辱妇女或者进行其他流氓活动,破坏公共秩序,情节恶劣的,处七年以下有期徒刑、拘役或者管制",第一百八十二条规定"虐待家庭成员,情节恶劣的,处二年以下有期徒刑、拘役或者管制",造成后果更为恶劣时,"引起被害人重伤、死亡的,处二年以上七年以下有期徒刑"。此外,该法第一百三十九条、第一百四十条和第一百六十九条专门对强奸、卖淫等犯罪行为进行处罚规定,第一百四十一条、第一百七十九条和第一百八十四条等对拐卖妇女、儿童犯罪行为进行处罚规定。

---

① 中国妇女管理干部学院:《中国妇女运动文献资料汇编》(第 2 册),中国妇女出版社 1988 年版,第 796 页。

对于拐卖妇女、儿童及卖淫等违法犯罪行径,必须是零容忍态度。党中央指出,"对拐卖人口的犯罪活动,决不能容许用任何理由包庇、姑息、放纵,必须坚决打击,依法治罪"①。1978 年通过的《中华人民共和国刑事诉讼法》为保护妇女的人身权利和其他权利,查明犯罪事实,惩罚犯罪分子提供了法律倚仗。为进一步指导、落实打击违法犯罪行为,中央办公厅转发公安部党组和全国妇联党组两个文件,即〔1983〕14 号文件和〔1987〕16 号文件,并在 1983 年发布关于坚决打击拐卖妇女、儿童犯罪活动的指示,提出"要从根本上解决这个问题,必须进一步调查研究,弄清情况,彻底查明原因,实行综合治理",并指出几个特别要注意的问题。1989 年全国人民代表大会内务司法委员会成立妇女儿童专门小组,这个由多个部门成员及以相关领域专家组成的小组负责办理、审议和提出保护妇女儿童合法权益的议案和法律案。在党中央的领导下,各地各有关部门积极配合出台相关文件,联合打击拐卖妇女儿童犯罪活动和做好被拐卖妇女儿童的解救工作。

四是主动参与国际妇女权益保障领域的相关活动。党的十一届三中全会以后我国确定了对外开放的政策,对外开放以经济领域为重点,同时也包括科学教育和文化等方面的交流合作。这项政策为我国积极参与国际妇女权益保障领域的相关活动,为我国妇女权益保障发展提供了契机。我国主动参与联合国妇女地位委员会会议并积极竞选为该委员会成员。1980 年康克清同志率中国政府代表团参与第二次世界妇女大会并代表中国签署《消除对妇女一切形式歧视公约》,同年全国人民代表大会批准该公约,并进行广为宣传。1985 年陈慕华同志带领中国政府代表团参加第三次世界妇女大会,此次会议审查和评价联合国妇女工作十年成就,并通过了《内罗毕前瞻性战略》。在我国,该战略得到政府及有关部门的高度重视和充分肯定,围绕战略目标的实施,大量的、富有成效的工作不断

---

① 郭力文:《坚决打击拐卖妇女、儿童等犯罪活动(1982)》,中国妇女研究网,见 http://www.wsic.ac.cn/internalwomenmovementliterature/12406.htm.

展开。① 这些工作体现在妇女维权、妇女教育、妇女就业和参政等方方面面。妇女权益保护活动的国际参与也为我国在 1995 年成功举办联合国第四次世界妇女大会奠定了基础。

另外，虽然这一时期妇女维权的核心是保护妇女的生命财产安全不受侵害，但可以发现在维权举措中开始注重女性生理特征，并且提升妇女的社会参与能力。党的十二大确立了新时期逐步实现"四化"，把我国建设成为高度文明、高度民主的社会主义国家的总任务，为提高妇女参与经济建设积极性，党和国家出台相关政策保护妇女就业权益，如 1988 年为保护女职工健康，减少和解决女职工在劳动中因生理特点造成的特殊困难颁布了《女职工劳动保护规定》，同年劳动部出台的《关于女职工生育待遇若干问题的通知》，对女职工怀孕以及产期等产生的相关费用、产假和期间待遇均做详细安排，为妇女就业提供保障。我国女性劳动者，特别是农村地区女性劳动者，文化水平普遍较低，提升妇女社会参与能力的重要环节是提高妇女的素质水平。而发展农业是当时经济建设的首要任务，大力发展文化教育以提高农村女性劳动者素质刻不容缓。教育要从娃娃抓起，农村妇女工作中一方面要抓好农村儿童工作，搞好农村托幼事业和动员学龄女孩子入学，提高教保人员的水平；另一方面组织开展"双学双比"等农业生产竞赛活动，在活动中提升妇女素质，培养和扶持农村女专业户，引导妇女在乡镇企业就业创业、开展多层次、多门类的文化技术培训，普及推广农业先进科学技术，提高妇女的劳动竞争力。

改革开放初期，我国妇女权益保障主要围绕保护妇女展开，这一时期在立法方面有诸多涉及对妇女儿童权益的保障；妇女儿童权益保障的相关法律政策得以大力普及；妇女儿童的教育事业得到很大发展；和拐卖妇女儿童、侵害妇女儿童权益的恶势力一直进行斗争；成立了许多相关的妇女问题研究机构，研究氛围空前活跃，形成了众多研究成果；妇女积极投身社会经济建设。但是这一时期并没有彻底解决我国妇女权益受损的情

---

① 全国妇联办公厅编：《七大以来妇女儿童工作文选（1993 年 9 月—1998 年 6 月）》，《内部文件汇编》1998 年，第 711 页。

况,性别歧视依旧严重,拐卖妇女儿童、嫖娼、卖淫等屡禁不止,妇女参政尤其是基层地区比例仍然较低。

7.2.3 社会主义市场经济体制下的妇女权益保障发展 (1990—1999 年)

20 世纪 90 年代是我国妇女权益保障发展的辉煌时期。改革开放的步伐不断前进,中国开始建立社会主义市场经济体制,妇女权益保障已初具成效,这些都为 20 世纪 90 年代妇女权益保障的快速发展提供了巨大的支持。在这样的背景下妇女权益保障更加法制化、制度化,并且妇女发展被纳入国民经济与社会发展规划当中,妇女权益保障更加注重的是妇女的发展权。理顺这一时期妇女权益保障的理念出发点和发展路径可以聚焦于 1995 年中国举办第四次世界妇女大会这个重大事件,以此为时间节点可将这一时期我国妇女权益保障发展分为 20 世纪 90 年代前后两个阶段。

一、20 世纪 90 年代前期妇女发展成为妇女权益保障的重要目标

20 世纪 90 年代前期妇女权益保障的特点是注重妇女的发展,其在理论、立法和具体国家发展规划中均有体现。

第一,第四次世界妇女大会的成功举办推动妇女发展理论有了重大突破。1991 年 1 月 28 日中国外交部部长钱其琛致信联合国秘书长德奎利亚尔表示了中国举办 1995 年第四次世界妇女大会的希望。在信中,他表示"亚洲是妇女人数最多的大陆,中国又是世界上妇女最多的国家,因此,在中国举办这次会议是合适的"[①]。这份办会希望得到积极反馈,第四次世界妇女大会于 1995 年 9 月 4 日至 15 日在北京召开。为做好会议筹备工作,1992 年 8 月国家成立第四次世界妇女大会中国组织委员会,组委会代表政府协调有关部门做好组织工作,宣传和动员一切力量参与进行各项筹备工作,如通过中央电视台、中央人民广播电台以及全国性的

---

① 王振川:《中国改革开放新时期年鉴(1991 年)》,中国民主法制出版社 2014 年版,第 95—96 页。

报纸及时充分报道会议筹备相关内容,通过知识竞赛、印发相关通俗读本、发行纪念邮票等形式进行宣传。党和国家以及所号召的全社会力量所做的工作并不仅仅是为了成功举办第四次世界妇女大会,更重要的是借这次举办活动的历史和现实条件,在改革开放和现代化建设中不断支持妇女参与发展,帮助妇女解决问题,提高妇女的素质和社会地位,为实现男女平等做努力。

中国政府把男女平等作为促进社会发展的一项基本国策,这一时期男女平等的内涵更广阔和清晰,平等既是法学意义上的权利平等,也是社会性别视角下的承认和尊重性别差异的两性平等。男女平等在马克思主义妇女观基础上结合社会主义市场经济的发展有了更明晰的发展方向,即保障妇女实现发展的权利,发挥妇女在创造人类文明、推动社会发展中的伟大作用。第四次世界妇女大会通过了《北京宣言》和《行动纲要》两个重要文件。文件提出了"妇女的权利就是人权"的命题,指出"提高妇女地位和实现男女平等,是人权问题和社会正义的条件,不应孤立地视为是妇女问题"。并且,首次提出了"性别意识进入决策主流"的观点,将性别意识贯穿到整个社会政策的制定、执行和评估的全过程,将实现社会性别平等作为社会政策的目标之一。这为我国乃至全球妇女发展指明了方向,尤其是《行动纲要》成为赋予妇女权利的纲领性文件,通过任务说明、全球框架、重大关切领域、战略目标和行动以及体制安排五个方面的翔实的内容,对妇女及其面临的问题、原因分析、解决对策和不同组织不同级别分工都进行了一一说明,是所有措施的汇总性文件,具有深远的实践指导意义。

第二,《中华人民共和国妇女权益保障法》①的颁布为促进妇女发展提供有力的法律支撑。《中华人民共和国妇女权益保障法》的出台是我国历史和现实条件下的产物。从历史角度看,从新中国成立之初到 20 世纪 90 年代无论是政治、经济、文化还是社会生活都取得了巨大的成就,尤

---

① 关涛:《〈妇女权益保障法〉的指导思想、基本原则和主要内容》,《妇女研究论丛》1992年第 2 期,第 8—11 页。

其是改革开放以后,我国迈入发展新时期,综合国力进一步提高,这为妇女权益保障法律的出台奠定了基础。另外,我国妇女权益保障在党和国家的支持下,在企事业单位、社会团体和其他群众性组织等社会力量的共同努力下已经取得立法、组织和工作上的诸多成就。我国关于妇女权益的法律保障路径探索从未停止,从 1983 年全国妇联成立法律顾问处到 1985 年倡导制定一部全国性的妇女法,再到 1992 年这项专门法律的出台,从中央到地方,从专家学者到普通群众,从地方妇女权益法规的调研到国外相关法律法规的借鉴,这些努力为妇女权益保障法律的出台提供了有力的支撑。从现实角度看,妇女权益保障面临的新的发展环境要求制定一部专门的妇女法。一方面,我国进入改革开放新时期,出现新的问题并没有对应的法律来予以解决。虽然我国已经出台许多涉及保护妇女的法律法规,但它们仍是不系统、不完善、不配套的,很多规定只是模糊提到要保护妇女权益不受侵害,并没有上升到男女平等的高度。另一方面,在 20 世纪 90 年代初期我国妇女权益受到侵害的情况仍然比较严重,突出表现在三难:入学难、就业难和参政难①。这一时期拐卖妇女儿童、卖淫嫖娼、包办婚姻等侵害妇女人身和婚姻家庭权益的违法犯罪行为依旧屡禁不止,迫切要求出台一部专项法律来保护妇女、改善其生存发展环境。并且,制定《中华人民共和国妇女权益保障法》本身就是我国在积极履行妇女权益保障的承诺,尤其是第四次世界妇女大会在中国召开,加快了我国妇女权益保障法律的出台。

《中华人民共和国妇女权益保障法》是一部重在保障的法律,法律第一条就指明立法宗旨,即"为了保障妇女的合法权益,促进男女平等,充分发挥妇女在社会主义现代化建设中的作用"。相比之前《中华人民共和国宪法》和《中华人民共和国选举法》等规定的男女在政治上享有相同的权利,妇女法规定则更为明确具体,如规定选举要提高妇女代表的比例,并且不光要培养选拔女干部,还要让其担任领导成员。这在带有行政命令色彩选拔培养妇女干部弱化的改革开放时期,为妇女参与国家事务

---

① 巫昌祯:《为什么要制定〈妇女权益保障法〉》,《瞭望周刊》1992 年第 12 期,第 9 页。

决策和管理发挥了巨大作用。在文化教育权益方面,该法通过七条规定,对妇女的入学、扫盲、职业教育和技术培训以及对青少年的身心健康和对女童的义务教育等均做了具体说明,尤其是女童的义务教育。如第十七条表达了一个中心思想:适龄女童必须完成规定的义务教育。在劳动权益方面,主要是保障妇女的就业权益,如"不得以性别为由拒绝录用妇女或者提高对妇女的录用标准"和"任何单位不得以结婚、怀孕、产假、哺乳等为由,辞退女职工或者单方解除劳动合同",这成为 20 世纪 90 年代下岗潮和"妇女回家论"中保障妇女合法就业权的坚实的后盾。在财产权益方面,尤其提到农村妇女的土地权益,"农村划分责任田、口粮田等,以及批准宅基地,妇女与男子享有平等权利,不得侵害妇女的合法权益"。并且,结合改革开放后离婚率的快速上升,为保障妇女离婚后的财产权益,法律还规定"妇女离婚后,其责任田、口粮田和宅基地等,应当受到保障"。在人身权益方面突出强调对妇女人身健康的保护,对拐卖妇女、卖淫嫖娼等伤害妇女身心健康的违法行为进行了否定。在婚姻家庭权益方面突出了对妇女离婚权益的保障。

《中华人民共和国妇女权益保障法》是我国第一部全面保障妇女权益的法律规定,法律效力仅次于宪法。它以保障性的、协调性的、制裁性的和补充性的法律条款,对妇女权益各个方面的内容都进行细化和具体化,以明确条文让女性权益获得保护和不受侵害。该法的出台标志着我国初步形成了一套相对完善的妇女权益保障法律体系。在这部法律出台后,各个省份也相继据此制定了该法的实施细则,各级人民代表大会每年要检查一次该法的执行情况。通过法律及政策的制定和实施来保障我国妇女权益始终是我国妇女权益保障的重要手段和内容,除了《中华人民共和国妇女权益保障法》外,这一时期还陆续通过了《中华人民共和国残疾人保障法》(1990)、《中华人民共和国收养法》(1991)、《中华人民共和国未成年保护法》(1991)、《中华人民共和国母婴保健法》(1994)、《中华人民共和国劳动法》(1994)等法律和《女职工禁忌劳动范围的规定》(1990)、《禁止使用童工规定》(1991)等规定,进一步完善了我国妇女权益保障法律体系,为妇女发展提供法律保护。

第三,妇女发展被纳入国民经济和社会发展规划当中。1995 年临近第四次世界妇女大会时,国务院常务委员会会议通过了《中国妇女发展纲要(1995—2000 年)》(以下简称《纲要(1995—2000 年)》)。这份纲要主要包括五部分内容:序言、主要目标、政策和措施、组织与实施,以及监测与评估。在第一部分,序言主要介绍了我国对妇女地位和作用的认知、国内外发展环境、我国妇女权益保障取得的成就和面临的问题,以及国内现有发展背景下妇女发展的目标。在第二部分,介绍了我国今后 6 年的妇女发展目标和任务,即"妇女的整体素质有明显提高,在全面参与经济建设和社会发展,参与国家和社会事务管理的过程中,使法律赋予妇女在政治、经济、文化、社会及家庭生活中的平等权利进一步得到落实"[①],并提出细化后的 11 个具体目标,它们分别涉及:妇女参与国家和社会事务决策及管理;妇女参与改革开放和现代化建设;妇女的劳动权益;妇女的教育与科学文化水平;妇女的健康与生育;建立和谐稳定的婚姻家庭关系;遏制对妇女的暴力侵害及拐骗等违法犯罪行为;重视和扶持边远、贫困和少数民族地区妇女发展;妇女发展的社会环境;扩大我国妇女同各国妇女的友好交往;建立妇女状况的动态研究、数据采集和资料传播机制。在第三部分,从政治权利和参与决策、就业和劳动保护、教育与职业培训、卫生保健、计划生育、法律保护、改善妇女发展的社会环境和扶持贫困地区妇女事业的发展八个方面对实现目标的具体政策和措施进行阐述。在第四部分,进一步明确了《纲要(1995—2000 年)》的组织实施主体是国务院妇女儿童工作委员会,同时指出实施《纲要(1995—2000 年)》是各级政府义不容辞的重要职责,并要求将其落实情况作为政府主要负责人和主管负责人政绩考核的内容之一。最后一部分是对《纲要(1995—2000 年)》的检测和评估提出了方法和要求上的指示。

《纲要(1995—2000 年)》作为我国第一部由政府正式颁布的关于妇女发展的全面系统的总体规划,是一部维护妇女合法权益,促进妇女发展

---

① 全国妇联办公厅编:《七大以来妇女儿童工作文选(1993 年 9 月—1998 年 6 月)》,《内部文件汇编》1998 年,第 25 页。

的纲领性文件,指导着 20 世纪末妇女工作的展开,具有深刻的理论和现实意义。首先,这份纲要的颁布表明我国已经将妇女发展纳入了国民经济和社会发展规划当中。它本身就是根据当前妇女问题和国民经济和社会发展十年规划的总目标而指定的,序言第一句提到"妇女的发展水平,是社会发展的重要指标,也是衡量社会进步程度的尺度",这表明妇女运动不仅是带有目的性的维护妇女权益、减少侵害和参与并推动社会生产,而是也包括妇女作为人的纯粹的发展权。其次,这部纲领性文件相比过往文件,在妇女发展方面内容更加广泛、实施举措更加具体,包括政治、经济、文化、社会环境、婚姻家庭、暴力、贫困等方面,政策和实施举措十分周全细致,在妇女权益保障上更加具有指导性。为了推动《纲要(1995—2000 年)》的具体落实工作,1995 年 7 月 27 日,国务院发布了《关于印发〈中国妇女发展纲要(1995—2000 年)〉的通知》,要求"各省、自治区、直辖市人民政府要根据《纲要(1995—2000 年)》的要求,结合实际情况制定本地区的妇女发展规划",并积极完成《纲要(1995—2000 年)》提出的各项任务。同年 8 月 8 日国务院妇女儿童工作委员会对各省、自治区、直辖市妇女儿童工作委员会(协调、保障委员会)和国务院妇女儿童工作委员会各成员单位发出了关于学习、宣传和贯彻实施《纲要(1995—2000 年)》的通知,提到在广泛深入宣传纲要的内容时政府具有举重若轻的职责,要"加强领导,切实履行政府在贯彻实施《纲要》中的重要职责",在制定地区规划时"要实行分区规划,分类指导,分步实施,制定出分级(省、地(市)、县(市)三级)、分项、按年度实行目标管理的具体计划"①,强调了动员和组织全社会力量参与的必要性。

二、20 世纪 90 年代后期促进妇女发展的相关举措

如果说 20 世纪 90 年代前期是一个政策制定的过程,那么 90 年代后期就是政策落实的过程。在具体落实妇女运动精神和相关政策规定上,彭珮云同志在第四次世界妇女大会上发言表示,为了实现《纲要(1995—

---

① 全国妇联办公厅编:《七大以来妇女儿童工作文选(1993 年 9 月—1998 年 6 月)》,《内部文件汇编》1998 年,第 32—33 页。

2000 年)》的发展目标,我国准备从组织妇女全面参与经济建设、大力发展妇女教育、提高妇女的健康水平等六个方面采取行动。① 结合第四次世界妇女大会的主题"就业、保健与教育",下面将从妇女就业、健康、教育三个方面梳理 20 世纪 90 年代后期妇女发展方面的举措与成效。

(一)组织妇女全面参与经济建设

一方面国家通过制定开发妇女人力资源规划等形式鼓励、帮助妇女进入劳动力市场,参与经济建设活动。"妇女也只有积极参加建设自己的国家,积极投身于和平与发展的时代潮流,才能达到妇女地位提高的目的"②。在 20 世纪 90 年代深化国有企业改革的背景下国家通过再就业工程,加强妇女的职业技术培训,提高妇女就业能力,大力发展第三产业,引导妇女树立新的就业观和择业观,扩大妇女就业领域和就业机会。到 2000 年,我国妇女整体劳动参与率达到 71.52%,城镇单位 1.1612 亿就业人员中,女性占比为 38%。从行业分布上来看,女性就业主要集中在农林牧渔业、制造业、批发零售贸易餐饮业、教育文化艺术和广播电影电视业。女性就业比重分别为 68.8%、12.5%、7.3% 和 2.8%,分别比男性高 8.1、0.1、1.1 和 0.4 个百分点③。另一方面,由于贫困是影响妇女就业的重要原因,国家对贫困地区的或处于不利境地的妇女给予特殊扶持,使她们摆脱贫困。政府将性别观念纳入扶贫开发的政策制定中,鼓励金融机构为农村贫困妇女提供优惠贷款,对那些贷款困难的妇女,国家通过专项优惠贷款和小额信贷的方式帮助她们。同时鼓励妇女作为脱贫工作参与者,积极根据自身特点和优势探索脱贫致富方式。而帮助妇女摆脱贫困,光靠政府力量是不够的。1994 年 4 月 15 日国务院发布了关于印发《国家八七扶贫攻坚计划》的通知,其中第七部分"社会动员"七条内容号召社会各界力量参与到扶贫攻坚任务当中,"积力之所举,则无不胜也;

---

① 全国妇联办公厅编:《七大以来妇女儿童工作文选(1993 年 9 月—1998 年 6 月)》,《内部文件汇编》1998 年,第 278 页。

② 全国妇联办公厅编:《七大以来妇女儿童工作文选(1993 年 9 月—1998 年 6 月)》,《内部文件汇编》1998 年,第 39 页。

③ 马京奎:《中国社会中的女人和男人——事实和数据》,中国统计出版社 2002 年版,第 35—42 页。

众智之所为,则无不成也"。非政府组织尤其是妇联在其中作出了巨大贡献。1989 年全国妇联联合农业部、林业部等 11 个部门发布了《关于在全国各族农村妇女中深入开展学文化、学技术、比成绩、比贡献竞赛活动的联合通知》,10 年来已有 1.2 亿农村妇女参赛,近亿名农村妇女接受了实用技术培训,1500 万妇女参加了农函大、农广校学习,取得了较好的经济效益和社会效益,妇女经济参与能力大幅提升。① 1995 年全国妇联发布的《关于"九五"期间开展巾帼系列行动的决议》提出了要重点抓好巾帼扶贫行动,指出"各级妇联要在原有基础上,扩大扶贫联系点、联系户,注重科技扶贫、项目扶贫并发展以妇女为主的扶贫经济实体"。到 1998 年这项活动已经"帮助 58 万妇女脱贫,对 2310 万农村妇女进行了农业新技术培训,有 66 万多名较富裕的妇女与贫困妇女结为对子"②。

(二)提高妇女的健康水平

在提高妇女健康水平方面所采取的措施,1995 年世界妇女大会《北京宣言》和《行动纲领》执行成果报告对此归纳得非常全面细致,包括:(1)建立完善的县、乡、村三级妇幼卫生保健网络;(2)启动"降低孕产妇死亡率和消除新生儿破伤风"项目;(3)提供生殖保健服务,保护妇女生育安全;(4)在农村开展改水、改厕行动,为妇女生存提供良好环境;(5)通过建立防治艾滋病性病协调会议制度和设立防治艾滋病专项经费等加强各年龄段尤其是青少年艾滋病防治工作;(6)政府有关部门加强对外合作,有效利用外部资金,通过各类项目活动形式支持妇幼卫生事业发展;(7)通过开展"全国九亿农民健康教育行动"等行动,以广播、电视、宣传册等多形式加大妇女健康教育宣传力度,提高妇女保健意识;非政府组织密切协助政府做好妇幼卫生保健工作。

---

① 《北京+5 政府报告》(中华人民共和国一九九五年第四次世界妇女大会《北京宣言》《行动纲领》执行成果报告),中国妇女研究网,见 http://www.wsic.ac.cn/internationalwomenmove-mentliterature/66144.htm。

② 《北京+5 政府报告》(中华人民共和国一九九五年第四次世界妇女大会《北京宣言》《行动纲领》执行成果报告),中国妇女研究网,见 http://www.wsic.ac.cn/internationalwomenmove-mentliterature/66144.htm。

（三）大力发展妇女教育

这一时期我国发展妇女教育主要从四个方向出发,一是普及九年义务教育,通过采取办女童班等多种办学形式为边远或贫困地区女童提供入学机会,降低女童的失学率和辍学率。除女童班外,我国在中国儿童少年基金会设立了"春蕾计划"和"希望工程",号召社会力量参与,旨在让失学女童重返校园。到 1999 年,按各地相应学龄、学制计算,我国小学学龄女童净入学率达到 99%①。二是大力开展青壮年扫盲活动,尤其是边远、贫困和少数民族地区,全国妇联为此提出了"巾帼扫盲行动",并继续"配合国家教委完成每年扫除 300 万妇女文盲的任务"。截止到 1998 年,我国女性成人文盲率由 1990 年的 31.93%下降为 22.60%,15—45 岁的女性文盲率已低于 8%。三是逐步提高女性接受中级教育和高级教育的比例,培养女性科学技术人才。截止到 1999 年年底,"中国科学院、中国工程院有女院士 70 人,占院士总数的 6%,高于世界其他国家的女院士比例"②。2000 年我国获得硕士和博士学位的女性人数共计为 18587 人,比 1995 年获得硕博学位的人数提高两倍以上。③ 四是"发展妇女成人教育、职业技术教育,增加妇女接受职业教育及继续教育的机会。目前,全国已建立了 1600 多所女子中等职业学校和 3 所女子职业大学,开设了 60 多个适合妇女的专业"④。

纵观 20 世纪 90 年代妇女事业的发展,可以发现这一阶段不论是理论还是采取的实际行动上,妇女权益保障都获得极大突破,妇女发展成为重要内容。从 1990 年江泽民同志在三八国际劳动妇女节 80 周年纪念大会上提出"中国共产党用以指导妇女运动的理论,是马克思主义的基本

---

① 纪宝成:《中国教育统计年鉴 1999》,中国统计出版社 1999 年版,第 14 页。

② 《北京+5 政府报告》(中华人民共和国一九九五年第四次世界妇女大会《北京宣言》《行动纲领》执行成果报告),中国妇女研究网,见 http://www.wsic.ac.cn/internationalwomenmovementliterature/66144.htm。

③ 数据来源于《中国教育统计年鉴 2000》和《中国教育统计年鉴 1995》。

④ 《北京+5 政府报告》(中华人民共和国一九九五年第四次世界妇女大会《北京宣言》《行动纲领》执行成果报告),中国妇女研究网,见 http://www.wsic.ac.cn/internationalwomenmovementliterature/66144.htm。

原理及其妇女观"到第四次世界妇女大会提出的将性别意识纳入决策主流的观点,再到我国将妇女发展纳入国民经济与社会发展规划中,妇女的维权不再局限于狭义的保护合法权益不受侵害,而是实现妇女自身的发展,发挥妇女在创造文明、推动人类文明前进中的作用。20 世纪 90 年代后期,在落实第四次世界妇女大会精神和《纲要(1995—2000 年)》中,妇女以投身于现代化建设的方式实现了维权和发展的目的,为实现国家第二步战略目标作出了巨大贡献。这一阶段还建立了妇女状况监测系统,成立了《纲要(1995—2020 年)》监测评估工作组,为保障《纲要(1995—2020 年)》内容的实施提供助力。然而,我国妇女权益保障还面临着女职工下岗再就业、女性受教育程度尤其是农村女性普遍较低、女性参政比例下降等诸多问题。

7.2.4 全面建成小康社会进程中的贫困女性群体的保障问题(2000—2019 年)

21 世纪以来我国妇女权益保障迈入新的历史发展阶段。这一时期妇女权益保障的工作重点主要是聚焦特殊群体问题,即在妇女权益保障全面系统的法律体系、组织体系和工作体系的支持下重点关注特殊困难群体的发展,并在不断变化的发展背景下迎接和应对新的挑战。这一方面是由于新中国成立 50 年为妇女权益保障的进一步发展奠定了雄厚的基础,妇女权益保障可以由面到点,由普及型发展到针对性帮助。进入 21 世纪,我国国民经济持续快速健康发展,"九五"计划顺利完成,"十五"计划开局良好,改革开放不断深入,取得丰硕成果,社会主义民主政治和精神文明建设成效显著,人民生活总体达到了小康水平,我国开始进入全面建设小康社会,加快推进社会主义现代化的新时期。历史发展成果和新时期发展目标都指导着妇女权益保障下一步行动,《中华人民共和国妇女权益保障法》的修订以及相关法律法规的出台完善了我国妇女权益保障立法体系,《中国妇女发展纲要(2001—2010 年)》(以下简称《纲要(2001—2010 年)》)和《中国妇女发展纲要(2011—2020 年)》(以下简称《纲要(2011—2020 年)》)的发布以及后续落实行动推进了我国妇女权益保障的组织和工作进展。而另一方面,在国内外处于大发展大变革大调整的背景下,我国进入深化改革开放、加快转变经济发展方式的攻坚时期,党的十八大提出我国到2020年全面建成小康社会的宏伟目标并作出战略部署。新一阶段的国民经济和社会发展背景让我国妇女权益保障也面临着新的挑战与机遇。但历史终将证明妇女发展之路会越来越光明,虽然妇女解放是一个长期缓慢的过程,妇女受到不公正对待现象仍有发生,但"这种现象是一定历史条件下的产物,因此它必将被新的历史条件下的男女平等所替代"①。

一、全面建设小康社会进程中的妇女权益保障

结合国家出台有关妇女的法律法规和通知文件以及全国妇联文件可以发现,在步入全面建设小康社会的十多年间,我国妇女权益保障是在前十年的基础上进一步落实第四届世界妇女大会《北京宣言》和《行动纲领》精神,在完成《纲要(1995—2000年)》的基础上制定并执行《纲要(2001—2010年)》和《纲要(2011—2020年)》,是新一轮的妇女权益保障,即法律法规的颁布与完善,政策指导下的妇女维权与发展行动。在这样一轮轮的妇女权益保障活动中我国妇女权益保障体系基本形成。进一步的文件研究发现了这一时期妇女权益保障行动的一大特点,即关注特殊困难妇女群体的发展,包括西部边远、贫困和民族地区妇女,城市下岗再就业妇女群体及农村妇女富余劳动力群体等。

(一)项目化帮扶边远、贫困和民族地区妇女

为深入贯彻落实党中央和国务院关于实施西部大开发的精神,这一时期的妇女权益保障活动中涉及许多西部妇女帮扶项目。为促进西部地区妇女发展,2000年全国妇联启动"建西部美好家园"行动,开展"八千项目"活动。为促进西部医疗状况的改善和增强人们的健康意识,2001年卫生部联合妇联等共同举办"托起西部的太阳——中国西部母亲儿童健康巡回义诊活动"。同年,全国妇联中国妇女发展基金会开始在西部地

---

① 全国妇联办公厅编:《"六大"以来妇女儿童工作文选(1988年9月—1993年6月)》,中国妇女出版社1993年版。

区组织实施解决群众饮水困难的"大地之爱·母亲水窖"项目。实施该项目是妇联组织和水利部门实践"三个代表"重要思想、维护广大妇女利益的具体体现,是协助政府解决缺水地区群众饮水难、改善群众生存环境、生产条件和生活质量的有效举措。① 这一年,"卫生部、国务院妇儿工委和财政部在西部地区 378 个县共同组织实施的降低孕产妇死亡率和消除新生儿破伤风项目"②显著提高了西部地区妇幼保健工作成效。2003年全国妇联和国务院相关部门共同推出了"中国母亲援助"行动,通过"开展妇女扶贫、妇女健康、女性创业与就业、女性培训、能力建设等一系列以援助女性为主的社会公益活动"③帮助妇女摆脱贫困,提高素质,从而参与到小康社会建设中。除此之外,2004 年农业部在中西部地区实施"丰收计划""温饱工程"和"绿色证书"等科技扶贫项目,人口计生委组织多家新闻单位参加"关爱女孩西部行"活动,积极推进"幸福工程"。这些活动大多数是可持续开展的,长期的努力为西部边远、贫困和民族地区的妇女提供了生产生活和提升自身素质的帮扶,为她们进一步利用自己的其他合法权益参与到社会经济建设中创造了有利的条件。

(二)积极为城市下岗再就业妇女群体和农村妇女富余劳动力群体提供就业帮助

新时期为贯彻落实全面建设小康社会的战略目标和促进妇女合法就业权益的实现,广大妇女群体应该积极投身于经济建设当中,在自己的就业岗位上发光发热。为帮助她们走上就业岗位,劳动部、农业部等联合妇联群团组织开展各类就业培训及相关服务。在城市下岗再就业妇女群体方面,1999 年年末全国妇联、民政部等 8 个部门联合发起了"巾帼社区服务工程",推动下岗女职工再就业,积极配合政府关于妇女创业和下岗女工再就业的工作,并在活动中不断总结经验,在经济全球化和我国新型城

---

① 全国妇联办公厅编:《妇女儿童工作文选(2001 年 1 月—2001 年 12 月)》,中国妇女出版社 2003 年版,第 208 页。

② 全国妇联办公厅编:《妇女儿童工作文选(2002 年 1 月—2002 年 12 月)》,中国妇女出版社 2003 年版,第 5 页。

③ 全国妇联办公厅编:《妇女儿童工作文选(2005 年 1 月—2005 年 12 月)》,中国妇女出版社 2006 年版,第 392 页。

镇化建设背景下积极探索利用城市小额信贷的方式帮助下岗女工实现再就业,拓展妇女创业和下岗女工再就业的渠道,帮助妇女树立新型的正确的就业观和择业观。2002 年,为进一步做好下岗失业人员再就业工作,中共中央、国务院印发《中共中央、国务院关于进一步做好下岗失业人员再就业工作的通知》(中发〔2002〕12 号),从完善和落实促进再就业的扶持政策、积极创造就业岗位和强化再就业培训等多个角度予以指导,其中还提到要为有就业能力和就业愿望的 40 岁以上的就业困难女性提供临时岗位等再就业援助。2003 年,劳动和社会保障部为积极指导女性下岗失业人员灵活就业,出台了《关于非全日制用工若干问题的意见》(劳社部发〔2003〕12 号)。2004 年全国妇联与劳动和社会保障部发布《关于进一步推进妇女创业与再就业工作的通知》(妇字〔2004〕14 号)。其中,再就业培训对象包括下岗失业妇女、女大学生、农村富余女劳力等。"对培训合格的学员,应按规定给予培训经费补贴;对培训合格后有职业技能鉴定要求的,应优先提供职业技能鉴定服务"[1],为有就业能力和就业需求的妇女提供就业便利。在农村妇女富余劳动力群体方面,2001 年彭珮云同志曾在全国妇联八届四次执委会议上提到,"随着农村经济的发展和城镇化战略的实施,农村富余劳动力到城镇就业和跨区域流动是必然趋势"[2],要关心农村富余劳动力的转移。2004 年农业部、财政部等多个部门联合发布通知(农科教发〔2004〕4 号)决定共同组织实施"农村劳动力转移培训阳光工程",加强农村劳动力转移培训,加快农村劳动力转移。据此,为促进农村妇女富余劳动力转移,2005 年全国妇联和农业部发布了《关于加强农村妇女富余劳动力转移培训工作的意见》(妇字〔2005〕22 号),其中提到要将农村妇女富余劳动力转移培训摆在重中之重的位置,要以利用各类培训基地、开展多种形式培训等多重手段整合培训资源做好培训工作,要利用中国妇女劳动力转移就业网、中国农村劳动力转移培

---

① 全国妇联办公厅编:《妇女儿童工作文选(2004 年 1 月—2004 年 12 月)》,中国妇女出版社 2005 年版,第 255 页。

② 全国妇联办公厅编:《妇女儿童工作文选(2001 年 1 月—2001 年 12 月)》,中国妇女出版社 2003 年版,第 125 页。

训网和中国劳动力市场网等载体,积极为农村妇女搭建信息平台,提供有效服务。

不论是城市下岗再就业职工还是农村妇女富余劳动力,各级政府和相关部门所采取的政策措施最终目的是为了让妇女积极参与到社会主义现代化建设的潮流中,维护他们的合法就业权益,促进她们自身的发展。尽管是城市和农村两类不同群体,但在保护他们的就业权益,促进就业的过程中并没有绝对性的地域限制,鼓励农村妇女就近就地转移就业,也支持进城务工妇女返乡创业就业。

二、全面建成小康社会与妇女权益保障突破瓶颈

(一)如何在人口老龄化加深背景下实现老年妇女的体面生活

我国已经进入人口老龄化程度不断加深的阶段,进入 21 世纪 10 年后,我国 60 岁以上老人约 1.78 亿人,占总人口比重的 13.29%[①],截止到 2018 年年底,60 岁以上老人的总量已经达到 2.49 亿,占比 17.9%[②],老人数量增速较快。据预测,从 2011 年到 2050 年,我国老年女性的增速将超过男性,女性增幅为 169%,男性为 151%[③]。党的十九大报告提出,中国特色社会主义进入新时代,我国社会主要矛盾已经转化为人民日益增长的美好生活需要和不平衡不充分的发展之间的矛盾。在人口老龄化程度不断加深的背景下,满足广大老年妇女群体对美好生活的追求和实现有尊严的体面的生活需要是一个具有挑战性的时代议题。众所周知,在现阶段的发展条件下,女性相比男性在社会发展中处于劣势地位,老年妇女更是如此。结合第三期妇女社会地位调查数据来举例说明:生活方式上,在工作日女性的总劳动时间高于男性,休息日的休闲时间低于男性。到老年阶段,两性之间也呈现女性劳动强度大于男性的特点。平均而言

---

① 《2010 年第六次全国人口普查主要数据公报(第 1 号)》,国家统计局网站,见 http://www.stats.gov.cn/tjsj/tjgb/rkpcgb/qgrkpcgb/201104/t20110428_30327. html.

② 《李希如:人口总量平稳增长　城镇化水平稳步提高》,国家统计局网站,见 http://www.stats.gov.cn/tjsj/sjjd/201901/t20190123_1646380. html.

③ 全国妇联妇女研究所老年妇女问题研究课题组、谭琳:《老年妇女——国家应对人口老龄化战略不可忽视的群体》,《老龄科学研究》2015 年第 3 期,第 70—80 页。

老年妇女每天从事家务劳动的时间为 154 分钟,是老年男性的 1.7 倍。但即使这样,因为女性在教育资源和其他家庭资源分配上处于弱势、社会参与程度低等原因,老年妇女的经济收入水平仍然低于男性。城乡老年妇女的年均收入分别为同地域男性的 49.6% 和 51.8%。老年妇女因为其生理机能的弱化和社会经济地位不高更容易成为社会弱势群体。在老年妇女更容易陷入贫困、疾病等状态的同时,我国这一个群体的规模正以不可阻拦的态势急速增长,形成了更为严峻的老年妇女问题和社会发展瓶颈。

在试图解决老年妇女问题时,尤其要关注三类群体,她们分别是农村老年妇女、高龄老年妇女和丧偶老年妇女①。她们在追求美好生活的过程中均面临着诸多阻碍因素。

第一,农村老年妇女相比城镇老年妇女处于更为艰难的生活环境中。一方面,她们的经济生活状况比城镇老年妇女差。从自身经济水平来看,农村老年妇女养老金低于城镇老年妇女,城乡间养老金获取处于不平衡状态②。另外,农村妇女从事更多的是附加值较低的农业劳动,城镇妇女受教育程度普遍更高,就业机会更大,她们获取经济资源的能力也高于农村妇女,这也加剧了农村老年妇女经济水平处于弱势的程度。从生活来源的角度看,第三期妇女社会地位调查数据显示,城镇老年妇女的首要生活来源是自己的离退休金或养老金的比例为 54.1%,农村老年妇女的首要生活来源是其他家庭成员资助的比例为 59.1%,可见农村老年妇女在生活方面更加依赖家庭,而城镇老年妇女更具备独立性。另一方面,相比于城镇地区,农村地区老年妇女的养老和医疗等社会保障服务相对较差。这既体现在养老和医疗等基础设施和服务水平上,也体现在老年妇女资源获取的主动性和便利性上。城乡二元经济的发展拉开了城乡社会保障服务水平的差距,整体上农村的养老服务和医疗服务水平都低于城镇。

---

① 全国妇联妇女研究所老年妇女问题研究课题组、谭琳:《老年妇女——国家应对人口老龄化战略不可忽视的群体》,《老龄科学研究》2015 年第 3 期,第 70—80 页。

② 翁飞潇、吴宏洛:《基于老年女性养老需求的福利供给探析》,《中共福建省委党校学报》2017 年第 1 期,第 91—98 页。

同时,农村较低的经济发展水平也影响了人们的就医观点,很多人是小病扛一扛,大病去省县城,定期体检的自主意识也低于城镇。

第二,高龄老年妇女面临着更大的健康风险和由健康问题引起的其他生活风险,需要着重关注这类群体,尤其是他们在老年妇女群体中的比重越来越高的情况下。有数据预测,我国高龄老年妇女的比例从 2011 年到 2050 年将会从 13.4% 快速增长至 25.2% 左右[1]。对于高龄老年妇女而言,健康是她们体面生活的第一保障。老年妇女面临的主要健康问题是慢性传染性疾病,部分老人还同时患有多种慢性病,疾病负担十分沉重。但是慢性病并不是一种马上致命的疾病,因此为高龄老年妇女提供非医疗的居家援助服务比医院等机构化的服务更为重要[2]。如何根据高龄老年人口的生理和生活特点来建立一个综合的长期照护服务体系是一个挑战。

第三,丧偶老年妇女,相比于其他同年龄段妇女,她们追求美好生活的难度更大。一方面,她们在维持生计上缺少了家庭主力角色丈夫的支持。对于老年妇女而言,她们大多数的婚姻家庭观念更多的是男主外女主内的模式,妇女的就业和经济能力较低,当失去配偶后,如果处于养老金水平和子女经济支持力度都较低的情况下,既要重新参与劳动就业活动中,又要兼顾家务劳动,还要失去以往丈夫对家庭的经济支持,这对老年妇女的经济打击是比较大的。另一方面,丧偶老年妇女处于心理不健康状态的可能性更高。缺乏伴侣的陪伴,老年妇女更容易陷入孤独、悲伤和抑郁的情绪当中。尤其是在农村地区大量青壮年劳动力外流,留守的孤寡老人妇女轻生的概率也相对较高。

(二)如何在全面二孩政策背景下保障妇女合理的就业权益

为应对人口老龄化问题,促进我国人口均衡发展,践行我国人口发展战略,2015 年党的十八届五中全会决定实行全面二孩的政策。全面二孩政策一出世就获得了社会广泛热烈的讨论和反馈。在政策认知上,一部

---

[1] 全国妇联妇女研究所老年妇女问题研究课题组、谭琳:《老年妇女——国家应对人口老龄化战略不可忽视的群体》,《老龄科学研究》2015 年第 3 期,第 70—80 页。

[2] 胡玉坤:《应对老龄化:中国如何抉择》,《中国经济报告》2017 年第 2 期,第 43—46 页。

分具有生育意愿的人得偿所愿,也有许多声音表示在妇女婚姻家庭和就业权益尚未完全实现的情况下,这项政策对妇女就业存在消极影响。生育与妇女是密不可分的关系,生育过程中妇女扮演着生育者的角色,生育后妇女也是生育出来的子女的第一教育者。"妇女不仅是民族的生物性再创造者,还是民族文化的再生产者。她们常被赋予'文化'监护人的任务,负有把文化传递给下一代的责任,并以特有的文化方式营造一个家。"①全面二孩政策实施至今,它的确给妇女就业各方面带来极大的冲击,让妇女在就业家庭关系中反复权衡,如何在这样的背景下维护妇女的就业权益,如何平衡妇女关于家庭和就业关系都值得思考和进一步研究。

全面二孩政策给妇女就业带来的影响是多层次的。第一,全面二孩政策给妇女带来更高的就业门槛。很多单位为了避免承担因为女性员工孕期产期等造成的企业成本支出而在招聘时明显地或隐晦地表达了对男性或已育女性的偏好。全面二孩政策的出台让这些单位或雇主重新评估关于雇佣女性劳动力所带来的二次生育成本和风险。女性就业面临着更深的性别歧视。一项实证调查研究显示,在业妇女所面临的就业歧视的表现前三名分别是:面试过程中更加关注女性的生育(43.2%)、招聘中更希望招男性(42.2%)、女性的录用标准更加严格(28.9%)。② 第二,全面二孩政策阻碍了妇女的职业发展。很大程度上它会阻碍妇女的职业晋升和进修,做出生育二孩的决定就意味着妇女会有很长一段时间的备孕、孕育、哺乳期,在这一段时期内妇女会损失很多就业机会和进修提升自我能力的机会,相比男性或者其他没有生育计划的妇女而言,她们丧失了进一步职业发展的先机和后天条件。第三,全面二孩政策会影响妇女的就业抉择,从而进一步影响女性就业结构。对于未婚女性而言,全面二孩政策无疑带来了更多的就业屏障,因为用人单位要权衡女性可能的两次生育行为带来的生育成本和给企业创造的效益。在这样的环境下,未婚女性对于未来职业选择就更为仔细慎重。尤其是高学历女性,她们在准备

---

① 陈顺馨:《妇女、民族与女性主义》,中央编译出版社2004年版,第42页。
② 兰庆庆、李志、陈侨予:《"全面二孩"政策下女性平等就业的现状分析、影响因素与提升策略——基于重庆市的实证调查》,《兰州学刊》2019年第2期,第117—13页。

工作的过程中会花费更多的时间,结合自身优劣势对未来职业规划和婚姻家庭关系进一步思考,积极寻求理想职业和家庭就业之间的平衡点。[①]对于已婚且有一孩的妇女而言,企业可能会因为她的二孩生育行为采取一些损害其权益福利的行为,比如当其怀孕时采取一些手段逼迫其主动辞职。而这些妇女也会考虑到生产后两个孩子抚育问题,有的妇女会选择放弃职业回归家庭。整体而言,生育前后的妇女更倾向于选择"母亲友好型"职业,即工作强度较小、就业时间和地点更为灵活的工作。这种选择也意味着更多的妇女会退出那些技术水平要求高、地位和收入高、发展前景好的职位,这进一步加深了职业的性别差异,反过来又加剧了男女职业差异带来的性别歧视,形成了一个恶性循环。[②] 第四,全面二孩政策会影响妇女的收入情况。有研究显示,计划生育政策时期有生育行为的妇女年收入为 4.76 万元,而单独二孩和全面二孩政策时期有生育行为的妇女年收入为 3.88 万元。不光如此,这三个时期的妇女同工不同酬的比例也是由低到高的,分别为 35.07%、30.82% 和 29.89%[③]。妇女职业收入降低和职业收入不平等现象是多方面原因共同作用的结果,这些多方面的原因就包含上述全面二孩政策给妇女求职、就职和职业选择带来的影响。

"发展离不开妇女,发展要惠及包括妇女在内的全体人民"[④],在国民经济和社会发展中,要让妇女在内的全体人民共享发展成果,当妇女就业权益受到损害时就必须采取措施解决对应问题。而且"中国实践证明,推动妇女参加社会和经济活动,能有效提高妇女地位,也能极大提升社会生

---

① 肖富群、刘凯欣:《"全面二孩"生育政策对高学历女性初次就业的影响》,《晋阳学刊》2019 年第 2 期,第 101—109 页。

② 杨芳、郭小敏:《"全面二孩"对职业女性的影响及政策支持研究——基于工作与家庭平衡的视角》,《中国青年研究》2017 年第 10 期,第 31—36+22 页。

③ 盛亦男、童玉芬:《生育政策调整对女性劳动力供需的影响研究》,《北京社会科学》2018 年第 12 期,第 96—104 页。

④ 习近平:《促进妇女全面发展 共建共享美好世界——在全球妇女峰会上的讲话》,《中国妇运》2015 年第 11 期,第 4—5 页。

产力和经济活力"①。在全面建设小康过程中,激发妇女活力、促进妇女发展就必须要降低乃至消除全面二孩政策给妇女就业权益带来的损害。

7.3 妇女权益保障的逻辑路径分析

妇女权益保障既是发展目标也是发展的工具性手段,即每一阶段的妇女事业是为了保障妇女合法权益的实现和不受侵害,这些保障工作也是实现妇女解放,促进男女平等发展的方式方法。新中国成立 70 年来我国妇女权益保障经历了不同的发展阶段,每一个阶段都有相同的也有不同的保障期望和发展方式,但保障妇女的权益究其根源仍然遵循着一般的逻辑思路,即发现并提出问题、分析问题和解决问题。发现问题即男女之间的不平等被社会广泛察觉和认知,相应的社会问题不断暴露,从而社会问题进入决策者视野成为政策问题。提出问题即如何实现男女平等发展的妇女权益保障目标,不断变化的发展环境让平等理念在妇女权益保障历史演变的不同时期有了不同的侧重点。分析问题即分析妇女权益保障的相关参与者,包括妇女权益保障的主体和妇女权益保障的对象。解决问题则是在发现问题、提出问题和分析问题的基础上采取合理方法降低问题带来的弊端和优化发展路径。以下从妇女权益的保障目标、妇女权益保障的参与要素和妇女权益保障的主要手段分析我国妇女权益保障的逻辑路径。

7.3.1 妇女权益的保障目标

妇女权益保障问题并不是开天辟地以来就存在的。在原始社会中,

① 习近平:《促进妇女全面发展 共建共享美好世界——在全球妇女峰会上的讲话》,《中国妇运》2015 年第 11 期,第 4—5 页。

生产力水平低下,女性担负着采集、狩猎任务,并因其繁育的生殖优势,在社会中占据主导地位。在母权制中基本不存在性别歧视一说,反而女性因其劳动能力和生育能力受到了更多的尊敬与保护。妇女问题的产生是生产力发展的必然结果,物质资料的生产和交换使得男性有了更多的外出机会和学习机会,女性反而因为生育和家庭事项处理而留守聚集地。私有制的产生和阶级分化让男女不平等日益扩大,女性在思想领域、生产劳动领域和社会领域都受到压迫。妇女解放运动伴随着妇女压迫而发展,妇女权益的保障目标指向男女平等,平等是一种"反抗性"的理想,是对特权和不公正的反抗。

纵观我国妇女权益保障 70 年的发展历程,可以发现妇女权益保障始终与我国社会主义发展道路紧密结合,妇女权益保障发展水平和经济发展水平相适应,妇女权益保障的男女平等目标在每一个阶段都有其鲜明特征。新中国成立到改革开放前,权力高度集中的政治制度和高度集中的计划经济体制让妇女解放和男女平等上升为国家意志,为妇女参与到国家政治和经济建设等活动提供了大量机会。为从一穷二白的状态走出来,建立计划经济体制,加速社会主义建设步伐,党和国家号召大力发展生产力,通过立法等手段促进妇女参与政治生活和生产劳动。国家干预的时代特性是这一阶段"妇女解放实践超越经济社会发展水平、超越妇女性别主体意识的发育,获得超常规发展不可缺少的支撑力量"[1]。这一阶段男女平等是原则性的平等,通过立法手段和行政命令实现男女权利平等。改革开放后我国进入中国特色社会主义建设时期,中国特色社会主义道路、理论、制度和文化的发展让妇女在新时期面临着新的机遇与挑战。20 世纪八九十年代的改革开放让妇女逐渐脱离了参与社会活动方面的国家强烈干预,拥有了更多选择自主性,但同时也失去国家的一部分庇佑,"基于女性的生理属性,她们在就业的过程中需要组织提供特殊的

---

① 揭爱花:《国家干预:中国妇女解放实践模式的体制建构》,《湖北社会科学》2011 年第10 期,第51—56 页。

保护,为此组织必须承担一定数量的额外代价"①,社会主义市场经济体制的建立使国家不再完全承担妇女就业中的"女性成本",女性在就业过程中需要提升就业能力、克服性别歧视带来的弊端,以此来获得就业机会。20 世纪 80 年代妇女权益保障的工作重点还在与损害妇女权益的恶势力进行斗争,90 年代经济体制改革引发的社会变革让男女平等理念从鼓励妇女参与发展到实现妇女自身的发展。到 21 世纪以后我国从全面建设小康社会步入全面建成小康社会,政治、经济、文化、生态和环境建设都取得巨大成就,人民生活水平不断提高,党和国家带领人民为实现中华民族伟大复兴而奋勇前进。这一时期妇女权益保障深入人心,男女平等的基本国策广为宣传,男女平等发展则进一步要求妇女共享改革成果,平等发展的目标更加关注特殊困难群体的发展。

7.3.2　妇女权益保障的参与要素

一、多元化的保障主体

70 年来我国妇女权益保障始终是在党的领导下进行的。我国妇女发展坚持党的妇女发展观,党的妇女观是马克思主义妇女发展观,坚信妇女对人类发展前进具有重要作用,妇女解放是一个长期过程,男女不平等是一定生产力条件下的产物,男女平等发展终将出现。我国妇女事业在党的领导下蓬勃发展,妇女权益得到有效保障。新中国成立后党的第八次全国代表大会分析了国内外形势和社会矛盾,并指出要把我国从落后的农业国发展成为先进的工业国。在党和国家的政策指导下,大量妇女从家庭生产走上社会化劳动生产岗位,积极为社会主义建设贡献力量。党的十一届三中全会开启了改革开放的序幕,做出了党和国家工作重点转移到经济建设上来的重大决策,党的十四大提出建立社会主义市场经济体制的经济改革目标,妇女权益保障从妇女解放到妇女参与经济建设,再到妇女发展,妇女权益保障的工作内容在党的领导下逐渐扩大,从改革

---

① 武中哲:《法律规范与组织策略:制度变迁中的女性劳动权益》,《妇女研究论丛》2011年第 6 期,第 21—26 页。

的多重环境下注重妇女儿童的生存保护到妇女积极投身社会主义经济建设,从维权走向多领域发展。之后"五位一体"和小康社会发展目标的提出,引导着我国妇女权益保障走向更加综合的发展道路,妇女权益保障服务于帮助妇女实现对美好生活的追求。

（一）政府是我国妇女权益保障的核心主体

我国妇女权益保障是自上而下开展的,政府既是维权负责人也是维权落实者。2005 年 8 月 28 日第十届全国人民代表大会常务委员会第十七次会议审议通过了关于修改《中华人民共和国妇女权益保障法》的决定。这次修订的一个重大成果是明确了执法主体和强化了政府在保障妇女权益方面的责任。原第四条规定"国务院和省、自治区、直辖市人民政府,采取组织措施,协调有关部门做好妇女权益的保障工作。具体机构由国务院和省、自治区、直辖市人民政府规定",修改为第六条"各级人民政府应当重视和加强妇女权益的保障工作。县级以上人民政府负责妇女儿童工作的机构,负责组织、协调、指导、督促有关部门做好妇女权益的保障工作。县级以上人民政府有关部门在各自的职责范围内做好妇女权益的保障工作"。① 政府在发挥保障妇女权益方面的作用主要是从以下两个角度出发,一是建立健全相应的职能部门。如 1990 年国家成立了国务院妇女儿童工作协调委员会(1993 年更名国务院妇女儿童工作委员会),主要负责协调和推动政府有关部门做好妇女儿童权益保障的工作。到1994 年省级政府建立相应的机构并由一位副省长负责;国务院每年召开一次分管副省长会议,以督促和检查各省份的妇女儿童工作。国务院妇女儿童工作委员会基本职能包括:协助国务院制定中国妇女发展纲要,协调各级有关部门制定实施纲要的发展方向,推动地方各级政府制定相应的妇女发展规划;建立健全妇女发展纲要的监测评估机制和评估体系,组织开展各级各阶段监测评估活动;协助推动各有关部门为妇女发展提供必要的人力资源和物质资源。二是促进各有关部门之间的沟通合作。如

---

① 全国妇联办公厅编:《妇女儿童工作文选(2005 年 1 月—2005 年 12 月)》,中国妇女出版社 2006 年版,第 3 页。

2008年国务院就针对拐卖妇女儿童问题提出了要"建立反对拐卖妇女儿童行动工作部际联席会议制度",并印发相关通知,加大我国在治理拐卖妇女儿童行径上的工作力度。这项妇女儿童工作联席会议公安部为牵头单位,一共有28个相关部门参与其中,通过定期交流妇女儿童合法权益中的重要情况和突出问题,研究解决措施。加深各部门在保障妇女权益、促进妇女发展方面的合作,实现多部门联动是政府保障妇女权益的重要工作内容和趋向。

(二)非营利组织是妇女权益保障的重要力量

社会团体、基金会和民办非企业单位在我国妇女权益保障取得丰硕成果中发挥了重要作用。以妇联为例,妇联在我国妇女权益保障发展中占据重要地位。从1949年成立以来,妇联在我国妇女权益保障历程中扮演着重要角色,在代表妇女发出诉求、维护妇女权益,促进男女平等方面做出了巨大的贡献。首先,妇联的发声和行动在法律上获得了支持,《中华人民共和国妇女权益保障法》规定妇联的职责是"代表和维护各族各界妇女的利益,做好维护妇女权益的工作"。在《中华人民共和国妇女权益保障法》出台之前,妇联的成立及其维护妇女权益的相关行动也是在党和政府的支持下进行的。党的历届代表大会和全国妇女代表大会都规定了妇联组织的职能地位和目标任务。《中华全国妇女联合会章程》明确了妇联的性质和地位是"全国各族各界妇女为争取进一步解放与发展而联合起来的群团组织,是中国共产党领导下的人民团体,是党和政府联系妇女群众的桥梁和纽带,是国家政权的重要社会支柱"。其次,从新中国成立到新世纪以来,不论妇联的角色特征是泛行政化组织还是转变为典型的非政府组织,从全国妇联到地方各级妇联以及相关组织都参与了妇女权益保障的每一个发展阶段。最后,妇联在代表和维护妇女权益方面做了大量的工作。在妇女权益保障立法方面,参与制定和修订国家根本大法、倡议制定并起草《中华人民共和国妇女权益保障法》和参与制定或修订其他妇女权益相关的法律法规。在妇女维权方面,成立维权工作机构、建立社会化维权工作机制、推动地方普遍建立法规政策性别平等评估机制和创新妇联维护女性公平就业约谈机制,建立起来一套规范化的有效的工作机制,对妇女合法权益保障和促进妇女发展起到积极作用。在具体维权工作方面,妇联代表妇女群体积极表达妇女观点和利益诉求,参与相关国家事务的决策和政策的制定;妇联根据党和国家的发展战略目标制定相应的规划,并积极落实,促进广大妇女参与国家现代化建设事业当中;广泛宣传国家关于妇女权益保障的相关法律法规,传达男女平等发展的基本精神等。

(三)妇女本身是保障其权益的最广泛群体

在妇女权益保障过程中妇女既是保障的客体对象,同样也是具有主观能动性的保障主体。妇女参与权益保障的方式主要是从两个方向出发,一是积极响应国家关于保障妇女权益的各项举措,如当号召妇女参政和参与社会生产时妇女积极从家庭单位走向社会环境,当新的婚姻制度建立后无数妇女依据新的制度安排和法律规定表达自己的婚姻家庭诉求和争取合法的婚姻权利及其他相关权益。二是通过提升自我发展能力提高妇女的防御能力,即保护自我合法权益不受侵害,提高在复杂多变环境中的适应能力。教育手段是妇女提升自我能力的最直接的方式,效益远远大于成本。一方面,教育提升的是妇女的可行能力,知识改变命运,这种能力不会因为其他天灾人祸而突然消失。另一方面,我国实行九年义务教育制度,科教兴国是我国社会主义现代化建设的发展战略,这为妇女自小接受教育提高素质提供了极大便利而不需要付出高昂成本。并且,国家不断完善我国义务教育、技术院校等中等教育、高等教育和科研机构等多层次的教育培养体系,出台各项科技人才培养方案和政策,建立健全就业培训机制和平台,为妇女参与社会活动提供后备力量。

二、多层次的保障客体

妇女权益保障的客体既包括待解决的妇女权益问题,也包括深处问题中心的目标群体。

在新中国成立到改革开放前这一段时期,我国妇女权益问题体现在国家大力发展生产力的需求和妇女劳动力供应不足的矛盾上,妇女无法平等地参与到国家决策和社会生产当中。因此这一阶段处理问题的主要方式是利用法律武器承认男女平等发展的合理性和必要性,让妇女参与社会活动有据可循。在改革开放初期,妇女权益保障面临的主要问题是旧有奴役妇女的封建主义和资源主义毒瘤思想与改革开放探索的碰撞使妇女人身和自由遭受损害的情况频发。20 世纪 90 年代改革开放步伐进一步扩大,社会主义市场经济体制建立,市场化竞争风靡在社会各个领域,妇女权益保障面临的主要问题是妇女缺乏发展的能力,因此这一阶段妇女权益保障工作的重点是重视妇女发展和提升妇女自我发展的能力。进入 21 世纪,妇女权益保障所出现的亟待解决的问题是特殊群体的特殊困难。几十年的妇女权益保障历程已经促使我国妇女权益保障体系初具规模,立法、政策和执行工作已经开展多年,现时期需要进行查漏补缺工作,具体问题用具体方法,组织开展不同的帮扶项目帮助贫困群体更好地生存生活、帮助有能力且有就业意愿的群体进入社会劳动当中等。不同时期因发展环境的不同,妇女权益保障面临的问题也有所不同。

按照不同的分类方式我国妇女权益保障的目标群体可以有不同的表现方式。按年龄划分,我国妇女权益保障的目标群体可以划分为女童、青壮年、中年和老年,每一个阶段的群体所面临的突出妇女权益问题有所不同,比如女童更重要的是生存和受教育权益,青壮年女性可能对就业权益关注更多。这个划分层次不是绝对的,比如老年群体可以细分为一般老龄和高龄老年群体。按婚姻状况划分,可以分为有配偶和无配偶状态,或细分为未婚、已婚、离异和丧偶。按地域可以划分为城镇妇女和农村妇女,经济、文化和教育等背景的不同影响着城乡妇女对权益保障的认知,也决定了他们面临着不同的权益困境,如农村妇女所面临的土地权益。按工作状态可以划分为有工作的、无工作的和已退休的妇女群体等。保障不同群体的合法权益需要结合群体特性进行合理安排,从而促进妇女的发展。

7.3.3　妇女权益保障的主要手段

一、法律是妇女权益的保护网

始终坚持从法律层面保障妇女权益和推动妇女发展。新中国成立尤其是改革开放以来,我国政府颁布了众多涉及妇女权益的法律法规来指导和促进我国妇女权益保障工作的进行,在国家根本大法《中华人民共和国宪法》对男女平等的立法承认和相关妇女权益保障规定的基础上,我国出台并修订了专门的《中华人民共和国妇女权益保障法》,这项法律对男女平等从相对单一的权利平等走向承认男女生理差异的平等发展给予了立法认可。除此专项立法外,各项涉及妇女权益保障的基本法不断出台和修订,如出台了《中华人民共和国人口和计划生育法》(2001)、《中华人民共和国农村土地承包法》(2002)、《中华人民共和国治安管理处罚法》(2005)、《中华人民共和国劳动合同法》(2007)和《中华人民共和国就业促进法》(2007)等,修订了《中华人民共和国婚姻法》(2001)、《中华人民共和国义务教育法》(2006)、《中华人民共和国未成年人保护法》(2007)和《中华人民共和国残疾人保障法》(2008)等。除妇女权益保障内容相关的基本法的建立,各部委还根据现有法律法规制定相应的命令和规章等,如《女职工禁忌劳动范围的规定》(1990)和《工伤保险条例》(2003)等。在上述法律法规的基础上,各地立法机构也因地制宜制定落实男女平等发展、保护妇女权益的地方性法规。并且,我国在经济发展和保障妇女权益的过程中积极签署了《消除对妇女一切形式歧视公约》等国际人权公约,参与世界妇女人权保护与妇女发展活动。通过完善和扩充原有法律内容以及出台辅助性的法律规定,我国已初步建立起以《中华人民共和国宪法》为基础、以《中华人民共和国妇女权益保障法》为核心,包括基本法、行政法规、单行条例和自制条例、地方性法规和国际公约在内的全面的、系统的、多层次的妇女权益保障法律体系。

立法作为妇女权益保障的第一手段,很重要的原因得益于我国的妇女权益保障是从上至下展开工作的,国家主导型的特点让法律成为引导和规范社会行为的有力武器,具有强制性,对于促进妇女解放和妇女发展十分有利。并且,通过颁布法律和普法教育让公民形成法律意识,有助于公民懂法、守法和依法办事。公民法律意识作为一种社会意识对促进国家民主政治和经济发展也具有积极的反作用。从立法内容角度来看,立法和颁布法律的过程从来不是孤立的,而是始终与社会发展阶段相适应。法律条文中不论是一开始就涵盖的男女平等思想还是后来将社会性别意识纳入决策主流发展,都是社会生产力发展的阶段性成果的具体表现,为促进妇女事业发展从法律上和思想上予以引导。从执法的角度来看,一方面各级政府和相关部门都制定相应的规划和实施方案来落实法律所表达出来的思想和要求。另一方面法律法规也是惩戒违法行为的利剑,正如马克思所言"法律只是在受到破坏时才成为实际的法律,因为法律只是在自由的无意识的自然规律变成有意识的国家法律时才起到真正法律的作用",法律不能预防人们的违法行为,但是可以对违法行为进行处罚规定。立法始终先行,为妇女权益保障工作既指明前进方向也提供披荆斩棘的武器。

普法宣传工作始终贯穿在立法和执法的过程中。加强妇女权益相关法制宣传教育,传播法律知识,有利于增强全社会男女平等意识,提高妇女维权意识,促进我国妇女权益保障和妇女发展。每一个阶段新的法律的出台和原有法律的修订,都伴随着各个部门和相关团体的法律宣传教育工作。以《中华人民共和国妇女权益保障法》为例,法律修订后,全国妇联就立即出台《关于切实做好〈中华人民共和国妇女权益保障法〉宣传贯彻工作的意见》,并就增强宣传效果提出了三点意见:一是"要在大力宣传妇女权益保障法的同时,拓展宣传内容,注重宣传我国宪法'尊重和保障人权'以及男女平等原则的内容,配套宣传其他相关法律、法规、规章和国际公约的内容"①;二是"扩大宣传覆盖面,着眼全社会开展宣传活动"②,既要在普通群众中宣传,也要在各个相关责任主体中开展宣传活动;三是"要创新宣传形式,充分利用广播、电视、报刊、互联网等宣传媒体的优势"③,让宣传喜闻乐见并深入人心。

二、政策是妇女权益保障的方向标

政策是保障妇女权益的最常用的工具性手段。政策是党和政府机关

---

① 全国妇联办公厅编:《妇女儿童工作文选(2005年1月—2005年12月)》,中国妇女出版社2006年版,第325页。

② 全国妇联办公厅编:《妇女儿童工作文选(2005年1月—2005年12月)》,中国妇女出版社2006年版,第325页。

③ 全国妇联办公厅编:《妇女儿童工作文选(2005年1月—2005年12月)》,中国妇女出版社2006年版,第325页。

及其相关人员为实现或服务于一定社会政治、经济、文化目标所采取的政治行为或规定的行为准则,是一系列谋略及其对应举措的总称。它是一个有目的的活动过程,是阶级意志的表达,本质在于协调社会价值的分配,服务于社会经济的发展。① 正如上述历程回顾中所提到的,在不同阶段为促进妇女发展,我国政府及其相关机构发布了众多关于保障妇女权益的政策。20 世纪 90 年代前后我国妇女权益保障政策具有明显的两个特征,20 世纪 90 年代前的政策导向是维护妇女权益和动员妇女参与到社会主义现代化建设中,政策的落脚点是保护与参与,保护妇女的合法权益,鼓励妇女参与社会活动。20 世纪 90 年代后的政策导向更多是将妇女发展纳入国民发展规划,在促进妇女自身发展的过程中发挥其推动实现中华民族伟大复兴奋斗目标的积极作用。以后者为例,20 世纪 90 年代以后男女平等成为我国一项基本国策,国家将妇女发展纳入国民经济和社会发展规划当中。20 世纪 90 年代我国发布了《纲要(1995—2000年)》,2001 年 5 月 22 日和 2011 年 7 月 30 日国务院分别印发《纲要(2001—2010 年)》(国发〔2001〕18 号)和《纲要(2011—2020 年)》(国发〔2011〕24 号),并通过建立相关检测评估小组、实行中期和终期测评、发布目标责任分解书等方式来促进纲要内容的落实。国务院各部委、各直属机构和相关团体制定了相应的纲要实施方案和计划,各省、自治区、直辖市和大部分地县也据此制定本地区规划,形成了中央和地方联动、短期目标和终期目标相结合的妇女发展规划。妇女权益保障的内容不断丰富完善,从着眼于妇女的经济参与和政治参与,到《纲要(2011—2020 年)》首次增设"妇女与社会保障"领域,我国妇女权益保障涵盖了妇女健康、教育、经济、决策和管理、社会保障、发展环境以及法律等多方面内容。妇女权益保障从落实男女平等权利到进一步将社会性别意识纳入法律体系和决策体系,促进妇女全面发展,实现两性和谐发展,使妇女通过参与社会发展和自身发展达成共享改革发展成果。

---

① 陈振明:《政策科学——公共政策分析导论》,中国人民大学出版社 2003 年版,第50 页。

7.4 总结与展望

经历了 70 年的风雨历程，我国已经初步建立起一套维权与发展并重的妇女权益保障体系，结合党的十九大提出的实现中华民族伟大复兴的中国梦和目前人们对美好生活的向往和追求，我国的妇女权益保障需要让妇女在参与到社会发展中去共享社会发展成果、实现自我发展。

从保障的内容来回顾我国四个不同时期的妇女权益保障之路：（1）改革开放前的妇女权益保障因带有浓烈的行政主导色彩，这一时期妇女的劳动就业权益和参政权利得到快速发展。（2）改革开放初期，为进一步消除封建残余和资本主义腐朽思想带来的妇女伤害，推动改革开放顺利进行，这一时期妇女权益保障重点关注妇女儿童的生存、生育和婚姻家庭权益，为激励妇女参与社会主义现代化建设而努力。（3）20 世纪 90 年代，我国妇女权益保障取得辉煌成就。这一时期我国颁布了专项的《中华人民共和国妇女权益保障法》，形成了包括政治权利、文化教育权益、劳动权益、财产权益，人身权利和婚姻家庭权益为主的妇女权益保障体系，制定了《中国妇女发展纲要》，将妇女发展纳入国民经济和社会发展当中，在第四次世界妇女大会上进一步提出"妇女的权利就是人权"的论述。（4）进入 21 世纪以来，从小康社会建设到全面建成小康社会，在不同发展阶段妇女发展有着不同的重点问题和面临着新问题，这一时期妇女权益保障关注边远、贫困和民族地区妇女生存发展问题，也积极保障妇女就业权益、动员妇女参与到经济建设洪流当中，妇女权益保障的内容也有所拓展，开始更多关注诸如有关家庭暴力、妇女发展环境等方面，不断丰富妇女权益保障的内容、完善保障体系。妇女权益保障发展是无止境的，我国妇女权益保障也需要与时俱进。

基于妇女权益保障的发展历程和现状，为使妇女投身实现中国梦的奋斗征程中,实现两性平等发展,我国妇女权益保障需要从以下几个方面继续努力:(1)进一步完善我国妇女权益保障体系。在立法方面要根据新情况补充制定相应的法律法规,完善对侵权行为的法律责任规定。在组织方面要强化政府责任,形成部门联动,同时重视和发挥妇联等非政府组织在妇女权益保障中的积极作用。在工作方面,要坚持党的领导,创新政府管理模式和优化组织工作方式。(2)进一步将性别意识纳入决策主流,构建先进性别文化,为实现两性平等创造优良的发展环境。将性别意识纳入决策主流就要求政府在制定国家发展相关政策时考虑到男女客观存在的差异,要求政府在政策落实时关注性别差异引起的政策效果不同,从而更有利于两性平等发展。构建先进性别文化是维护妇女权益、实现两性平等的重要一步,同时两性间的平等也是先进性别文化的核心内容。构建先进文化需要坚持马克思主义妇女观的引导,需要集合国家各部门和相关组织力量在全社会开展先进性别文化宣传教育活动。(3)增强妇女主体意识,提高妇女自身素质和能力。要在发展中提高妇女的独立自主意识、维权保护意识、社会参与意识和创新发展意识。要在增强妇女主体意识的过程中不断提高妇女自身素质,包括身心健康素质和价值创造能力,从而积极使其参与到中国特色社会主义建设中。在充分实现妇女的就业权益,让妇女广泛参与到经济建设和国家发展过程中提高妇女的社会地位,实现两性平等发展。

8

中国基本养老保险基金投资运营探讨

党的十九大报告指出,要按照兜底线、织密网、建机制的要求,全面建成覆盖全民、城乡统筹、权责清晰、保障适度、可持续的多层次社会保障体系。基本养老保险基金作为我国社会保障体系的重要组成部分,是人民群众的是"养命钱",其运行情况将直接影响到我国社会保障体系能否实现可持续发展以及社会的稳定。对我国基本养老保险基金投资运营发展历程进行回顾,将有利于厘清其历史发展脉络,把握未来发展方向。

8.1　基本养老保险基金投资运营沿革

我国基本养老保险基金由城镇职工基本养老保险基金(包括企业职工和机关事业单位工作人员)、城乡居民基本养老保险基金组成,其投资运营经历了不同的发展阶段。

8.1.1　地方自行投资运营阶段(1991—2005 年)

早在 20 世纪 90 年代初,企业职工基本养老保险基金就已形成一定结余,产生了投资运营的需求。《国务院关于企业职工养老保险制度改革的决定》(国发〔1991〕33 号)规定,企业职工基本养老保险基金可购买国债。但在政策执行中,地方由于投资冲动和管理不善,自行投资运营出现了一些乱象,甚至造成了严重的损失。1996 年《国务院办公厅关于一些地区挤占挪用社会保险基金等问题的通报》(国办发明电〔1996〕6 号)做出规定,社会保险基金结余主要用于购买国债和存入银行专户,不得用于其他任何形式的投资。1997 年,《国务院关于建立统一的企业职工基本养老保险制度的决定》(国发〔1997〕26 号)进一步规定基金结余额除预留相当于 2 个月的支付费用外,应全部用于购买国债和存入专户,严格禁止投入其他金融和经营性事业。后续政策,如社会保险基金财务制度等,都强调了这一要求。由于投资范围过窄,在社会经济高速发展时期,出现了基金隐性贬值的问题,造成了另外一种基金损失。

8.1.2　部分市场化投资运营阶段(2005—2015 年)

2005 年,随着企业职工基本养老保险基金做实个人账户试点范围的扩大,原劳动和社会保障部、财政部发布了《关于扩大做实企业职工基本养老保险个人账户试点有关问题的通知》(劳社部发〔2005〕27 号),对中央财政补助的个人账户基金作出了规定:由省(自治区、直辖市)政府委托全国社会保障基金理事会投资运营,全国社会保障基金理事会承诺一定的收益率。2006 年年底,全国社会保障基金理事会与首批 9 个做实城镇企业职工基本养老保险个人账户改革的试点省份(天津、山西、吉林、黑龙江、山东、河南、湖北、湖南、新疆)签署了相关委托投资协议,委托期限最短为五年,全国社会保障基金理事会承诺 3.5%的年收益率,并免收管理费用,相关费用由中央财政预算核拨。2007 年 2 月,财政部、劳动和社会保障部下发《做实企业职工基本养老保险个人账户中央补助资金投资管理暂行办法》,对个人账户中央补助资金委托全国社会保障基金理事会投资运营作出政策规定,要求将中央补助资金并入全国社会保障基金,统一按照相关规定进行投资运营,基本原则是在保证基金资产安全性的前提下实现基金的保值增值。

2012 年 3 月,经国务院批准,全国社会保障基金理事会受广东省政府委托,投资运营广东省企业职工基本养老保险结存基金 1000 亿元。2015 年 7 月,山东省确定将 1000 亿元企业职工基本养老保险结余基金委托全国社会保障基金理事会投资运营。

部分基本养老保险基金委托全国社会保障基金理事会投资运营,不仅实现了制度模式的转变,而且取得了较好收益,为基本养老保险基金全面开展投资运营摸索了经验,营造了较好的社会环境。除此以外,基本养老保险基金在这一阶段仍然只能存银行、买国债。

8.1.3　全面规范化投资运营阶段(2015年至今)

《中华人民共和国社会保险法》规定,"社会保险基金在保证安全的前提下,按照国务院规定投资运营实现保值增值"。党的十八届三中全会作出"加强社会保险基金投资管理和监督,推进市场化、多元化投资运营"的决定,人力资源和社会保障部、财政部会同有关部门加快完善基金投资政策。2015年8月,国务院印发《基本养老保险基金投资管理办法》(国发〔2015〕48号),改革原来基本养老保险基金只能存银行、购国债的传统做法,明确了市场化投资运作的基本原则、参与主体、资产配置、风险控制、管理机构和监管措施等内容。

按照国务院要求,人力资源和社会保障部会同有关部门,制定了相关细则。2016年9月,人力资源和社会保障部、财政部印发《关于做好基本养老保险基金委托投资工作有关问题的通知》(人社部发〔2016〕83号),对各省份基本养老保险基金委托投资工作做出具体要求。同时,制定保底收益、不保底收益两个版本合同,明确了合同双方的权利义务和具体合作事宜。2016年年底,部分省份与全国社会保障基金理事会正式签订基本养老保险基金委托投资合同,基本养老保险基金投资运营正式启动实施。2018年8月,人力资源和社会保障部、财政部印发《关于加快推进城乡居民基本养老保险基金委托投资工作的通知》(人社部发〔2018〕47号),明确各省按年分批启动,2020年年底前完成城乡居民基本养老保险基金委托投资全面实施的目标。

基本养老保险基金投资运营正式启动实施以来,截至2018年年底,已有北京等17个省份与全国社保基金理事会签署委托投资合同,合同总金额8580亿元,其中6050亿元资金已经到账并开始投资。正式投资运营以来,基金投资收益率比原先有明显提升。

8.2 基本养老保险基金 投资运营现状分析

8.2.1 基金委托投资规模相对较小

从目前已委托投资省份的情况来看,主要做法是各地政府根据基金结余情况预留一定支付费用后,将剩余基金归集到省级财政专户,再从各省份集中上解到全国社会保障基金理事会,最终形成投资资金池。政策制定初衷是希望基本养老保险基金累计结余中的绝大部分都能开展委托投资。但从具体实际情况来看,不少基金结余较大的省份只是"略有表示"地拿出部分基金委托投资,大量结余资金仍然沉淀在地方。按合同总额计算,2018 年年底的委托投资合同总额仅占全国基本养老保险累计结余量的 15.22%,离预期相差甚远。除一些省份因基金结余少、支付压力大确实难以委托投资外,造成地方对基本养老保险基金委托投资不积极的主要原因是地方对这项政策的认识存在误区:相比基金保值增值的内在需要,更看中结余基金对吸引金融机构支持、促进当地经济发展的外延作用。个别地方出现了将结余基金存放和金融机构承销地方债、协助办理社保经办业务相捆绑,致使政府部门之间迟迟无法形成共识,影响了政策实施效果,无法形成规模效应,制约了基金整体投资效益的提升。

8.2.2 基金投资运营激励不足

目前,基本养老保险基金委托投资的模式是实行中央政府集中运营模式,授权全国社会保障基金理事会作为唯一受托机构,受托管理各省份委托资金的投资运营。由于全国社会保障基金理事会自身事业单位的机构性质和功能定位与市场化和专业化的投资管理要求还存在一定的差距,很难构建起有效适应市场环境的运营体制和充分的激励约束机制。

在现有模式下,全国社会保障基金理事会同时负责全国社会保障基金和基本养老保险基金投资,使其投资管理工作具有相当的复杂性。前者属于"主权型"储备基金,追求风险收益最大化,具有投资期限长和风险容忍度高特征;后者属于"缴费型"基金,注重安全性和流动性,风险容忍度低且存在中短期支付压力。同时管理两种不同属性的养老基金,势必会加重全国社会保障基金理事会的投资管理压力,对其投资理念、资产配置、风险管控和治理结构等带来严峻挑战。

此外,由于基金结余和支付压力情况不同,不同省份对投资风险偏好和利益诉求存在较大差异。目前单一的委托模式有待进一步改进完善,以满足地方个性化、多元化的投资需求。同时,单一受托模式存在出现垄断、信息不对称等市场失灵现象的隐患,增加了基本养老保险基金投资运营监管难度。

8.2.3　基金投资运营监管力量薄弱

市场化投资运营实施以来,我国基本养老保险基金投资运营初见成效。但从投资监管的情况来看,监管力量明显滞后,严重制约了基金投资运营工作的发展。具体表现在:一方面,监管立法层次低,法规体系不完善。现行依据都是国务院规范性文件和部门规章,尚未形成国家级的投资监管法律法规。这使得养老保险基金投资监管的权威不足,监管手段有限,缺乏行政处罚的法律依据,难以形成对违法违规行为的有效监管。另一方面,缺乏独立的行政主管机构,专业监管力量不足。养老金投资运营事关国计民生和长治久安,目前并没有相对独立的行政主管机构。国家虽然设立了社会保险基金监管局,但只是人力资源和社会保障部的内设部门,除负责养老金投资监管的同时,还要承担社保基金的征收、支付、发放等环节的监管职责。在监管资源严重不足的情况下,与其他金融监管部门相比,缺乏必要的监管主导性和权威性,无法立足长远就养老金投资管理进行顶层设计,开展有效地行政监管,促进行业高速健康的发展,满足基本养老保险基金可持续发展的需要。

8.3 推动基本养老保险基金投资运营的对策建议

当前,我国基本养老保险基金投资发展的形势主要表现为:一是养老保险制度涉及亿万公众切身利益,随着人口老龄化的高峰临近,对国家经济发展和社会稳定影响深刻且长远。中国社科院世界社保研究中心发布的《中国养老金精算报告 2019—2050》预计,全国企业职工基本养老保险基金累计结余将在 2035 年耗尽,基本养老保险基金的可持续性已受到社会各界越来越密切的关注。二是基本养老保险基金投资,以其长期性、复杂性、敏感性,将与其他投资相分离,逐步成为独立的投资种类。三是基本养老保险基金投资监管必须同步增强。当前我国基本养老保险参保人数世界第一,养老金投资业务发展较快,投资主体结构复杂,基本养老保险基金投资一旦出现风险,不仅是经济金融问题,更会影响社会稳定,必须实施全方位、专业化、全链条、综合性监管,确保投资运营阶段的基金安全。对于我国基本养老保险基金的投资运营具体建议如下。

8.3.1 加快推进基本养老保险基金全国统筹

《中华人民共和国社会保险法》明确提出"基本养老保险基金逐步实行全国统筹",党的十九大报告中再次要求"尽快实现养老保险全国统筹"。之所以要推进养老保险全国统筹,除了解决统筹层次导致的政策规定不统一、缴费和待遇公平性不足、经办服务不规范、基金规模效应低、养老保险关系转移接续不顺等问题外,更重要的是可以有效化解当前地方局部利益和全国整体利益的矛盾,将大量沉淀在地方,特别是东部发达地区的基金结余更容易归集起来开展市场化投资运营,有助于更好地发挥基金投资规模效应,实现基金的内在"造血"功能,缓解各级财政日益加剧的"输血"压力,维护整个养老制度的健康持续平稳运行。

8.3.2 择机成立专门的养老金投资机构

参照国外养老金管理的经验,良好的投资运营机制是养老保险基金投资运营获得长期稳定的投资回报的必要保证。虽然从以往业绩来看,全国社会保障基金理事会业绩优异,但追溯原因也包括享受了大量政策红利的因素,其历史投资业绩不可复制。建议可以审慎研究引入竞争激励机制,成立专门的基本养老保险基金受托机构,与全国社会保障基金理事会共同管理基本养老保险基金投资运营。通过建立有效的激励机制,拓宽基本养老保险基金投资渠道,建立基于风险调整后的投资收益评估体系等手段,不断提高基金受托机构的投资管理能力和风险管控能力,在确保安全的前提下努力提高基金收益水平。

8.3.3 重视加强养老基金投资监管力量

当前,我国养老基金投资领域主体复杂,既有银行机构、证券机构、保险机构等,也有专门成立的养老保险基金投资机构。在现有的金融监管框架下,分行业监管难以形成合力,容易导致监管不一致或监管真空。鉴于基本养老保险基金以及补充性养老保险基金的资金性质和保障社会稳定的历史重任,成立一个独立的专业养老金投资监管机构是一个更优的选择。在具体设立形式上,建议参考国家医疗保障局的架构设立国家养老金投资监管局,加强该监管机构在政策制定和监督管理方面的权威性和独立性,自主制定监管政策和监管标准,统一协调行业发展,吸引专业人才,改进监管系统和监管工具,切实提高监管效能。

9

中国社会救助制度发展70年的嬗变与展望

9.1 中国社会救助制度发展历程回顾

本部分将对我国社会救助发展和转型的整个历程进行回顾,并根据不同历史时期社会救助制度的核心内容,对新中国成立 70 年社会救助发展进行阶段划分和特征概括。

9.1.1 1949—1966 年:稳定社会秩序为导向的救助制度建设

一、新中国成立初期我国经济社会失序

新中国成立之初,百废待兴,我国社会经济体系濒临破产,常年战乱和自然灾害导致社会存在大批受灾、失业以及流浪人群,上述群体面临严峻生存危机,社会秩序失序。在这样的背景下,建立社会救助等相关制度安排,解决社会中相当数量群体的生存问题,促进社会秩序尽快恢复,是新中国建立之初的迫切任务。

具体看来,这一时期我国的弱势群体大致可分为四类:第一,受灾群众。据统计,1949 年全国受灾面积约为 12787 万亩,遍布全国 16 个省。[①]同时,长期战争几乎瓦解了我国整体的防灾能力,很多地区由于无法抵御灾害而陷入大规模饥荒状态,部分省份甚至还面临瘟疫风险。1949 年,我国受灾人口约为 4555 万人,其中,染上瘟疫的人口达到了 30 万人。第二,失业群众。在封建势力、反动势力长期统治和压迫下,以及帝国主义长期侵略下,我国工商业基本发展停滞,城市存在严重失业问题。1950

---

① 《领导和组织灾民自救建国初期灾害救济的措施》,搜狐新闻,见 http://news.sohu.com/20080626/n257751859. shtml。

年9月,全国登记的失业工人和知识分子大约有140.85万人。[①] 在自然灾害和经济体系破碎的双重影响下,部分群众由于无法生存而去抢劫、偷盗,甚至选择自杀,严重影响了社会秩序。第三,娼妓乞丐。娼妓是我国封建制度的产物,这是新中国成立之初的一部分特殊群体。新中国成立初期的乞丐包括既包括传统职业乞丐,也有一部分由于战争而流离失所的人,这些人既是封建制度和战争影响下的受害者,也是影响社会秩序的重要人群。第四,老弱病残。由于常年战乱和灾害,老弱病残问题严重,迫切需要建立对应的救助救济体系,给予帮助。

二、以秩序恢复为导向建立救助制度

1949年中央人民政府政务院成立,1949年11月中央专门成立了内务部(民政部前身),从管理格局方面形成了以政务院主导、内务部主管和公安、财政部门配合的社会秩序治理基本格局,并基于这个治理格局持续出台了一系列的以恢复和建设社会秩序为核心的社会救助制度。如表9-1所示,这一阶段出台的各项社会救助政策,主要包括自然灾害、就业失业和社会救济三大方面,社会救助的定位也基本确立为"保障困难人群的基本生存需求"。下文将从建立灾害救助机制、建立失业救助体系、整改乞丐娼妓问题、托底保障困难人群等方面叙述新中国成立初期我国社会救助制度的发展。

表9-1　新中国成立初期社会救助制度相关政策(1949—1966年)

救助类别	发布年份	发布部门	文件名称
自然灾害	1949	政务院	《中央人民政府政务院关于生产救灾指示》
	1953	内务部	《农村灾荒救济粮款发放使用办法》
	1957	中共中央	《一九五六年到一九六七年全国农业发展纲要(修正草案)》

---

① 《中共中央关于失业救济问题的总结及指示》,《党的文献》2000年第4期,第18—21页。

续表

救助类别	发布年份	发布部门	文件名称
就业失业	1950	中共中央	《中共中央关于举行全国救济失业工人运动和筹措救济失业工人基金办法的指示》
	1950	中共中央	《中共中央关于失业救济问题的总结及指示》
	1950	政务院	《中央人民政府政务院关于救济失业工人的指示》
	1950	劳动部	《劳动部颁发救济失业工人暂行办法》
社会救济	1949	北京市	《关于封闭妓院的决议》
	1951	内务部	《关于春荒期间加强生产救灾工作的指示》
	1956	全国人大	《高级农业生产合作社示范章程》
	1956	中共中央	《一九五六年到一九六七年全国农业发展纲要(草案)》

（一）紧急治理自然灾害问题，建立灾害治理机制

1949年12月，中央人民政府针对灾害问题向全国发布《关于生产救灾指示》，要求各级人民政府提高救灾重要性认识，切实开展救灾工作，保障灾民最基本的生存需求。但是，由于当时可直接使用的救灾资源有限，无法满足庞大灾害人群的救助需要，因此，中央决定动员社会力量，发动群众共同参与治理灾害的过程。1950年2月，政府成立了中央救灾委员会，确定救灾工作方针为"生产自救、节约度荒、群众互助、以工代赈、并辅之以必要的救济"①，鼓励群众积极加入救灾活动中（如兴修水利、种植、募捐等）。到1956年，我国基本探索出一条政府与社会齐心对抗自然灾害的中国特色救灾制度，有效保障了受灾群众的基本生活，灾害救助制度得以建立。

（二）治理城市失业问题，建立失业救助体系

1950年年初，部分地区出现因工人问题引发的社会秩序紊乱，为稳

---

① 《中共中央关于举行全国救济失业工人运动和筹措救济失业工人基金办法的指示》，《党的文献》2000年第4期，第13—14页。

定失业群众情绪,缓解失业困境,1950 年 4 月 14 日,中央发布《中共中央关于举行全国救济失业工人运动和筹措救济失业工人基金办法的指示》,并提出,要在拟定恢复商业政策的基础上,举行全国范围内的救济工人运动,我国开始以治理失业问题为导向建立这一时期的失业救助制度。1950 年 5 月 1 日,全国总工会举办了失业救济活动,号召全体在业人员捐出自己一天的工资或者无偿劳动一日,为失业工人筹措救济金。上述活动最终共筹得 287 万亿多元救济基金,一定程度上帮助了各地的失业工人。1950 年 10 月,各地工会在政府的引导下,通过生产自救、还乡生产、发放救济金、转业训练和介绍就业等方式,使我国 178.48 万人包括失业工人、失业知识分子、半失业者和将失业者的基本生活问题基本得以解决,我国的失业以及由此引发的社会动乱得以控制。① 在此期间,我国积极探索了登记救济一体、以工代赈、生产自救、还乡生产与救济等失业救济方案,失业问题基本得以控制。1956 年,中央提出要在城市中实行单位制,要求企业为员工提供生活和福利保障,单位制成为这一阶段解决失业问题的基本手段,我国的城市失业问题得以解决。

(三)整改娼妓、乞丐问题,稳定社会秩序

1949 年 11 月,北京市第二届人民代表会议发布《关于封闭妓院的决议》,要求关闭妓院,将有家、有配偶的妓女送回或助其同配偶成婚,无家可归的妓女由相关民政部门统一纳入社会救助制度中进行集中训练、从事生产。同时,政府还为这一人群提供了医疗救助服务,为患有性病的妓女免费治疗。另一方面,新中国成立初期我国的乞丐人数众多,据统计,1952 年我国包括职业乞丐、游兵、因战争流离失所的贫民等流浪乞讨者大约有 24 万人。② 这一时期,乞讨者的偷抢拐骗等事件几乎为社会常态。1949 年 1 月北平解放后,市政府立即联合公安局、卫生局、纠察队和人民法院成立了处理乞丐委员会,大范围开展乞丐收容工作,将无劳动能

---

① 《中共中央关于举行全国救济失业工人运动和筹措救济失业工人基金办法的指示》,《党的文献》2000 年第 4 期,第 13—14 页。

② 高冬梅:《新中国建立初期弱势群体及其社会救助研究》,《中共党史研究》2005 年第 4 期,第 78—85 页。

力的乞丐安置到救济院、安老所、育幼所等机构,保障他们的基本生活,同时,也为有劳动能力的乞丐提供了就业救助,教育、组织他们有序参与到劳动中。以北京为典型,各地民政部门成立后基本都以这一方法治理本地的乞讨问题。据统计,到 1949 年 5 月,天津共收容乞丐 1594 名,南京共收容乞丐 3557 名,1953 年成都共收容乞丐 15559 名。①

(四)托底保障困难人群,城乡二元救助格局初显

对于少数残疾、丧失劳动能力的人口、无人赡养的老人和孤儿等特殊困难人群,内务部按照农村、城市两类户籍归属进行分类救助。一方面,建立城市社会救济制度,将城市中的困难人群全部纳入政策范围内给予社会救济金。具体来看,社会救济金的调整主要经历了两个阶段。第一阶段,统一规定了救济额。1953 年,内务部在第三次全国社会救济工作会中规定,大城市救济标准为每户每月 5—12 元,中小城市每月每户不超过 3—9 元②。第二阶段,调整了硬性救济额规定。1956 年,中央考虑到不同地区的特殊性,尝试调整了救助金额的标准,要求各地政府以当地民众的平均生活水平给困难人群以生活救济。另一方面,逐渐在农村建立起了五保救济制度。农村五保制度的探索和最终确立大约经历了三个阶段:(1)1953 年,内务部在发布的《农村灾荒救济粮款发放使用办法》提出,要将无劳动能力、无依无靠的孤老残幼确定为国家一级救助户③,由各地政府以当地经济水平为判断标准,给农村困难人口以救济金,或将其纳入福利院统一管理。(2)1956 年,十一届全国人民代表大会公布的《高级农业生产合作社示范章程》中提出,要将农村困难人群统一归并到农业社统一管理,由合作社保障其吃穿、幼年教育和老年安葬④。同年 4

---

① 张凤霞、马超:《建国初期党和政府成功治理乞丐问题历程及经验追溯》,《西南民族大学学报(人文社科版)》2015 年第 2 期,第 217—221 页。

② 刘喜堂:《建国 60 年来我国社会救助发展历程与制度变迁》,《华中师范大学学报(人文社会科学版)》2010 年第 49 期,第 19—26 页。

③ 高冬梅:《新中国建立初期弱势群体及其社会救助研究》,《中共党史研究》2005 年第 4 期,第 78—85 页。

④ 胡震:《1956 年〈农业生产合作社示范章程〉立法的历史考察》,《中国农业大学学报(社会科学版)》2018 年第 35 期,第 98—106 页。

月,中央发布的《一九五六年到一九六七年全国农业发展纲要(草案)》正式提出农村五保这一概念,要求农业合作社负责本社无劳动能力、生活无依靠的成员,照顾他们的生活,做到保吃、保穿、保烧(燃料)、保教(教育)、保葬[1],至此,我国农村五保制度初步形成。(3)1958 年,我国开始在农村实行人民公社制度,将原先农业生产合作社中的生产资料和财产转交由公社统一核算、分配,在这一过程中,农村五保制度也开始交由人民公社统一管理。至此,我国城市社会救济制度和农村五保制度得以建立。

9.1.2　1978—1992 年:贫困治理为核心的救助制度建设

一、经济社会秩序波动影响社会救助制度发展

新中国成立至 1956 年,我国社会经济秩序逐步恢复,基本建立起了以保障救济受灾、失业、乞丐妓女、老幼病残等特殊群体为主要目标的社会救助制度。随着社会秩序的重建和经济发展的恢复,1957 年中共八届三中全会通过的《一九五六年到一九六七年全国农业发展纲要(修正草案)》提出,要积极发展农业生产,争取短时间内赶超英美等国家。"大跃进"和随后的三年自然灾害,极大地影响了当时的经济秩序和社会救助工作。此外,在政治运动冲击下,政治、社会秩序受到严重影响,社会救助制度的运行也受到极大影响,制度发展基本停滞。

二、以贫困治理为目标恢复重建社会救助制度

1976 年,我国开始纠正"左"倾错误,重建、恢复社会秩序。同年 5 月,中华人民共和国民政部成立,重新设立了农村社会救济司和城市社会救济司,分别负责管理农村和城市的社会救济工作,社会救助体系开始恢复。从政府的相关政策来看(见表 10-2),这一阶段我国主要借鉴了新中国成立初期社会救助制度的建设经验,分别以农村和城市为中心恢复建立了社会救济制度,重点恢复重建了灾害救助制度,具体包括:第一,延续计划经济时期的农村五保政策,结合这一时期的农村家庭联产承包责任

---

[1] 《一九五六年到一九六七年全国农业发展纲要(修正草案)》,《华中农业科学》1957 年第 6 期,第 369—378 页。

制调整了农村社会救助政策;第二,衔接传统城市社会救济政策,将"文化大革命"时期和现阶段的全部困难人群纳入城市社会救助体系,由政府兜底保障所有城市居民的基本生活需求;第三,以改革开放后社会主义市场经济变迁方向为导向,全面重建灾害救助体系。

表 9-2 我国社会救助制度恢复重建相关政策(1978—1992 年)

政策分类	发布年份	发布部门	文件名称
农村	1980	中共中央	《关于进一步加强和完善农业生产责任制的几个问题》
	1984	民政部、中国人民保险公司	《关于积极开展农村保险工作的联合通知》
	1985	民政部	《关于扶持农村贫困户发展生产治穷致富的请示》
	1985	中共中央、国务院	《中共中央、国务院关于制止向农民乱派款、乱收费的通知》
城市	1982	国务院	《城市流浪乞讨人员的收留遣送办法》
	1982	国务院	《城市流浪乞讨人员的收容遣送办法实施细则(试行)》
	1986	国务院	《国营企业实行劳动合同暂行规定》
	1979	民政部、财政部	《关于改进优抚对象定期定量补助工作的规定》
灾害救助	1983	民政部	《关于严格执行灾民救济款专款专用原则的通知》
	1980	民政部等	《关于接受联合国救灾署援助的请示》

这一时期重建农村社会救助体系的主要任务是,改革原有农村五保政策,逐步建立起以五保为核心的农村社会救助体系。家庭联产承包责任制实行初期,农村的社会救助责任仍然由集体承担。随着农村合作社逐渐瓦解,我国农村社会救助制度开始向"依靠人民、政府兜底"的方向发展。1985 年 4 月,国务院批转民政部《关于扶持农村贫困户发展治穷致富的请示》,要求地方政府负责组织社会各界力量帮助农民发展

生产,提高农民自身的生产积极性,转变贫困人口的"等靠要"思想。同时,也出台了一系列如减免贫困人口税收、减免贫困家庭子女学杂费等政策,帮助农村贫困人口脱贫致富。自此,我国农村社会救助制度由集体负责转变为政府兜底。考虑到农村中仍然会有一大批由于失去原有保障而难以维持基本生活需要的深度贫困人口,中央开始探索建立农村救灾制度,将救灾和扶贫相结合,以形成治理农村贫困的长效机制,为农村贫困人口提供保障。① 在此期间也创新地尝试以征税方式建立社会救助保障基金。② 在一系列政策重建改革的过程中,我国农村社会救助制度基本得以恢复。总体来看,这一时期我国农村社会救助开始逐步转向以治理贫困为目标,同时创新尝试了将计划经济时期的五保供养制度转变为以税收为基础的五保供养制度,原先以村集体为中心的社会救助制度责任也交由国家和村集体共同承担。

城市社会救助在这一阶段的主要任务是,解决历史遗留问题,逐步恢复建立政府兜底的城市社会救济制度。1979 年,民政部召开了全国城市社会救济福利工作会议,明确提出城镇救助对象要满足"无依无靠、无生活来源的孤老残幼和无固定职业、无固定收入、生活有困难的居民"的条件,并且要求各地政府在城镇建立福利院、托老所和精神病院等福利机构,根据本地具体情况适当调整救济标准③,这标志着我国城市开始重建社会救助体系。这一阶段,中央要求民政部将优抚安置和救灾救济作为首要任务④,明确了重建社会救助体系的重要性。具体来看,这一阶段城市社会救济的目标主体为:包括"文化大革命"受害人员、错定成分人员、患病高校毕业生、解散文艺团体生活困难人员、刑事罪犯家属等在内的困

---

① 《国务院批转民政部门关于扶持农村贫困户发展生产治穷致富的请示的通知》,中华人民共和国中央人民政府网站,见 http://www. gov. cn/zhengce/content/2016 – 10/20/content _ 5122367. htm。

② 《关于制止向农民乱派款、乱收费的通知》,人民网,见 http://www. people. com. cn/GB/historic/1031/3644. html。

③ 林闽钢:《我国社会救助体系发展四十年:回顾与前瞻》,《北京行政学院学报》2018 年第 117 期,第 6—11 页。

④ 中华人民共和国民政部:《历年全国民政会议基本情况》,见 http://jnjd. mca. gov. cn/article/zyjd/xxck/201303/20130300433013. shtml。

难人群。政策实行主体为中央和地方政府,主要以发放救济金的形式进行救济。这些政策落实的过程中,我国社会救助制度基本恢复重建。据统计,到 1992 年,我国接受救济的城镇困难人口为 908 万人,基本覆盖了城市中的所有困难人群。①

改革开放以来我国灾害救助发生了较大的变化,主要包括从中央政府统筹管理到放权于地方政府,结合保险事业对抗灾害风险,以及尝试建立灾害救助专款专用管理体制三方面。

第一,我国开始打破原有中央统筹财政的局面,尝试进行分税制改革,与此同时,灾害救助的财政统筹管理责任也逐渐由中央统一管理转变为中央统筹、地方政府分管的形式。

第二,人民公社制度解体后,农村开始实行家庭联产承包责任制,原先对于村集体而言的灾害风险转嫁到农民身上,为了减轻自然灾害对农民的负面影响,政府在农村尝试引入保险制度。例如,1984 年民政部联合中国人民保险公司转发《关于积极开展农村保险工作的联合通知》提出要将保险事业同农村救灾救济工作相结合,以保障农民安定生活,提高他们的防灾抗灾能力,同时建议地方民政部门与保险公司合作,积极采取有效措施开展农村保险工作。②

第三,新中国成立初期我国灾害救助是与其他社会救助相结合而建立的,救济和救灾经费一直是由政府统筹管理而未作区分。改革开放后,政府开始将二者分开,建立了灾害救助专款专用原则,1983 年 10 月民政部下发《关于严格执行灾民救济款专款专用原则的通知》,要求地方政府实行灾民救济款专款专用原则,切实将救济款用于解决灾民口粮、穿衣、住房、治病等困难,不得将其用于防汛、抗旱、排涝、交通等方面。③ 至此,

---

① 张世飞:《1978—1992 年中国社会保障事业的恢复和发展》,《党史研究与教学》2008 年第 4 期,第 81—90 页。

② 《民政部、中国人民保险公司转发山东省民政厅、中国人民保险公司山东省分公司〈关于积极开展农村保险工作的联合通知〉的通知》,汇法网,见 https://www.lawxp.com/statute/s578064.html。

③ 民政部:《关于严格执行灾民生活救济款专款专用原则的通知》,汇法网,见 https://www.lawxp.com/statute/s1056450.html。

我国的灾害救助制度在创新中重建。

9.1.3 1993—2013 年:低保制度为核心的救助体系建设

一、单一救助政策的边界与挑战

随着社会主义市场经济体制发展方向的确立,我国逐渐恢复重建了城市、农村社会救助制度,创新发展了灾害救助制度,将灾害救助制度管理责任下放到地方政府,最终形成了以地方政府为主、中央兜底保障为辅的城乡二元社会救济框架和灾害救助框架。

1992 年,党的十四大明确提出要建立社会主义市场经济体制,全面推进我国行政体制改革和机构改革,社会救助作为社会保障制度中的一个重要组成部分也需要进一步改革。在此过程中,社会救助制度存在的城乡二元结构、地方发展不平衡、供给内容单一等问题开始凸显。改革社会救助机构、完善社会救助功能,解决社会救助所面临的现实挑战,意味着社会救助必须突破零散化制度限制,与社会保障制度结合重新确立自身的定位,朝体系化方向发展。

二、依托制度转型推进社会救助体系

1993 年 11 月,中央发布《中共中央关于建立社会主义市场经济体制若干问题的决定》,提出建立包括社会保险、社会救济、社会福利、优抚安置等在内的多层次社会保障体系,明确了社会救助制度的身份定位——社会保障体系中的最后一张安全网。1998 年中央发布《国务院机构改革方案》,提出民政部的内设机构为优抚安置局、救灾救济司、办公厅、社会福利和社会事务司等,明确了社会救助制度的责任主体——救灾救济司。制度架构的基本确立和相关职能部门的设立,为整合建立社会救助体系提供了基本条件,我国社会救助制度作为兜底的角色,在相关部门的带领下开始朝体系化方向发展。这一时期,我国社会救助制度的发展主要包括三方面:第一,探索建立城市最低生活保障制度;第二,铺开建设农村最低生活保障制度;第三,整合单项社会救助制度,尝试建立社会救助体系。

表 9-3　我国建立社会救助体系相关政策(1993—2013 年)

政策分类	发布年份	发布部门	文件名称
城市	1993	上海市民政局、劳动局等	《关于本市城镇居民最低生活保障线的通知》
	1997	国务院	《国务院关于在全国建立城市居民最低生活保障制度的通知》
	1999	国务院	《城市居民最低生活保障条例》
	2005	民政部、卫生部等	《关于建立城市医疗救助制度试点工作的意见》
农村	2007	国务院	《国务院关于在全国建立农村最低生活保障制度的通知》
	1994	国务院	《农村五保供养工作条例》
	2004	民政部、财政部等	《关于进一步做好农村五保供养工作的通知》
	2003	民政部、卫生部等	《关于实施农村医疗救助的意见》
体系建设	1998	中共中央	《国务院机构改革方案》
	2008	国务院	《社会救助法(征求意见稿)》

第一,缓解制度转型过程中的失业问题,探索建立城市最低生活保障制度。随着建立社会主义市场经济体制改革的推进,很多国有和集体企业面临破产危机,城市失业职工开始剧增(1992 年我国城镇登记失业人口达 363.9 万人,城镇登记失业率为 2.3%)①。但是,以往我国的失业救济政策都具有临时性特征,且后期建立的城市救济制度也是针对无劳动能力的困难人群,因而,社会救助制度无法为这一时期的失业人群提供保障。1993 年 5 月,上海市民政局、劳动局、社会保障局等联合发布《关于本市城镇居民最低生活保障线的通知》,开始探索建立城市最低生活保障制度,治理失业问题。这一政策不仅为失业问题的解决提供了新思路,也有效保障了其他困难人群的基本需要。随着上海试点的成功和部分地

---

① 中华人民共和国国家统计局网站,见 http://data.stats.gov.cn/easyquery.htm? cn＝C01。

区的成功推广,1994年,中央提出要在全国范围内推广建立城市最低生活保障制度,要求各城市以地方经济发展水平为基础制定本地的生活保障线,保障本地困难人群的基本生活需求。① 为了保证资金,国务院建立了社会救济专项救济基金,将城市最低生活保障纳入其中进行专账管理②,并在对象要求、救助主体、救助方式等方面明确规定了城市最低生活保障制度的具体内容,我国城市最低生活保障制度得以建立。

第二,治理农村贫困问题,建立农村最低生活保障制度,推进农村社会救助制度法制化进程。随着经济体制的转型,农村集体组织无能力继续帮助农民分散医疗、养老、教育、灾害等风险,当时恢复重建的农村五保政策,其覆盖对象只包括少数无劳动能力的人口。那些有劳动能力,但是由于自然灾害、生病、教育等原因难以满足自身生活需求的困难人群,很可能会陷入绝对贫困境地。基于此,农村开始探索功能更加完善的社会救助政策。1990年,各地农村开始效仿城市,尝试建立农村低保制度,并与五保政策衔接,共同兜底保障农村困难人群的基本生活需要。到1999年底,全国14个省(区、市)都建立了农村居民最低生活保障制度,316万农村贫困人口得到了保障。但是,由于不同地区农村基础设施、发展水平相差悬殊,难以制定统一政策。直至2007年,国务院初步确立了统一的农村最低生活保障制度,确定制度的目标要求、保障标准、保障对象、管理办法等方面的内容。

第三,以城乡最低生活保障制度和农村五保制度为主线,逐步建立起包括医疗、教育、住房、就业、临时、特困、受灾等多方面内容的救助体系。城乡最低生活保障制度的建立,保障了我国大多数困难家庭成员的基本生活需求。但是,很多困难人群仍然会由于医疗、教育、住房等方面的原因,造成家庭贫困,甚至导致家庭面临生存危机。因此,必须尝试建立社会救助体系,扩充社会救助保障功能。2003年,民政部、卫生部和财政部

---

① 《国务院主持召开第十次全国民政工作会议 "上为中央分忧下为百姓解愁"》,《乡镇论坛》1994年第6期,第3—4页。

② 《国务院关于在全国建立城市居民最低生活保障制度的通知》,中华人民共和国中央人民政府网站,见 http://www.gov.cn/zhengce/content/2016-10/19/content_5121479.htm。

发布《关于实施农村医疗救助的意见》，要求各部门尽快开展农村医疗救助工作的调研，为农村特困户提供医疗救助服务。① 2005 年民政部、卫生部、劳动保障部、财政部等联合出台《关于建立城市医疗救助制度试点工作的意见》，决定用 2 年时间试点，确定在 2—3 年内从建立城市医疗救助基金、确定救助对象、救助标准、申请规范、审批程序等方面逐步建立起城市医疗社会救助制度。② 到 2008 年，我国基本建立起城乡医疗救助制度。据统计，2008 年 9 月，城乡医疗救助制度累计救助人次达 4315 万人，包括民政部门直接施救人数为 744 万人，由民政部资助参加新农合人数为 2997 万人，由民政部资助参加城乡居民医疗保险人数为 574 万人。③此外，中央针对贫困家庭的就学难问题，在免学杂费、发救助金、免息就学贷款方面进行了尝试；为了解决城市困难家庭的住房难问题，探索建立了廉租房制度；为了解决由于临时失业或者临时灾害等问题的影响，探索建立了失业救助和临时救助制度。在此过程中还进一步规范了灾害救助制度，基本形成了社会救助体系架构。

9.1.4 2014 年至今：综合精准为方向的救助体系改革

一、现实要求社会救助提升综合性和精准性

随着我国各项社会救助制度的基本建成，我国社会救助体系的基本格局成型并完善。2014 年 2 月，国务院发布《社会救助暂行办法》，确定我国社会救助制度基本形成了以最低生活保障和特困人员供养为核心，以医疗、教育、住房、就业、临时、特困、受灾等制度为补充的"8+1"社会救助体系，标志着我国社会救助制度建设进入新阶段。

同时，这一时期社会经济社会发展也对社会救助的保障深度和广度

---

① 《民政部、卫生部、财政部关于实施农村医疗救助的意见》，《中国乡村医药》2004 年第11 期，第 31—33 页。

② 《关于建立城市医疗救助制度试点工作意见》，《重庆市人民政府公报》2005 年第 7 期，第 3—4 页。

③ 《2008 年城乡医疗救助制度全面实施》，中华人民共和国中央人民政府网站，见 http://www.gov.cn/jrzg/2009-01/10/content_1201631.htm。

提出了更高的要求。一方面,社会经济的进步和民众生活水平的稳步提高,要求社会救助制度不断提高保障水平;另一方面,我国的信息化发展新形势和政府部门的改革,要求社会救助制度必须创新发展,在精准救助基础上做好各救助项目的转接与创新。这对于社会救助制度来说,既是机遇也是挑战。

二、以社会转型为中心推进社会救助综合改革

2014 年至今,我国社会救助制度改革主要从以下三方面推行。第一,整合各单项社会救助制度,逐步建立起各部门之间的协调合作机制,以增强社会救助项目之间的紧密衔接。第二,进一步明确社会救助的制度目标,加强体系的精准性建设,既提高了社会救助制度的内容供给水平,也增强了社会救助准入过程中的精准度。第三,推进社会救助主体多元化发展,既缓解了社会救助制度供给不足的缺点,也提高了基层社会救助部门的经办能力。

表 9-4 社会救助制度改革相关政策(2014 年以来)

政策分类	发布年份	发布部门	文件名称
项目整合	2014	国务院	《社会救助暂行办法》
加强管治	2014	民政部	《开展社会救助专项整治 提高为民服务水平活动方案》
	2018	民政部	《居民家庭经济状况信息部省联网查询办法(试行)》
	2015	民政部、国家统计局	《关于进一步加强农村最低生活保障申请家庭经济状况核查工作的意见》
拓宽主体	2013	国务院办公厅	《国务院办公厅关于政府购买社会力量服务的指导意见》
	2015	民政部	《关于加快推进社会救助领域社会工作发展的意见》
	2017	民政部	《关于积极推行政府购买服务 加强基层社会救助经办服务能力的意见》

第一,整合各单项社会救助项目,加强各部门之间的协调合作机制建设,以稳固"8+1"社会救助制度体系。《社会救助暂行办法》的出台,标志

着我国社会救助制度体系覆盖了受助者的经济、医疗、教育、就业、临时风险等方面,形成了多维度风险覆盖,实行过程中涉及民政、卫生、教育、住房、人力资源等多个部门,因此,部门间协调合作,促进成体系的社会救助制度落地,成为这一阶段的建设重点。为加强各部门配合的有效性,2014年 3 月,由民政局、教育部、财政部、农业部、扶贫办等 23 个部门/单位组成的联席会议第一次召开,明确了各个部门的分工责任,强调了各部门之间合作、衔接的重要性。此后,中央决定通过每年召开一次联席会议的形式,加强各部门之间的沟通协调,推进社会救助体系建设,全国社会救助部际联席会议制度得以建成。制度要求各部门通过每年一次联席会议的形式总结年度重点任务和配合衔接要点,部署下一年度的任务。

第二,明确社会救助服务目标和对象要求,在提高救助水平的同时加强精准性建设,避免骗助漏助等现象。我国社会救助制度建设期间的目标是,尽可能地将全体困难人员都纳入社会救助政策范围内。社会救助制度建立初期在识别方面略有不足,很多非困难群众利用这一漏洞,通过人情、故意隐瞒信息等渠道享受社会救助政策。随着政策的发展,将非困难人群剔除出社会救助范围,是社会救助政策精准性建设中的一个重要步骤,也是提高社会救助水平的前提。2014 年 6 月,民政部印发《开展社会救助专项整治 提高为民服务水平活动方案》,要求基层部门开展排查工作,将不符合要求的社会成员剔除出社会救助保障范围。同时,还将社会救助制度与互联网发展结合,建立家庭经济状况核查制度,联网核查申请者的家庭收入、财产等,对社会救助范围内的人实行精准的动态管理。据统计,到 2016 年 3 月,全国 96% 的县已经建立了社会救助家庭经济状况核对制度。[①]

第三,扩大社会救助的服务供给主体,提高社会救助的基层经办服务能力,创新社会救助服务体系。新中国成立至今,以民政为中心的政府部门一直负责社会救助政策的管理、协调、运行等各方面的责任,但是,社会

---

① 《民政部、国家统计局关于进一步加强农村最低生活保障申请家庭经济状况核查工作的意见》,中华人民共和国民政部网站,见 http://www.mca.gov.cn/article/xw/mzyw/201503/20150315784951.shtml。

救助的水平和质量仍有待大幅改进。扩大服务主体范围,将近年来发展良好的社会组织、慈善组织和社会工作队伍纳入社会救助主体队伍中来,是社会救助制度转型中的重要一步。2015 年,民政部、财政部共同印发《关于加快推进社会救助领域社会工作发展的意见》,尝试将社会工作专业服务融入于社会救助体系,指明了社会工作的专业方法对于建设现代社会救助体系、创新社会救助服务模式的作用,明确了社会工作服务机构和工作者在社会融入、能力提升、心理疏导、资源链接、宣传倡导等方面的优势。① 2017 年,民政部发布《关于积极推行政府购买服务 加强基层社会救助经办服务能力的意见》,针对社会救助的基层经办服务能力不足,导致社会救助政策难以适时适当满足一些困难人群的需求的问题,提出县级以上政府可以通过政府购买社会救助服务的方式满足困难人群的基本需求,以提高社会救助服务项目的服务质量与效率。② 这些制度的推行,明确了社会救助支持主体建设的多元化指向,也指明了我国社会救助服务体系的未来发展方向。

9.2　中国社会救助制度改革成效评价

基于前文对新中国成立以来社会救助制度的发展,进一步对我国社会救助制度进行评价,评价分为制度演进评价、成效评价和不足评价三个部分。

9.2.1　我国社会救助体系的制度演进

第一,从对应单一特征困难人群的救济政策,到治理贫困问题的救助

---

① 《两部门共同发文加快推进社会救助领域社会工作发展》,中华人民共和国中央人民政府网站,见 http://www.gov.cn/xinwen/2015-06/10/content_2877094.htm。

② 《关于积极推行政府购买服务 加强基层社会救助经办服务能力的意见》,中华人民共和国中央人民政府网站,见 http://www.gov.cn/xinwen/2017-09/27/content_5227967.htm。

体系整合。自新中国成立到改革开放后的社会救助政策都对应具体致贫因素制定,为那些无法维持自身基本生活的人群提供单项保障,社会救助政策具有鲜明的"救济"特征。例如,新中国成立时确立的失业救济制度,改革开放后城市推行的最低生活保障制度,都是为了保障失业人口的基本生存需要。与之相似,新中国成立初期的农村五保制度到后期恢复的农村五保政策,也都是针对农村中无劳动能力且无人赡养的困难人群制定的,也只是为其提供了最基本的保障。在探索社会救助体系期间,政府开始关注到困难人群所面临的多种困难,因而尝试从医疗、教育、就业、住房等多方面建立社会救助体系。到2014年,《社会救助暂行办法》的推行,标志着我国已经整合各单项政策为救助体系,从多方面出发切实发挥了社会救助安全网的作用,以服务链的形式保障了困难人群的多项基本需求。

第二,从以制度内容为导向的临时性部门合作,逐渐发展成为以制度目标为导向的多部门协作和多元主体参与。新中国成立初期我国社会救助的支持主体主要包括政务院和内务部,政务院主要起统筹协调作用,内务部主要负责制度运行。制度实行过程中,内务部一般根据具体制度需要寻求相关部门的临时性支持,例如,新中国成立之初治理城市失业问题期间,内务部联合全国总工会发起了筹措救济基金的活动。这一时期的合作机制具有临时性,各部门合作的目的是解决这一阶段暂时面临的社会问题或者实施某个政策。改革开放初期,我国灾害救助制度在政府统筹管理的基础上,引入了保险制度,以加强农民的抗灾害能力,形成了保险公司和政府之间的长期合作机制。1993年正式确立机构改革方向后,我国开始探索社会救助的多元主体衔接制度,2014年《社会救助暂行办法》颁布,建立了包括民政、财政、公安等23个部门的长期合作机制,形成了更为完善的部门合作网络。为了提高救助质量和救助效能,积极引入专业性社会组织、社会工作机构等非政府部门加入社会救助体系中,社会救助制度开始呈现多元主体发展趋势。

第三,从短期目标导向、针对社会问题的救济政策,发展成为长期目标导向、增能于个人的规范性救助制度。新中国成立初期针对灾害救济、失业救济、救济特殊人群而建立的社会救助制度，以及改革开放初期恢复的五保、城市救济和灾害救济制度等政策，其最终目标都是缓解由贫困人口所带来的社会问题，或是解决当时由贫困人口引发的社会问题，具有临时救济的特征。自改革开放后期开始探索社会救助制度体系以来，我国社会救助的目标开始向以支持困难人群、保障贫困人群基本生活需要发展，从申请、审核到后期的动态管理都制定了具体方案，社会救助成为一项长期性导向的社会保护政策。近年来，社会救助制度在原有基础上增加了如心理健康支持、养老服务等方面的非正式支持制度，救助水平得以显著提升。

9.2.2　我国社会救助体系的制度成效

第一，救助面逐渐拓宽，基本实现了社会救助对象的全覆盖。社会救助政策现阶段的对象要求是，由于长期或临时面临风险而陷入生存困境的人群。通常通过综合评估困难人群所在家庭的总体经济、财产状况，以及核查家庭人均收入等方法，综合决定，倘若申请者所在家庭人均收入低于当地最低生活保障标准，便能享受最低生活保障或特困人员供养等救助制度。在地方，低保家庭也更可能有机会获得与低保制度相衔接的医疗、教育、住房、就业等方面的专项救助。面临旱涝、地震、火灾等自然灾害或交通事故等突发性风险的人群，可以向本地民政部门申请临时救助，具体救助标准由地方政府决定。就民政部统计数据来看，2019 年我国城市最低生活保障政策覆盖了 588.2 万户家庭，农村最低生活保障政策覆盖了 1888.4 万户家庭。此外，2019 年社会救助受益对象还包括农村特困人员救助供养 449.6 万人，流浪人员救助 29 万人次，临时救助 204 万人次。[①] 从这一数据来看，社会救助制度已经基本覆盖了我国处于绝对贫困境地的人口，实现了兜底线的基本功能。

第二，救助内容拓展，救助标准提高。一方面，2014 年《社会救助暂

---

① 《民政部统计季报》，中华人民共和国民政部网站，见 http://www.mca.gov.cn/article/sj/tjjb/qgsj/2019/201904301703.html。

行办法》将原有的单项救助政策整合成以低保、特困人员救助为基础,以医疗、教育、住房和就业等救助政策为补充,包括受灾人员救助和临时救助在内的综合性社会救助体系。原先给受助者以财、物单一经济救助的形式,也随之转变成以经济支持为基础,辅以医疗救助、教育补助和就业培训等多项内容的综合救助形式。从单一资源供给形式转变为多元供给,有效解决了困难群体所面临的最紧迫问题,也提升了社会救助制度的整体效率。另一方面,据民政部信息统计公报显示,2014 年我国城市低保标准为人均 286 元/月①,到 2016 年提高为人均 494.6 元/月②,2019 年,我国低保补助标准已达到了人均 590.6 元/月③。社会救助制度不仅保障了困难人群的基本生活,还随着社会进步提高了困难人群的生活水平,保障他们分享经济社会进步的权利。这是我国高标准、高质量建设民生工程的目标要求,也是新时代进步的表征。

第三,初步建立多主体合作机制,拓宽主体间合作渠道,新型治理格局初步形成。一方面,民政部是社会救助制度的主要管理者,卫生、教育、住房等部门在各自职责范围内配合民政部门开展专项救助。为了保障各部门之间合作的效率,我国也建立了全国社会救助部际联席会议制度以及对应的衔接协同机制,各部门的合作能力、合作水平显著提升。另一方面,为了弥补现有社会救助制度的不足,提升救助服务的专业性和服务水平,政府积极引入了社会组织、社会工作机构等单位参与到救助项目中。既分担了基层部门的经办负担,也为拓宽社会救助服务主体奠定了基础。

9.2.3 我国社会现有救助体系的不足

第一,救助项目在增强困难群体反贫困能力方面功能有限。目前,社会救助制度覆盖了医疗、教育、就业等多项内容,但这些救助项目仍然以

---

① 《2014 年社会服务发展统计公报》,中华人民共和国民政部网站,见 http://www.mca.gov.cn/article/sj/tjgb/201506/201506158324399.shtml。

② 《2016 年社会服务发展统计公报》,中华人民共和国民政部网站,见 http://www.mca.gov.cn/article/sj/tjgb/201708/20170815005382.shtml。

③ 《民政统计季报》,中华人民共和国民政部网站,见 http://www.mca.gov.cn/article/sj/tjjb/qgsj/2019/201904301703.html。

现金救助为主,服务等非现金救助供给显著不足,需要开展包括服务救助在内的综合性救助。社会救助的最终目标是逐渐缩小困难人群与其他社会成员之间的差距,从政策的长期目标来看,增强困难人群的反贫困能力,对于反贫困和脱离贫困陷阱极为重要。近年来,我国部分地方已经开始探索购买社会救助服务项目,包括实行对接帮扶贫困者的服务支持,但是,社会救助服务项目覆盖范围相对狭窄,同时,其回应性和专业性仍然有待提升。

第二,救助识别精准度不足,识别体系和标准有待进一步细化。随着社会救助体系日益完善,救助对象识别程序日益规范,家计调查和对应的家庭经济状况核对系统建立并日益完善。但是,由于贫困产生的复杂性,特别是由于我国信息、信用、金融等方面的制度和治理尚不完善,家庭经济状况核查存在不小难度,这一点在农村尤为突出,这也在很大程度上影响了社会救助对象识别的准确性。另外,由于部分专项救助的识别队伍和能力有限,一些地方专项救助依赖于低保资格,造成了待遇叠加的“金饭碗”和悬崖效应并存。一些低保边缘家庭并不能够得到必要的专项救助支持,扩大社会救助范围,特别是有效回应因病致贫问题显得尤为迫切。前些年存在的社会救助精准性不足,一些不符合低保资格的人也获得了低保,这引起了一定程度的社会反应。而随着民政领域推进精准救助工作,特别是问责机制,各地的低保对象规模都呈现了不同程度的下降,低保制度实施的精准性有了一定程度的改善。但是,被排除在低保资格之外的家庭如何得到必要的救助,为当前制度改革提出了方向。

第三,与非政府主体的合作有待进一步深化、规范。社会救助是典型的政府责任,是政府为保证公民获得基本生存权利而建立的重要制度安排,我国以民政系统为核心,建立了自上而下的整套社会救助体系,有效保障了全体救助对象的基本生存和其他基本生活需要。另外,虽然我国建立了“8+1”的社会救助体系,而且,不少社会力量进入了社会救助服务供给,比如社会救助前端的收入核查、中端的经办协助、后端的评估调查,等等。但是,整个社会救助体系中社会力量参与是显然不足的。一方面是由于我国社会组织发育整体不足,社会组织的福利能力整体偏低;另一方面是由于社会力量介入社会救助的空间还不足,社会救助中的服务型救助占比较低、综合性救助发展不足,这些都影响了在社会救助供给过程中形成政府和社会的有效合作。

9.3 中国社会救助制度未来发展走向

基于前文回顾分析、评价分析,下文将以社会共治理论为分析框架,重点从目标、主体、机制三个层面,对我国社会救助未来发展的政策框架进行阐释,对社会救助未来发展走向提供一个基本的框架性解释。

9.3.1 社会共治:一个多元治理的政策分析框架

2014 年《政府工作报告》首次将共同治理的概念引入社会治理创新框架中,提出要推进社会治理创新,实行多元主体共同治理。当前,国家治理体系和治理能力现代化路径要求我们必须创新发展公共服务制度体系,扩大主体参与、提升服务质量。社会救助政策是民生建设的基础,未来社会救助政策发展走向将不局限于保障生存,还将致力于反贫困和促发展。因此,推进社会救助治理创新,在共建共治共享格局下提高社会救助治理水平,是今后我国社会救助制度发展的关键。

在西方"治理"理念意蕴下,"共治"可解读为利益相关主体的协商合作(Collaborative Governance)、补短板式的多主体互动(Co-governance)、参与式的共同治理(Participatory Governance)等多主体治理方式①。将"共治"置于中国传统情境中解读,可以发现,从儒家的"仁治",到道家的"无为而治",实际上都是在主张社会平等,中国的很多传统思想和实践

---

① 蓝煜昕:《社会共治的话语与理论脉络》,《中国行政管理》2017 年第 7 期,第 105—110 页。

都与"共治"颇有渊源。梁漱溟甚至将中国传统国家治理评价为："中国社会秩序之维持,社会生活之进行,宁靠社会自身而不靠国家。"①本节将结合中国情境,合理分析当下多元主体共治的思想内涵,以社会共治为理论基础,分析社会救助政策的未来建设框架。

以西方"共治"理论为基础,结合我国传统治理策略情境,可将"社会共治"界定为:通过平等对话、竞争、合作、妥协等形式,吸引政府、市场、社会组织、各种自治组织和公民等不同类别的主体参与到同一公共服务政策,从而促进社会发展②。总的来看,共治的核心包括三个层面,分别是目标、主体和机制,三者共同组成了共治制度安排的核心内容,也是共治制度安排构建、存续和发展的核心所在。从共治视角看待中国未来社会救助制度发展走向,应当包括如下三个层面的内容:规划新时代社会救助制度目标、促进多元主体合作共治、推动救助体系机制创新。

9.3.2　制度框架:中国社会救助制度发展走向

下文将从制度发展目标、主体和机制三个层面,对我国社会救助制度的未来发展走向进行框架性分析。

一、目标:规划制度未来发展方向

新中国成立后,我国社会救助经历了制度探索、重建、完善和发展等几个阶段的发展,如今建立起的"8+1"体系基本已覆盖了几乎所有困难人口,实现了保障全体困难人群基本生活的目标,在社会保障制度框架下成功承担起兜底线的责任。但是,从新时代民生建设的方向来看,社会救助的制度目标和整体理念需要进一步改进。

社会救助应当聚焦特殊人群和群众关切,补短板、强弱项,按照兜底线、织密网、建机制的要求,推动综合救助、提升救助效能、提高救助质量,构建新时代有中国特色的社会救助体系,促进解决不平衡、不充分的问

---

① 梁漱溟:《中国文化要义》,上海人民出版社 2011 年版,第 69 页。
② 王春婷:《社会共治:一个突破多元主体治理合法性窘境的新模式》,《中国行政管理》2017 年第 6 期,第 30—35 页。

题。"兜底线、保基本、救急难、促发展"应当是社会救助发展的总体思路,推动实现生存型、发展型、服务型、综合型社会救助。在新时代,对社会救助发展目标的规划和厘清,有助于社会救助从保生存的制度目标,发展为以生存为基础、兼顾发展的制度目标。

与此同时,社会共治的理念引入社会救助,社会救助更加重视发挥社会力量的积极作用,培育、鼓励社会力量参与社会救助,从而提升社会救助的整体质量。另外,不同于一般意义上的社会组织参与社会救助,在社会共治的框架下,政府和社会组织的关系要有所改变,"共建、共治、共享"的理念会引导政府和社会形成一种新型的互动关系。当前,社会力量主要是以项目竞标的形式参与社会救助制度,在此过程中,政府和社会分别充当"拟定"和"执行"的角色,在实际项目运行过程中,社会组织更类似于一个项目的具体执行机构,是个服务提供商。推动现代化治理格局、促进政府角色转变,要求政府和社会力量在"共治、共建、共享"理念中形成平等友好、相互合作、制衡约束的关系。

二、主体:构建多元共治合作平台

构建多元共治的社会救助治理体系,就要处理好政府各个部分之间的多元治理以及政府与社会力量之间的共同治理问题。社会救助体系覆盖医疗、教育、住房等多元保障内容,其运行是在民政、财政、公安等二十多个部门的协力合作下实现的。近年,我国社会救助制度利用信息化发展优势,创新建立起了包括财产和收入在内的家庭经济信息核查制度,以加强社会救助覆盖对象的精准性。从未来发展来看,除了政府部门之外,还会引入更为广泛的社会力量参与,上述主体之间协同、互动,必然要构建新型的多主体互动关系,应该更新社会救助治理格局,重建制度架构,建立不同参与主体的合作平台,充分确保所有主体都能充分互动。

应确立共治制度,建立合作平台,在适度赋权的过程中形成多元主体支持体系。目前,社会组织和社会工作机构等社会力量开始加入社会救助制度中,丰富了社会救助体系的治理格局,社会救助的基层经办水平也在这些社会力量的支持下得以提升。随着未来新型社会力量的加入,社会救助制度支持队伍的扩大,应进一步规范社会力量参与到社会救助体系中的合法化制度,探索社会力量与政府力量合作的新机制,通过建立多主体合作平台,来促进新型社会救助制度的平稳运行。第一,要继续积极培育社会力量发育发展,在分工协作中促进社会组织的充分发展。第二,建立共同协商制度和沟通平台,明确不同主体的责权边界,形成合作与制衡为一体的社会救助治理主体。第三,在转型过程中重视赋权于社会力量,明确不同主体在社会救助治理中的定位、目标、内容、管理、运行等,促进新型社会救助体系的建成。

三、机制:制度内容管理改革创新

面对当前社会救助体系发展的问题和挑战,有待建立一系列新的机制,回应当前影响社会救助发展的关键问题,其中较为重要的问题是救助对象的精准识别问题,以及整个救助经办的治理问题。

多维识别、多维救助问题较为重要和迫切,是我国社会救助综合改革的重要发展方向。考虑到贫困的多种类型,造成贫困的原因是多样的,有待救助的对象的需求也是多种多样的,所以,这就迫切需要制度和机制进行改革,改变单独以经济收入水平为识别标准的依据,改为多维识别,综合判断贫困和贫困状态,并推行多维救助。与此同时,应该创新社会救助政策内部管理机制,推进单一维度识别转向多维识别,建立综合识别、综合救助制度。第一,应该综合国内外对于多维致贫原因的相关研究,与我国实际情况相结合,将我国现有困难人群的致贫因素梳理归类,依托信息化建设,建立严谨、科学的多维识别系统,并在地方实践基础上,逐步规范综合信息识别系统。第二,探索现有单一收入指标硬约束,调整为区间标准的软约束,将贫困边缘群体纳入制度内,以增能为目标协助他们脱离贫困,构建梯度救助格局,关注支出贫困和多维贫困。第三,实施多维救助,探索支持边缘家庭、低收入家庭的梯度救助格局,全面提升社会救助覆盖范围和水平。另外,还应当重视困难指数、信息系统、大数据等在社会救助机制建设、制度完善中的积极作用。

9.4　结论与讨论

新中国成立70年,我国社会救助制度经历了四个阶段:第一,新中国成立初期为稳定混乱的社会秩序,从灾害救济、失业救济、娼妓乞丐救济、无劳动能力人群救济等角度出发确定了各项制度;第二,改革开放初期,为恢复"文化大革命"时期断裂的社会救助制度,解决这一时期的贫困问题,恢复重建了农村五保制度和城市的社会救济制度,并且创新发展了自然灾害救济制度;第三,社会主义市场经济体制正式确立后,开始建立综合性社会救助体系,确立了城乡最低生活保障制度,而且以此为中心探索医疗、教育、住房、就业等方面的社会救助内容;第四,国务院发布《社会救助暂行办法》后,在经济社会发展进步和机构改革的背景下,开始致力于调整主体间合作、扩大救助范围、提高精准性建设等方面的发展,综合、精准为导向的社会救助体系加快建设。

经历了制度探索、制度重建、制度确立、改革发展等阶段后,社会救助最终确立为以最低生活保障和特困人员救助制度为核心,以医疗、教育、就业、灾害、临时救助等救助制度为主要内容的完整制度体系,基本实现了全覆盖的救助目标,在救助水平、救助效率、合作机制等方面也具有显著提升。总体而言,依托新时代的社会经济格局,我国社会救助制度实现了其在社会保障体系中的"最后一张安全网"作用,这是我国社会救助制度建设至今的成就。

2020年,我国即将全面建成小康社会,这对民生建设提出了更高要求。社会救助制度作为民生建设的基础,应该紧随现代化治理格局变迁,立足于新时期社会救助综合改革,全面提升社会救助在反贫困、兜底线方面的积极作用。同时应当积极探索在社会共治理念下完善制度框架、提升治理效能、改进民生福祉,在推进社会救助制度体系完善的同时,回应我国发展不均衡、不充分引致的社会矛盾。

10

中国社会福利制度发展研究

10.1 新中国社会福利制度的初步建立

中华人民共和国成立初期,由于持续多年的战争对国民经济造成严重破坏,经济损失严重,人民生活困难重重,社会矛盾十分尖锐,急需政府着手社会福利制度建设,为经济复苏营造稳定的社会环境。1949 年 9 月 27 日,中国人民政治协商会议决定成立内务部(民政部的前身)来全面负责社会福利事业,内务部下设多个分支部门,其中社会司主要负责社会救济、社会福利、流浪妇女改造和社会团体登记等具体事务。① 内务部的成立,推动我国社会福利事业逐渐朝着正式化和制度化的方向发展。

10.1.1 各类社会救济机构数量攀升

1951 年,内务部召开了全国城市救济福利工作会议,开始对社会救济事业进行大规模的整顿和推动。一方面,新建了大量的包括部分生产教养院在内的大中城市救济福利事业单位;另一方面,接收、调整、改造了各类由旧中国创办的"救济院""育婴堂"以及地方性的"寡妇堂""慈善堂""教养院"和一部分接受外国津贴的救济机构。此外,通过成立早期贫民习艺所鼓励贫民进行生产自救。截至 1953 年年底,全国共有 920 个城市社会救济福利机构,收容了 37.4 万孤老、孤儿、精神病人及其他人员,先后救济 150 万城市人员,改造 419 处旧的慈善机构,调整 1600 多个旧的救济福利团体。② 1956 年,国家调整生产教养政策,针对残老、儿童另设单独的残养教养院和儿童教养院。社会救济机构的纷纷建立,既推动了各类社会弱势群体的救济事业形成组织化的保障,还在一定程度上

---

① 孟明达:《中华人民共和国民政部大事记(1949—1986)》,中国社会出版社 2004 年版,第 3 页。

② 王子今、刘悦斌、常宗虎:《中国社会福利史》,武汉大学出版社 2013 年版,第 277 页。

巩固了新中国成立初期国家政权的稳定。

10.1.2　老人福利制度开始探索

这一时期,老人福利集中体现在对农村孤寡老人的兜底保障和倾斜照顾。在农村土地改革之后,建立起农民土地所有制,广大农民在真正意义上拥有了土地保障。1953 年,内务部颁布了《农村灾荒救济粮款发放使用说明》,规定最迫切需要救济的人群就是那些无劳动能力、无家庭成员、无生活来源的孤寡老人。由于他们年事已高,劳动能力受损,土改期间分配土地时会稍微对其倾斜照顾,不仅将好地、近地分给他们,还积极组织互助组帮他们耕种、收获粮食。1956 年 1 月,《一九五六年到一九六七年全国农业发展纲要(草案)》通过,其中第三十条明确规定针对缺乏劳动能力或无依无靠的农业合作社社员,国家要对他们进行统一性的组织计划,根据他们的身体情况相应安排其所能够胜任的农业生产劳动,同时对他们的生活给予适当照顾——保吃、保穿、保烧、保养以及保葬。那些有劳动能力的老人被纳入农业合作社,并安排他们参与力所能及的农业生产劳动,且参与集体分配;当老人完全丧失劳动能力的时候,回归家庭由家庭成员相应给予各项保障。然而当家庭成员无法保障老人基本生活时,国家便要及时发挥兜底作用,按人头发放包干定量救济或临时救济。[1] 1956 年 6 月,《高级农业合作社示范章程》通过,它明确规定不仅在农业生产上更在基本生活上对完全或部分丧失劳动能力、无依无靠的老弱孤寡残弱社员提供适当的重视和照顾,从而保障他们的生养死葬等。[2]这条规定便是一直延续至今的中国农村"五保"(保吃、保穿、保住、年幼的保证受到教育和年老的保证死后安葬)制度,享受这些待遇的个人或家庭被称为"五保户"。这项五保制度有效满足了农村最需要照顾对象的一系列基本需求,保障了农业合作化时期的社会稳定,同时也开启了党和政府在农村地区的这项长期政策性兜底工作。

---

[1]　王齐彦:《中国新时期社会福利发展研究》,人民出版社 2011 年版,第 66 页。

[2]　中共中央文献研究室:《建国以来重要文献选编》第 8 册,中央文献出版社 1994 年版,第 422—423 页。

10.1.3 妇女福利制度逐渐萌芽

中华人民共和国成立初期,妇女的社会地位开始上升,国家出台了许多保障女性权利的法律法规。《中华人民共和国婚姻法》保证了女性在婚姻上拥有充分自由,《中华人民共和国选举法》保证女性在政治上拥有和男性平等的选举权和被选举权。虽然当时国家财力有限,并未设立单独的生育保险,但在 1951 年的《中华人民共和国劳动保险条例实施细则(草案)》中规定要对妇女生育给予一定的经济补偿和福利待遇,其中劳动保险金内含生育保险金,生育保险金的管理坚持全国统筹和企业留存相结合。① 在城市,妇女生育保障机制由国家提供,全体女职工都可享受产假、生育津贴、生育补助以及医疗服务费用。同时,企业也要提供一定的托儿服务来帮助女职工更好地解决工作的后顾之忧,若企业内部有 20名及以上两周岁的职工子女,那么便需要设立托儿所,除饮食费外的所有托儿所费用都由企业承担。1953 年,《中华人民共和国劳动保险条例实施细则(修正草案)》针对尚未达到设立托儿所条件的企业做出补充规定,若企业内部有 5 个及以上哺乳期婴儿时便需要设立哺乳室,与此同时将托儿所的设立条件由两周岁提升到四周岁。1955 年,《国务院关于女工作人员生产假期的通知》规定机关女工作人员、工厂女工人以及企业女职员等都享有基本相同的生产假期。1956 年,《中华人民共和国女工保护条例(草案)》明确规定了怀孕女工在工作时长、工作环境、哺乳所需场所和准许次数,这标志着新中国女工劳动保护制度的正式形成。② 在农村,妇女生育保障仍主要由家庭负担,但合作社对生育女社员会给予一定的照顾。1956 年,《高级农业合作社示范章程》通过,禁止合作社分配给孕妇过多和过重的生产劳动。多数合作社在给女社员安排工作时会特殊考虑其是否处于"四期"、自身体力强弱和自家家务劳动情况等。③ 在女性生育安全方面,建立县、乡、村三级医疗保健网,培养专业的妇幼保健

---

① 郑功成:《中国社会保障制度变迁与评估》,中国人民大学出版社 2002 年版,第 278 页。
② 郑功成:《中国社会保障制度变迁与评估》,中国人民大学出版社 2002 年版,第 293 页。
③ 黄桂霞:《中国共产党的妇女福利思想与实践》,人民日报出版社 2018 年版,第 99 页。

员,有效地降低了妇女生育的高风险。这一时期的妇女福利虽然处于起步阶段,但开始重视男女平等,摒弃旧社会对女性的束缚和歧视,在劳动过程中尊重女性特殊生理实际而给予倾斜性的福利待遇,都极大地提升了社会福利对女性群体的相对公平性。

10.1.4 职业福利制度迅速发展

新中国成立初期,连年战乱导致工业农业生产力水平极低,职工生活条件恶劣,工资收入低且基本的吃饭住宿和出行都存在诸多不便。因此,除了针对特殊人群的救济型福利事业,中国逐渐建立起针对各类政府机关和企事业单位职工的就业关联型福利制度。1950 年,中央政府颁布《中华人民共和国工会法》,规定工会主要负责职工物质生活和精神文化的改善与丰富,政府必须积极支持工会的各项工作,及时提供举办各项集体福利活动所需的场地与设施。工会的成立直接推动了各项单位文化设施数量的增加,也在客观上极大地促进了职工不断丰富个人精神生活和提升自身能力。1954 年年底,全国共建有 12376 个市文化宫和厂矿企业俱乐部,相比 1950 年增长了 14.7 倍;工人图书馆从零增加到 9650 个,藏书量达到 1170 万册。① 同年,开始实行职工福利补贴制度,主要包括冬季取暖补贴和探亲补贴。1956 年,全国总工会出台《职工生活困难补助办法》,对补助对象甄别、补助经费来源、补助原则和办法都进行了清晰的阐述。此外,职工住房福利也有了巨大进步,"一五"时期新建 9454 万平方米职工宿舍,大量职工的住宿条件得到改善,职工及其家属从简陋的草屋、木板房搬进了宿舍,很多单位还配备了食堂、澡堂、理发屋等生活基本设施。② 职工医疗福利也开始完善,据统计当时全国已有 12.3 万个职工医院、疗养院和妇幼保健机构,已有 125.4 万名卫生技术人员和 46.2 万张卫生机构床位。随着各项职工福利事业的从无到有,从少到多,国家

---

① 劳动人事部保险福利局:《社会保险与职工福利讲稿》,劳动人事出版社 1986 年版,第 170 页。

② 严忠勤:《当代中国的职工工资福利和社会保险》,中国社会科学出版社 1987 年版,第 195—196 页。

逐渐意识到不仅要努力丰富福利内容,更要加强福利管理。1957年,国务院出台了《国务院关于职工生活方面若干问题的指示》和《国务院关于国家机关工作人员福利费掌管使用的暂行规定的通知》,针对职工福利实施以来出现的部分企业福利项目混乱、标准过高和个别制度规定不合理现象要及时进行整治,也对职工住宅福利、上下班交通福利、生活必需品供给、困难补助发放以及职工福利费的使用等都进行了更为清晰的规定。经过这一阶段职工福利的探索,中国已经初步形成了以国家为核心责任主体、各单位共同参与的较为完整的"国家—单位保障型"职工福利制度①,开启了计划经济时期中国社会的"单位保障"时代。

10.1.5　残疾人福利制度受到重视

严格来说,中国的残疾人福利政策与服务体系是改革开放之后才正式形成,但是1949年以来中国残疾人福利已见雏形,这一时期的残疾人福利多以伤残军人优抚优待为重点内容。经过多年战争,大批革命军人因战致残、因工负伤,不同程度地丧失自身能力而影响日常生活。1949年9月,《中国人民政治协商会议共同纲领》通过,其中规定人民政府要妥善安置那些参加革命战争的残疾军人或退伍军人,他们应该得到很好的照顾和安排来实现自立。同年12月,《残废军人及残废军人学校学员乘车优待暂行办法》通过,国家重视和赞许残疾军人为国家所做出的个人贡献,在公共交通方面对他们提供一定的社会福利服务优待。1950年,《革命残废军人优待抚恤暂行条例》《革命军人牺牲、病故褒恤暂行条例》《革命工作人员伤亡褒恤暂行条例》和《民兵、民工伤亡抚恤暂行条例》都陆续通过。这些法律条例推动了残疾军人福利工作的统一化和规范化,促使革命军人伤残等级标准和残疾抚恤金发放标准都形成明确的全国性规定。随着残疾人数量的增加,残疾人组织也开始成立,中国盲人福利会和中国聋哑人福利会在1953年和1956年先后成立。当时全国共有160万盲人和聋哑人,为了广泛覆盖这些残疾群体,两个福利会陆续在全国各地

---

① 郑功成:《社会保障学》,中国劳动社会保障出版社2005年版,第68页。

设立分会。1956 年,在城市残老教养、烈军属贫民生产工作座谈会上,内务部第一次提出"社会福利生产"的概念,指出残疾人福利的最终目标是希望创造条件推动残疾人个体得以"自立",其中"社会福利生产"便是一种很好的特殊实现形式可推动残疾人福利事业由"救济给予"转变为"生产自立"。1957 年,内务部等发布《关于城市烈属、军属和贫民生产单位的税收减免和贷款扶助问题的通知》,旨在通过国家对社会福利企业进行贷款支持和税收减免来大力推动福利生产事业。残疾人福利的覆盖对象不断扩大,福利组织的相继出现和福利方针的逐渐转变,这些都为残疾群体可享受多种福利优待、拥有组织机构保障和实现自立自强提供了可能。

10.2　中国社会福利制度的逐步发展

随着社会主义改造的基本完成,中国进入了和平稳定时期,开始大规模建设社会主义事业。工农业的发展,促使人民生活和生产发生了一系列变化,社会福利事业也随之得到适当的调整和巩固,获得迅速发展。尽管这一时期的社会福利体制还是沿袭新中国成立以来形成的制度框架,但社会福利事业单位数量持续增加,社会福利事业的基础也更加雄厚。1958 年,社会福利一跃成为民政工作的首要内容。同年召开的第四次全国民政会议和城市民政工作汇报会上,社会福利工作成为会议的焦点和主题;在十省一市民政厅局长座谈会上,将发展福利事业定为民政部门的核心任务。1959 年,国家相继创办一系列的社会福利机构,专门收养孤老残幼人群——无依无靠、无收入和无劳动能力的老人、儿童和残疾人等弱势群体。[①] 据统计,1963 年年底,全国城市社会福利事业单位共有

---

① 成海军:《计划经济时期中国社会福利制度的历史考察》,《当代中国史研究》2008 年第 5 期,第 48—55 页。

1660 个,其中社会福利院 489 个,养老院 237 个,儿童福利机构 732 个,精神病人福利院 202 个;收养人员共 124321 人,其中老人 43510 人,儿童 52865 人,残疾人 27946 人;福利生产单位共 1371 个,安置残疾职工 9606 人,年产值达到 14004 万元。[1]

10.2.1　社会福利事业规范化管理

1958 年,中共八届六中全会通过《关于人民公社若干问题的决议》,规定要为那些没有子女可以依靠的老人提供条件较好的敬老院。此后,许多地方不顾自身实际需要和条件迅速大办敬老院,但由于部分养老院条件较差,无法继续而被迫关闭。截至 1958 年年底,全国已有 150 万多家敬老院,收容了 300 多万名老人。1961 年,在内务部召开的社会福利和优抚事业工作会议上提出了"调整、巩固、充实、提高"的方针,明确福利事业单位搞生产的真正目的在于丰富老人们的生活内容,提高精神病人的疗养效果和保证儿童接受教育;同时解决部分教养院内虐待收养对象、不关心爱护收养对象以及强迫他们劳动的现象。同年,内务部发布了《关于请各地民政部门注意研究农村人民公社敬老院问题的通知》,提出要抓紧整顿那些发展不合理和强迫老人的农村敬老院,要坚持保证老人自愿参加、民主管理、勤俭节约和保障基本生活的原则。通过这些整顿举措,很多过度发展的敬老院纷纷关闭,到 1962 年敬老院仅有 3 万所,院内老人 55 万名。此外,各地民政单位也新建和扩建了一批精神病人疗养院和儿童福利院,收养那些因自然灾害而失去亲人家属的精神病人和流浪儿童,社会救济对象覆盖面持续扩大,社会福利机构管理和服务水平持续提高。这不仅保证了各类收养人员的基本生存和安定生活,而且保障了国家的和谐稳定。1 万多名精神病人得到及时治疗后得以逐步康复,4 万多名婴儿被领养,10 多万名儿童长大成人和接受教育,纷纷成为社会主义事业建设者。[2]

---

① 王子今、刘悦斌、常宗虎:《中国社会福利史》,武汉大学出版社 2013 年版,第 281 页。
② 沈开艳:《中国社会保障》,清华大学出版社 2018 年版,第 218 页。

10.2.2　残疾人福利制度逐步扩展

最初残疾人福利集中在为伤残军人服务,但随着和平时期的到来,伤残军人数量日益减少,这个时期的残疾人福利主要是继续实施"社会福利生产",并整顿改造这些残疾人福利生产单位。1959 年,国家计委与内务部联合出台了《关于社会福利生产统一纳入地方计划的通知》,指出社会福利生产单位的生产供销环节要制定专门计划,并对其进行有序管理。全国的假肢厂从 1958 年的 18 个增加到了 1960 年的 26 个,除了西藏、宁夏少数几个地区之外每个省市区都有一个面向社会的假肢厂,其中约三分之一的假肢厂都有一定规模。这一阶段的假肢厂不仅注重数量增加,而且特别强调产品质量。1960 年,内务部出台《假肢产品质量标准和分级管理办法》,规范假肢质量管理。1965 年,内务部与民政部、劳动部、国家发展计划委员会和国家统计局共同发布了《关于民政部门管理的盲人、聋哑人工厂劳动工资计划和统计问题的联合通知》,指出民政部门经营工厂的主要目的在于吸纳残疾人群体参与就业,也要为残疾人群体生产他们所需的康复辅助产品,这种工厂不同于一般企业,工厂劳动工资计划应当根据其特点进行专门管理。可以发现该阶段的残疾人福利已经发生了明显转变,残疾人福利的覆盖人群开始由伤残军人扩展到普通残疾人群体,福利内容也开始由发放津贴扩展到残疾人工作安置和康复器具生产,形成了以就业、康复和救助为主要内容的残疾人福利制度。

10.2.3　职工福利制度适当调整

一方面,受"大跃进"运动影响,个别单位不顾自身实际情况设立过于夸张的职工福利待遇,在当时产生了消极影响并造成福利资源的严重浪费,急需进行整顿。另一方面,个别单位一味追求高指标、高速度,重积累、轻消费,重生产、轻生活,不断减少基建投资中的非生产性开支占比,除了厂房建设外没有任何生活设施建设或者为扩大生产车间而占用食堂、幼儿园等场所。这一时期职工福利的发展参差不齐,发展过于极端化。此外,受自然灾害影响,农业生产总量骤减,城市生活必需品供应紧张,相当一部分职工生活十分困难。1962 年,中共中央和国务院召开城市工作会议,明确提出要严肃整顿不合理的职工福利制度,对于困难职工群体一定要及时给予救济,加强建设单位食堂和发展农副业生产,适当依靠单位和职工自身力量互助互济克服困难。同年,国务院发布了《国务院关于企业职工福利补助费开支办法的规定》,其中重点修改了企业职工福利补助费用的具体开支办法,一些非必需福利开支被取消或暂停。1963 年,将中央国家机关工作人员福利费的工资提取比例由之前的 1%提高到 2%,开始强调个人责任。1965 年,内务部进一步明确了国家机关事业单位福利费的用途,规定福利费支出要以解决职工及其家属生活困难为第一要务,在有结余的情况下才可用于托儿所、幼儿园、理发屋、澡堂等额外福利设施的建设和慰问住院职工的花费开支。① 职工福利作为城市社会福利制度中的核心,它以就业为前提,具有"小而全""大而全"的特征,但不同性质、规模的单位内部职工福利待遇标准差异很大。经过一段时期的整顿和规范,有效缩小了各单位职工福利差距,更加公平地分配社会福利资源,更好地协调福利供给中国家、单位及个人的责任输出。

10.2.4　儿童福利制度逐渐转型

1958 年,在整顿社会福利机构的过程中,儿童福利院将收容对象进一步瞄准为那些无依无靠、无家可归、无生活来源的"三无"孤儿、弃婴和残疾儿童。② 同时,除了为收容对象提供居所外,也开始重视对他们的教育,坚持"教养结合"的福利方针,针对具有不良行为的福利院儿童和社会流浪儿童统一送到工读学校进行行为矫正和改造再教育。在 1963 年举行的全国民政厅局长会议上,指出各个省、区和大中城市内的民政部门都有责任和义务开办儿童教养院,对流浪儿童坚持收容和教育并重。截至 1964 年年底,全国城市婴幼儿童福利院由 1958 年的 57 个增加至 572

---

① 宋志云:《新中国社会福利制度发展的历史考察》,《中国经济史研究》2009 年第 3 期,第 56—65 页。
② 姚建平:《国与家的博弈:中国儿童福利制度发展史》,上海人民出版社 2015 年版,第 74 页。

个,收养儿童由 12128 人增加至 44788 人。在部分农村地区,政府为弃婴设立家庭寄养制度,为弃婴寻找对接合适的寄养家庭。1963 年,国家内务部、教育部发布了《关于加强儿童福利单位的教育工作的联合通知》,规定要在儿童福利单位内开展儿童教育,保证这些院舍儿童有权利有机会接受文化教育。[①] 与此同时,特殊教育也开始被重视,1965 年教育部发布《关于盲童学校、聋哑学校经费问题的通知》,规定特殊学校的经费开支预算要比同类普通学校多,改变了之前特殊学校的混乱无序状态。这一阶段,儿童福利发展方针由单纯的收养救济逐渐转变为教养并重,儿童教育事业的收费管理得到严肃整顿,更好地保障了各类儿童的公平受教育权。

10.3 中国社会福利事业的停滞

　　1966 年开始的 10 年"文化大革命",不仅使中国的政治、经济和文化等方面遭受巨大破坏,而且使社会福利事业受到严重干扰。社会福利事业的性质由原本致力于满足和改善人民群众的生活需要到被强制性地赋予消极的政治色彩,被严重扭曲成"资本主义"的尾巴而认为必须要及时"割掉"。1968 年,新中国成立以来一直负责社会福利事业的内务部被强行撤销,相关福利事业单位也都遭到强制性合并或停止,很多福利规章制度惨遭废除,硬件设施被重度毁坏,那些无依无靠需要救济的孤老残幼无处可去,又被迫露宿街头。1978 年,全国仅剩 577 个社会福利院和 3233 名福利机构工作人员,收养各类人员 38457 人。[②] 儿童福利院只剩余 49 个,收容婴幼儿和残疾儿童 3665 人。[③] 这与"文化大革命"之前相比,无

---

① 高圆圆:《中国残疾儿童福利研究》,中国劳动社会保障出版社 2014 年版,第 47 页。
② 崔乃夫:《当代中国的民政》,当代中国出版社 1994 年版,第 211—212 页。
③ 孙炳耀:《中国社会福利概论》,中国社会出版社 2002 年版,第 47 页。

论是机构数量还是收养人数都有了大幅减少。

10.3.1　社会福利事业处于停滞状态

在"文化大革命"期间,许多地方停止了"五保"工作,无人过问和关心五保户的困难,个别五保户无处生活开始流浪乞讨,并偶然发生五保户异常死亡事件。1979 年年底,全国范围内只剩余 7175 所敬老院,收容 10多万老人,同时院内生活条件无法满足基本生活需求,严重影响社会和谐。

职工福利在曲折中求存。许多基层单位的社会福利机构纷纷被迫解散,工人文化宫和俱乐部被摧毁,乐器和设备等集体福利硬件设施被抢砸,从事职工福利的工作人员也一度受到迫害。职工住宅建设投资占基建投资总额的比例不断下降,商业服务业等都遭到不同程度的打压,职工生活多方面受到极大影响,遭遇住房困难、外出就餐困难、洗澡理发困难、娱乐困难等多重境况。尽管许多职工福利无法延续,但在政府和众多福利工作者的努力下,在十年内乱期间一些职工福利仍然得到了保留和延续。1972 年,中央规定国营企业在完成七项计划指标后,可以从经营利润中提取一定的奖金,其中可用于职工集体福利。

妇女福利陷入低谷。在这段时期内中国经济体制经历了调整,私营经济和公私合营经济都转变为单一的所有制经济——国营经济,各项社会福利随之都受到影响,妇女福利也进入了发展低迷期。1969 年,由财政部出台了《关于国营企业财务工作中几项制度的改革意见(草稿)》,之前由国家统筹社会保险制度的历史被迫中断,新中国成立初期覆盖全体女职工的生育保险也由国家负责转变为企业自主承担,生育保险的多层次性和灵活性逐渐消失,成为日后阻碍妇女公平就业的因素之一。同时,由于国家行政干预和政治动员广大女性积极参与劳动,男女平等观念遭到异化,一些集体组织不顾女性特殊生理特点而安排过重工作,导致广大女性身体受到巨大伤害。

总之,改革开放以前,中国社会福利事业虽然经历了初步创立、巩固完善以及停滞不前等多阶段,但它的创立和发展仍具有一定的历史必然性。发展社会福利事业既是中国共产党实现自身政治诉求的有效途径，又是领导人民努力发展国内社会经济的必要补充。新中国成立初期，社会生产力水平极其低下，城市失业人口、孤老残幼以及农村遭受灾荒战乱的农民占比都相当庞大。为了解决这些人群的基本生活需求，中国政府历史上第一次构建起符合当时实际、体系较为健全、结构相对合理并趋于制度化的社会福利体系。一方面，该福利体系在当时的确发挥了一定的积极作用——利用政府与集体的力量提供职工福利、民政福利和其他特殊群体福利，广泛覆盖城乡大部分人群，特别是较好地保障了弱势群体的基本生活和相关需求，促进社会稳定和经济发展。另一方面，该福利体系受当时经济体制影响，不可避免地被打上了计划经济的时代烙印，长期重视公平、忽视效率。

10.3.2　社会福利制度发展的历史局限性

首先，我国计划经济时期的社会福利仍以补救式为主的低水平福利。当时国家大力发展儿童福利院、老年人福利院以及残疾人救济院等福利机构，加之农村一直延续至今的五保制度，这些都是具有明显的救济性质。虽然这些民政性福利体现了政府对孤寡残幼群体的关怀和重视，但福利覆盖面未能涉及普通民众，福利内容也仅能保障这些特殊群体最基本的吃穿住等生存性需求，没有很好地顾及其发展性需求和幸福性需求的满足。

其次，我国计划经济时期的社会福利仍是以职业身份为基准的梯级福利制度。这种梯级差异型福利是以社会成员的职业身份为划分依据，在农村囿于严格的户籍管理制度，农民很难向城市流动，无法获得以职业福利为核心的一系列城镇居民福利待遇，只能被迫享受相对薄弱的农村福利保障；而在城市，受制于单位性质和经济状况，各个单位内部的福利资源总量也具有很大差异，"体制内"与"体制外"单位乃至同一类型单位内部干部与职工、职工之间的福利待遇都差异很大。伴随着"文化大革命"之后社会保险由国家统筹变为集体承担，职工更加依附于单位，职业福利仅能保障生活在本单位组织内部的职工及其家属，并不具有社会化属性。

最后,我国计划经济时期的社会福利仍是以政府和单位为主体的"国家—企业运行模式"。随着社会主义改造的进行,公私合营和私营经济都转变为单一所有制的国营经济,国家(政府)成为福利的"制定者"和"买单者",企业成为福利的"输送者"。福利多元主义理论认为,政府、家庭、社会组织和企业等多个主体都要在社会福利制度与服务的供给体系中发挥各自的责任和作用。而计划经济时期不论是福利的产生抑或执行,都是以单一主体为依托媒介,便不可避免地具有福利体系的不完全、福利水平的低层次以及社会服务的严重滞后等诸多不足。

10.4　改革开放以来中国社会福利事业的快速发展

改革开放以来,中国社会福利事业经历了 1978—1990 年的恢复和改革探索期、1990—2000 年的法制建设期和 2000 年以来的快速发展期三个阶段。

10.4.1　中国社会福利事业恢复和改革阶段

社会福利机构纷纷建立。1979 年,全国城市社会救济福利工作会议的召开是民政福利开始恢复的标志。1984 年,中国残疾人福利基金会成立,负责残疾人社会福利基金的筹集、管理与使用。1987 年,中国社会福利有奖募捐委员会成立,推动了社会福利资源的社会化筹集。1988 年,中国残疾人联合会成立,残疾人福利事业发展有了组织机构的保障。社会福利机构的设立有助于推动中国社会福利事业的发展。

社会福利社会化方向形成。传统社会福利制度由民政福利和职工福利组成,是一种补缺型的福利制度,其缺点表现为福利异化、板块分割。

1984 年,在全国城市社会福利事业单位改革整顿经验交流会上,民政部提出了社会福利事业要向国家、集体、个人兴办的方向发展,从而开始了社会化方向的探索工作。

10.4.2　中国社会福利制度法制化建设阶段

这一时期出台了许多社会福利的法律法规。1990 年,《中华人民共和国残疾人保障法》通过。1992 年,《中华人民共和国妇女权益法》通过。1996 年,《中华人民共和国老年人权益法》通过。1999 年,《中华人民共和国公益事业捐赠法》通过。这一系列法律法规的颁布与实施,有效地促进了老年人、残疾人、妇女福利的发展。同时,这一时期有关福利院、社会福利企业以及福利彩票的法律法规得以完善。在社会福利院和福利企业的建设上,民政部门颁布了一系列法律法规。1993 年,民政部颁布《国家级福利院评定标准》,明确了社会福利院的设施条件、人员配备等标准。同年,通过《社会福利企业规划》的颁布,对社会福利企业的兴办做出了规划。1999 年,民政部颁布《社会福利机构暂行办法》,对社会福利机构的管理做出了规定。同时,民政部完善了福利彩票的法律法规。1994 年,民政部发布《福利彩票管理办法》《有奖募捐社会福利资金管理使用方法》,对福利彩票的发行、使用、管理做出了详细的规定。

10.4.3　中国社会福利事业快速发展阶段

一、老年社会福利事业取得巨大发展

2000 年,中共中央、国务院发布《关于加强老龄工作的决定》,从老年福利院、老年医疗保健服务、老年文化体育服务方面对老年社会工作提出要求。2001 年,国务院印发《中国老龄事业发展"十五"计划纲要(2001—2005 年)》,从经济供养、医疗保健、照料服务、精神文化生活、权益保障五个方面对老年福利工作做出了规划。在此基础上,民政部依托福利彩票开展星光计划,资助老年人福利服务设施和乡镇敬老院建设。2008 年,随着《关于全面推进居家养老服务工作的意见》的颁布,中国从培育居家养老服务组织、完善社区居家养老服务网络等方面开始了居家

养老服务体系的建设。同年,云南、武汉、上海等地建立老年津贴制度。主要针对 80 岁以上的老年人发放,资金来源于地方政府。2012 年修订的《中华人民共和国老年人权益保护法》对老年福利事业的发展产生积极的推动作用,该法第三条规定国家保障老年人依法享有的权益。老年人有从国家和社会获得物质帮助的权利,有享受社会服务和社会优待的权利,有参与社会发展和共享发展成果的权利。第四条规定积极应对人口老龄化是国家的一项长期战略任务。国家和社会应当采取措施,健全保障老年人权益的各项制度,逐步改善保障老年人生活、健康、安全以及参与社会发展的条件,实现老有所养、老有所医、老有所为、老有所学、老有所乐。第五条规定国家建立多层次的社会保障体系,逐步提高对老年人的保障水平。国家建立和完善以居家为基础、社区为依托、机构为支撑的社会养老服务体系。倡导全社会优待老年人。

二、残疾人福利事业取得较快发展

1994 年颁布的《残疾人教育条例》,为残疾人教育问题的解决提供了法律依据。2007 年,国务院颁布《残疾人就业条例》为残疾人就业问题提供政策支持。2008 年,国家修订《中华人民共和国残疾人保障法》,同年批准通过《残疾人人权公约》,并颁发《中共中央国务院关于促进残疾人事业发展的意见》,有效地保障了残疾人的权利,为妥善解决残疾人问题提供了法律保障。面对残疾人就业、教育等问题,中国形成了包括就业、教育、康复、救助为主要内容的残疾人福利制度。通过兴办福利企业,实施按比例就业和扶持残疾人个体就业;通过采取临时救济和集中供养以及残疾人福利安养机构,对残疾人提供救助照顾;通过特殊教育机构(如聋哑学校、低能儿童学校、弱智儿童班)对残疾人实施特殊教育;通过开展康复医疗和健康重建,帮助残疾人恢复。[①]

三、妇女福利事业发展受到重视

2001 年发布的《中国妇女发展纲要(2001—2010 年)》,确立了妇女与经济、妇女参与决策和管理、妇女与教育、妇女与健康、妇女与法律、妇

---

① 郑功成:《中国社会保障 30 年》,人民出版社 2008 年版,第 194 页。

女与环境六个优先发展领域的主要目标和策略措施。2005 年,对《中华人民共和国妇女权益保障法》进行了修订。2008 年《关于生育津贴和生育医疗费有关个人所得税政策的通知》规定,对生育妇女获得的生育津贴、生育医疗费或其他属于生育保险性质的津贴、补贴免征个人所得税。2011 年,《中国妇女发展纲要(2011—2020 年)》发布,确定 2011—2020 年女性社会保障的主要目标是:生育保险覆盖所有用人单位,妇女生育保障水平提高;基本医疗保险制度覆盖城乡妇女,医疗保障水平稳步提高;妇女养老保障覆盖面逐步扩大;妇女参加失业保险的人数增加,失业保险待遇水平逐步提高;有劳动关系的女性劳动者全部参加工伤保险;妇女养老服务水平提高,以城乡社区为单位的养老服务覆盖率达到 90% 以上。各项法律法规的颁布和实施,进一步完善了妇女福利的内容,形成了包括教育、就业、健康、生育、法律援助、社会保障服务在内的一系列的福利内容,而劳保福利和社会保障服务则构成了中国现行妇女福利制度的核心。

四、儿童福利制度逐步完善

这一阶段我国颁布了一系列涉及儿童福利的法律法规。1997 年,发布《关于进一步发展孤残儿童福利事业的通知》。2001 年,民政部发布《中国儿童发展纲要(2001—2010)》。2003 年,民政部发布《家庭寄养管理暂行办法》。2006 年,对《中华人民共和国未成年人保护法》和《中华人民共和国义务教育法》进行了修订。2007 年,发布《关于大力开展关爱农村留守儿童行动的意见》。2008 年,发布《关于推行校方责任险完善校园伤害事故风险管理机制的通知》。2009 年,发布《关于制定孤儿最低养育标准的通知》,同年,发布《关于进一步加强受艾滋病影响儿童福利保障工作的意见》。2010 年,国务院发布《关于加强孤儿保障工作的意见》。同年,民政部和财政部颁发《关于发放孤儿基本生活费的通知》。2011 年,发布《中国儿童发展纲要(2011—2020 年)》。2012 年,颁布《校车安全管理条例》。通过这些法规和文件的颁布和实施,我国逐渐形成了面向普通儿童、贫困儿童、孤残儿童、流浪儿童、留守儿童、受艾滋病影响儿童的福利体系,儿童福利的内容体现在健康、教育、生活环境、社会保障服务、校车安全等方面。

五、职业福利事业逐步发展

2002 年,《国务院关于大力推进职业教育改革与发展的决定》颁布。2003 年,中华总工会颁布《关于在新形势下深入开展建设职工之家活动的意见》。2007 年,《职工带薪年休假条例》颁布。同年,对《全国年节及纪念日放假办法》进行了修订。2009 年,颁布了《关于企业工资薪金及职工福利费扣除问题的通知》和《关于企业加强职工福利费财务管理的通知》。2010 年,《关于开展中央企业福利情况调查工作的通知》和《关于做好国资委系统监管企业职工薪酬调查工作的通知》发布。通过这些法律法规的颁布,中国对职业福利的建设进行合理的引导,逐渐形成了包括福利津贴、福利设施和福利服务的职业福利体系,职业福利的提供方也以劳动服务公司、后勤集团等形式的供给主体而存在和发展。

10.4.4　慈善事业取得较快发展

慈善事业的快速发展主要体现在慈善组织数量增加、慈善捐赠税收优惠以及慈善立法的推进上。

一、慈善组织数量增加

1981 年,中国儿童少年基金会成立。1982 年,宋庆龄基金会筹建成立。1984 年,中国残疾人福利基金会成立。1985 年,南京爱德基金会成立。1989 年,中国青少年基金会在北京成立。1993 年,吉林省慈善总会在长春成立。1994 年,中华慈善总会在北京成立。2003—2010 年,社会组织数量由 26.7 万个增加到 44.6 万个,其中,社会团体由 14.1 万个增加到 24.5 万个;民办非企业单位由 12.4 万个增加到 19.8 万个;基金会由 954 个增加到 2200 个。[①]

二、加大了对慈善捐赠实施税收优惠政策的力度

1980 年,《中华人民共和国个人所得税法》颁布,规定个人将其所得对教育事业和其他公益事业捐赠的部分,按照国务院有关规定从应纳税

---

① 中华人民共和国民政部编:《2011 年中国民政统计年鉴》,中国统计出版社 2011 年版,第 103 页。

所得中扣除。1993年,《中华人民共和国企业所得税暂行条例》发布,指出纳税人用于公益、救济性的捐赠,在年度应纳税所得额3%以内的部分准予扣除。2001年,财政部、国家税务总局在《关于完善城镇社会保障体系试点中有关所得税政策问题的通知》中提出,企业、事业单位、社会团体和个人向慈善机构、基金会等非营利机构的公益、救济性捐赠,在缴纳企业所得税和个人所得税前全额扣除。2001年,《扶贫、慈善性捐赠物资免征进口税收暂行办法》颁布,提出对境外捐赠人无偿向受赠人捐赠的直接用于扶贫、慈善事业的物资,免征进口关税和进口环节增值税。2003年,财政部、国家税务总局通过《关于向中华健康快车基金会等5家单位的捐赠所得税税前扣除问题的通知》,对向中华健康快车基金会等5家单位的捐赠在缴纳企业所得税和个人所得税前全额扣除。2004年,通过《关于向宋庆龄基金会等6家单位捐赠所得税政策问题的通知》,对向宋庆龄基金会等6家单位的捐赠在缴纳企业所得税和个人所得税前全额扣除。2006年,通过《关于中国老龄事业发展基金会等8家单位捐赠所得税政策问题的通知》,对向中国老龄事业发展基金会等8家单位的捐赠在缴纳企业所得税和个人所得税前全额扣除。2007年,通过《关于纳税人通过中国华夏文化遗产基金会等4家单位公益救济性捐赠所得税税前扣除问题的通知》和《关于中国青少年社会教育基金会等16家单位公益救济性捐赠所得税税前扣除问题的通知》,对向20家单位公益救济性捐赠,在年度企业所得税应纳税所得额3%以内的部分或者未超过申报的个人所得税应纳税所得额30%的部分,准予在缴纳企业所得税或者个人所得税前扣除。2008年,《关于公益性捐赠税前扣除有关问题的通知》提出企业用于公益事业的捐赠支出,在年度利润总额12%以内的部分,准予在计算应纳税所得额时扣除。

三、慈善立法工作取得了较快的发展

1993年,《中华人民共和国红十字会法》颁布。1998年,《社会团体登记管理条例》和《民办非企业单位登记管理暂行条例》颁布。1999年,《中华人民共和国公益事业捐赠法》和《社会福利机构管理暂行办法》颁布。2000年,《救灾捐赠管理暂行办法》颁布。2004年《基金会管理条

例》颁布实施。截至 2009 年年底,全国人大及其常务委员会颁布的《中华人民共和国红十字会法》《中华人民共和国公益事业捐赠法》等 6 部法律中涉及慈善相关内容。在国务院制定的行政法规中,《中华人民共和国企业所得税法实施条例》等 7 部行政法规中对慈善组织做出了明确规定。国务院各部门共出台《救灾捐赠管理办法》等 14 部与慈善相关部门规章、二百七十余件相关规范性文件。[①]

10.5　中国社会福利制度的发展完善

10.5.1　确立国民福利的理念和与目标

社会福利制度是社会保障制度内容体系的有机组成部分,整合社会福利制度内容与完善社会福利制度体系将是中国社会福利制度未来发展的必然选择。制度整合是中国社会福利制度发展的目标,体系完善是中国社会福利制度发展的途径。

无论是社会福利制度整合,还是社会福利体系完善,关键在于根据社会发展进程合理确定社会福利的内涵,科学定位社会福利的理念和目标。西方国家的社会福利有着宽泛的含义,属于"大福利"概念,是国家和社会为全体国民提高生活质量而实行的一种社会保障制度。[②]"大福利"概念认为社会福利的外延大于或等于社会保障。在中国社会福利制度体系中,长期占主导地位的是小福利概念,即狭义的社会福利,是指对生活能力较弱的儿童、老人、母子、家庭、残疾人、慢性精神病人等的社会照顾和社会服务。

大福利概念和小福利概念有着明显的边界:大福利以公民福利需求

---

① 刘光辉:《新世纪的中国慈善事业:成就、问题及其挑战》,《社会工作》2010 年第 10 期,第 57—60 页。

② 丁建定:《社会保障概论》,华东师范大学出版社 2006 年版,第 90 页。

类型为基础,小福利以特殊人群特定福利需求为限度。虽然中国社会福利制度一直在小福利概念下发展,但随着"十二五"规划中适度普惠型社会福利目标的提出,中国社会福利的内涵也在悄然发生变化。"十二五"规划明确指出:以扶老、助残、救孤、济困为重点,推动社会福利由补缺型向适度普惠型转变,逐步提高国民福利水平。"普惠"是要建立一种全体国民均能享受的福利模式,"适度"是指中国社会福利的建设具有阶段性。① 社会福利模式的转变,意味着中国社会福利制度正开始逐步突破小福利概念,逐渐扩展社会福利的内涵。中国已经具备从小福利迈向大福利所需要的经济条件、思想基础和实践基础,国际金融危机为中国从小福利迈向大福利提供了机遇,从小福利迈向大福利是中国特色福利制度发展的新阶段。② 中国社会福利制度从小福利迈向大福利是一个逐渐发展的过程。在中国社会福利模式发生转变以及中国特色福利制度形成的过程中,合理界定社会福利的内涵显得尤为重要,应该依据中国社会和经济发展阶段的特点,尽快确立国民福利的理念。

在合理界定社会福利制度理念时,应理清社会福利与几个相近概念的关系。首先是其与基本社会保障制度的关系。基本社会保障制度是保障公民的基本生活,社会福利制度是促进公民的发展与幸福。其次是其与福利国家的关系。社会福利不同于"福利国家"和"高福利",福利国家的核心不只是因为公民享有"基本社会保障",而是因为其享有"社会(公共)福利"。最后是与国民福利的关系。社会福利享有对象具有特定性及有限性,国民福利享有对象具有公民性与普惠性。

国民福利是指国家和社会为满足全体社会成员的物质及精神生活的基本需要而兴办的公益性设施和提供的相关服务,它以老年人、儿童、残疾人等弱势群体为重点,面向一般社会成员,以实现社会整体利益为根本理念和目标。国民福利是每个社会成员福利的总和,谋求的是最大的社

---

① 戴建兵:《论我国适度普惠型社会福利制度的构建与发展》,《华东师范大学学报》2012年第 1 期,第 26—31 页。

② 景天魁:《从小福利迈向大福利:中国特色福利制度的新阶段》,《理论前沿》2009 年第11 期,第 5—9 页。

会利益。弱势群体在自然、经济、社会和文化方面均处于低下状态,社会福利制度向这部分群体倾斜是有利于提升社会整体福利水平的,也有利于提高社会成员整体生活质量。国民福利能增强社会成员的参与意识,防止社会的离心倾向,将每个社会成员都纳入一个社会整体中,促进社会的紧密结合与和谐发展。随着社会经济的发展,适度扩展社会福利的内涵是发展中国社会福利制度的必然选择。

在这样的理念下,中国社会福利模式的转变应该具有阶段性,社会福利的定位也应该具有层级性。作为基本社会保障制度补充的社会福利,应维持小福利概念,部分福利内容扩大,实施补充型福利或选择性福利;作为基本社会保障制度扩展的社会福利,突破小福利概念,实施适度普惠,构建发展型或普惠型社会福利;作为国民福利体系基础的社会福利,应确立大福利概念,构建国民福利体系,从补充型社会福利走向发展型社会福利与幸福型社会福利。

中国社会福利制度未来发展的必然选择在于合理定位社会福利制度目标,构建国民福利体系。同时,中国社会福利制度发展还应重视社会服务的地位,完善国民福利体系,关注社会福利结构,促进形成国民福利体系。从社会福利走向国民福利,构建适度普惠型的国民福利制度,是中国社会福利制度发展的理性选择。其关键在于对现行社会福利制度进行整合与完善,即促进社会福利制度内容、结构与层次体系的完善,并推动社会福利制度与基本社会保障服务、慈善事业发展的有效衔接。

10.5.2 不断完善生活性社会福利制度

社会福利制度内容体系的完善是中国社会福利制度发展的先决条件。理顺社会福利制度各内容及项目之间的关系是完善中国社会福利制度的必然选择。中国社会福利制度内容体系应该是以生活性福利制度为基础,以发展性福利制度为核心,以幸福性福利制度为补充的社会福利制度。生活性社会福利制度是国家和社会通过收入补偿、福利设施、社会服务,以满足弱势群体生存需要的一种社会福利制度。它是社会福利的基本保障项目,是基本社会保障制度的补充。不断完善生活性社会福利制度,也就是保障公民的基本福利。它是发展社会主义市场经济的基本要求,是经济持续增长的新的强大动力,有助于以消费水平的实际提升缓解财富分配上的差距,是落实以人为本的科学发展观的基本要求,是构建和谐的公民社会的基本要求,是推进政府治理改革的重要基础。①

生活性社会福利制度主要包括针对弱势群体的住房福利、健康福利和安全保障制度及服务等。目前,中国已建立了以住房公积金为核心的住房福利制度②,在城镇主要是住房公积金制度和限价商品房制度,在农村主要是宅基地制度。这些住房福利存在高福利的特点,社会低收入住房困难群体基本无法享有这些福利项目。中国住房福利制度应该首先为弱势群体提供福利,在城乡住房救助基础上,适当提高弱势群体的住房条件。在现有住房福利制度中,适当调整福利供给方式。将城乡住房福利制度适度向弱势群体倾斜,在住房公积金贷款、限价商品房购买和宅基地流转等问题上,给予弱势群体优先权。将低收入群体住房配套设施建设与改善纳入住房福利项目,提升弱势群体的住房环境。将低收入群体住房补贴制度纳入住房福利项目,增强弱势群体的购房、租房等能力。住房福利制度在满足弱势群体住房需求的基础上,可适时扩大福利内容,改善现有住房福利项目,健全住房公积金制度、限价商品房制度和宅基地制度。

健康福利是为满足弱势群体的健康需要而提供的一项福利,健康福利制度包括基本卫生保健、公共卫生服务和社区卫生服务等。目前,中国健康福利制度内容体系初步形成:国家基本药物制度在政府办基层医疗卫生机构实现全覆盖,基本药物安全性提高、价格下降,公立医院改革试点有序进行,基层医疗卫生服务体系基本建成,基本公共卫生服务均等化取得新进展。③ 作为基本社会保障制度补充的社会福利,健康福利制度

---

① 王裕国:《将保障公民基本福利确立为我国现阶段的重要国策》,《消费经济》2006 年第 5 期,第 10—15 页。

② 李琨:《居民住房福利安排 要体现"以人为本"》,《人民日报》2006 年 10 月 30 日。

③ 温家宝:《政府工作报告——2012 年 3 月 5 日在第十一届全国人民代表大会第五次会议上》,人民出版社 2012 年版,第 8 页。

应向弱势群体倾斜,医疗卫生补助及服务应及时供应给低收入就医困难的群体。健康福利制度应为这部分人员配备基本的医疗卫生资源,医疗卫生机构应为这部分人群提供就医方便的渠道,医疗卫生工作人员应为这部分人群提供更为便捷和人性化的基本医疗生服务。只有在健康福利制度能较好满足弱势群体医疗需求的基础上,才能将基本卫生保健、公共卫生服务和社区卫生服务等福利内容扩大。

中国生活性福利制度应该还包括对社会成员安全需要的满足。安全的需要要求劳动安全、职业安全、生活稳定、希望免于灾难、希望未来有保障等,国家应为社会成员提供满足安全需要的福利。当风险成了当代人类的一个基本生存环境,安全就是一种基本福利。① 中国安全保障制度就是为满足社会成员的安全需要而提供的福利项目。中国政府一直在维护社会公共安全,例如安全生产监管、食品安全监管等。近年,中国也开始着重加强弱势群体安全保障制度建设。《校车安全管理条例》和《专用校车安全国家标准》保障了义务教育阶段学生上下学交通安全,《女职工劳动保护特别规定》保障了妇女的劳动安全,《无障碍环境建设条例》保障了残疾人的出行安全等。加强弱势群体的安全保障制度建设是符合中国社会福利制度特点的理性选择,能有效发挥其对基本社会保障制度的补充作用。中国安全保障制度仍处于建设并完善阶段,构建安全保障项目应将保护生命作为第一原则,特别是弱势群体生命安全问题。

生活性福利内容基本涉及社会成员生存需要的各个领域,但是每个福利项目定位有待重新设置,项目重点不突出,也较为忽视服务,其内容都存在需要进一步完善的地方。生活性福利制度应作为基本社会保障制度的补充,继续维持小福利概念,将制度向弱势群体倾斜,扩大部分住房福利、健康福利和安全保障制度的内容,实施补充型或选择性福利。

10.5.3　逐步构建发展性社会福利制度

发展性社会福利制度是国家和社会通过收入补偿、福利设施、社会服

---

① 　景天魁等:《福利社会学》,北京师范大学出版社 2010 年版,第 196 页。

务,以满足社会成员发展需要的一种社会福利制度。中国社会福利制度内容体系的第二个层面就是发展性社会福利,它包括教育福利、职业福利等。教育福利是国家和社会为保障国民的受教育权利,提高国民素质,促进教育公平,而承担的责任和义务,以及为此提供的公共资源和优惠条件。教育福利的功能决定了其发展性,教育福利在经济社会发展中具有举足轻重的作用,如防止贫困的代际传递、提高全民的基本素质、提升人力资源的品质、增强经济和社会发展活力等。① 中国教育福利内容,主要涉及以"两免一补"的义务教育为核心的基础教育福利、以"奖、贷、勤、补、减"为主体的高等教育福利、以助学金为特色的中等职业教育福利和以特殊儿童为对象的特殊教育福利。可见,中国教育福利已经是一种作为基本社会保障制度扩展的社会福利,正突破小福利概念。从教育经费执行情况来看,中国教育福利的重点在基础教育福利和高等教育福利。

一个国家采取何种教育福利制度是由其独特的历史、价值观念、国情国力和社会结构等诸多因素决定的。② 一直以来,中国教育福利是补缺型制度,随着免费义务教育的推行,适度普惠型教育福利开始发展。现阶段,中国主要是针对基础教育的普遍性福利选择,也是实施适度普惠构建发展型或普惠型社会福利的过程。但是从基础教育福利内容体系来看,中国还应逐步建立幼儿教育福利。幼儿作为弱势群体的典型,发展与之相关的福利内容是社会福利应有之义,政府应重视幼儿教育,逐步提供免费的幼儿教育福利和服务。

在基础教育福利稳步扩展和提升的同时,还应逐步突破小福利概念构建完善的教育福利制度体系。中国的职业教育福利刚刚起步,目前只有针对中等职业学校的助学金制度,逐步构建起中等职业教育福利和高等教育福利是发展普遍性教育福利的必由之路。特殊教育在中国政府一直较为重视,但是重教育轻服务的现状严重阻碍了特殊教育对象福利的提升,逐步构建起特殊教育福利服务体系是发展特殊教育福利的途径。

---

① 郑功成:《中国社会保障改革与发展战略(救助与福利卷)》,人民出版社 2011 年版,第202—203 页。

② 尹力:《多元化教育福利制度构想》,《中国教育学刊》2009 年第 3 期,第 37—40 页。

高等教育福利在中国一直是稳步提升的,相对其他教育福利制度内容,它基本形成了完整的框架。但是高等教育福利仍然重物质帮助,忽视服务,逐步构建高等教育福利服务体系是发展高等教育福利内容的路径。完善中国教育福利制度,也就是逐步构建起发展型或普惠型教育福利制度内容体系。

职业福利是专门面向劳动者的一种福利待遇,它是以就业为前提的补偿性制度。职业福利旨在鼓励和刺激生产、工作积极性、激发职工最大限度地发挥潜能等,它是一种发展性福利。中国职业福利内容依据不同的标准有不同的划分,项目设置大致分为法定福利和非法定福利两大类型,职工法定福利比较固定,由立法强制实施。非法定福利是企业自主建立的,比较具有灵活性,与每个企业自身性质、状况相关。

目前,中国职业福利内容较为繁杂,并未形成一个体系,也未建立法定职业福利制度和非法定福利制度。法定职业福利应作为基本社会保障制度的扩展,突破小福利概念,实施惠及更多劳动者的社会保险、公积金和法定假期制度;非法定福利应作为基本社会保障制度的补充,继续维持小福利概念,福利供给向企业低收入或生活困难职工倾斜,适度提升企业职工整体福利水平。

在法定职业福利中,企业职工社会保险和住房福利发展较为成熟。目前,部分企业建立了补充医疗和养老保险,大部分企业职工都能享有住房公积金及服务。此外,中国法定假期(休假)方面的福利并未形成统一的制度体系,其福利内容还较为有限。随着《国务院关于职工探亲待遇的规定》《国家年节及纪念日放假办法》《职工带薪年休假条例》和《企业职工带薪年休假实施办法》的出台,中国休假福利内容基本成形。但是关于婚假、计划生育假、丧假等的具体规定并未出台,中国应构建统一的休假福利制度内容体系。

在非法定职业福利方面,每个单位或社会团体职业福利项目设置都不同,影响我国职业福利的构建。从福利内容来看,目前,中国非法定职业福利已经开始突破小福利概念,不再局限于对困难职工生活工作的福利供给。但是,片面无限制提升职工福利,可能会拉大困难职工福利与其他职工福利的差距,凸显制度分配不合理,也不利于单位或社会团体整体福利的提升。即使同一单位或社会团体内部由于岗位性质不同,职工福利也存在很大差异。中国非法定职业福利供给仍应向低收入困难职工倾斜,缩小本企业职工之间的福利差距和收入差距。同时,单位或社会团体应适当提升职业福利。现阶段企业职工福利提升速度过快,存在总量适度的问题。职工福利费规模过大,不利于制度内容的统一安排,也不利于制度公平性的发挥。应该在逐步构建起法定职业福利制度的基础上,逐步统一基本的职工应享有的非法定职业福利,同时允许单位或社会团体适度提供其他非法定职业福利。项目齐全的职业福利有利于社会福利制度整体内容体系的完善。

10.5.4 稳步发展幸福性社会福利制度

社会福利制度内容体系的第三个层面是幸福性社会福利制度,它是国家和社会通过收入补偿、福利设施、社会服务,以满足社会成员享受需要的一种社会福利制度,是国民福利体系的基础福利项目,主要包括文化康乐福利、居住环境福利和养老服务等。

文化康乐福利是指国家和社会为满足人们的文化康乐的精神需要而兴办的具有福利性质的文体活动设施和相应的服务,包括公园、图书馆、博物馆、群众艺术馆、文化康乐中心等场馆以及群众性体育运动设施等,[①]旨在提升社会成员在文化康乐方面的精神需要,是关乎社会成员幸福的一项福利制度。中国的文化康乐福利内容较广,并未形成制度体系,从内容上可以分为文化康乐设施福利和文化康乐福利服务。稳定发展文化康乐福利,才能满足社会成员在文化康乐方面的福利需求。

居住环境的福利需求是居住福利需求里较高层次的需求,它是社会成员享有合格的住所后出现的一种福利需求,它关乎社会成员幸福感的获得。居住环境福利是一种幸福性福利,环境美好是基本的福利需求,[②]

---

① 张广利:《社会保障实务教程》,华东理工大学出版社 2010 年版,第 295 页。
② 景天魁等:《福利社会学》,北京师范大学出版社 2010 年版,第 202 页。

随着经济的发展、生活水平的提高,社会成员对居住环境的福利需求会越来越强烈。中国环境保护措施取得明显成效,一定程度上提升了社会成员的居住环境福利。中国政府虽然在一定程度上满足了社会成员对居住环境的福利需求,但政府推进环境保护的出发点是发展经济,居住福利的理念在中国还并未完全建立。中国在加强环境保护的同时,应从社会成员的福利需求出发,稳定发展居住环境福利。

中国养老福利需求包括"老有所养、老有所医、老有所为、老有所学、老有所乐"。生活性社会福利制度和发展性社会福利制度能满足老年人的生存层次和发展层次的福利需求。但是中国社会福利制度对老年人心理慰藉、精神赡养、文化娱乐、全面康复等更高层次的需要缺乏服务。[①]要使老年人幸福地安度晚年,要稳步发展幸福性社会福利、尽快发展社会养老服务。长期以来,中国实行以家庭养老为主的养老模式,但随着计划生育基本国策的实施,以及经济社会的转型,家庭规模日趋小型化,家庭的养老功能趋于弱化。随着人口老龄化、高龄化的加剧,失能、半失能老年人的数量将不断增长,照料和护理问题将日益突出。发展养老服务是完善中国社会福利制度内容体系的当务之急。根据老年人养老需求,构建适合中国国情的社会养老服务体系,将是中国幸福性社会福利发展的选择。

完善中国社会福利制度,在于合理定位社会福利制度目标,不断完善作为基本社会保障制度补充的生活性社会福利制度,逐步构建作为基本社会保障制度扩展的发展性社会福利制度,稳步发展作为国民福利体系基础的幸福性社会福利制度。

---

① 郑功成:《中国社会保障改革与发展战略(救助与福利卷)》,人民出版社 2011 年版,第171 页。

11

中国社会保险经办服务体系建设成就及完善对策

改革开放以来,随着我国社会保险管理服务社会化水平的提高,我国社会保险经办服务体系历经从初步构建到快速发展、逐步优化的过程,经过40多年的发展建设,我国已初步建成了从中央到地方、从城镇到乡村完整的社会保险经办服务网络,服务人群不断增加、业务范围不断扩大,社会保险经办服务机构在专业化、标准化、信息化建设上取得了长足的进步,为我国社会保险事业改革与发展作出了巨大的贡献。与此同时,我国社保经办发展还面临着人口老龄化加快、社保统筹层次逐步提高、新型城镇化快速推进、信息化技术迅猛发展等一系列发展新环境带来的新挑战,现有社保经办服务体系的不足将进一步显现。新时代背景下,我国社会主要矛盾发生了变化,人民日益增长的美好生活需要对社会保险经办服务提出了更高要求,为适应新时代发展要求,社会保险经办服务体系必须及时作出变革,不断满足社会保险事业发展带来的经办新要求,依据党的十九大所提出的"坚持质量第一、效益优先"的总体要求和"建立全国统一的社会保险公共服务平台"的目标任务,加快推进高质量社会保险经办服务体系建设。

11.1 中国社会保险经办 服务体系发展回顾

11.1.1 社会保险经办服务体系初探阶段(1986年至20世纪90年代初)

1951年国务院颁布了《中华人民共和国劳动保险条例》,该条例的颁布使得企业保险基金征集、保管和调剂工作有了具体的管理机构,即中华总工会及各企业基层工会组织,因此可视为我国社会保险经办服务体系发展的起点。1966—1976年"文化大革命"期间,作为企业保险基金管理机构的工会组织被撤销,社会保险工作随之陷入无序混乱状态,为此

1969 年财政部颁布《关于国营企业财务工作中几项制度的改革意见》,规定"国营企业一律停止提取劳动保险金,企业的劳保开支改在营业外列支",企业养老保险基金不再统一筹集,各企业按照各自需要筹集养老金费用,社会保险变成了企业保险,社会保险经办服务体系的发展陷入了停滞期。随着改革开放后社会保险制度的改革,社会保险经办服务体系迎来了重构,1986 年国民经济和社会发展第七个五年计划中提出"改革社会保障管理体制",标志着社保经办管理体制改革拉开了序幕,同年国务院颁布《关于改革劳动制度的四个规定的通知》,其中《国营企业实行劳动合同制暂行规定》明确"劳动合同制工人退休养老金由当地劳动行政主管部门所属的社会保险专门机构管理"。1987 年劳动人事部发布《关于设立各级退休费用统筹管理委员会的通知》提出要设立对退休费用统一管理的各级退休费用统筹管理委员会。至此,确定了我国社会保险经办服务体系的发展方向,社会保险经办管理工作开始逐步由企业管理向社会化管理转变。

11.1.2　社会保险经办服务体系框架构建阶段(20 世纪 90 年代初至 2000 年)

20 世纪 90 年代以来,社会保险由原有的单位保障开始加快向社会保障转变,社会保险经办服务体系也开始加快自身框架的构建。1991 年国务院颁布了《关于企业职工养老保险制度改革的决定》,明确了社会保险管理机构的性质,即"非营利性的事业单位,经办基本养老保险和企业补充养老保险的具体业务,并受养老保险基金委员会委托,管理养老保险基金"。1993 年,党的十四届三中全会通过的《中共中央关于建立社会主义市场经济体制若干问题的决定》提出了我国社会保障改革的原则,要求"建立统一的社会保障管理机构,主要是行使行政管理职能。社会保障行政管理和社会保险基金经营要分开"。同年 12 月,劳动部成立了社会保险事业管理局,负责指导全国的社会保险经办工作,标志着建立起从中央到地方的社会保险经办工作体系。

1994 年八届全国人大常委会通过的《中华人民共和国劳动法》规定

"社会保险基金经办机构依照法律规定收支、管理和运营社会保险基金,并负有使社会保险基金保值增值的责任",《中华人民共和国劳动法》的颁布,对于我国社保经办服务体系框架的构建具有标志性意义,从法律上明确了社会保险经办机构的法律地位和具体职能。1995 年国务院发布《国务院关于深化企业职工养老保险制度改革的通知》,指出"要实行社会保险行政管理与经济管理分开,管理社会保险基金一律由社会保险经办机构负责",对社会保险经办机构的职能进行了进一步明确。1996 年社会保险事业管理局由经费自理改为经费全额拨款,体现出国家加快建设社会保险经办服务体系的决心。1997 年劳动部发布《关于印发社会保险业务管理程序的通知》,标志着我国社会保险业务管理开始向规范化方向发展。

1999 年国务院发布《社会保险费征缴暂行条例》,规范了社会保险费征缴工作,明确了社会保险征缴管理、监督检查等具体内容,将社会保险工作经费列入了预算。2000 年劳动部社会保险事业管理局、民政部农村社会养老保险管理中心、卫生部全国公费医疗管理中心、人事部中央国家机关及其在京事业单位社会保险管理中心 4 个单位合并组建成立劳动保障部社会保险事业管理中心,标志着我国社会保险经办机构基本框架初步形成。①

11.1.3 社会保险经办服务体系快速发展阶段(2001—2009 年)

进入新世纪,尤其是党的十六大以来,是我国社会保险经办服务体系快速建设和加快发展时期,这一时期国家开始重视社会保险经办能力建设。一是社会保险经办服务网络的构建。2002 年按照国家部署,社会保险经办服务体系开始由县以上中心城镇向基层延伸,在全国所有城市的街道和大部分社区建立了劳动保障工作平台,2009 年随着新农保制度的

---

① 本刊编辑部:《中国社保经办 30 年变迁》,《中国社会保障》2016 年第 8 期,第 22—25 页。

建立,为适应城乡社会保险全覆盖需要,社会保险经办管理进一步向乡镇和成建制行政村延伸,形成了完整的服务网络。二是工伤保险经办的法制化建设。2003 年国务院颁布《工伤保险条例》,对经办机构需履行的职责做了详细的规定,标志着我国工伤保险经办工作的开展进入法制化轨道。三是加强社保经办体制机制的完善,开始重视社会保险经办规范化、信息化、专业化建设。这一阶段,国家颁布出台多部政策文件不断完善和规范社会保险经办服务体系,例如 2004 年劳动保障部社会保险事业管理中心发布《社会保险主要业务工作年度考核试行办法》、2005 年劳动保障部发布《关于开展全国社会保险经办机构人员培训工作的通知》、2007 年劳动保障部发布《关于印发加强社会保险经办能力建设意见的通知》等。

11.1.4　社会保险经办服务体系完善阶段(2010 年至今)

随着社会保险事业的发展,对我国社会保险经办服务体系提出了更高要求,针对新形势、新挑战,我国社会保险经办服务体系进入完善阶段。2010 年人力资源和社会保障部发布《关于开展社会保险标准化工作的指导意见》,同年 10 月《中华人民共和国社会保险法》颁布,对社会保险经办机构权责及社会保险基金管理做出规定,社会保险事业发展进入法制化轨道。2011 年之后人力资源和社会保障部先后印发了《关于贯彻实施社会保险服务总则和社会保障服务中心设施设备要求国家标准的通知》《社会保险视觉识别系统》《关于加强社会保险精算工作的意见》《关于开展窗口单位改进作风专项行动的通知》等多部文件。总体上看,这一阶段的目标是逐步实现依法经办、标准化经办、信息化经办并规范经办管理体制。2018 年中共中央印发的《深化党和国家机构改革方案》统一了社会保险费的征收主体[1],2019 年电子社保卡的发放等重要事件反映出这一阶段社会保险经办服务体系发展的主题,即构建高质量的社会保险经办服务体系。

---

[1]　王延中、宁亚芳:《我国社会保险征费模式的效果评价与改革趋势》,《辽宁大学学报(哲学社会科学版)》2018 年第 3 期,第 1—17 页。

11.2 中国社会保险经办服务体系
建设取得的成就

随着社会保险事业的发展进步,我国社会保险经办服务工作量与业务范围不断扩大。在此过程中,社会保险经办服务工作取得了举世瞩目的成就,社会保险覆盖范围不断扩大、各项保险待遇水平稳步提高、社会保险基金收支保持基本平衡、社会保险经办服务的效能及信息化和标准化水平得到明显提升。

11.2.1 社会保险经办服务网络初步建成

当前我国社会保险经办服务体系经过多年的建设发展,已初步形成以各级社会保险经办机构为主体、以银行等定点服务机构为依托、以基层服务为辅助、以信息技术为支撑的服务网络。[①] 在组织机构方面,目前已经构建起从中央到县四级社会保险经办机构,并依托社区和村委会等基层自治组织设立了社会保障事务所,截至 2013 年共建立从中央到省、市、县四级共 8363 个社保经办机构[②],此后本着精简原则,2016 年年底社会保险经办机构数量减少到 7937 个。其中包括 59 个省级经办机构,1007个地(市)级经办机构,6871 个县(区)级经办机构。在经办机构数量减少的同时,社会保险经办服务人员数量有所增加,2016 年年底全国经办机构编制总人数 17.9 万人,实有总人数达到 19.6 万人,从中央到地方社会保险经办组织体系和服务网络初步建成,见图 11-1。经办系统规模方

---

① 王美桃:《我国社会保险经办服务体系的历史变迁及启示》,《当代经济》2014 年第 18期,第 20—21 页。

② 人力资源和社会保障部:《2013 年全国社会保险情况》,人力资源和社会保障部网站,2014 年 6 月 24 日。

面,各级社会保险经办服务机构发展得到了相应管理部门的大力支持,人员编制数量和经办服务经费都得到了较为快速的增加。随着金保工程建设的深入,信息化经办模式逐渐向社区等基层经办服务网点延伸,经办服务模式得到不断创新,社会保险经办服务体系整体服务效率得到显著提升。

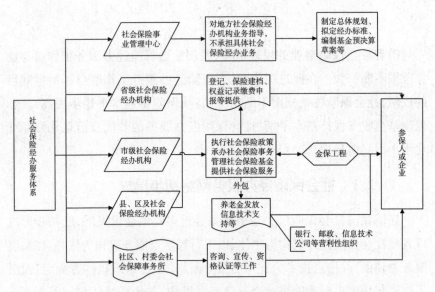

图 11-1　我国社会保险经办服务体系框架

11.2.2　社会保险扩面工作成效显著

随着各项社会保险制度的快速发展,社会保险经办机构积极开展保险扩面工作,各项社会保险参保人数快速增加,如图 11-2 所示,1994 年到 2017 年五项社会保险参保合计人数增加了 248358.2 万人。基本养老保险方面,1991 年国务院发布《国务院关于企业职工养老保险制度改革的决定》,提出由社会保险管理机构经办基本养老保险和企业补充养老保险的具体事务并管理养老保险基金,规范了社会保险经办机构的性质,为职工养老保险社会化管理打下了基础。2009 年 9 月 1 日,国务院印发了《国务院关于开展新型农村社会养老保险试点的指导意见》,提出要加

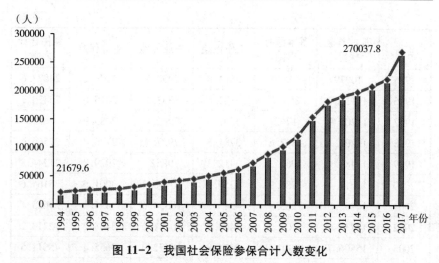

图 11-2　我国社会保险参保合计人数变化

资料来源:《中国统计年鉴(2018)》,第 799—806 页。引自中国经济社会大数据研究平台,见 http://data.cnki.net/yearbook/Single/N2018110025。

强城乡居民养老保险经办能力建设,城乡基本养老保险经办工作迈入新的阶段。随着城乡基本养老保险制度的不断完善和保险扩面工作的持续开展,基本养老保险参保人数快速增加,制度覆盖面不断扩大,如图 11-3所示,基本养老保险参保人数由 1994 年的 10573.5 万人增加至 2017 年的 91548.3 万人,参保人数是 24 年前的 8.7 倍;1998 年国务院发布《国务院关于建立城镇职工基本医疗保险制度的决定》,提出了医疗保险基金由社会保险经办机构负责筹集、管理和支付,此后基本医疗保险得到了快速发展,相较职工基本养老保险,基本医疗保险参保人数的变化更加明显,基本医疗保险参保人数由 1994 年的 400.3 万人增加至 2017 年的117681.4 万人,24 年间参保人数增加了近 294 倍,基本医疗保险扩面工作取得了巨大的成绩。

表 11-1　我国各项社会保险参保人数变化

（单位:万人）

年份	基本养老保险	基本医疗保险	工伤保险	失业保险	生育保险	参保合计人数
1994	10573.5	400.3	1822.1	7967.8	915.9	21679.6

年份	基本养老保险	基本医疗保险	工伤保险	失业保险	生育保险	参保合计人数
1995	10979	745.9	2614.8	8237.7	1500.2	24077.6
1996	11116.7	855.7	3102.6	8333.1	2015.6	25423.7
1997	11203.9	1762	3507.8	7961.4	2485.9	26921
1998	11203.1	1877.6	3781.3	7927.9	2776.7	27566.6
1999	12485.4	2065.3	3912.3	9852	2929.8	31244.8
2000	13617.4	3786.9	4350.3	10408.4	3001.6	35164.6
2001	14182.5	7285.9	4345.3	10354.6	3455.1	39623.4
2002	14736.6	9401.2	4405.6	10181.6	3488.2	42213.2
2003	15506.7	10901.7	4574.8	10372.9	3655.4	45011.5
2004	16352.9	12403.6	6845.2	10583.9	4383.8	50569.4
2005	17487.9	13782.9	8478	10647.7	5408.5	55805
2006	18766.3	15731.8	10268.5	11186.6	6458.9	62412.1
2007	20136.9	22311.1	12173.3	11644.6	7775.3	74041.1
2008	21891.1	31821.6	13787.2	12399.8	9254.1	89153.8
2009	23549.9	40147	14895.5	12715.5	10875.7	102183.6
2010	35984.1	43262.9	16160.7	13375.6	12335.9	121119.2
2011	61573.3	47343.2	17695.9	14317.1	13892	154821.5
2012	78796.3	53641.3	19010.1	15224.7	15428.7	182101.1
2013	81968.4	57072.6	19917.2	16416.8	16392	191767
2014	84231.9	59746.9	20639.2	17042.6	17038.7	198699.3
2015	85833.4	66581.6	21432.5	17326	17771	208944.5
2016	88776.8	74391.6	21889.3	18088.8	18451	221597.5
2017	91548.3	117681.4	22723.7	18784.2	19300.2	270037.8

资料来源:《中国统计年鉴(2018)》,第 799—806 页。引自中国经济社会大数据研究平台,见 ht-tp://data.cnki.net/yearbook/Single/N2018110025。

　　失业保险、工伤保险、生育保险的扩面工作同样取得了显著的成绩。工伤保险方面,1996 年劳动部发布《企业职工工伤保险办法》,规定了工伤保险业务由社会保险经办机构负责经办,2003 年国务院颁布了《工伤

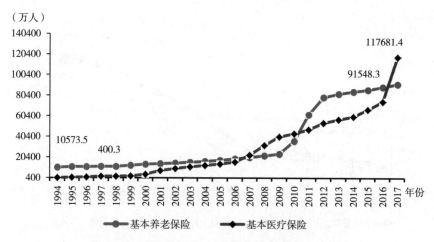

图 11-3　我国基本养老与医疗保险参保人数变化

资料来源:《中国统计年鉴(2018)》,第 799、803 页。引自中国经济社会大数据研究平台,见 http://data.cnki.net/yearbook/Single/N2018110025。

保险条例》,对社会保险经办机构经办工伤保险的具体职责作出了规定,至此我国工伤保险经办服务与基金管理进入了法制化轨道。如图 11-4 所示,2003 年《工伤保险条例》颁布后,工伤保险参保人数增幅变化明显,数据反映出《工伤保险条例》颁布后社会保险经办机构工伤保险扩面工作的快速推进,整体上看,工伤保险参保人数由 1994 年 1822.1 万人增加至 2017 年 22723.7 万人,2017 年是 1994 年工伤保险参保人数的 12.5 倍。建筑业参加工伤保险"同舟计划"稳步实施,2016 年年底建筑业新开工项目工伤保险参保率达到了 96%,建筑业参保人数达到 1896 万人。

　　生育保险与失业保险方面,1994 年 12 月劳动部颁布《企业职工生育保险试行办法》,规定"生育保险基金由劳动部门所属的社会保险经办机构负责收缴、支付和管理",生育保险参保人数由 1994 年的 915.9 万人增长至 2017 年的 19300.2 万人,参保人数增长了 21 倍,生育保险扩面工作成绩显著,充分保障了女职工的合法权益。1999 年国务院发布《失业保险条例》,对经办机构职责、经费保障等作出了规定,失业保险参保人数由 1994 年的 7967.8 万人增加至 2017 年的 18784.2 万人,参保人数增加

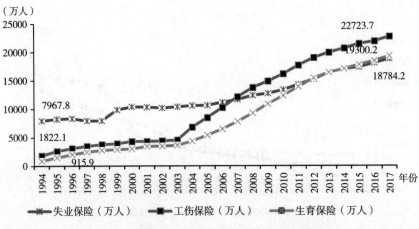

图 11-4　我国失业、工伤、生育保险参保人数变化

资料来源:《中国统计年鉴(2018)》,第 802、805—806 页。引自中国经济社会大数据研究平台,
　见 http://data.cnki.net/yearbook/Single/N2018110025。

了 2.4 倍。

　　随着社会保险扩面工作的积极开展,越来越多的城乡居民被纳入社
会保险体系,应保尽保的局面正在逐步形成,社会保障制度公平性属性进
一步得到体现。

11.2.3　社会保险基金管理得到加强,基金运行总体平稳

　　2018 年中共中央办公厅、国务院印发《国税地税征管体制改革方
案》,明确自 2019 年 1 月 1 日起基本养老保险费等各项社会保险费交由
税务部门统一征收,在此之前《中华人民共和国社会保险法》第五十九条
只规定社会保险费实行统一征收,并未指定具体的征收部门,多数地区的
社会保险费征缴工作由社会保险经办机构负责。在开展征缴工作的过程
中,社会保险经办机构认真履行社会保险费征缴职能,在加大征缴力度的
同时,不断完善保费的征缴方式,为保费的应收尽收提供了重要的保障,
随着社会保险参保人数的增加,社会保险基金规模不断扩大,从社会保险
总收支及结余情况看,如图 12-5 所示,社会保险总收入由 2000 年的
2644.9 亿元增加至 2017 年的 67154.2 亿元,基金的累计结余由 2000 年

的 1327. 5 亿元增加至 2017 年的 77311. 6 亿元。从各险种基金累计结余来看,具体数据见表 11-2,基本养老保险和基本医疗保险基金的累计结余超过万亿元,其中基本养老保险基金累计结余在 2017 年超过了 5 万亿元,基本医疗保险基金的累计结余接近 2 万亿元,2017 年失业保险、工伤保险和生育保险基金的累计结余较 2000 年也分别增长了 28. 3、27. 8 和 33. 6 倍,各项社会保险基金可观的累计结余为社会保险基金的可持续运转提供了坚实的基础。

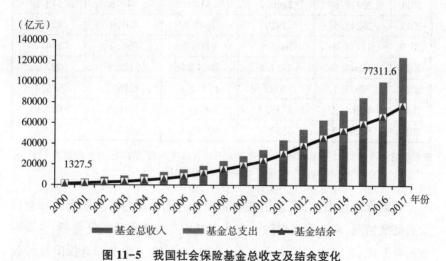

图 11-5 我国社会保险基金总收支及结余变化

资料来源:《中国统计年鉴(2018)》,第 802、805—806 页。引自中国经济社会大数据研究平台,见 http://data.cnki.net/yearbook/Single/N2018110025。

表 11-2 我国各项社会保险基金累计结余变化情况

(单位:亿元)

年份	基本养老保险	失业保险	基本医疗保险	工伤保险	生育保险
2000	947. 1	195. 9	109. 8	57. 9	16. 8
2001	1054. 1	226. 2	253	68. 9	20. 6
2002	1608	253. 8	450. 7	81. 1	29. 7
2003	2206. 5	303. 5	670. 6	91. 2	42
2004	2975	385. 8	957. 9	118. 6	55. 9
2005	4041	519	1278. 1	163. 5	72. 1

续表

年份	基本养老保险	失业保险	基本医疗保险	工伤保险	生育保险
2006	5488.9	724.8	1752.4	192.9	96.9
2007	7391.4	979.1	2476.9	262.6	126.6
2008	9931	1310.1	3431.7	384.6	168.2
2009	12526.1	1523.6	4275.9	468.8	212.1
2010	15787.8	1749.8	5047.1	561.4	261.4
2011	20727.8	2240.2	6180	742.6	342.5
2012	26243.5	2929	7644.5	861.9	427.6
2013	31274.8	3685.9	9116.5	996.2	514.7
2014	35644.5	4451.5	10644.8	1128.8	592.7
2015	39937.1	5083	12542.8	1285.3	684.4
2016	43965.5	5333.3	14964.3	1410.9	675.9
2017	50202.2	5552.4	19385.6	1606.9	564.5

资料来源:《中国统计年鉴(2018)》,第 798 页。引自中国经济社会大数据研究平台,见 http://data.cnki.net/yearbook/Single/N2018110025。

　　社会保险征缴方面,这里选取职工养老保险征缴情况来反映社会保险的征缴情况,职工养老保险的收入包括职工养老保险的征缴额、各级财政的补贴额、利息收入等多个来源,图 11-6 反映了职工养老保险征缴收入的变化,职工养老保险征缴收入逐年增加,由 2002 年的 2551.4 亿元增加至 2017 年的 34213 亿元。

　　在各项社会保险基金收支快速增加的同时,社会保险基金监管工作不断得到加强,近年来出台了多部政策法规来规范社会保险基金监管工作,例如 2006 年劳动保障部印发了《关于进一步加强社会保险基金管理监督工作的通知》和《关于进一步加强社会保险基金监督严肃基金纪律的意见》,要求各地建立健全社会保障监督委员会工作制度,禁止社会保险基金违规投资运营。2007 年劳动保障部相继颁布《社会保险经办机构内部控制暂行办法》《关于建立社会保险信息披露制度的实施意见》,通过加强社会保险经办机构内控执行力和构建外部社会监督体系,有效地保障了社会保险基金的安全。2010 年国务院发布《关于试行社会保险基

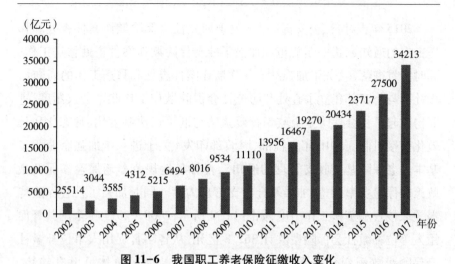

图 11-6 我国职工养老保险征缴收入变化

资料来源:《中国人力资源和社会保障事业发展统计公报(2002—2017)》,见 http://www.mohrss.gov.cn/SYrlzyhshbzb/zwgk/szrs/tjgb/。

金预算的意见》,决定试行社会保险基金预算制度,对预算编制范围、方法、程序等进行了具体规定,同年人社部社会保险中心发布了《关于完善社会保险基金年度报告制度的通知》,通过社会保险基金预算制度的建立和社会保险基金年度报告制度的形成,社会保险基金的收支运行情况得到了及时规范掌握。

图 11-7 督促用人单位补缴社会保险费数额

资料来源:《人力资源和社会保障事业发展统计公报(2008—2017)》,见 http://www.mohrss.gov.cn/SYrlzyhshbzb/zwgk/szrs/tjgb/。

2015 年人社部、公安部印发《关于加强社会保险欺诈案件查处和移送工作的通知》，进一步规范和加强了社会保险欺诈案件查处移送工作，同时为贯彻落实《关于加强社会保险欺诈案件查处和移送工作的通知》，人社部与公安部建立了查处和防范社会保险欺诈工作联席会议制度，进而构建起了社会保险基金监督行政执法与刑事司法制度化、常态化和长效化衔接机制。2016 年人社部、财政部印发《关于进一步加强企业职工基本养老保险基金收支管理的通知》，指导各地规范养老保险参保补缴政策和保险费率调整，加强基金收支管理力度。同时加强了社会保险待遇领取核查和稽核工作力度，如图 11-7 所示，2008—2017 年全国共督促用人单位补缴社会保险费共计 362.8 亿元，从各年督促用人单位补缴社会保险费数额变化来看，2008—2011 年保费补缴额总体呈上升趋势，2012 年后呈显著下降趋势，从用人单位保费补缴额变化上可以反映出用人单位非合规缴费情况得到明显改善。医疗行为监管得到强化，医保智能监控系统已覆盖 72% 的地市级统筹地区，从 2012 年的 25 个统筹地区增加到 2016 年的 275 个统筹地区。稽核查出违规医疗、工伤和生育保险定点医疗机构和定点零售药店 10.6 万个，违规金额 21.3 亿元，追回金额 20.7 亿元(含罚金)。

11.2.4　各项社会保险按时按规结算，待遇水平稳步提高

1998 年国务院发布《国务院关于实行城镇职工基本养老保险省级统筹和行业统筹移交地方管理有关问题的通知》，同年财政部印发《企业职工基本养老保险基金实行收支两条线管理暂行规定》，各级社会保险经办机构将基本养老保险基金差额缴拨改为全额缴拨，并开始实行收支两条线管理。2000 年国务院发布《国务院关于切实做好企业离退休人员基本养老金按时足额发放和国有企业下岗职工基本生活保障工作的通知》明确提出要积极筹措资金，确保企业离退休人员基本养老金按时足额发放，同时中央财政通过转移支付的方式对财政有困难的中西部地区和老工业基地基金缺口进行补助。1999 年开始推行由社会保险经办机构或由银行、邮局等社会服务机构发放基本养老金，到 2001 年基本实现了社

会化发放基本养老金的目标。上述一系列举措从机制上保障了基本养老金的按时足额发放,同时各级社会保险经办机构认真履行职能,各项社会保险待遇按规定得到了结算和支付。

随着养老金计发办法的改革和待遇增长机制的建立,离退休参保人员的退休金水平不断提高,离退休参保群体的获得感不断增强。2001—2017年国家多次提高城镇职工养老金水平,如表11-3所示,职工月平均养老金由2001年每月611.1元增长至2017年每月2875.9元,有力地保障了企业退休人员的基本生活。2016年机关事业单位和企业退休人员基本养老保险金待遇首次同步调整并发放到位,养老保险制度的公平性进一步提高。与此同时,城乡居民养老保险的保障能力也有所增强,2018年财政部、人社部印发《关于2018年提高全国城乡居民基本养老保险基础养老金最低标准的通知》将全国城乡居民基本养老保险基础养老金最低标准由每人每月70元提高至88元,各地也根据自身情况纷纷调整了城乡居民基本养老保险基础养老金标准,例如上海市城乡居民基础养老金标准达到每月930元、北京市达到705元。截至2017年12月底,城乡居民基本养老保险参保人数51255万人,其中,领取待遇人数15598万人,月人均待遇125元。

表11-3　我国城镇职工养老金水平变化

年份	职工养老保险支出 (亿元)	离退休人员人数 (万人)	月平均养老金水平 (元)
2001	2321	3165	611.1
2002	2842.9	3608	656.6
2003	3122	3860	674.0
2004	3502	4103	711.3
2005	4040	4367	770.9
2006	4897	4635	880.4
2007	5965	4954	1003.4
2008	7390	5304	1161.1

年份	职工养老保险支出（亿元）	离退休人员人数（万人）	月平均养老金水平（元）
2009	8894	5807	1276.3
2010	10555	6305	1395.1
2011	12765	6826	1558.4
2012	15562	7446	1741.7
2013	18470	8041	1914.1
2014	21755	8593	2109.8
2015	25813	9142	2353.0
2016	31854	10103	2627.4
2017	38052	11026	2875.9

注:月平均养老金水平=职工养老保险支出/离退休人员人数。

资料来源:2001—2017 年《中国人力资源和社会保障事业发展统计公报》,见 http://www.mohrss. gov.cn/SYrlzyhshbzb/zwgk/szrs/tjgb/。

　　基本医疗保险、失业保险、工伤保险、生育保险与基本养老保险一样,在按时按规结算的同时,各项保险的保障能力也在逐步增强。基本医疗保险方面,2016 年当年享受城镇职工基本医疗保险待遇的人数 1.7 亿人,较 2012 年增加了 3695 万人,增长 27.0%,同年享享受受城乡居民基本医疗保险的人数达到 1.7 亿人,较 2012 年增加了 10658 万人,城乡居民基本医疗保险人均补助由 2012 年的 240 元提高到 2016 年的 420 元,人均补助额增加了 180 元。保险政策范围内,住院费用基金支付比例方面,城镇职工和居民医疗保险支付比例分别达到 80%和 70%左右,2016 年城镇居民医疗保险和职工医疗保险基金最高支付限额分别达到当地城镇居民人均年可支配收入和当地职工年平均工资的 6 倍。大病保险覆盖城乡居民超过 10 亿人,各省份大病保险政策规定的支付比例不低于50%,有效缓解了困难群体的大额医疗费用负担,受益人员的实际报销比例提高了 10 个百分点左右。城镇居民医疗保险门诊统筹普遍建立,主要支付在基层医疗卫生机构发生的门诊医疗费用。部分地方还积极探索职工医疗保险门诊统筹。2016 年完成医疗保险药品目录调整,扩大了参保病人用药范围,增设了谈判药品目录。①

失业保险待遇保险方面,国家发改委、人社部会同有关部门印发了《关于进一步完善社会救助和社会保障标准与物价上涨挂钩联动机制的通知》,完善了失业保险金标准与物价上涨的联动机制,根据居民消费价格指数为领取失业保险金人员发放价格临时补贴,继而提高了补贴发放的时效性,2016 年全国领取失业保险人员月领取失业金 1051 元,较上一年增长了 9.5%,较 2012 年增长 365 元,年均增长 11.3%。工伤保险待遇方面,一次性工亡补助金标准大幅度增加,2016 年标准达到 62.4 万元,较 2012 年增加了 18.8 万元,年均增长 9.4%。② 受二孩政策影响,更多的育龄妇女享受到生育保险。

11.2.5 社会保险关系转移接续更加畅通

一、城镇企业职工养老保险跨省份转移接续方面

2009 年 12 月国务院发布《城镇企业职工基本养老保险关系转移接续暂行办法》,对包括农民工在内的参加城镇职工养老保险的参保人员其保险关系的跨省份转移接续问题作出了具体规定,指出"参保人员返回户籍所在地(指省、自治区、直辖市,下同)就业参保的,户籍所在地的相关社保经办机构应为其及时办理转移接续手续"。2010 年 9 月,针对城镇企业职工基本养老保险关系转移接续实施工作中存在的问题,人社部发布《关于印发城镇企业职工基本养老保险关系转移接续若干具体问题意见的通知》,对跨省流动就业的参保人员的统筹基金的转移办法、个人账户记账利息及记账额、临时基本养老保险缴费账户、缴费年限的计算、待遇领取地的确定、欠费补缴等具体问题作出了规定,并对城镇企业职工基本养老保险关系转移接续经办工作提出了要求,要求各地社保经办机构"要确保全国转移接续工作的统一和规范,不得随意调整和更改

---

① 《中国人力资源和社会保障年鉴(工作卷)2017》,全国人力资源和社会保障工作—社会保险经办管理,中国劳动社会保障出版社、中国人事出版社 2017 年版。
② 《中国人力资源和社会保障年鉴(工作卷)2017》,全国人力资源和社会保障工作—社会保险经办管理,中国劳动社会保障出版社、中国人事出版社 2017 年版。

经办规程中的程序和表格;要简化、优化业务流程,提高工作效率,落实好办理时限;要通过国内各新闻媒体、互联网、热线电话、现场解答等多种形式,为参保人员提供咨询服务。各级社保经办机构要安排专人值守,确保向社会公布的联系渠道畅通。遇有单位地址、经办科室、电话号码等信息发生变更或需要补充的,要及时报告人力资源社会保障部社保中心,保持向社会公布信息的完整和准确"。针对职工基本养老保险转移接续工作中出现的新问题,2016 年人社部又印发了《关于城镇企业职工基本养老保险关系转移接续若干问题的通知》,对视同缴费年限计算、一次性缴费养老保险费、重复领取养老保险金、户籍所在地社会保险经办机构归集责任等问题作出了规定。

二、城乡养老保险制度衔接方面

2014 年国务院决定将新型农村社会养老保险和城镇居民社会养老保险两项制度合并为统一的城乡居民基本养老保险,为方便城镇职工养老保险与城乡居民养老保险相互之间的转移接续,同年人社部发布了《城乡养老保险制度衔接暂行办法》,规定"参加城镇职工养老保险和城乡居民养老保险人员,达到城镇职工养老保险法定退休年龄后,城镇职工养老保险缴费年限满 15 年(含延长缴费至 15 年)的,可以申请从城乡居民养老保险转入城镇职工养老保险,按照城镇职工养老保险办法计发相应待遇;城镇职工养老保险缴费年限不足 15 年的,可以申请从城镇职工养老保险转入城乡居民养老保险,待达到城乡居民养老保险规定的领取条件时,按照城乡居民养老保险办法计发相应待遇",同时《城乡养老保险制度衔接暂行办法》对办理两制度衔接手续的流程、两制度重复缴费的计算等问题进行了具体规定。为规范和统一城乡养老保险两制度转移接续经办业务流程,根据《城乡养老保险制度衔接暂行办法》,人社部制定了《城乡养老保险制度衔接经办规程(试行)》,规定县级以上社会保险经办机构负责城乡养老保险两制度间的衔接业务经办工作,并对城乡养老保险两制度相互转移接续具体经办程序及所需手续进行了统一的规定与规范。保障了广大城乡参保人员的权益,促进了劳动力城乡间的合理流动。

三、城镇企业职工与机关事业单位养老保险制度转移接续方面

2015 年国务院印发《国务院关于机关事业单位工作人员养老保险制度改革的决定》,各地开始稳步推进机关事业单位养老保险制度改革工作,为解决参保职工在企业和机关事业单位间流动就业所形成的基本养老保险和补充养老保险的转移接续问题,2017 年财政部和人社部印发了《关于机关事业单位基本养老保险关系和职业年金转移接续有关问题的通知》,包括"机关事业单位基本养老保险关系转移接续""机关事业单位参保人员养老保险关系转移接续后的职业年金补记""养老保险关系转移接续后的相关待遇计发参数""养老保险关系转移接续后的待遇领取地确定""职业年金转移接续、职业年金、企业年金个人账户管理和待遇计发"等具体内容,切实维护了机关事业单位参保人员的养老保险权益。

四、医疗保险关系转移接续方面

为进一步做好进城落户农民参加基本医疗保险和流动就业人员等基本医疗保险关系转移接续工作,2015 年人社部、国家发改委、财政部、国家卫计委联合印发《关于做好进城落户农民工参加基本医疗保险和关系转移接续工作的办法》,从明确进城落户农民工和灵活就业人员参保政策、规范医疗保险关系转移接续手续、保障进城落户农民和流动就业人员医疗保险关系转移接续中的有关权益、规范医疗保险关系转移接续业务经办程序、落实组织实施工作等方面进一步完善了基本医疗保险关系转移接续政策,促进了基本医疗保险公平可及。为统一规范流动就业人员基本医疗保险关系转移接续业务办理流程,2016 年人社部制定了《流动就业人员基本医疗保险关系转移接续业务经办规程》,对基本医疗保险关系转移接续经办流程、经办所需材料等内容进行了规定,并通过《基本医疗保障参保(合)凭证样张、标准格式和填写要求》规范了经办材料的填写格式,进一步完善了基本医疗保险关系转移接续经办管理服务规定。

社会保险关系转移接续工作取得了显著成就。养老保险关系转移接续方面,2016 年办理基本养老保险关系跨省份转移接续的人数较 2012 年增长了 74.4%,转移接续人数达到 200 万人次,2012 年以来已累计办理基本养老保险转移接续 860 万人次,转移资金达到 1717 亿元。截至

2016 年年末,办理城乡养老保险制度衔接 55 万人次,转移资金 23.5 亿元;医疗保险关系转移接续方面,2016 年基本医疗保险关系跨统筹地区转移接续 190 万人次,比 2012 年增加 100 万人次,2012 年以来累计转移接续 763 万人次。[①]

11.2.6 社会化服务稳步推进

随着我国社会保险制度的改革,由养老保险经办机构负责的养老金社会化发放方式取代了企业发放养老金的方式,在养老金社会化发放的基础上,为提高企业退休职工生活质量并减轻企业事务负担,各地积极探索企业退休职工社会化管理服务途径,2003 年中共中央办公厅、国务院办公厅转发了劳动和社会保障部等部门《关于积极推进企业退休人员社会化管理服务工作的意见》,要求"各级劳动保障部门及其社会保险经办机构要加强对街道(乡镇)、社区劳动保障工作的指导",该文件的出台加快了企业退休人员社会化管理服务的进程,2016 年纳入社区管理的企业退休人数达到 7086 万,较 2005 年增加了 4430.8 万人,占比由 68.3%提高到 82%,见图 11-8、表 11-4。

表 11-4　纳入社区管理的企业退休人数变化

年份	企业养老金社会化发放人数(万人)	纳入社区管理的企业退休人数(万人)	纳入社区管理的企业退休人员比例(%)
2005	4001	2655.2	68.3
2006	4232	2832.8	68.8
2007	4535.8	3136	71.2
2008	4829.1	3461	73.2
2009	5303.3	3879	75.2
2010	5805.8	4344	76.2
2011	6112.6	4725	77.3

①　《中国人力资源和社会保障年鉴(工作卷)2017》,全国人力资源和社会保障工作—社会保险经办管理,中国劳动社会保障出版社、中国人事出版社 2017 年版。

续表

年份	企业养老金社会化发放人数（万人）	纳入社区管理的企业退休人数（万人）	纳入社区管理的企业退休人员比例（%）
2012	6865.5	5328	78.3
2013	7201	5620	79.1
2014	8093.2	6038	80.2
2015	8383.9	6597	81.1
2016	8620.5	7086	82

资料来源:《中国人力资源和社会保障年鉴(工作卷)2017》,统计资料,中国劳动社会保障出版社、中国人事出版社 2017 年版。

图 11-8　企业养老金社会化发放人数及纳入社区管理退休人数

资料来源:《中国人力资源和社会保障年鉴(工作卷)2017》,统计资料,中国劳动社会保障出版社、中国人事出版社 2017 年版。

　　企业退休人员办理退休手续纳入社会化管理后,街道(乡镇)社区劳动保障所(站)为企业退休人员保存人事档案、发放社会化管理服务联系卡、建立自管和互助组织,并提供社会保险查询服务,一些地区组织了丰富多彩的文化体育活动,极大地丰富了企业退休人员的日常生活。随着城镇居民基本医疗保险试点的开展,街道(乡镇)社区劳动保障所(站)普遍为退休人员开展了参保登记、就医管理、医药费用报销等服务,极大地方便了退休人员就医。

11.2.7　经办机构信息化服务水平不断提升

我国社会保险信息化建设初具规模,2002 年 8 月,《中共中央办公厅国务院办公厅关于转发〈国家信息化领导小组关于我国电子政务建设指导意见〉的通知》,将社会保障信息系统列为电子政务建设的 12 项重点工程之一,金保工程[①]作为政府电子政务工程建设的重要组成部分得到了快速发展,2011 年金保工程一期建设全面完成,全国 32 个省级单位实现了与中央数据中心的网络联接[②],地级以上人力资源和社会保障部门普遍建立了数据中心,多数地区实现了业务数据在市级的集中统一管理。部、省、市三级网络进一步贯通,基本覆盖了各类公共就业服务机构和社会保险经办机构,并延伸到大部分街道、社区、乡镇、定点医疗机构和零售药店,初步形成了人力资源和社会保障信息网络框架,随着信息网络的应用范围逐步扩大,提升了基金管理规范化和制度化水平,减少了基金经办过程中的人为干预。

社会保障卡发放方面,社会保障卡基本实现了省份全覆盖,社保卡普及率不断提高,如表 11-5 所示,社会保障卡持卡人数由 2009 年的 0.7 亿人增加到 2017 年的 10.88 亿人,8 年间持卡人数增加了 10.18 亿人,截至 2017 年年末,社会保障卡普及率达到 78.7%,同时社会保障卡持卡人员基础信息库已在全国 31 个省份和新疆生产建设兵团正式上线运行,持卡库的建立有效地减少了重复参保、重复补贴、重复领取情况的发生,提高了基础数据的准确性。在社保卡信息化完善上,"互联网+社保卡"的模

---

① 金保工程是指利用先进的信息技术,以集中管理的数据中心为基础,以覆盖全国、联通城乡的信息网络为依托,支持人力资源和社会保障业务经办、公共服务、基金监管和宏观决策等核心应用,安全、高效全国统一的人力资源和社会保障电子政务工程,是全国人力资源和社会保障信息化工作的总称。

② 吕丽娟:《金保工程一期网络和安全建设成果及二期建设思路》,《信息网络安全》2010年第 10 期,第 12—13 页。

式得到不断探索,截至 2019 年 1 月已有 26 个省份签发了全国统一的电子社保卡①,在资格认证、缴费结算、业务办理等方面发挥着更加便捷的作用,电子社保卡②的发行简化优化了办事流程,提升了公共服务信息化水平。在社保卡规范上,人社部发布了《社会保障卡跨省应用技术方案》《社会保障卡读写终端接口规范》等文件,保障了社保卡的统一规范和全国通用,完善了社保卡的异地结算功能。咨询服务方面,"12333"电话咨询服务实现了地级城市的全覆盖,"12333"电话咨询的服务范围不断扩大,服务形式得到不断丰富,服务水平得到进一步提升,2016 年"12333"电话咨询服务咨询员达 4000 多人,全年话务量突破 1 亿次。

表 11-5　社会保障卡发放与社保电话服务情况

年份	社会保障卡持卡人数(亿人)	开通 12333 城市数量(个)
2009	0.7	272
2010	1.03	272
2011	1.99	284
2012	3.41	307
2013	5.4	319
2014	7.12	340
2015	8.84	349
2016	9.72	全部
2017	10.88	全部

资料来源:2009—2017 年《中国人力资源和社会保障年鉴(工作卷)》,统计资料。

在信息化建设支持各项社会保险制度改革方面,2015 年国务院印发《国务院关于机关事业单位工作人员养老保险制度改革的决定》,为配合

---

①　人力资源和社会保障部:《全国电子社保卡覆盖 230 个城市,社保卡"拥抱"移动互联网》,人力资源和社会保障部网站,见 http://www.mohrss.gov.cn/SYrlzyhshbzb/dongtaixinwen/buneiyaowen/201901/t20190125_309754.html。

②　电子社保卡是社保卡的线上形态,电子社保卡遵循全国统一标准,由全国社保卡线上身份认证与支付结算服务平台统一签发、统一管理、统一验证,与实体社保卡一一对应、状态相同、功能相通,是持卡人线上享受人社服务及其他民生服务的电子凭证和结算工具。

机关事业单位养老保险与城镇职工养老保险并轨改革,人力资源和社会保障部组织研发了机关事业单位基本养老保险管理信息系统①,完成了业务经办等一系列软件的开发,为机关事业单位养老保险改革提供了有力的支持。根据统一城乡居民养老保险制度要求,2014 年人社部发布《人力资源社会保障部关于印发城乡居民基本养老保险经办规程的通知》,本着数据向上集中、服务向下延伸的原则,大力推进城乡居民养老保险信息系统建设,截至 2016 年年底,全国 31 个省份和新疆生产建设兵团均已建设城乡居民养老保险信息系统,并正式接入城镇职工养老保险关系转移系统。

在适应参保人员流动性方面,2016 年人社部发布《人力资源社会保障部办公厅关于加快推进跨省异地就医结算系统建设的通知》,按照"统一标准、部省系统、最小改造、一卡通行"的建设思路,组织建设跨省异地就医结算系统,当前国家异地就医结算系统已全面启动并联网运行,极大方便了异地就医结算,广受好评。建立了社保关系跨地区转移接续系统,系统功能不断得到扩展和完善,2010 年,社保关系跨地区转移接续系统正式上传运行,搭建起地区间基本养老保险关系转移接续业务往来的电子渠道,实现参保缴费等转移信息的及时准确交换。2012 年,扩建基本医疗保险转移接续功能,支持城镇职工、城乡居民制度内、制度间转移接续。2015 年,扩建城乡居民养老保险跨地区和跨制度转移接续、退役军人社保关系转移接续等功能。2017 年,扩建机关事业单位养老保险转移接续功能。截至 2017 年 5 月底,基本养老保险已正式入网 31 个省份,共包括 363 个地市(含省本级、新疆生产建设兵团各师),3057 个经办机构,占全国地市总数的 94%,累计办理业务 200 余万人次;基本医疗保险关系

---

① 机关保系统是一个面向省级集中建设,集成了机关事业单位基本养老保险管理、职业年金管理、财务管理、网上业务经办管理、电子档案管理、手机应用服务等管理服务功能,实现了综合柜员制、网厅一体化、业务财务一体化、业务档案电子化、公共服务多样化的大型平台级应用。

转移已有 16 个省份、83 个地市入网,累计办理业务 12 余万人次。① 2011 年 4 月启用了养老保险待遇领取资格协助认证系统,依托金保工程专网,为异地居住人员就近提供领取社会保险待遇资格认证服务,2016 年协助印证系统又引入人脸识别技术,通过手机、PC 端等方式,支持参保人足不出户实现自助认证,降低资格认证工作成本,提高社会保险经办机构的经办效率和服务质量,目前已在全国 32 个省份使用。2016 年度,发送协助认证通知 100 余万人,采集并成功建模 90 余万张参保人员照片,反馈协助认证结果 73 万余人。

在社会保险档案信息化建设方面,档案是记录参保人员缴费、关系转移、变更情况等信息的重要材料,也是确定参保人享受各险种待遇的重要依据,涉及参保职工的切身利益,为提高参保档案的安全性、档案管理工作效率、档案数据利用效率,2018 年人社部发布《人力资源社会保障部办公厅关于加快推进流动人员人事档案信息化建设的指导意见》,提出统一全国档案信息化建设标准、建立全国统一的档案管理服务信息系统、推动档案数字化、加强档案信息应用和共享等重点任务,档案信息化管理推进了档案资料的有效利用,保障了社保档案的安全完整,有效地提高了社保待遇核定、趸缴材料认定、社保稽核、医保监管等相关社保业务办理效率及社保经办机构辨别虚假材料的能力。

在提供精确化管理辅助手段方面,全民参保登记系统建设不断推进,2014 年人社部发布《人力资源社会保障部关于实施"全民参保登记计划"的通知》,制定了实施"全民参保登记计划"的时间进度安排,并在部分地区开展了试点,通过完善实施"全民参保登记计划"的方案和措施,2015 年为支持全民参保登记工作的顺利开展,结合金保工程总体规划,人社部办公厅发布《人力资源社会保障部办公厅关于开展全民参保登记信息系统建设的通知》,要求充分整合利用人社、公安、卫生计生、民政、残联等

---

① 人力资源和社会保障部信息中心:《2017 全国人社信息化创新应用展》,人力资源和社会保障部网站,见 http://www.mohrss.gov.cn/SYrlzyhshbzb/rdzt/xxhz/h5/市场处/3.16.2 社保关系跨地区转移接续系统/社保关系跨地区转移接续系统.html。

部门的信息资源,建设省级集中部署的全民参保登记信息系统,2016 年人社部办公厅发布《人力资源社会保障部办公厅关于进一步扩大全民参保登记计划试点范围的通知》,试点地区扩大到 27 个省级区域,2017 年人社部办公厅进一步发布了《人力资源社会保障部办公厅关于全面实施全民参保登记工作的通知》,要求 2017 年年底所有省份均要完成辖区内目标人群的登记工作,基本实现参保登记数据的省级集中管理,并筹划完成各省登记数据联网入库,建立国家级全民参保登记信息库。

医疗服务监控工作是世界性难题,发挥医疗保险对医疗服务外部制约作用,需要利用大数据技术,全面推进医疗服务智能监控系统建设。医疗服务监控工作得到了人社部的高度重视,2013 年人社部下发《关于印发医疗服务监控系统建设技术方案的通知》,在全国范围内确定了 45 个医保监控重点联系城市;2014 年人社部发布《关于全面推进基本医疗保险医疗服务智能监控的通知》,针对各地医疗服务智能监控系统应用中提出的问题,对系统进行了升级完善,并提出在全国范围内开展医疗服务智能监控工作的计划;2015 年人社部发布《关于印发医疗服务监控系统医学知识库接口规范的通知》,规范了智能监控系统与第三方医学知识库的接口标准;2016 年人社部发布《人力资源社会保障部关于积极推动医疗、医保、医药联动改革的指导意见》,提出"要适应信息化发展,大力挖掘和利用医保大数据,全面推广医保智能监控,强化医保经办机构能力建设,提升医保管理服务水平"。截至 2016 年 9 月,全国 32 个省级行政区(含新疆生产建设兵团)的 275 个统筹区已开展医疗服务智能监控工作,占全部 381 个统筹地区的 72.2%[①],其中 13 个省份已实现全覆盖,医疗服务智能监控系统的建设,加强了医疗保险对医疗服务行为的监管,有力打击了违法违规行为,提升了医保基金安全性。

依托金保工程构建了社保基金监管系统以支持各级社保基金的非现场监督工作,实现了基金监督由事后向事前和事中监督的转变。针对重

---

① 张永清:《全面推进医疗服务智能监控系统建设》,《中国医疗保险》2017 年第 3 期,第 34—36 页。

复参保、重复领取社保待遇等问题,人社部根据《关于城镇居民社会养老保险信息系统建设的指导意见》要求,建设了基本养老保险待遇状态比对查询服务系统,并于 2011 年 8 月 20 日正式启用,截至 2016 年年底,31个省份已入网,当年核查比对人数超过 3000 万人次。[①]

2016 年 11 月,人力资源和社会保障部发布了《"互联网+人社"2020行动计划》,该行动计划的发布是人力资源和社会保障领域简政放权、放管结合、优化服务改革的重要举措,是贯彻落实国家"互联网+"、大数据等重点战略的重要体现,利于增强人力资源和社会保障工作效能,提升公共服务水平和能力,对提升社保经办领域信息化水平具有里程碑意义,《"互联网+人社"2020 行动计划》具体制定了两步行动目标、三项行动计划,共包括 48 个行动主题。其中两步行动目标分别是:第一步,"2018 年之前,着力推进'互联网+人社'试点示范工作:初步建成促进'互联网+人社'发展的创新能力体系,优选一批行动主题纳入应用示范,探索形成一批可持续、可推广的创新发展模式";第二步,"2020 年之前,实现'互联网+人社'多元化、规模化发展:建成较为完善的创新能力体系,形成线上线下融合、服务衔接有序、规范安全高效的'互联网+人社'发展格局,各项行动主题全面深化。形成开放共享的"互联网+人社"生态环境,社会参与程度大幅提升,服务资源得到充分开发利用,群众满意度显著提升"。三项行动计划由基础能力提升行动、管理服务创新行动、社会协作发展行动所组成,包括电子档案系统、就业 D 图、监管监控系统、人社信用体系、就医一卡通、一体化"人社云"等 48 项行动主题,《"互联网+人社"2020 行动计划》提出了我国社保经办信息化建设发展方向,提供了社保经办事业创新发展新动能,随着"全业务、全流程、全覆盖"的信息化服务平台的逐步形成,经办服务效率得到了不断的提升。

11.2.8　社保经办服务标准化建设得到长足发展

随着社会保险基本制度框架的逐步形成,国家加强了社保经办服务

标准化建设的力度。2005 年《国务院关于完善企业职工基本养老保险制度的决定》提出"各级社会保险经办机构要完善管理制度,制定技术标准,规范业务流程,实现规范化、信息化和专业化管理",首次将技术标准理念引入到社会保险经办管理工作中;同年原劳动保障部印发《关于开展全国社会保险经办机构人员培训工作的通知》,开始着重提高经办服务人员的专业技能和业务能力以适应经办机构标准化建设要求。此后又陆续出台了《人力资源和社会保障标准体系》《社会保障服务中心设施要求》《社会保险视觉识别系统》《社会保险业务档案管理规范》等多部规范性文件。2009 年,全国社会保险标准化技术委员会成立,标志着社会保险标准化工作步入全面快速实施阶段,对标准化人才培养、社保标准制定与优化起到了显著的促进作用。截至 2017 年年底,我国社保领域已颁布了 32 项国家标准和行业标准,全国 75% 以上的经办机构实现了业务术语和服务流程统一,63% 以上的经办机构对经办大厅进行了功能区域划分,56 个社会保险标准化"先行城市"试点启动建设。① 2018 年人社部发布了《关于进一步做好健全社会保险经办服务标准化体系相关工作的通知》,对下一阶段的经办服务标准化建设工作重点、基础保障及监督检查内容提出了具体的指导意见,社保经办服务标准化体系建设进入全面发展阶段。随着社保经办基础管理、风险防控、服务评价等方面工作的不断规范,经办服务变得更加高效便捷。

11.2.9 社保经办"一体化"服务建设得到快速推进

随着各项社会保险制度扩面工作的开展,社保大厅工作量激增,在原有的"专管员制"经办模式下,常因业务办理链条过长,服务质量难以得到保障。早在 2011 年,人社部在《关于进一步加强社会保险基金安全管

---

① 龚忆莼、赵学军等:《如何打造更"接地气"的社保标准化体系?》,《中国社会保障》2018 年第 4 期,第 44—47 页。

理工作的通知》中就提出要积极推进"综合柜员制"①建设，在此之后"综合柜员制"经办模式开始逐步应用到社保经办窗口，在各地得到了广泛的开展。"综合柜员制"经办模式通过建立"一站式"的综合服务窗口，改变了"专管员制"经办模式下按照业务种类或保险险种分设窗口管理、多窗口分散受理的模式，形成了社保业务一口通收通办的一体化模式，"前台统一受理、后台专业审核"的新模式与传统经办模式相比，简化了办事手续，减少了经办环节，提高了经办服务资源的利用效率。在综合柜员制基础之上，随着社保经办信息化、标准化建设工作的开展，当前社保经办服务系统大力推行"一制四化"，即：业务与档案一体化、网上办事大厅与经办服务大厅一体化、业务与财务一体化、查询咨询服务多样化，"一制四化"的建设在优化社保经办流程、方便办事人员的同时也利于保障基金安全。

在社保经办"综合柜员制"经办模式建设过程中，试点地区取得了丰富的经验和显著的成就，这里就部分地区开展"综合柜员制"经办模式的情况作一介绍。

上海市作为国家级社会管理与公共服务综合标准化试点地区，不断深化与创新社保经办"综合柜员制"，在"综合柜员制"建设过程中，上海市重视经办规范化建设，其中包括制定详细规范的社保业务指南、编写明确的经办服务人员实务手册、建设便捷的经办标准网上查询系统、制定内部风险控制标准等多项内容。同时积极推进社保经办服务的就近办理，将"综合柜员制"经办模式向社区社保事务受理中心延伸，实现了咨询、办理等多项个人业务在社区的一站式办理，并且在2017年实现了上海市灵活就业人员参保业务全市通办，方便了灵活就业人员就近办理个人社会保险事务的需求。② 威海市大力推进"综合柜员制"经

---

① "综合柜员制"是指在严格授权管理下，以完善的内部控制制度和较高的人员素质为基础，实行单人临柜处理会计、出纳、储蓄、中间代收业务等面向客户的全部业务的劳动组合形式。在我国普遍应用于银行系统。

② 朱明：《社保综合柜员制的深化与创新——基于上海市的实践》，《中国医疗保险》2018年第3期，第33—35页。

办模式建设,将原来按险种分设的经办窗口,压缩整合为综合柜员窗口,将精减的原窗口业务人员分配到后台审核与监督等环节工作,提升了社保经办整体的服务质量和经办窗口的服务效率。与此同时,威海市还积极推进"综合柜员制"经办模式的服务延伸,在全市所有社保所推行"综合柜员制"并将覆盖城乡的各级共计 1140 个经办组织纳入一体化协同工作平台,克服了经办层级限制,方便了保险业务的衔接,提升了经办效率。[①]

11.2.10　社保登记流程得到简化优化

优化社会保险登记流程方面,2019 年 3 月国务院总理李克强签署国务院令,公布《国务院关于修改部分行政法规的决定》,修改了《社会保险费征缴暂行条例》第八条,按照国务院办公厅关于加快推进"五证合一,一照一码"登记制度改革的相关要求,删去了"已参加社保的缴费单位,6 个月内到当地社保经办机构补办社保登记"的内容,同时通过修改《社会保险费征缴条例》,简化了登记手续、优化了办理方式,为网上办理社会保险登记提供了依据。为积极贯彻国务院"简政放权、放管结合、优化服务改革"决策部署,2015 年人社部印发《关于完善基本医疗保险定点医药机构协议管理的指导意见》,意见要求,2015 年年底前,各地要按照《国务院关于第一批取消 62 项中央指定地方实施行政审批事项的决定》文件要求,全面取消社会保险行政部门实施的"两定资格审查"("医疗机构资格审查"和"基本医疗保险定点零售药店资格审查"),改由社会保险经办机构与通过审查的医疗机构和零售药店签订定点服务协议,实行协议管理。通过服务协议明确了经办机构和医药机构双方的权利义务,规范了医药机构服务行为,完善了退出机制并提高了管理效率。

---

① 威海市社会保险服务中心:《威海打造社保"综合柜员制"服务模式 打通服务群众"最后一公里"》,《山东人力资源和社会保障》2018 年第 Z1 期,第 46—47 期。

11.3 中国社会保险经办服务体系发展面临的新环境

高速老龄化、社会保险统筹层次提高、新型城镇化纵深发展、信息技术的广泛运用是社会保险经办服务体系发展所要面临的新环境,新环境为社会保险经办服务体系建设提出重大挑战的同时也提供了重要的发展机遇。只有认清挑战抓住机遇,才能为建设适应当下发展要求的高质量社会保险经办服务体系提供发展坐标。

11.3.1 日益严峻的老龄化问题

随着人均预期寿命的提高,我国逐渐步入高速老龄化阶段,截至2017年底,我国60岁以上老年人口数量超过了2.4亿人,占总人口的比重达到17.3%。随着老年人口数量的快速增加,对社会保险经办管理工作提出了新的挑战。首先,老龄化使得基本养老保险等社会保险服务需求日益增长。当前社会保险经办机构工作人员已处于超负荷工作状态,随着经办业务量的进一步增加,如何利用有限的经办资源满足经办管理服务需要是首要考虑的问题,需要探索构建一种以量定编、以效定费的经办人员编制、经费适度增长新机制。其次,随着老龄化程度的加深,社会保险基金的收支规模快速扩大。截至2017年全国社会保险基金支出合计57145亿元,较2016年支出增长了21.9%,其中养老保险基金支出较上年增长了18.9%。[①] 社保经办机构对基金监管的工作量和难度都有明显增加,同时由于各地方经办机构分散化管理,如何确保基金的保值增值

---

① 数据来源于《2017年度人力资源和社会保障事业发展统计公报》,见 http://www.mohrss.gov.cn/ghcws/BHCSWgongzuodongtai/201805/t20180521294290.html。

也是经办机构所要面对的问题之一。

11.3.2 社会保险统筹层次逐步提高

社会保险统筹层次低不仅阻碍了劳动力的合理流动,也影响了社会保险收入再分配功能的发挥,统筹层次低存在诸多弊端,提高社会保险统筹层次是社会保险改革的重要目标。根据社会保险发展的需要,近年来提升社会保险统筹层次的步伐加快,以基本养老保险为例,基本养老保险全国统筹已成大趋势,2018 年 7 月起开始实施的中央调剂金制度为养老保险全国统筹迈出了坚实的一步。在各险种统筹层次不断提高的大背景下,就要求社会保险经办管理能力要跟得上社会保险统筹层次提高的需要,当前社保经办机构还存在信息化系统不统一、服务经办标准不一致、机构属地化管理模式等阻碍社保统筹层次提升的问题,随着社会保险统筹层次的逐步提高,经办机构工作的统筹性、计划性和信息系统的改造都将面临挑战,社会保险经办机构改革和完善任务变得更加紧迫。

11.3.3 新型城镇化建设逐步向纵深推进

新型城镇化的核心要求是以人为本,新型城镇化推动城乡协调发展,使城乡居民平等的参与城镇化进程,公平的享有基本公共服务。随着经济社会发展,我国新型城镇化建设逐步向纵深推进,具体到社会保险经办方面体现在:首先,城乡间人口流动更加频繁,社保经办机构面临着规模庞大的流动人群,经办业务的工作量和复杂性将明显提高,对于人员编制和经费都相对紧张的社保经办机构在基础保障能力上是一种挑战。同时由于当前城乡间社会保险制度有着明显的差异性,如何实现流动人口城乡社会保险制度的有效衔接、解决流动劳动力异地就业结算、有较好记录参保人在不同工作地及时间段参保权益以保障流动人群的保险利益不受损失,是社保经办机构所要面临的挑战,这对经办流程标准化建设有了更高的要求。其次,新型城镇化深入发展的关键是制度建设,改变城乡二元制度结构是新型城镇化建设的重点之一,体现在社会保险领域,一是推进以养老保险为代表的社会保险城乡一体化建设,在此过程中涉及逐步提高社会保险统筹层次等问题,要求社保经办服务要跟得上制度一体化建设需要;二是新型城镇化要求推进城乡公共服务的均等化,当前城乡社会保险经办服务在设施、能力等方面存在较大的差距,乡村社保经办信息化建设明显滞后,随着新型城镇化建设的进一步深入,要求农村的社会保险经办服务能力能够迅速提升。

11.3.4 网络信息技术的广泛运用

随着网络信息技术的日新月异,数字化、网络化、智能化已经融入人们的生活模式,互联网技术和大数据分析的广泛运用给社会保险经办服务体系建设带来了重要的发展机遇,特别是在提升经办服务效率、提高经办服务质量方面,但同时也对社保经办信息安全提出了新要求。

随着网络信息技术的不断进步和以智能手机为代表的信息化设备普及和功能优化,既有利于缓解当前基层经办服务资源不足的问题,也利于提高经办服务效率,提升服务对象的满意度。"互联网+社会经办"的模式,使得参保登记、资格审查、关系转移、信息修改等经办工作网上便捷化操作成为可能,目前这种智能化经办模式已在多地开展,取得了良好的社会反响。另一方面,随着网络信息技术的发展,也要求地方经办机构尽快统一信息化建设口径,利用信息化建设机遇,推进有效的垂直化管理体系。与此同时,在信息化时代背景下,也需要经办服务机构加强信息安全风险防控意识,做好经办信息安全工作。

近年来"互联网+"发展模式得到了国家的大力支持,2016年11月人力资源和社会保障部发布《关于印发〈"互联网+人社"2020行动计划〉的通知》,对到2020年"互联网+人社"的发展格局进行了规划,2017年人社部信息中心于杭州举办了首届人社信息化创新应用展,网络信息技术在社会保险经办服务体系中的应用范围越来越广泛。

11.4 建设高质量社会保险经办服务体系关键对策

伴随着社会保险制度的发展,我国社会保险经办服务体系从无到有逐步优化完善,取得了非凡的成就,但与此同时,现有的社会保险经办服务体系也逐渐暴露出一些不足,新时期,为支持社会保险事业的改革完善,需要尽快克服不足,建设高质量的社会保险经办服务体系。

11.4.1 不断提高社保经办机构信息化建设水平

信息化建设是社保经办机构能力建设的关键环节,建设高质量的社会保险经办服务体系,必须要强化信息化建设。一是要努力推动信息系统向更高层次集中。为适应以基本养老保险为代表的社会保险统筹层次逐步提高的要求,应全面推进信息系统一体化建设进程,由国家牵头对经办信息系统进行统一开发,以解决各地社保信息化系统分散化建设所导致的数据接口不统一问题。二是要在网络技术飞速发展的当下,应积极推动"互联网+"与社保经办工作相融合,打造"互联网+社保经办"服务新模式,引领社保经办工作转型升级,全面推行网上查询、申报、缴费、资格认证等"电子社保"新模式。三是要加快建立部门之间信息交流平台,不断扩大数据共享范围,以提升经办部门的信息认证能力。四是要加快推进金保工程向乡镇、社区的延伸,构建覆盖基层社保经办服务机构的多级网络信息系统,提升乡村地区的经办信息化服务水平,使得社保经办机构"记录一生、保障一生、服务一生"的经办目标得到全程信息化支持。五是要提高对社保大数据分析应用能力,通过大数据分析,更好地管理社保基金。

11.4.2　加强社保经办机构基础保障能力

随着社会保险经办管理工作的快速增加,在现行经办条件下单一依靠财政供给经办管理费的模式难以持续。从开源角度看,借鉴国外经验,从社会保险基金中列支经办经费是一种可行思路,考虑到《社会保险法》规定由同级财政按规定保障社保经办机构人员工资、经办管理运行费用,为减少改革阻力和制度混乱,建议人员工资依然由财政负责,部分经办管理经费则从社会保险基金中列支,例如经办机构的信息化网络建设费用,经办信息化水平的提升会相应减少对经办人员数量的需要,提高经办效率与质量,长期看会减少社保经办管理的成本。从节流角度看,随着社会保险制度的逐步统一和经办手段的多样化,应积极整合社会保险经办机构,提高办公场所的利用效率,避免重复建设。最后,应构建经办机构人员编制、经费与业务量联动增长机制,适度增加编制额,以提高人员与经费的保障能力。

11.4.3　探索完善经办机构购买服务的途径

在经办人员和经费有限的条件下,社会保险经办服务环节多、专业性强的业务特点决定了单一依靠社会保险经办服务机构很难提供质优价廉、高效便捷的服务。在市场经济体制逐步完善的背景下,社会保险经办机构应积极拓宽经办服务供给途径,例如探索外包类 PPP 模式在社会保险经办服务管理中的应用[①],借鉴国外经验,将部分社保经办非核心业务交由第三方组织承办,以实现经办机构公共目标与社会资本专业化优势的互补。当前一些地区的社会保险经办业务已经开展了与社会资本的合作,合作内容涉及社保档案整理、新型农村合作医疗待遇支付审核、收缴发票寄送、社会保险咨询等多个方面。随着社保经办业务服务量的不断扩大,一是要鼓励各地经办服务机构与社会资本的合作,探索更多的可合

[①]　李鑫、李亚军:《社会保障经办服务中外包类 PPP 模式的应用研究》,《价格理论与实践》2018 年第 2 期,第 135—138 页。

作项目;二是要规范社保经办机构外包服务的环节,在经办机构服务外包的过程中,应明确经办服务的责任主体是经办机构,要合理划定购买服务的范围,通过建立监督咨询机制,保障服务购买的质量,同时应注意经办机构购买服务的潜在风险,避免竞争性购买带来的服务质量下降问题和单一性购买带来的购买成本难控及形成固定化的附属雇佣关系。

11.4.4 加快推进社保经办管理体制改革

加快推进社保经办管理体制改革,一是要明确社保经办机构的行政隶属关系。当前大部分社保经办机构实行属地管理模式,上级经办机构与自身的关系只是业务指导,造成了机构建设不统一、服务流程不规范、信息化建设分散等问题,在社会保险统筹层次逐渐提高、城乡一体化进程加快的大背景下,经办机构的属地管理模式弊端日益显现,应加快推进社会经办机构垂直化管理,使得社保经办服务机构的管理方式和业务流程得到统一。二是要合理划分各级社保经办机构职责。应按照"管理向上集中,服务向下延伸"的理念合理划分省、市、区县三级社保经办机构的职责,进而避免各级经办单位职责的交叉,资源的浪费。三是要构建标准化的社保经办管理体制,制定统一的社保经办管理标准,统一各级社保经办机构名称、部门设置和办事流程,构建统一的社保经办信息化服务平台。

11.4.5 有效推行科学合理的社保经办服务标准

标准化建设是社会保险经办服务体系建设的重点,为此 2009 年 5 月国家成立了全国社会保险标准化技术委员会,以负责社会保险经办服务、管理和评价等领域的标准化工作,同时各地也在不断探索社会保险经办服务的标准化建设,在经办标准化方面取得了一定的成绩。党的十九大报告提出"必须坚持质量第一、效益优先",中央经济工作会议提出"必须加快形成推动高质量发展的标准体系",说明在新的发展阶段中标准化建设依然是社会保险经办服务体系建设的重点。

当前我国社会保险领域已颁布多部国家和行业标准,例如《社会保障服务中心设施要求》《社会保险视觉识别系统》等,但社会保险经办服务体系在机构设置、信息化系统建设、业务操作流程、经办服务质量标准判定及档案管理等方面依然存在很严重的标准化缺失问题。一方面是由于国家社保经办服务的标准化指导文件尚不全面,另一方面更重要的是当前颁布的标准化文件均为推荐性标准,对地方经办机构缺乏有效的约束力,存在基层社保经办单位对标准化文件贯彻执行力度不到位的问题,因此如何有效推行标准化需要得到重视。有效推行标准化可从三方面入手:一是构建标准化建设激励机制,对于标准化建设突出的经办服务点可考虑适当增加其管理经费。二是将标准化建设成绩纳入经办机构人员绩效考核体系中。三是针对经办标准设计与实际业务发展需要脱节问题,可选择合适的基层经办机构作为试点,在试运行中不断总结经验,以此增加标准化指标与实际业务的契合度。

12

中国慈善事业
发展研究

12.1 概　述

　　我国是世界上最早发展慈善事业的国家,在我国久远灿烂的历史文明中,慈善活动得益于儒家文化和友爱互助的中华传统美德的深刻影响,很早就得到了长足的发展,这一点从语言学中"慈善"二字的发展轨迹便可略见一斑。在我国的古代典籍中,"慈"多指母亲或指来自父母的关爱与教诲,随后,"慈"逐渐引申为怜爱、仁慈之意,如"亲爱利子谓之慈,恻隐怜人谓之慈"①;"善"原意为吉祥与美好,而后发展出友好亲善,品行高尚之意。在长期的语言演进中,两者含义不断趋同,在南北朝时期已有并列共用的情况,于是"慈善"一词包含着"仁慈""友爱""助人之心"等含义,被逐渐广泛运用并流传了下来②。

　　我国最早有记载的慈善活动可追溯至奴隶社会时期,主要以统治者设立的专门官职和部门,通过各种"惠政"③来进行。后在春秋战国及汉魏时期,除官方兴举荒政、赡养老幼妇孺以外,一些民间的殷实之家亦开始效仿,民间慈善从这一时期逐渐兴盛。随着封建社会的不断发展,我国古代慈善事业在经过隋唐宋金元时期的不断完善,在明清时期达到了鼎盛。到了近代,长期闭关锁国带来的中西关系巨变和西方思想的不断传入,使得我国慈善事业迎来了巨变的时期,以教会为代表的西方慈善事业在我国不断发展而与之对应的本土传统慈善机构则日渐式微,另有相当一批先进国人则主张向西方学习救济之道,从而构成复杂交汇的慈善格

---

　　① 《贾子·道术》。

　　② 周秋光、曾桂林:《中国善简史》,人民出版社 2006 年版,第 3 页。

　　③ 以西周为例,其中枢机构中设有"地官司徒",是属六大官员之一,掌管土地与人民,其下又设有各类属官,掌管与民众生计相关的社会福利和保障事业,其中不乏救灾救济、养疾惠政等内容,这可以被视作我国有记载的最早的官方慈善活动。

局。随着近代战争的结束,新中国的建立成为中国慈善事业发展的又一重要分水岭。从新中国成立初期认为福利救济事业是"统治阶级欺骗和麻醉人民的装饰品",到 20 世纪六七十年代随着政治运动将慈善事业一概否定,直至改革开放后民政工作不断起步,我国慈善事业终于再次步入正轨。

我国慈善事业虽然在新中国成立以来经历了停滞甚至是销声匿迹,但近些年的发展之快却令人十分欣喜。短短二十多年间,我国社会组织从 1988 年的 4446 个发展至 2014 年的 60.6 万个。① 社会捐赠从 1997 年 14 亿元增长到了 2014 年的 1042 亿元。② 尤其是 2008 年我国遭遇汶川地震及南方雨雪冰冻灾害,引发了空前的社会捐赠热潮,有人甚至将其称为中国的"慈善元年"。同时,在民政部门为主的官方监管引导下,我国慈善事业逐渐形成了慈善会系统、基金会系统以及红十字会系统三大传统慈善板块,另有各类小型草根慈善组织亦在蓬勃发展。除却传统的慈善捐款捐物以外,多样的慈善捐赠方式也成了大趋势,股权捐赠、网络捐赠与志愿捐赠等新兴慈善不断兴起。另外,在频现企业家"一掷过亿"的大额单笔捐赠的同时,慈善一日捐、微公益等捐赠渠道也为全民参与,积少成多的小额慈善注入了新的活力。2016 年年初,《中华人民共和国慈善法》出台,法案对于慈善组织、公私募捐等方面都做出了详细的规定,标志着我国慈善事业迎来又一个新的发展开端。

当然,在我国慈善事业蓬勃发展的同时,一些慈善丑闻与负面消息也不断出现在公众的视野中,这些事件不断敲打着我们的慈善神经:我们的慈善真的不是在"野蛮生长"吗? 慈善丑闻迭出大大降低了公民对于我国慈善及各类慈善组织的信任度,也激发了公众对于慈善组织透明运行的强烈诉求。因此,在未来中国慈善事业发展机遇与挑战并存之时,如何更有效地发展我国慈善事业将是十分重要的命题。

在本部分中,我们主要探讨近年来我国慈善事业的发展概况,将从慈

---

① 《中国民政统计年鉴(2015)》,中国统计出版社 2015 年版,第 178 页。

② 《中国民政统计年鉴(2015)》,中国统计出版社 2015 年版,第 178 页;中民慈善捐助信息中心:《2014 年度中国慈善捐助报告》。

善捐赠、慈善组织、捐赠途径三个方面勾勒我国慈善事业的发展现状。

12.2　中国慈善捐赠情况

慈善捐赠通常是指出于人道主义动机,捐赠或资助慈善事业的社会活动。狭义的慈善捐赠是指现金捐款及实物捐赠,但随着社会经济的不断发展,广义的慈善捐赠还包括了非现金形式捐款(如银行转账、支票等)、金融资产(如股权、股票等)、无形资产(如专业知识的提供)以及志愿服务等多种形式。

一个国家或一个地区慈善捐赠的多寡往往是衡量该范围内慈善发展水平的重要指标,而从个体慈善组织的微观角度,考察其在某一特定时间内接受慈善捐赠的数量也是我们评价一个慈善组织运作水平的直观标准。因此,在本节中,我们首先对近年来我国慈善捐赠的情况进行介绍。

12.2.1　我国慈善捐赠量

新中国成立以来,我国的慈善事业发展历程并非一帆风顺,从解放初期的步履维艰,到 20 世纪六七十年代的销声匿迹,再到 80 年代末 90 年代初的复见光明,我国慈善事业走过了一条曲折迂回的探索道路。但令人欣喜的是,自 20 世纪末我国慈善事业重新起航后,我国的慈善捐赠总量就不断增长,从 1997 年的 14 亿元款物捐赠量增长到了 2014 年的 1042 亿元[1],二十多年间增长了 70 余倍。

---

① 1997 年数据来源于《民政统计年鉴 2015》,2014 年数据则来源于中民慈善捐助信息中心《中国慈善捐助报告(2014)》。自 2007 年开始,为更全面地收集、整理和反映我国慈善捐助工作情况,公布慈善捐助信息,由民政部主管的中民慈善捐助信息中心每年发布《中国慈善捐助报告》。相较于《民政统计年鉴》中的社会捐赠数据,其纳入了更全面的社会捐赠信息,故我们选用了 2014 年度《中国慈善捐助报告》的捐赠数据作为当年数据来源。

为观测我国慈善捐赠总量的变化情况,我们综合了 1997—2014 年间《中国民政统计年鉴》《中国慈善捐助报告》以及《中国慈善发展报告》三种数据来源下我国年慈善捐赠量的变化情况(见图 12-1)。

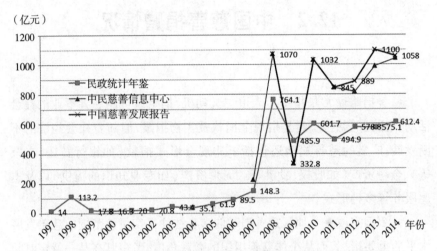

图 12-1　1997—2014 年不同数据来源下我国慈善捐赠绝对总量情况

资料来源:《民政统计年鉴(2015)》,中国统计出版社 2015 年版,第 171 页,社会捐赠、社会捐赠款物合计。见 2007—2014 年度《中国慈善捐助报告》,见 http://www.zmcs.org.cn/yan-jiureport/index.jhtml。2009—2016 年度《中国慈善发展报告》,社会科学文献出版社。

从图 12-1 中,我们不难发现,我国的慈善捐赠量正在不断增长。其中 1997—2007 年为低速增长期,捐赠量从 14 亿元增长至 150 亿元左右;2008—2014 年为快速增长并稳定期,捐赠量攀升至 1000 亿大关后,基本维持在 800 亿—1000 亿之间。

其次,我国慈善捐赠数量与当年受灾情况有显著的关联,尤其是 2008 年的汶川地震及南方雨雪冰冻灾害对慈善捐赠影响巨大。在经历了十年左右的捐赠低速增长期后,我国在 2008 年遭遇严重的地震及雨雪冰冻灾害,全年受灾人口达 4.7 亿人次,因灾死亡人口达 8.8 万余人,直接经济损失 1.1 亿万元[①],为历年之最。严重灾害的发生使得社会各界掀起空前的慈善捐赠热潮,当年慈善捐赠直接突破千亿元大关,而这个数

---

① 《中国民政统计年鉴(2009)》,中国统计出版社 2009 年版,第 72—73 页。

字在前一年仅为 148 亿元,一年间增长了六倍。2008 年全年的慈善捐赠额甚至超越了 1997—2007 年慈善捐赠的总和。自 2008 年开始,我国慈善捐赠量便进入了一个新的阶段,这与 2008 年所遭受的严重灾害不无关系。同样,仔细考察每个年份的慈善捐赠量后,我们发现不仅仅是 2008 年,实际上在我国遭遇严重灾害的其他年份,当年慈善捐赠数量就会有一个"跳跃式"的增长。如 1998 年我国长江流域遭遇百年一遇的特大洪涝灾害,当年慈善捐赠量为 113 亿元,是 1997—2006 年十年间捐赠最多的年份;再如 2010 年我国青海玉树地区遭遇特大地震灾害,当年慈善捐赠量在 2008 年后再一次突破了千亿元大关,而其前后年份捐赠额均不及1000 亿元。

最后,慈善捐赠总量逐渐维持稳定,波动减少。经历了 2007—2010 年捐赠总额过山车式的变化,自 2011 年至今,慈善捐赠逐步保持稳定,并稳中有升。这从一定程度上表明,我国慈善捐赠正在不断成熟并趋于稳定。

在前文中我们已经提到,当年灾害发生的频率和严重程度对于慈善捐赠的影响是非常大的,是造成慈善捐赠量巨大波动最重要的原因。因此,如果在捐赠总额中剔除针对自然灾害发生而进行的捐赠,我们将减少重灾年份的慈善捐赠异动情况,从而将得到更具有可比性的"常规捐赠额"(见图 12-2)。

从图 12-2 中可知,如果剔除自然灾害对于慈善捐赠的影响,我国慈善捐赠稳中有升的变化趋势更为明朗。2008 年剔除向四川地震灾区的捐款后,常规捐赠为 321 亿元,以后几年间逐步上升,到了 2014 年这一数字到达了 986 亿元,说明我国慈善捐赠正在"真正"的增长。

当然,慈善捐赠绝对总量的迅速增长并不能够全面反映我国慈善事业的发展状况,人均慈善捐赠水平以及慈善捐赠的相对量同样是衡量慈善发展水平的重要指标。

而相对于慈善捐赠总量的迅速增长,我国人均慈善捐赠水平以及慈善捐赠相对总量却一直处于较低水平(见表 12-1)。总的来说,我国慈善捐赠总额占 GDP 的比重是总体上升的,具体从 1997 年的 0.017%增长至2014 年的 0.16%,但总体比重仍然非常小。相比之下,美国慈善捐赠总

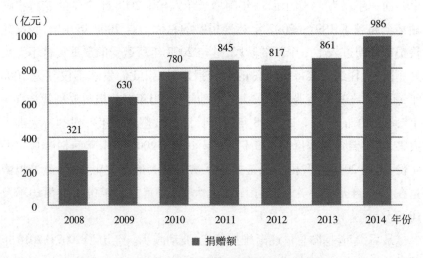

图 12-2 2008—2014 年我国常规捐赠额变化情况

资料来源:《2014 年度中国慈善捐助报告》,中国社会出版社 2015 年版,第 20 页。

量占 GDP 比重常年在 2% 左右①,即使是我国在 2008 年达到 0.34% 的峰值水平,其比重也仅相当于美国的七分之一。

表 12-1 1997—2014 年我国历年慈善捐赠总额占 GDP 比重

年份	GDP(亿元)	慈善捐赠总额(亿元)	慈善捐赠总额占 GDP 比重(%)
1997	78973.03	14.0	0.0177
1998	84402.28	113.2	0.1341
1999	89677.05	17.8	0.0198
2000	99214.55	16.3	0.0164
2001	109655.2	20.0	0.0182
2002	120332.7	20.8	0.0173
2003	135822.8	43.4	0.0320
2004	159878.3	35.1	0.0220
2005	184937.4	61.9	0.0335

---

① 张奇林:《中国慈善事业发展研究》,人民出版社 2014 年版,第 340 页。

年份	GDP(亿元)	慈善捐赠总额 (亿元)	慈善捐赠总额占 GDP 比重(%)
2006	216314.4	89.5	0.0414
2007	265810.3	223.16	0.0840
2008	314045.4	1070.49	0.3409
2009	340902.8	332.78	0.0976
2010	401512.8	1031.75	0.2570
2011	473104	845.00	0.1786
2012	518942.1	817.00	0.1574
2013	588018.8	989.42	0.1683
2014	636138.7	1042.26	0.1638
历年均值	267649.03	376.88	0.1000

资料来源:GDP 数据来源于国家统计局《中国统计年鉴 2015》,慈善捐赠总额数据来源于图 12-1。

同时,人均慈善捐赠量不断上升,从 1997 年的人均 1 元上升至 2014 年的 76 元,2008 年则达到人均 80 元的高峰。但人均慈善捐赠的相对水平依然呈现低水平的特征。我们整理出了 1997—2014 年我国历年人均慈善捐赠额占人均 GDP 比重,以及占城镇人均可支配收入和农村人均纯收入比重(见表 12-2)。1997 年,我国人均慈善捐赠额占人均 GDP 的比重为 0.017%,占城镇人均可支配收入的比重为 0.021%,占农村人均纯收入的比重为 0.054%;经过波动式的增长,到了 2014 年,这三个数值分别上升至 0.163%、0.264% 和 0.770%。尽管人均捐赠的绝对量与相对量均有所增长,但其相对量依然十分小。

表 12-2　1997—2014 年我国人均慈善捐赠额占人均 GDP 以及城乡人均收入比重

年份	人均慈善 捐赠额 (元)	人均 GDP	人均捐赠 额/人均 GDP (%)	城镇人均 可支配 收入 (元)	人均捐赠 额/城镇 人均可支 配收入 (%)	农村人均 纯收入 (元)	人均捐赠 额/农村人 均纯收入 (%)
1997	1.132448	6457.3	0.0175	5160	0.0219	2090	0.0542

续表

年份	人均慈善捐赠额（元）	人均 GDP	人均捐赠额/人均 GDP（%）	城镇人均可支配收入（元）	人均捐赠额/城镇人均可支配收入（%）	农村人均纯收入（元）	人均捐赠额/农村人均纯收入（%）
1998	9.073348	6834.8	0.1328	5452	0.1664	2162	0.4197
1999	1.415102	7199.3	0.0197	5854	0.0242	2210	0.0640
2000	1.286067	7902.2	0.0163	6280	0.0205	2253	0.0571
2001	1.567067	8670.1	0.0181	6860	0.0228	2366	0.0662
2002	1.619269	9450.3	0.0171	7702	0.0210	2476	0.0654
2003	3.358431	10599.5	0.0317	8472	0.0396	2622	0.1281
2004	2.700249	12400.	0.0218	9421	0.0287	2936	0.0920
2005	4.734008	114258.9	0.0041	10493	0.0451	3255	0.1454
2006	6.808776	16602.1	0.0410	11759	0.0579	3587	0.1898
2007	16.88955	20337.1	0.0830	13786	0.1225	4140	0.4079
2008	80.60797	23912.0	0.3371	15781	0.5108	4761	1.6932
2009	24.93668	25962.6	0.0960	17175	0.1452	5153	0.4839
2010	76.94402	30567.5	0.2517	19109	0.4027	5919	1.2999
2011	62.7157	36017.6	0.1741	21810	0.2876	6977	0.8989
2012	60.33795	39544.3	0.1526	24565	0.2456	7917	0.7622
2013	72.71298	43320.1	0.1679	26955	0.2698	8896	0.8174
2014	76.19862	46628.5	0.1634	28844	0.2642	9892	0.7703

注：人均慈善捐赠额＝历年慈善捐赠总额/历年全国人口数据。

资料来源：人均 GDP、城镇人均可支配收入、农村人均纯收入以及全国人口数据来源于国家统计局历年《中国统计年鉴》。

12.2.2 我国慈善捐赠构成

　　除却最传统的慈善捐款和捐物以外，我国慈善捐赠还包括了部分投入于慈善事业的公益彩票资金，同时，我国近些年来不断发展的志愿服务也成了捐赠构成的内容之一。图 12-3 和图 12-4 根据我国情况，将我国 2013 年和 2014 年两个年度的慈善捐赠分为现金及有价证券捐赠、实物捐赠、公益彩票使用于慈善事业的捐赠以及志愿时间折算捐赠四个部分，解构了我国慈善捐赠的构成以及近些年来的变化。

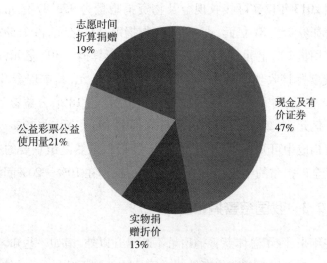

图 12-3　2013 年慈善捐赠构成情况

资料来源:根据《中国慈善发展报告(2015)》(社会科学文献出版社 2015 年版,第 18 页)、《中国慈善发展报告(2016)》(社会科学文献出版社 2016 年版,第 39、170 页)整理而成。

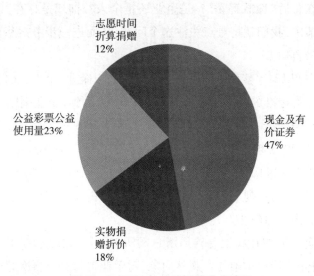

图 12-4　2014 年慈善捐赠构成情况

资料来源:根据《中国慈善发展报告(2015)》(社会科学文献出版社 2015 年版,第 18 页)、《中国慈善发展报告(2016)》(社会科学文献出版社 2016 年版,第 39、170 页)整理而成。

我国 2013 年度实际接收现金及物资捐赠量为 953.87 亿元,其中现金及有价证券 750.87 亿元,占 47%;实物捐赠 203 亿元,占 13%;公益彩票公益使用量 327 亿元,占 21%;志愿者时间折算捐赠 302 亿元,占 19%。2014 年度实际接收现金及物资捐赠量为 1058 亿元,其中现金及有价证券 761.76 亿元,占 47%;实物捐赠 296.24 亿元,占 18%;公益彩票公益使用量 361 亿元,占 23%;志愿者时间折算捐赠 193 亿元,占 12%。从近两年的捐赠构成中可知,现金及有价证券,即捐款依然是最重要的来源,基本占据了全部捐赠的半壁江山,其余三者占比均在 10%—20% 间波动。

12.2.3　我国慈善捐赠主体

近些年来,除了总体慈善捐赠量不断攀升以外,诸如一些知名企业或名人为某一慈善组织或慈善事件捐赠巨款的新闻不断见诸于报端。

在惊喜于我国慈善捐赠总量的迅速提高后,上述新闻更容易使我们进而思考这样一个问题:我国的慈善捐赠出现了如此"井喷式"的增长,到底是谁在背后"慷慨解囊"? 是企业还是个人? 抑或是存在其他来源? 在这一小节中,我们就将重点关注这个问题,从而进一步考察慈善捐赠的资金究竟来自何方。

我们在图 12-5 整理了 2011—2013 年间,以企业、个人、社会组织、宗教场所为分类标准的各类捐赠占比。可以明确看到,企业捐赠一直都是我国慈善捐赠的最主要来源,连续四年占到当年总捐赠额的 50% 以上,且逐年上升,2013 年与 2014 年已接近 70% 的占比。其次是个人捐赠,但其所占比重在不断降低,从 2011 年 30% 左右的份额跌至 2013 年的 18%,至 2014 年其占比只剩下 11%,与社会组织捐赠占比基本持平。其余主体的捐赠份额则相对较小。

由于企业捐赠在我国慈善捐赠总额所占的巨大比例,在下面的分析中,我们将企业捐赠单独作为观察对象,对企业捐赠进行再次解构。

首先,我们考察了不同类型企业捐赠在企业总体捐赠中的占比。其中,民营企业与外资企业是企业捐赠的主力军,外资企业亦更注重物资方面的捐助。2014 年,民营企业捐赠达 291.73 亿元,占到企业捐赠的

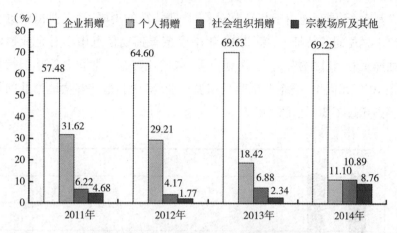

图 12-5　2011—2014 年我国慈善捐赠来源

资料来源:《中国慈善发展报告(2016)》,中国社会科学文献出版社 2016 年版,第 41 页。

40.43%;外资企业捐赠约 259.62 亿元,占到企业捐赠总额的 35.98%。
而国有企业和港澳台企业的捐赠相对较少,国有企业全年捐赠 151.45 亿
元,占企业捐赠总额的 20.99%,港澳台企业捐赠 18.76 亿元,占企业捐赠
总额的 2.60%(见图 12-6)。

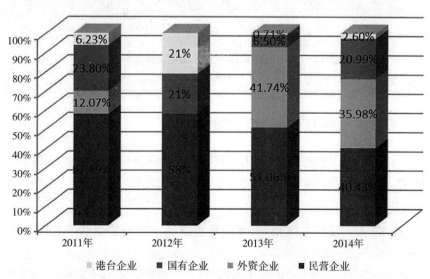

图 12-6　2011—2014 年我国不同类型企业慈善捐赠来占企业慈善总捐赠比重

资料来源:中民慈善捐助信息中心 2011—2014 年度《中国慈善捐助报告》。

其次,不同行业由于其经营对象、行业特征的不同,其企业捐赠也呈现出不尽相同的特征[1]。就 2014 年中民慈善捐助信息中心对企业捐赠的抽样来看,我国的制造业、房地产业、采矿业和金融业企业的年捐赠额均在 10 亿元以上,是企业捐赠的主要行业,其中制造业和房地产业的捐赠更是超过了 30 亿元大关。

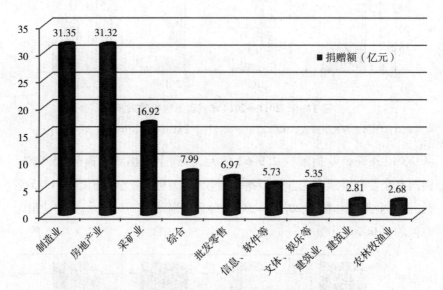

图 12-7 2014 年我国不同行业企业捐赠额分布

资料来源:中民慈善捐助信息中心:《2014 年度中国慈善捐助报告》(摘要版),第 5 页。

12.2.4 我国慈善捐赠去向

在之前的论述中,我们回顾了近年来我国慈善捐赠的数量与来源状况,在本小节中,我们将关注点转向我国慈善捐赠终"向何处去",即考察我国慈善资源的去向问题。

首先,按照受赠主体划分,我国慈善资源主要的接受部门有民政部

---

[1] 中民慈善捐助信息中心《2014 年中国慈善捐助报告》指出,比如食品饮料企业、汽车制造企业以及医药制造企业由于直接面对广大消费者,旅行企业社会责任的需求十分迫切,因而捐赠量较高,从而推动制造业总体的高捐赠水平。

门、慈善会系统、红十字会系统、基金会以及除基金会、慈善会以外的社会组织等。在我国,基金会系统和慈善会系统一直是我国最主要的受赠主体,两者受赠之和往往达到总体受赠的70%,尤其是基金会系统,是获赠最多的部门。另外,民政系统接收的款物数额也较多,但比重正在逐年减少,从2011年15%左右的占比减少至2014年8.8%,我们认为这或许与以民政部为代表的政府部门开始逐渐放松对于社会捐赠的行政管制有关。① 而除民政部以外的其他政府机构除了在2014年有明显增长外,在2011—2013年的受赠水平基本维持在5%—8%左右的占比。其余如红十字会系统与除慈善会和基金会以外的其他社会组织的获赠都比较少,占比均不足4%(见表12-3)。

表12-3 2011—2014年我国慈善受赠主体受赠情况

接收部门	2011年		2012年		2013年		2014年	
	数额(亿元)	占比(%)	数额(亿元)	占比(%)	数额(亿元)	占比(%)	数额(亿元)	占比(%)
民政系统	111.12	14.93	132.99	16.27	116.40	11.40	87.60	8.82
其他政府机构①	52.32	7.03	65.39	8.00	47.80	4.68	158.8	16.00
慈善会系统	203.89	27.39	268.65	32.86	302.09	29.60	330.64	33.32
红十字会系统	28.67	3.85	21.88	2.67	32.05	3.14	26.43	2.66
基金会系统	337.00	45.28	305.7	37.40	519.60	50.91	374.30	37.72
其他社会组织②	11.18	1.50	8.17	1.00	2.50	0.24	14.38	1.44

注:①是指除民政部门以外的其他政府机关和事业单位。②是指除慈善会和基金会以外的其他
    人民团体以及免登组织。
资料来源:根据社会科学文献出版社:《中国慈善发展报告(2013)》第17页、《中国慈善发展报
    告(2014)》第17页、《中国慈善发展报告(2015)》第19页以及《中国慈善发展报告
    (2016)》第41页整理得出。

---

① 以灾害捐赠为例,2008年汶川地震后,我国政府指定16家公募基金会募捐;2010年玉树地震后,民政部要求慈善组织募集的善款需汇缴至青海省政府、青海省红十字会等专用账户;2013年芦山地震发生后,民政部不再发文限定接受捐款捐物的单位;2013年7月云南省政府就《云南省公益慈善事业促进条例》征求意见,今后除重大灾害以外,政府不再参与社会募捐,由此使得云南省成为国内第一个明确承认"政府要退出慈善募捐市场"的省份;此后,深圳特区等多地亦出台相关政策,促进政府在慈善公益募捐中的"国退民进"。

其次,慈善捐赠往往有着非常鲜明的捐赠领域意向,它们经常被投入迫切需求但却发展滞缓的领域,如教育、医疗、扶贫等领域。我们在图 12-8 和图 12-9 中我们分析了 2013 年和 2014 年我国慈善资源流入的主

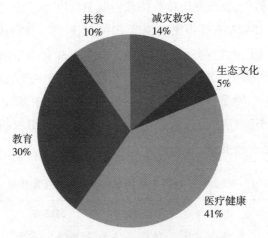

图 12-8　2013 年我国慈善捐赠构成情况

资料来源:根据《中国慈善发展报告(2016)》(社会科学文献出版社 2016 年版)第 43 页整理得出。

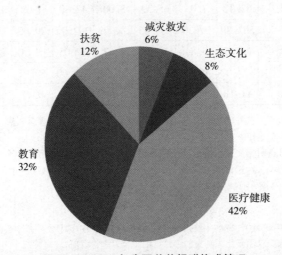

图 12-9　2014 年我国慈善捐赠构成情况

资料来源:根据《中国慈善发展报告(2016)》(社会科学文献出版社 2016 年版)第 43 页整理得出。

要领域。其中,医疗健康领域是我国慈善资源流入最多的,两年的占比均在40%以上。许多慈善项目旨在帮助各类病患减轻就医负担和疾病痛苦,帮助因病致贫的家庭重返正轨,比如壹基金"海洋天堂"公益项目着重帮助自闭症、脑瘫等特殊儿童群体,通过支持康复机构、家长及研究机构,搭建行动网络。再如中国罕见病发展中心的"蜗牛计划"旨在小额帮扶罕见病群体,提供信息服务、心理关怀、生活医疗救助、社会融入等方面的服务。且值得注意的是,对这一领域的主体捐赠是药品及医疗器械等为代表的医疗物资①,这也许与我国医疗技术水平不够先进以及医疗保障尚未十分成熟有关。另一个主要的慈善资源流入领域是教育,两年占比均在30%左右。源于地域教育发展的不平衡,教育领域一直是我国传统的帮扶领域,全国性、地区性的贯穿学前教育、义务教育以及职业和高等教育的慈善项目数量众多,比如宋庆龄基金会开展的"未来工程"大学生奖助学项目、中国儿童少年基金会开展的专门资助贫困女童上学的"春蕾计划"等。其余的如扶贫、救灾减灾等则占比较少,其中用于救灾减灾的慈善资源往往与当年自然灾害严重程度有关,而慈善资源在生态文化方面的略微增加(从5%增长至8%)也体现了我国慈善的发展越来越将目光聚焦在对人类生存状态具有更深刻影响的方面。

最后,按照受赠人群划分,老弱病残妇幼等社会弱势群体是慈善资源最关注的群体。图12-10分析了2014年捐赠服务对象的分类占比,可以看到,妇女和儿童占到了慈善资源捐赠对象的50%以上,老人、残障人士以及青少年则相对较少。但是也有一些研究指出,对于妇女的慈善帮扶并不如图12-10中所呈现的那么充足,公益慈善的社会性别出现边缘化的趋势②。

由于我国地域广阔,各省份间的经济社会发展水平不尽相同,慈善资

---

① 2013年药品捐赠在物资捐赠中占比为90.91%,2014年则达到了91.7%。参见《中国慈善发展报告(2016)》,社会科学文献出版社2016年版,第43页。

② 高小贤:《公益与社会性别》,载《中国慈善发展报告(2016)》,社会科学文献出版社2016年版,第226—237页。这些表现有:妇女发展与平等议题淡出慈善视野;妇女慈善组织数量及与性别平等相关的直接项目减少;多数公益机构不了解社会性别概念等方面。

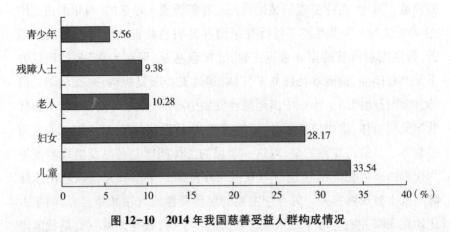

图 12-10　2014 年我国慈善受益人群构成情况

资料来源:《中国慈善发展报告(2016)》,社会科学文献出版社 2016 年版,第 44 页。

源也并不会在各省份均衡分布。一些经济发达省份往往慈善捐赠收入较多,但其流向贫困省份的慈善捐赠支出也同样较多,从而造成慈善资源流出大于流入的状况,即导致了慈善资源的净流出;而一些不发达省份的情况则恰恰相反,形成慈善资源流出小于流入的状况,即导致了慈善资源的净流入。表 12-4 以 2011 年中民慈善捐助信息中心监测的全国 462 亿元慈善捐赠额为样本,分析了各个省份间慈善净流入与净流出情况,净流入(流出)值＝捐出慈善额-接收慈善额,正值为净流出,负值为净流入。从表 12-4 中可知,上海、广东、江苏、山东、浙江、广西、海南、四川与湖南这 9 个省份是为慈善资源净流出,尤以上海、广东、四川三地的流出较多。而其余省份均为净流入,尤其是西藏、新疆、贵州、青海等地的慈善资源净流入均大于 1 亿元。不过,这里需要特别注意的是北京,其捐赠收入位列全国首位,但其慈善支出却小于收入,而成了慈善资源净流入地(排名第 2),我们认为这与北京有较多慈善组织总部有关,许多资源经由北京再下达至别的省份,丰富的高等教育资源也会令较多的教育捐赠向北京聚集。

表 12-4　2011 年我国分省份慈善捐赠收支及净流入（流出）情况

省份	捐赠支出（亿元）	捐赠收入（亿元）	差值（亿元）	净流出排名	净流入排名	省份	捐赠支出（亿元）	捐赠收入（亿元）	差值（亿元）	净流出排名	净流入排名
上海	16.15	5.7	10.45	1	—	内蒙古	2.94	3.49	-0.55	—	15
广东	65.69	60.4	5.29	2	—	福建	50.04	50.7	-0.66	—	14
四川	12.53	7.98	4.55	3	—	安徽	1.9	2.67	-0.77	—	13
江苏	10.76	8.8	1.96	4	—	重庆	1.84	2.69	-0.85	—	12
山东	15.46	13.7	1.76	5	—	黑龙江	0.43	1.36	-0.93	—	11
浙江	11.81	10.5	1.31	6	—	辽宁	8.48	9.5	-1.02	—	10
湖南	4.71	3.68	1.03	7	—	陕西	11.53	12.6	-1.07	—	9
广西	2.39	1.46	0.93	8	—	云南	2.24	3.44	-1.2	—	8
海南	1.86	1.18	0.68	9	—	青海	0.82	2.24	-1.42	—	7
宁夏	3.38	3.5	-0.12	—	22	贵州	2.99	4.56	-1.57	—	6
吉林	1.05	1.18	-0.13	—	21	河南	12.55	14.7	-2.15	—	5
河北	2	2.22	-0.22	—	20	湖北	3.61	5.79	-2.18	—	4
天津	1.34	1.61	-0.27	—	19	新疆	0.48	2.71	-2.23	—	3
江西	0.68	0.99	-0.31	—	18	北京	65.67	68.1	-2.43	—	2
山西	6.64	7.01	-0.37	—	17	西藏	0.14	3.2	-3.06	—	1
甘肃	1.62	2.02	-0.4	—	16						

资料来源:根据中民慈善捐助信息中心《2011 年度中国慈善捐助报告》整理获得。

12.3　我国慈善组织概况

　　另一个与慈善事业密切相关的概念是慈善组织。如果说慈善捐赠体现的是一个国家或地区对于慈善的慷慨程度的话,那么慈善组织的多寡及有效性则体现了慈善载体的发展状况。

　　到现在为止,慈善组织实质上并没有一个完全统一的概念,在西方一些国家,慈善组织的定义较早的在法律条文中呈现。如英国对慈善组织概念的界定来源于一个所得税特别委员会与佩姆赛尔的判例。该判例依照英国法律衍生出来的普通法对慈善组织做出了界定,即慈善组织有的四个主要目的:扶贫、发展教育、传播宗教和其他公益目的。而美国则是在税法及相关法律中对慈善组织进行定义:"收入无需缴税,而且其捐助者因其捐款而获得税收减免的组织。"① 而我国在《慈善法》出台以前的很长一段时间内,都没有关于慈善组织的精确定义,慈善机构一直和其他民间组织统归于"社会团体"或者"民办非企业单位"之下。直至 2016 年年初《慈善法》出台后,我国的慈善组织终于有了官方的界定,我国的《慈善法》将慈善组织定义为依法成立、符合本法规定,以面向社会开展慈善活动为宗旨的非营利性组织,慈善组织可以采取基金会、社会团体、社会服务机构等组织形式。② 同时对于慈善组织应符合的条件进行了具体说明。③ 当然,总体而言,不管是上述的哪一种定义,几乎所有慈善组织都有一些以下共性特征:以扶危济困为主要宗旨,通过捐赠者将资源转移至受赠者为主要路径以及脱钩于政府而独立运作等。

12.3.1 我国慈善组织总体数量

我国慈善组织的发展历程是与我国不同阶段的社会特征相适应的。新中国成立初期,我国将旧的福利救济事业看作是"统治阶级欺骗和麻醉人民的装饰品",否认民间慈善事业的独立地带,认为政府才是整个慈

---

① Betsy Buchalter Adler:《美国慈善法指南》,NPO 信息咨询中心主译,中国社会科学出版社 2002 年版。这些要件包括 6 条:一是必须以非营利为目的;二是其成立完全出于非营利目的;三是其经营主要为了达到规定的非营利目的;四是不得为个人谋取利益,即不给控制该慈善组织或能对该组织施加实质性影响的人提供任何不适当的利益;五是不得参加竞选,即不支持或反对任何公共职位候选人;六是不得参与实质性游说活动,即不对立法进行实质性的支持或反对。

② 《中华人民共和国慈善法》,中华人民共和国中央人民政府网站,见 http://www.gov.cn/zhengce/2016-03/19/content_5055467.htm。

③ 慈善组织应当符合下列条件:(一)以开展慈善活动为宗旨;(二)不以营利为目的;(三)有自己的名称和住所;(四)有组织章程;(五)有必要的财产;(六)有符合条件的组织机构和负责人;(七)法律、行政法规规定的其他条件。

善救济事业的唯一主体,从而接管并改造了一大批民间慈善机构;到了20世纪50年代中期至70年代,随着我国政治运动迭起,社会对于慈善事业的否定达到极点,不仅是外国人兴办的慈善组织被视作"资产阶级的糖衣炮弹"而一律扫地出门,连国人自己办的慈善机构也以"地主阶级的伪善之举"等理由被一概否定,各类慈善组织一时间销声匿迹;直至改革开放后,民政工作不断起步,越来越多人开始认识到应予以民间慈善事业充足的发展空间。中国残疾人福利基金会和中华慈善总会分别在1984年和1994年成立,标志着我国民间慈善组织的再次崛起,随后,大量慈善组织开始在我国涌现,也使得我国当代慈善事业迎来了真正发展的春天。①

在上文中我们提到过我国的慈善组织长期以来一直和其他民间组织统归于"社会团体"或者"民办非企业单位"之下,对于慈善组织亦没有官方的精确统计,但是近几十年来我国社会组织数量的迅速增长也从一个侧面反映出,慈善组织作为社会组织当中十分重要的组成部分的确得到了长足的发展。我们在图12-11中整理了1988—2014年我国社会组织发展的情况:1988年,我国社会组织总数仅为4446个,绝大多数都是社会团体;1999年左右,我国对社会组织进行了进一步的规范和清理,5000余个民办非企业开始出现,此时社会组织总数较前几年有所下降,但总数维持在15万个左右;从2000年开始,我国社会组织总量不断上升,从当年的15.3万个上升至2014年的60.6万个,其中社会团体从13.06万个上升至30.97万个,民办非企业2.26万个上升至29.21万个,基金会自2003年开始统计以来的954个上升至4117个②。

我国慈善组织的数量未见任何官方的精确统计,我们认为这与我国在此前很长一段时间都无关于慈善的立法有关,这使得慈善组织缺乏统一的官方界定,如此一来,对于慈善组织数量的统计更是无从谈起。另一个可能的原因则在于,长期以来我国都要求社会组织不仅要让民政部门"登记管理机构",还要找到"业务主管单位",登记门槛过高造成了实际

---

① 周秋光、曾桂林:《中国慈善简史》,人民出版社2006年版,第362—408页。
② 《中国民政统计年鉴(2015)》,中国统计出版社2015年版,第178页。

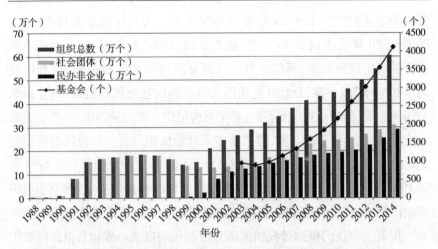

图 12-11　1988—2014 年我国社会组织数量变化情况

资料来源:根据《中国民政统计年鉴(2015)》(中国统计出版社 2015 年版)第 178 页整理而成。

上的登记困难。这种"双重管理体制"之下,官方所能统计到的慈善组织均是符合民政部门登记要求并已经成功找到"业务主管单位"的组织。范宝俊曾对 2007—2009 年经过官方认证的慈善组织(不含基金会)进行了估计,他认为,与慈善密切相关的社会团体在 2009 年已达到 3 万个左右,而与慈善密切相关的民办非企业则存在 2.8 万个。[1] 但是我国大量存在的游离于门槛之外的慈善组织,特别是一些小规模草根组织,则难以被统计到。尽管 2016 年年初已出台的《慈善法》中对于慈善组织有了明确的界定,同时规定了设立慈善组织,应当向县级以上人民政府民政部门申请登记而不需要再"找婆婆"[2]。但由于法律的刚刚出台,我们依然难

---

① 2007—2009 年与慈善密切相关的社会团体数量具体变化为 24588 个、29540 个和 30818 个;与慈善密切相关的民办非企业数量具体变化为 24077 个、25836 个和 28060 个。范宝俊:《慈善组织建设和慈善事业发展》,载《慈善》2010 年第 3 期;转引自北京师范大学中国慈善事业研究中心:《2001—2011 中国慈善发展指数报告》,北京师范大学出版社 2012 年版,第 65 页。

② 《中华人民共和国慈善法》规定:设立慈善组织,应当向县级以上人民政府民政部门申请登记,民政部门应当自受理申请之日起三十日内作出决定。符合本法规定条件的,准予登记并向社会公告;不符合本法规定条件的,不予登记并书面说明理由。这样的慈善组织的直接登记制度,在很大程度上简化了慈善组织的登记程序,使得慈善组织无须业务主管机关便可直接在民政部门登记,意味着慈善组织可以从双重管理制度中解放出来,更多的慈善组织将被合法化,民众也能够更便利快捷地通过慈善组织这一形式行善。

以获取对于我国慈善组织数量的精确统计。

不过,我们注意到,近些年来许多学者都尝试着从不同角度,使用不同方法,对我国现存的民间慈善组织数量进行估计,其中大部分均是未得到官方认证的小型慈善组织,虽然这样的估计无法做到十分精确,但这依然给我们提供了关于我国慈善组织大致数量的十分有价值的信息。朱传一认为,我国与慈善相关的民间组织为 21 万家左右,未注册的草根组织则超过 150 万家。① 王振耀则估计我国未纳入官方统计的草根组织多达200 万至 270 万家,网络上的虚拟慈善组织也有几十万之多。② 李林、田禾认为我国未注册的民间慈善组织应该超过 100 多万家。③ 杨团则对我国民间慈善组织做了较为详细的分类估计,她认为我国目前存在的慈善法人社团约为 30 万家左右;非法人社团 2630 万家左右,其中包括社区社会组织 20 万至 30 万家,挂靠在基金会下的项目办或专项基金 1.5 万家,未注册备案的社会自组织有 600 万家以及 2000 万家网络社区。④ 尽管各方估计不甚相同,但是我们可以看出,游离于官方认证之外的草根慈善组织数量众多,其构成了我国慈善组织的最大部分。并且,从上述各方对我国慈善组织数量的估计中可以看出,我国慈善组织数量的构成是呈“金字塔”状态的,最上层的少数为各类经官方认证的慈善组织,其中又以官方慈善机构为更少数;中层是数以百万计的未经正式注册的小型民间慈善组织;最下层则是数量更多,更难以精确统计的网络虚拟慈善社区。

12.3.2　我国慈善组织类别

慈善组织根据不同标准可分为许多不同类型。按照资金筹集的方式,慈善组织可以分为公募慈善组织和私募慈善组织。公募慈善组织可以直接向社会公众公开募捐筹款;私募慈善组织不可以直接向社会公众

① 转引自谢志平:《关系、限度、制度:转型中国的政府与慈善组织》,复旦大学博士论文,2007 年,第 75 页。

② 王振耀:《社会福利和慈善事业》,中国社会出版社 2009 年版,第 170 页。

③ 李林、田禾:《中国法治发展报告》,社会科学文献出版社 2014 年版,第 178 页。

④ 杨团主编:《中国慈善发展报告 2015》,中国社会科学文献出版社 2015 年版,第 88—92 页。

募捐,它主要利用其知名度,动用社会关系筹集资金。公募慈善组织是我国慈善组织的主体,其数量多,规模大,在社会中的影响力也大。按照慈善组织和政府的关系,慈善组织可以分为纯粹的民间机构(即慈善组织是由民间人士发起的草根组织,如南京的爱德基金会)和脱胎于政府的慈善组织两种。20 世纪 90 年代成立的很多慈善组织就是从政府部门分离出来的,其工作人员也是从政府部门分流出来的,组织的高层领导都是原政府官员,官方色彩浓厚。另外还有根据不同的慈善宗旨分为扶贫、儿童福利、残疾人帮扶、环境保护等各类不同的慈善组织。

由于我们难以对我国慈善组织的总体数量有精确的统计,自然也就无法完全掌握所有慈善组织的分类情况。但是中国慈善信息平台利用所收录的 4000 余家慈善组织为样本,对慈善组织所归属的组织性质和主要服务的领域与行业进行了分析,从而为我们提供了一定的信息。我们在图 12-12 中展现了共 4065 家慈善组织的分类情况。左为组织类型的分布,其中基金会和社会团体是慈善组织最主要的类型,分别为 53.1%和 31.8%,另外,民办非企业也占到了 12.4%,这三者之和超过了所有平台录入慈善组织的 90%。可见这几种类型是慈善组织最常见的举办方式。不过,我们已经在上文中提到过,由于有大量民间慈善组织还未得到官方认证,因此随着《慈善法》细节的逐渐落实,慈善组织的性质分类占比有可能也会产生变化。右为慈善组织所服务的领域与行业分类的统计,可以看到人类服务行业集中了 17.04%的慈善组织,其次是教育领域,包含 15.6%的慈善组织,其余主要服务领域包括:扶贫 9.11%,医疗 7.42%,减灾救灾 6.88%,这些领域所集中的慈善组织超过了总数量的 50%。

12.3.3 省际慈善组织分布

在本小节中,我们继续利用中国慈善信息平台披露的 4065 家慈善组织在各省份的分布数据,结合各省份的实际地理面积,得到了 4065 个样本量在省际的分布密度。我们可以发现,北京、上海、天津、江苏和广东是慈善组织分布密度最大的地区,依照我们简单计算的数据,五地的分布密度分别 226.78 家/万平方千米、147.61 家/万平方千米、146.90 家/万平

组织类型分布　　　　　　　　　　　　　　　行业分布

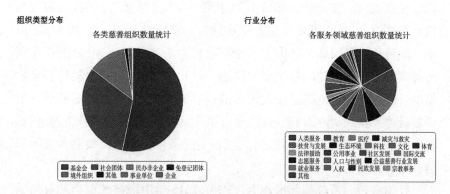

图 12-12　中国慈善信息平台关于我国慈善组织数量及领域统计

资料来源：中国慈善信息平台，见 http://ca.charity.gov.cn/govwww/orgList/0001.html。该平台受民政部委托，由中民慈善捐助信息中心研发，旨在披露我国慈善事业相关信息，推动慈善事业的透明化、规范化。平台共录入了 4065 家慈善组织信息，以慈善组织所披露的净资产、收入、公益支出金额以及其 2015 年报的数据汇集整理。

方千米、62.96 家/万平方千米以及 19.77 家/万平方千米。其次为宁夏、浙江、辽宁、福建、河南、甘肃和陕西，这七地的慈善组织密度均在 5 至 15 家每万平方千米。慈善组织密度分度最小的是云南、新疆和西藏，均小于 1 家/万平方千米。

12.3.4　我国的慈善会、基金会以及红十字会系统

一、慈善会系统

尽管我国慈善组织数量庞大，存在许多不同的分类方法将慈善组织分成许多不同的类别。但是在本小节，我们只选取慈善会、红十字会和基金会三大系统进行论述，我们选取这三者的主要考量在于虽然这三者相对于我国总体慈善组织数量来说比较少，但是从上文中对于捐赠数据的分析来看，这三大系统接受了我国 70% 以上的捐赠；另外，这三大慈善系统在我国发展历史比较久，数据的可得性都较为良好。因此，对我国这三大慈善系统的分析能够帮助我们对我国慈善组织的发展状况有一个更深入的了解。

我国现代慈善会系统最早发端于 1994 年，标志性事件即为中华慈善

总会在京成立。它是新中国成立以来第一个以"慈善"二字命名的全国性慈善组织,也是我国现代慈善事业发展的重要推动者。近 20 年来,以中华慈善总会和团体会员为主的全国慈善会系统发展迅速,目前在我国慈善事业中发挥着越来越重要的作用。截至 2013 年 6 月,全国慈善会数量增长到 1996 个,范围覆盖我国大陆所有省、区、市,不少省份的慈善组织还延伸到接到、乡镇乃至村庄,形成了广泛高效、全覆盖的慈善网络,目前中华慈善总会已有 361 家团体会员,主要是各省、区、市级慈善会和部分县市级慈善会。[①]

我国慈善会系统的募捐能力比较强,2015 年中华慈善总会筹募款物为 128.05 亿元,其中物资价值 125.66 亿元,是筹募资源的主要组成。同年,中华慈善总会与 361 家会员团体合计接受慈善款物预计超过 350 亿元。我们整理了 2010—2015 年我国慈善会系统历年接受捐赠的情况(见图 12-13),可见 2010 年至今,无论是中华慈善总会还是整个慈善会系统,其接受捐赠的数量都在不断上升。同时,中华慈善总会一家接受捐赠的数量基本占到了慈善会系统总捐赠量的三分之一。

我国慈善会系统所瞄准的服务领域也往往是社会焦点、特殊弱势群体以及群众迫切希望改善的社会问题。如格列卫患者援助项目就是中华慈善总会的一项传统国际药品援助项目,它自 2007 年就与瑞士诺华制药公司合作,专门为贫困的格列卫适应症[②]患者提供免费或低价的格列卫药品。项目根据患者是否为低保人员来制定不同援助标准[③]进行药品援助。截至 2014 年 11 月底,项目累计救助患者已经达到 38670 人,累计接受格列卫捐赠药品总价值约 242.37 亿元人民币,格列卫援助项目已经在全国设立 60 个援助药品发放点,合作医疗机构 578 家,参与项目的注册

---

① 中华慈善总会官网,见 http://www.chinacharityfederation.org/WebSite/GroupList/48。

② 格列卫适应症症通常包括性粒细胞白血病、急性淋巴细胞白血病、恶性胃肠道间质瘤及隆突性皮肤纤维肉瘤等。

③ 项目对病前低保者和非低保患者分为两种:符合格列卫适应症的病前低保者全额免费药品援助;格列卫药品无法报销的非低保患者每个治疗年患者自费承担前 3 个月药费,免费援助 9 个月药品;格列卫药品实现部分报销的非低保患者每个治疗年患者自费承担前 3 个月或 6 个月药费,免费援助 9 个月或 6 个月药品。

医生达到 1648 位[①]。在其他地区性慈善会中,如为关爱抗战老兵这一特殊的社会群体,郑州、温州等多地的慈善会则以成立老兵基金、志愿服务、捐款帮扶以及实物慰问等方式,改善生活无着老兵的生活状况。上海市慈善总会的"姐妹情"慈善项目则专门关注妇女健康、资助本市及新疆喀什地区的贫困重症妇女进行医疗救助。为积极响应中华慈善总会"为了明天,关爱留守儿童"的慈善项目,同时针对浙江省内由于经济发展不均衡而导致浙西浙南劳动力流出从而出现局部留守儿童的问题,浙江省慈善总会则以衢州为试点,逐渐在留守儿童多的县市区计划建立百所"关爱儿童之家",专门用于改善浙江 11 万留守儿童的生活状况。

近些年来,慈善会系统在完善自身建设的基础上也不断推陈出新,扩宽慈善募捐方式和创新慈善运用项目。"爱心档案"、"慈善一日捐"、与农业银行合作推出的"爱心联名卡"业务以及"《慈善杂志》进校园"等活动都得到了良好的反响。

当然,这并不是说我国慈善会系统的运行与发展已然不存在任何问题。实际上,自 2011 年 8 月以来,慈善会系统就连续发生"诈捐门""卖药门"以及"尚德发票门"等多起慈善负面事件,使得大众对于慈善会系统的信任度不断下降。尽管随后慈善会即以"玻璃口袋"的方式主动晒出账本,希望重新赢回公众信任,但要完全消除公众的疑虑恐怕并非易事。

二、基金会系统

在基金会系统方面,我国第一家基金会是在 1981 年成立的。以 2004 年颁布《基金会管理条例》(以下简称《条例》)为界,在此之前的二十多年,基金会发展不足 800 家;但 2004 年《条例》颁布以后,基金会在十年间激增了 4000 家左右,截至 2016 年 6 月,全国共有 4982 家,其中公募基金会 1555 家,占 31%,私募基金会 3427 家,占 69%,年末净资产达 1057 亿元。[②] 同时,在党的十八届三中全会提出关于"创新社会治理体

---

① 中华慈善总会网站,见 http://chinacharityfederation.org/WebSite/ProjectShow/-10/13。

② 基金会中心网,见 http://data.foundationcenter.org.cn/data/sjzl.shtml。

图 12-13　2010—2015 年中国慈善会系统接收社会捐赠量情况

资料来源:《中国慈善发展报告(2016)》,社会科学文献出版社 2016 年版,第 72 页。其中 2015 年慈善会系统实际合计接受捐赠数据缺失。

制"的理念之下,全国大部分省份均放开了公益慈善组织的直接登记,同时减少审批,并将审批权由省级民政部门下放至县级及以上民政部门,从而大大激发了县市级基金会的成立热潮。我们在图 12-14 中整理了 1981—2015 年我国基金会的数量增长情况以及期间大事件的发生时点。

　　我国的基金会系统也是接受慈善捐赠的主力军。2011—2014 年来基金会系统的捐赠收入分别为:2011 年为 400.67 亿元,2012 年为 376.19 亿元,2013 年为 373.45 亿元,2014 年为 374 亿元。[①] 基本与慈善会系统接收情况持平。

　　我国基金会另一个显著的特点是,相比其他慈善组织,慈善透明度相对较好。中民慈善信息中心根据准确性、完整性、易得性、及时性四个指标,以 1000 家左右的慈善组织为样本,编制了中国慈善透明指数,从 2011 年和 2014 年的指数来看(见表 12-5),所有样本反应的透明指数均略有提高,基金会系统则在高分区间拥有更大的占比,总体平均透明指数得分也高于慈善会系统。不过不得不指出的是,虽然中国慈善组织的透

---

① 《中国慈善发展报告(2016)》,社会科学文献出版社 2016 年版,第 49 页。

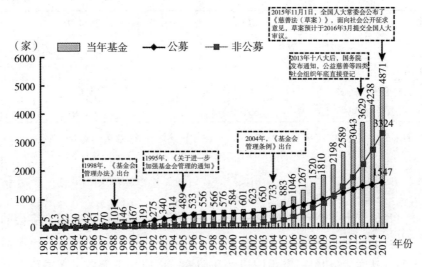

图 12-14　1981—2015 年中国基金会数量增长情况及大事件发生时点

资料来源:《中国慈善发展报告(2016)》,社会科学文献出版社 2016 年版,第 53 页。

明度有所提升,但情况并不乐观。由基金会中心网及清华大学廉政与治理研究中心联合开发的中基透明指数(FTI),全国的平均分仅为 51.27①,也印证了这一点。透明度不高直接影响慈善组织的公信力,同时也给学术研究和新闻报道带来不便,这些都不利于慈善事业的可持续发展。

表 12-5　2011 年和 2014 年中国慈善透明指数(百分制)

项目	2011 年		2014 年	
	数量	占比	数量	占比
指数≥80	6 家	0.6%	136 家	13.6%
60≤指数<80	76 家	7.6%	233 家	23.3%
50≤指数<60			133 家	13.3%
40≤指数<60	273 家	27.3%		
小计	355 家	35.5%	502 家	50.2%

---

① 基金会中心网,见 http://fti.foundationcenter.org.cn/。

续表

项目	2011 年		2014 年	
	数量	占比	数量	占比
基金会平均指数	39.3		52.71	
慈善会平均指数	26.3			
指数总体均值	33.00		44.10	

资料来源：中民慈善信息中心 2011 年和 2014 年《中国慈善透明度报告》，见 http://www.zmcs.org.cn/yanjiureport/index.jhtml。

三、红十字系统

我国红十字会创立于 1904 年,历史十分悠久,是在西方红十字会的"人道"理念传入中国和日俄战争引发的救护活动的共同作用下应运而生的。其在战争时期、新中国成立初期等历史时期都发挥过人道主义救援等重要的作用。历经 20 世纪六七十年代频繁的政治运动后,国务院在 1978 年以 63 号文批准中国红十字会恢复国内工作,此后中国红十字会各级组织相继恢复,各项工作渐渐走向正常。发展至今,我国的红十字会系统已经成为我国现代慈善组织中历史最悠久的组织之一,是名副其实的"百年老店"。

与前文所提到的慈善会系统和基金会系统不同,红十字会系统是十分特殊的一类慈善组织。它不是一般的私法人性质的社会团体,而是公法人性质的法定机构和社会团体[1]。我国的红十字会依照 1993 年我国颁布实施的《中华人民共和国红十字会法》设立,因此它属于法定机构。而红十字会法又属于公法系列,依此法设立的红十字会又是公法人社团。按照这样的思路,红十字会实际拥有来自国家、国际红十字会联合会和红十字会基层会员的三重赋权,既有强大的国际背景又有直接伸向基层的

---

[1] 杨团:《试论中国红十字会综合改革的方向——法定机构、公法人社团》,载《中国慈善发展报告(2013)》,社会科学文献出版社 2013 年版,第 115—117 页。私法人,指依据私法(如《民法》《公司法》等)所成立的法人。按照公、私法律体系的划分,社团法、基金会法都属于私法范畴,我国在民政部门登记注册的三类社会法人(社团法人、基金会法人、民办非企业单位法人)都属于私法人。

广泛群众基础,更具备有利条件开展慈善工作。

但在 2011 年 6 月,"郭美美网络炫富"以及相关的"中国商业系统红十字会"事件发生后,迅速引发了公众对红十字会内部管理混乱的质疑,甚至使得社会对拥有政府背景的慈善公益组织乃至整个慈善界的公信力都产生了质疑。最直接的表现在于我国红十字会接受的社会捐赠总量由 2011 年的 28.67 亿元大幅下滑至 2012 年的 21.88 亿元,同比减少 23.68%。[①] 而据中国红十字会筹资与财务部统计,2012 年中国红十字会系统总收入为 366055 万元,比 2011 年下降了约 9 个百分点。其中政府拨款为 147209 万元,接受国内社会捐赠款物 196134 万元,与 2011 年的数据相比,政府拨款增长了 26.6%,且占红十字会全系统收入总额的比例也从 2011 年的 28.85%增长到 40.21%。2012 年全国的社会捐赠总量比 2011 年下降了约 17%,而红十字会下降的幅度高于全国约 9 个百分点。[②]

为应对"问责风暴"带来的慈善信任危机,2012 年 7 月 10 日,国务院发布《国务院关于促进红十字事业发展的意见》[③],进一步明确要"着力推进红十字事业改革创新","理顺政府与红十字会的关系,使红十字会在人道救助工作中发挥更大作用"。中国红十字会在国务院的明确支持下,开始了体制和机制的改革,在组织定位、人事制度、慈善项目冠名权、信息公开以及内部评估和治理问题上均进行了较大的改变。但是,中国红十字会依然未完全走出公众信任危机。中国红十字会在 2012 年对部分 10 万元以上的大额单位捐赠人进行了一次问卷调查。共发出问卷 300 份,收回率仅为 20%,有 80% 的捐赠人拒绝回答问题。在回收的问卷中,98%的捐赠人希望红十字会反馈捐赠信息,而知道捐赠信息的只占 19%。[④] 在 2013 年 4 月发生的雅安地震中,中国红十字会依然遭遇了来

---

① 中民慈善捐助信息中心:《2012 年度中国慈善捐助报告》,见 http://www.zmcs.org.cn/csjzbg/6901.jhtml。

② 《中国慈善发展报告(2013)》,社会科学文献出版社 2013 年版,第 227 页。

③ 《关于促进红十字事业发展的意见》,中华人民共和国中央人民政府网站,见 http://www.gov.cn/gongbao/content/2012/content_2198881.htm。

④ 《中国慈善发展报告(2013)》,社会科学文献出版社 2013 年版,第 227 页。

自公众的质疑甚至是冷眼相待。可见,在网络慈善问责风暴中,"郭美美事件"等带来的负面影响并未褪尽。

12.4 中国慈善捐赠途径

在以往传统的观念当中,慈善似乎就是不求回报地在一些慈善机构的捐款箱中投入自己的钱财,或是将自己的东西无偿捐献给他人使用,即我们所说的传统慈善中的捐款与捐物。在当前慈善事业的发展状况下,这两者的确仍然是最主要、最普遍的捐赠方式,但随着现代社会资本市场和互联网的迅捷发展以及人们对于慈善观念的转变,以股权捐赠、网络捐赠以及志愿捐赠为代表的新兴慈善方式正在逐步走入人们的生活。对于慈善,人们有了更多的选择和主动权。

12.4.1 我国传统慈善捐赠途径

长期以来,向传统慈善机构捐款捐物一直是我国慈善捐赠的主要途径。根据《中国慈善发展报告(2016)》的数据显示,2014 年我国有 66%的慈善捐款通过慈善会系统和基金会系统进行捐赠,另有 23%的捐款则通过民政部门为中介来实现,仅有剩下 10%的慈善捐赠是通过其他渠道。[①] 这说明尽管一些新兴的慈善方式已经在我国开始出现并有较快的发展,但到目前为止,我国的慈善捐赠仍然以传统的捐款捐物为主。

12.4.2 网络捐赠——全民参与的慈善聚力

新兴慈善尚未成为主流,但其发展的速度仍然值得关注,其中网络慈善就是近年来发展最快的慈善方式之一。它将互联网与慈善相结合,令

① 《中国慈善发展报告(2013)》,社会科学文献出版社 2013 年版,第 44 页。

二者碰撞出引人注目的火花。

若是追溯互联网(Internet)在我国生根发芽的历史,那么1987年应当是一个极为重要的时点,在那一年中国人第一次通过拨号上网发出了第一封电子邮件[1],从此,互联网真正开始在中国的土地上发展壮大。到了新千年之际,互联网在中国经过十几年的发展,我国上网人数已经达到600万人,各种大小网站如雨后春笋,互联网大潮真正以排山倒海之势地涌向我们这个古老的国度。随后,中国信息化建设的惊人速度则更加令世界刮目相看,截至2015年12月,中国网民规模达6.88亿人,互联网普及率为50.3%;手机网民规模达6.2亿人,占比提升至90.1%,无线网络覆盖明显提升,网民 Wi-Fi 使用率达到91.8%,相较2014年年底提升2.4个百分点[2],中国用三十年的时间一跃成了互联网大国。

在半数中国人已经接入互联网,网民规模增速提升的今天,慈善事业也充分认识到了互联网平台的巨大发展潜能,从美国一路蔓延到中国的"ALS 冰桶挑战"[3]到我国本土创立的新浪微公益、腾讯公益等网络慈善平台,互联网正在改变甚至颠覆传统意义上的慈善。尽管到目前为止,寻求传统慈善组织进行捐赠仍然是我国公民进行慈善活动的最主要方式,

---

① 　1987年9月20日,被誉为我国互联网之父的计算机专家钱天白教授发出我国第一封电子邮件"越过长城,通向世界",揭开了中国人使用 Internet 的序幕并在1990年代表中国正式在国际互联网络信息中心(InterNIC)的前身 DDN-NIC 注册登记了我国的顶级域名 CN。

② 　中国互联网信息中心(CNNIC):《第37次中国互联网络发展状况统计报告》,见 http://www.199it.com/archives/432667.html。

③ 　"ALS 冰桶挑战赛(ALS Ice Bucket Challenge)"最早是由美国前波士顿学院鹰队棒球运动员 Pete Frates 和马萨诸塞州的一些居民发起,活动参与者需要把一桶冰水从头浇下,并拍摄视频上传到社交网络上,同时他可以向三位好友发起同样的挑战,对方如果不接受,则要在24小时内向美国 ALS(肌萎缩侧索硬化病,俗称渐冻人,是一种严重的罕见疾病)协会捐赠100美元,或者两者都做。这一活动最初的目的在于引起大家对这个疾病的了解并为 ALS 基金会募捐。Pete Frates 本人也是一名 ALS 患者。这项活动由于策划颇具创新性、趣味性,开始于体育圈,后逐渐扩展到科技界、娱乐界、政界,并从美国一路蔓延到中国。美国 ALS 协会在其官方网站上公布的数据显示,自2014年7月29日该活动开始至8月27日活动结束,协会已经收到了超过9430万美元的募捐,而去年同一时期仅为270万美元。这样巨大的差异使得有人将"ALS 冰桶挑战赛"视为一次慈善创新,是互联网融入传统慈善所取得的成功。

但是互联网慈善"井喷式"的增长同样值得我们关注。

中国的互联网慈善之路并非是一朝一夕间出现在公众视野中的,实际上它也走过了十年左右的进化道路,正好与我国互联网迅速普及期契合。总的来说,十年间我国的网络慈善是从互联网企业单方面主导参与的公益 1.0 时代,走过通过互联网作为慈善中介的公益 2.0 时代,逐渐发展到现在的"人人可以天天做慈善"的公益 3.0 时代,或者说是去中心化的社区模式,并且在未来还有可能出现更为变革性的改变。

在最初的互联网公益中,互联网企业本身起到主导的作用,它们利用 Web1.0 时代的网络技术开展各类小规模公益活动。2003 年腾讯社区对白血病网友阿旦的救助,可看作是网络公益的开端,腾讯在这一事件中首开网络公益救助的尝试,为捐款活动设置了"捐款专题报道"页面,最终获得网友筹款 30 万元,成功帮助阿旦完成干细胞分离手术。从此,越来越多的互联网企业开始利用自己的网络影响力,不断尝试开展包括环保、传统文化保护、贫困大学生救助等在内的各种各样的互联网公益活动。

2008 年汶川发生强烈地震,灾害的惨烈牵动着全国民众的心情,人们纷纷自发行动起来,或捐款捐物,或奔赴灾区进行志愿救援。在这一时点上,网络慈善也获得了第二次发展契机。中国的互联网企业当时已走过了创业期,逐步进入成熟期,于是开始重新审视自己在承担社会责任、助力公益慈善事业中应该扮演的角色,而相比 21 世纪初,我国的互联网普及率在此时也已有了大幅提高,于是"跨界合作,推广平台"成了网络慈善 2.0 时代的主要特征。在这一时期,互联网企业已不再是唯一的主角,它们开始利用 web2.0 技术,联合其他相关机构,为上亿的网民提供"人人可慈善"的巨大网络平台。比如,在汶川地震发生后的当天下午,阿里巴巴集团旗下的淘宝网就开通了网络捐款快速通道,短短五天内筹集善款 1738 万元[1]。随后,各大网络平台相继开通网络捐赠平台。另有

---

① 阿巴里巴巴集团和瑞德森联合发布:《中国网络捐赠报告》,2013 年,第 2 页。

SOSO 在震后第一时间推出的"搜吧寻人"活动①以及腾讯与铁道部门合作的"手牵手回家过年"②活动,都使得互联网在慈善中彰显出独特的力量。

如果说在 web1.0 和 2.0 时代,网络慈善皆要依靠重大事件来牵引公众付出"真金白银"的话,那么在 web3.0 时代,网络公益给人传递的最大的不同点就在于"常态、共创与共赢"。2009 年腾讯推出了腾讯月捐和腾讯乐捐两种创新型的公益众筹产品。这是两个倡导用户通过腾讯公益进行小额捐赠的平台,尤其是月捐,它倡导爱心网友每人每月固定金额的捐赠,点滴汇聚,用其自身的口号来表达就是"三块五块不嫌少,捐给孩子刚刚好",它的一大目的就是尝试着将小额的慈善捐赠做成公众生活的常态。这一新的网络慈善形式也确实获得了很多网民的支持,支持了中国社会福利基金会的"免费儿童午餐"、壹基金困境儿童关爱项目等在内的多个慈善项目。突破传统慈善观念也是网络公益给予我们的启迪,米公益、路人甲等案例很好地说明了慈善不仅仅是出钱出力,还可以付出关注和创意,收获共赢。以米公益为例,其最重要的理念是"众筹碎片化时间",平台用户通过 APP 完成运动伸展、与家人联络、知识问答等多种有益的趣味任务以换得虚拟"大米",然后用手中的"米"币兑换真实的公益物资,当米币捐赠积累达一定额度时,这些公益物资就由企业捐给用户选择的公益项目,同时,用户还可以借助米公益平台参与公益项目的审核与项目的执行监督之中。在这个公益链中,用户做了有益的活动,企业树立了良好的企业形象并履行了一定的社会责任,而公益项目发起方也获得了慈善捐款与物资,很好地体现了共赢格局。

截至 2015 年 1 月,运行三年的新浪微公益累计发起 15704 个公益项

---

①　汶川地震发生后第二日,SOSO 利用旗下的搜吧平台帮助网民发布寻找震区失去联系的亲人和朋友的信息,随后 SOSO 推出了寻人频道,通过这个频道可以迅速搜索国内最全的寻人和灾民信息。截至 5 月 23 日,SOSO 寻人频道汇集的寻人信息超过 10 万条,平安者信息 26766 条,伤员信息 11 万条,寻人与灾民信息匹配成功的达 11415 人。

②　为帮助灾区民众顺利返度过灾后第一个春节,腾讯公益慈善基金会、腾讯网联合铁道部门推出了"手牵手,回家过年"活动。腾讯免费提供 3000 张爱心免费车票及"爱心年货"一份,给分布在武汉站、重庆站、西安站至成都的四川灾区返乡过年人员,协助他们顺利返乡。

目,累计筹集善款 2.4 亿,累计捐赠达 400 万人次。[①] 截至 2016 年 6 月,腾讯公益则累计善款 10.67 亿元,仅 2015 年一年捐赠额就突破 5 亿元大关,累计捐赠达 7000 万人次。[②] 阿里巴巴集团旗下的支付宝 E 公益平台也已累计 5.04 亿元善款,累计捐赠达 1.3 亿人次。[③] 图 12-15 也给出了 2013 年和 2014 年新浪微公益、腾讯公益、支付宝 E 公益三大在线捐赠平台和淘宝公益网店的捐赠情况。

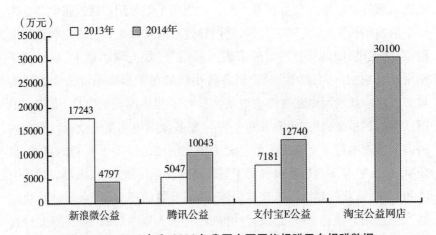

图 12-15　2013 年和 2014 年我国主要网络捐赠平台捐赠数据

资料来源:《中国慈善发展报告(2016)》,社会科学文献出版社 2016 年版,第 45 页。

　　互联网慈善之所以在近年得到巨大发展,究其原因,除了互联网技术的不断成熟和普及率不断提高这样的基础因素以外,它向公众传递的"人人皆可做慈善"的信息和较低的慈善信息披露成本可能是更为深层次的原因。互联网的快速、高效、公开和透明的特性,使其一和慈善接触,便显示出了巨大的威力。

　　当传统慈善在近年连续遭受负面事件的影响后,许多传统慈善组织

---

　　① 《微公益三周年 募款突破 2.4 亿》,新浪公益官网,见 http://gongyi.sina.com.cn/gyzx/2015-01-14/115951212.html。
　　② 腾讯公益官方网站,见 http://gongyi.qq.com/,最后访问时间 2016 年 6 月 28 日。
　　③ 支付宝 E 公益官方网站,见 https://love.alipay.com/donate/index.htm,最后访问时间 2016 年 6 月 28 日。

受到质疑,公众越来越不愿意通过这些慈善组织捐赠。相比之下,网络慈善模式则具有明显的优势,其操作便捷、捐赠门槛低、捐赠渠道和方式多元化,同时网络监督更为透明,甚至也支持网民自己发起公益项目,使其真正成为慈善的主角。这些特点都令网络慈善具有了传统慈善不具备的优势。借助互联网,参与慈善的每一个人和机构都成了去中心化网络中的节点,从而使得非组织形态的网络慈善在近年异军突起,引发新的慈善浪潮。

12.4.3 股权捐赠——企业家的慈善新方式

2014 年,马云与另一名阿里巴巴创始人蔡崇信宣布将成立个人公益信托基金的消息在国内外引发高度关注。基金来源于他们在阿里巴巴集团拥有的期权,总体规模为阿里集团总股本的 2%,按其时股价计算,捐赠金额高达 245 亿元,成为中国有史以来最大单笔捐赠。① 尽管到目前为止,直接捐赠仍然是中国企业家进行慈善活动的最主要方式,但是马、蔡二人的巨额捐赠使得人们开始对股权捐赠这一新兴捐赠方式产生了前所未有的关注。

实际上,这并不是中国企业家第一次进行这样的慈善行为。早在2005 年初,蒙牛乳业创始人牛根生宣布把所有股份红利的 51% 捐赠给"老牛基金",成为我国"股捐第一人"。随后在 2011 年,福耀玻璃集团创始人曹德旺向河仁慈善基金会捐赠价值 35.49 亿元的 3 亿股福耀玻璃股份,成为当年慈善行业的亮点新闻。2013 年海航集团将其约 20% 股权(价值约 85 亿元人民币)捐赠给海南省慈航公益基金会。再到 2014 年阿里巴巴两位创始人联合建立高达百亿元的个人公益信托基金,十年里,中国企业家的股权捐赠之路已然走过了从亿元至十亿元再至百亿元大关的康庄大道。

但是在我国进行股权捐赠的企业家在进行这种不寻常的捐赠时,都

---

① 《马云蔡崇信捐股权成立亚洲最大个人公益基金》,见 http://media.people.com.cn/n/2014/0429/c40606-24954699.html。

曾遇到过重重关碍。牛根生在 2002 年年底就产生了捐赠股权的念头,但是囿于当时没有现成的"捐股"路径可选,这一计划直至 2006 年新公司法解除了董事长股权转让限制时,牛根生的捐赠计划获得有关部门批准;曹德旺也于 2007 年就表达了捐赠股权成立基金会的想法,但按照《基金会管理条例》,非公募基金会的原始基金必须为到账货币资金,中国还没有通过股权捐赠成立非公募基金会的先例和相关法规流程,直至 2009 年,财政部出台《关于企业公益性捐赠股权有关财务问题的通知》,捐股限制被打破,他才捐赠成功,但此笔股权捐赠最大的问题不在于此,而在于其产生的 7 亿多元税负,高额的税负使得"不捐赠不纳税,巨额捐赠反而被课以巨额税款"的问题浮出水面,引起了颇多讨论。① 而阿里巴巴的两位创始人则直接将其持有的共计 5000 万普通股的期权捐给了新加坡的一家慈善组织,该期权将向马云和蔡崇信未来成立的公益信托基金转让。有学者指出,使用捐赠境外成立信托基金而后将资金转入国内进行慈善投入的方式可能是由于境内股权捐赠的税收障碍以及国内慈善事业总体模式和渠道相对单一的原因。②③ 因此,股权捐赠虽有兴起之势,但想要其成熟稳定的发展,离不开我国慈善制度的进一步完善。

12.4.4 志愿服务——时间亦是金钱

按照联合国的定义,志愿者是"自愿进行社会公共利益服务而不获取任何利益、金钱、名利的活动者"④,具体指在不为任何物质报酬的情况下,能够主动承担社会责任而不获取报酬,奉献个人时间和行动的人。而我国则将志愿者(也称志愿人员、义工、志工)定义为"不以物质报酬为目

---

① 本段部分内容参考了程芬:《从钱物到股权——"中国首善"如何捐赠?》,《中国青年报》2015 年 5 月 13 日,第 8 版。
② 《马云"公益信托"的三重门槛》,见 http://gongyi.people.com.cn/n/2014/0512/c152509-25006483.html。
③ 《中国慈善发展报告(2015)》,社会科学文献出版社 2015 年版,第 269 页。
④ 联合国志愿者组织(The United Nations Volunteers, UNV)网站,见 http://www.unv.org/en/about-us.html。

的,利用自己的时间、技能等资源,自愿为社会和他人提供服务和帮助的
人"①。可见尽管二者在措辞上有些许差别,但强调志愿者的自愿性、无
偿性和公益性却是共通的。

我国现代志愿者事业起步于新中国成立初期,其历程大致可分为四
个阶段:新中国成立至 20 世纪 80 年代初的"义务运动"期,80 年代至 90
年代初期的以社区志愿服务为主要形式的"演变和过渡"期,以 1993 年
青年志愿行动为标志直至 2008 年奥运会的成功举办的"迅速壮大"期以
及奥运会后的"较为平稳"期。② 在当下志愿者服务发展平稳,各类志愿
者登记制度不断完善的基础上,"志愿者捐赠"的概念开始出现在大众视
野之中。"志愿者捐赠"通常是指志愿者通过参与志愿服务组织开展的
服务活动,无偿捐赠的服务时间、专业技能和爱心情感等。③ 换句话说,
志愿者捐赠试图将志愿服务的付出进行量化,从而得出它的慈善价值。
这类以 2008 年北京奥运为契机而逐步壮大起来的新慈善形式是与传统
物质捐赠截然不同的,它所付出的价值主要在于志愿者的时间与技能。

国内学者将我国志愿者分为登记类和非登记类志愿者两类,并利用
"志愿者捐赠价值计量标准(Volunteering Measuring Standard)"④对我国
志愿捐赠价值进行了估算(表 12-6)。可见,我国登记类志愿者数量已趋
于稳定,但非登记类志愿者数量在不断上升,这与我国民间草根小型慈善
组织的不断涌现有一定的联系,这些组织规模小,志愿者登记制度亦不完

---

① 《中国注册志愿者管理办法》,见 http://cva. mca. gov. cn/article/zyfg/201110/
20111000187774. shtml。

② 张萍、杨祖婵:《中国志愿服务事业的发展历程》,《当代中国史研究》2013 年第 3 期,第
41—49 页。

③ 翟雁、辛华:《2015 年中国志愿者捐赠价值报告》,载《中国慈善发展报告(2016)》,社会
科学文献出版社 2016 年版,第 79 页。

④ 翟雁、辛华:《2014 年中国志愿者捐赠价值报告》,载《中国慈善发展报告(2015)》,社会
科学文献出版社 2016 年版,第 99—134 页。具体计算方法为:志愿者捐赠价值 = 当年人均国民
劳动生产率(元/小时)×志愿捐赠服务时间(小时)×参与志愿服务的人数。以 2014 年为例,按
《2014 国民经济和社会统计报告》数据,当年我国人均国民劳动生产率为 72313 元/年,按每年
250 天工作日计算(参考 UNV, *Measuring Volunteering :A Practical Tool list 2001* ,p.4),每人每小时
劳动生产率为 36. 16 元。该方法由美国霍普金斯大学公共政策研究中心在美国、加拿大等 20 多
个国家试用,目前已经被许多志愿服务研究机构采用。

善;而我国的总体志愿服务时长和由此基础上计算得出的捐赠价值则在不断增加,说明志愿捐赠在我国巨大的发展潜能。

表 12-6 2013—2015 年我国志愿者捐赠价值状况

年份	志愿者数量		志愿服务总时长	人均国民劳动生产率	捐赠价值
	登记类	非登记类			
2013	7345 万人	3000 万人	11.3 亿小时	—	113 亿元
2014	6710 万人	4200 万人	14.82 亿小时	72313 元每人/年	535.9 亿元
2015	6500 万人	5000 万人	15.59 亿小时	76978 元每人/年	600 亿元

资料来源:根据 2014—2016 年《中国志愿者捐赠价值报告》(载 2014—2016 年《中国慈善发展报告》,社会科学文献出版社)整理而成。

12.5 小 结

国民财富的不断增长和慈善意识的提升使得越来越多的人选择将自己的一部分收入或精力投入慈善领域。历经几十年的发展,我们也的确见证了现代慈善事业在中国的快速成长:慈善捐赠量的大幅上升、单笔慈善捐款的屡创新高、慈善组织的迅速增加以及各类慈善新形式的不断涌现。这些迹象都表明,中国的慈善事业正在翻开新的篇章。

当然,在这些令人欣喜的数据背后,一些亟待解决和改善的问题仍然存在。

一是慈善捐赠的总体水平不高,波动大。我国近两年慈善捐赠总量维持在 1000 亿元人民币左右,按美元兑人民币 1:6.5 的汇率折算,折合美元约 150 亿,占 GDP 比重约为 0.17%。而美国 2018 年的慈善捐赠量为 4277.1 亿美元,占其 GDP 比重约为 2.1%。[1] 英国的主要慈善资金来

---

[1] *Giving USA 2019:The Annual Report on Philanthropy for the Year 2018*,https://givingusa.org/.

源于政府,约占 55% 左右的比重①,但除去政府资金来源,英国每年的个人和企业捐赠额也高达 130 亿英镑左右②。日本在经历关东大地震后,慈善捐赠量也不断上升,2011 年的个人捐赠达一兆亿日元,仅此一项即占当年日本 GDP 的 0.2%③。与这些慈善事业发展较为成熟的国家相比,我国慈善捐赠量目前依然处在较低水平。另外,我国慈善捐赠的波动性也十分明显,尤其是在重灾年份,捐赠额往往有"跳跃式"的增长。而作为全球慈善领跑者的美国,自 21 世纪初开始,慈善捐赠占 GDP 的比重就稳定在 2% 左右。

二是慈善负面事件屡有发生,新兴慈善形式"找不到"合法身份,慈善制度亟待完善。从"郭美美事件"再到"慈善会发票门",中国的慈善经历着一次又一次来自负面新闻的拷问。这些拷问冲击着公众对于慈善组织的信任,也折射出我国包括监管制度在内的慈善总体制度的不完善。另一个能引起我们对我国当前慈善制度反思的问题是新兴慈善形式的定位。上文中我们提到中国的一些企业家已经开始尝试股权捐赠等慈善形式,但显然我国的慈善制度未能跟上实际慈善活动的步伐,使得他们在开展新慈善的道路上遇到了重重关卡。

三是慈善与政府和市场的关系不清晰,组织透明度低。与西方国家政府与慈善从一开始就是相对独立发展的情况不同,我国慈善事业的起步其实就是从政府的牵引中开始的,有相当一批慈善组织的最主要特征就是"官办",官办慈善组织往往依赖政府作为获取慈善资源的支点④,这样的历史背景使得我国的慈善一直无法与政府完全划清边界。而另一个极端则是慈善与商业和市场之间界限的模糊。"河南宋庆龄基金会放

① 黄西谊:《英国慈善及其创新》,载《中国慈善发展报告(2013)》,社会科学文献出版社 2013 年版,345 页。

② Centre For Charitable Giving And Philanthropy (CGAP) Strathclyde Business School, University of Strathclyde, http://www.cgap.org.uk/.

③ 张继元:《日本民间福祉与新公共"建设"》,载《中国慈善发展报告(2013)》,社会科学文献出版社 2013 年版,第 349—364 页。

④ 张奇林、石磊:《陷入还是自主:中国慈善组织的"结构洞"——以湖北省慈善总会为个案》,《武汉大学学报》2015 年第 4 期,第 21—27 页。

贷"一事让人们思考,慈善组织不可能也不应该完全与市场企业一样去运行,慈善与市场的界限究竟在哪里? 在慈善与政府和市场边界不清晰的状况下,公众迫切希望提升慈善组织的透明度,从而一方面倒逼慈善组织剥离其与政府和市场不该有的关联,杜绝大量慈善丑闻;另一方面让自己捐出的款物和时间能真正"物尽其用"。

13

中国流动人口
社会保障制度演变与
趋势分析

新中国成立 70 年以来,我国的经济社会高速发展,市场化、工业化、现代化进程使得劳动力在产业、区域间的流动和转移日趋活跃。人口的规模化流动已经成为中国经济社会发展的特色之一,并且将作为一种常态化的社会现象持续发展。国家卫生健康委员会发布的《中国流动人口发展报告 2018》显示:20 世纪 80 年代以来,我国流动人口数量逐年增加,1982 年我国流动人口数量为 657 万人,到 1990 年我国流动人口数量为 2135 万人,流动人口规模以年均 7% 的增长率逐年扩张。20 世纪 90 年代后,随着经济体制改革,流动人口规模以更快的速度增长,从 1990 年的 2135 万人增长到 2010 年的 2.21 亿人,年均增长率达 12%。2010 年后,我国流动人口数量增长相对缓和,年均增长率约 2%。从 2015 年开始,流动人口规模从此前的持续上升转为缓慢下降,2015 年全国流动人口数量 2.47 亿人,到 2017 年流动人口数量为 2.44 亿人,占我国人口的 17.6%。[①]

　　大规模的流动人口群体对我国经济社会的发展做出了重要的贡献,是我国工业化和城镇化建设的主力军,但受城乡二元体制和户籍制度的限制,我国流动人口大部分被排斥在社保体系之外,不能与城市居民享有同等的社会保险和社会福利待遇。随着流动人口规模的不断扩大,流动人口的社会保障逐渐成为国家和社会各界关注的焦点。本章将回顾新中国成立以来我国流动人口社会保障政策的发展历程,按我国在各个时期对流动人口的不同政策,与相应政策下我国流动人口的状况,分为七个阶段对每一时期我国针对流动人口出台的相关社会保障政策进行梳理回顾与阐述,以史为鉴,丰富我国流动人口社会保障政策研究的相关内容。

---

　　① 国家卫生健康委员会编:《中国流动人口发展报告 2018》,中国人口出版社 2018 年版,第 7 页。

13.1 关注流动人口社会保障
问题的时代意义

13.1.1 建立流动人口社会保障体现了公平与效率的制度安排

社会保障是以国家或政府为主体,依据法律通过对国民收入的再分配,在社会成员因为各种原因生活受到威胁的时候,按规定对需要帮助的社会成员提供具有保障性的物质帮助,以满足人们生存和发展需求的制度。《中华人民共和国宪法》第 45 条规定:"中华人民共和国公民在年老、疾病或者丧失劳动能力的情况下,有从国家和社会获得物质帮助的权利。国家发展为公民享受这些权利所需要的社会保险、社会救济和医疗卫生事业。"我国拥有庞大的流动人口数量,流动人口作为全体社会成员的一部分,应当享有享受社会保障的权利,这是我国社会保障公平性的要求。

流动人口是我国经济发展的重要贡献者,他们的存在对我国的经济发展有重要的意义,而社会保障作为保障劳动力再生产的重要内容,维护流动人口的社会保障可实现对流动人口的劳动力修复、促进再就业、提高供给质量、解除后顾之忧,使其能更好地投身于社会主义经济建设。因此,建立流动人口的社会保障体系,不仅是一项涉及社会公平的基础建设,而且还是一项能够提高效率的经济行为。

13.1.2 建立流动人口社会保障是我国社会保障可持续发展的内在要求

建立流动人口社会保障制度是我国社会保障制度可持续发展的内在要求,有助于扩大社会保障的覆盖面,完善我国城乡一体化社会保障体系。党的十九大报告明确提出,按照兜底线、织密网、建机制的要求,以增强公平性、适应流动性、保证可持续性为重点,全面建成覆盖全民、城乡统筹、权责清晰、保障适度、可持续的多层次社会保障体系。我国拥有如此庞大规模的流动人口,其社会保障应是现代社会保障制度的重要组成部分。关注流动人口的社会保障问题,维护流动人口的社会保障权益,既有利于劳动力的再生产与可持续发展,也有助于我国社会保障的可持续发展。

13.1.3 建立流动人口社会保障是适应我国新型城镇化和国家长远发展的需要

由于受到户籍制度的影响,以及自身人力资本、社会资本的制约,使得进到城镇的流动人口无法与城镇户籍人口享受同等公共服务与社会福利。我国的流动人口呈现出"半城镇化"状态:"就业在城市,户籍在农村;劳力在城市,家属在农村;收入在城市,积累在农村。"[①]解决这些问题的关键就在于推进以人为核心的新型城镇化,推动流动人口市民化。如果流动人口长期游离于社会保障体系之外,享受与城市居民不同的待遇,势必影响城镇化进程及其质量,更不利于国家的长远发展。因此,流动人口的社会保障是我国新型城镇化进程中必须解决的问题。

13.2 新中国成立以来年流动人口 社会保障政策的历史回顾

13.2.1 流动人口社会保障政策初步探索时期:1949—1956年

(1)1949—1956年流动人口概况

新中国成立后,我国对人口的流动未设壁垒,1949—1953年间农村

---

① 朱孔来、李俊杰:《"半城镇化"现象及解决对策》,《宏观经济管理》2012年第9期,第70—71页。

劳动力流入城市是相对自由的。1951 年 7 月 16 日，公安部颁布我国第一部户口管理条例《城市户口管理暂行条例》，其中第五条规定"凡迁入者，须于到达住地三日内，向当地公安派出所申报入户，有迁移证者，应呈缴迁移证；无迁移证者，应补交其他适当证件"。由此可看出，当时我国对于人口流动的管理是相对自由的，只需按规定进行登记，而未作出限制迁移的相关规定，但这一时期，流动人口规模较小，原因有以下三点：其一，新中国成立初期，我国城市经济还处在战后恢复阶段，城市中有大批工人失业，因此，城市对于农民的吸引力较小；其二，当时的土地改革在农村普遍进行，无地少地的贫民分得土地，可在家务农；其三，当时我国农村居民的思想还是以土地为主，普遍有着守土思想，很少有人会放弃土地选择去城市谋生。其后，随着国民经济的逐渐恢复，流动人口规模逐缓慢增长，但总量依然处在一个较低的水平（见表 13-1）。

表 13-1　20 世纪 50 年代中国城镇流动人口

年份	流入人口（万人）	流入率（%）
1949—1950	204.4	3.55
1951—1952	219.0	3.30
1953—1954	233.6	2.98
1955—1956	306.6	3.70

资料来源：辜胜阻、刘传江：《人口流动与农村城镇化战略管理》，华中科技大学出版社 2000 年版，第 201—202 页。

从 1953 年开始，我国对盲目流入城市的农村劳动力采取劝止的态度。1953 年 4 月 17 日《政务院关于劝止农民盲目流入城市的指示》中要求各县、市人民政府对盲目流入城市的农村劳动力进行耐心解释、还乡动员。但主要还是以劝止为主，没有强力限制人口流动。从 1955 年开始，政府开始有计划的制止这种行为。1955 年 6 月 9 日《国务院关于建立经常户口等级制度的指示》的发布统一了全国城乡的户口登记工作，规定全国城市、集镇、乡村都要建立户口登记制度，户口登记的统计时间为每年一次。这是我国户籍制度的发端，并在一定程度上限制了人口流动。

1956年秋季,安徽、河南、河北、江苏等省灾区和非灾区的农民、复员军人和乡、社干部盲目外流的现象相当严重,大量流出人口奔向各大城市和工业建设重点地区,各大城市对流入的人口虽已设法容纳安置,但容量有限,大量人口无法进行安置。为了防止农村人口大量外流的现象继续发展,1956年12月30日国务院颁布了《国务院关于防止农村人口盲目外流的指示》,对农村人口进入城市务工做出了严格限制。总体来看,在这一时期,我国流动人口规模较小。

（2）1949—1956年流动人口社会保险政策

1951年2月26日,《中华人民共和国劳动保险条例》（中华人民共和国政秘字134号命令）颁布,其实施范围是"雇用工人与职员人数在一百人以上的国营、公私合营、私营及合作社经营的工厂、矿场及其附属单位与业务管理机关""铁路、航运、邮电的各企业单位及附属单位"。主要规定了城市国营企业职工所享有的各项劳保待遇,包括职工病伤后的公费医疗待遇、公费休养与疗养待遇,职工退休后的养老金待遇,女职工的产假及独子保健待遇,职工伤残后的救济金待遇以及职工死亡后的丧葬、抚恤待遇等,其中并没有涉及流动人口的相关保险规定。直到1953年1月26日颁布的《中华人民共和国劳动保险条例实施细则修正草案》才涉及有关临时工、季节工及试用人员劳动保险待遇的规定,对因工负伤、死亡,因病住院、死亡、怀孕等情况做出了具体规定。

总体来看,在这一时期,我国流动人口规模较小,且户籍转换限制相对较小。因此,在这一时期,流动人口相关问题并没有受到广泛的关注,我国对流动人口的社会保障政策是相对空白的。

（3）1949—1956年流动人口社会救助与社会福利政策

新中国成立初期,城市的公共场所、街巷内都充斥着大量的难民、游民,因此,这一时期我国开展了大量的社会救助活动,且救助人口数量庞大。1953年的《第二次全国民政会议决议》中指出,"在中国人民救济会及其分会配合下,改造游民及教养贫苦无依的残老孤幼共三十六万人""对无依无靠、无法维持生活的残老、孤幼和贫民以及游民等,应根据必要和可能按其有无劳动力分别予以教养、救济或劳动改造""对流民乞丐应组织他们劳动,使之自食其力,逐渐就业"。该时期对于流动人口的社会救助,主要是针对城市流民的救济工作,且救济内容以劳动改造为主。

1949—1956 的社会福利事业主要管理机构是内务部及地方各级民政部门,内务部社会司有关社会福利工作中与流动人口相关的是"改造游民和烟民分子的工作,培养其劳动习惯和生产技能"在这一点上,内容与社会救助相一致。两者在处理游民问题上都是采取劳动改造的方式,可以说两者并无较大的差异。

13.2.2 流动人口社会保障政策探索间断时期:1957—1966 年

(1)1957—1966 年流动人口概况

随着"三大改造"和"一五"计划的完成,中国经济逐渐恢复,社会主义计划经济体制也已经建立起来,伴随着工业化而来的是从农村涌向城市的流动人口。这一时期国家对于流动人口主要以严格控制为主。1957年 12 月 13 日国务院发布《国务院关于各单位从农村中招用临时工的暂行规定》,规定"各单位一律不得私自从农村中招工和私自录用盲目流入城市的农民。农业社和农村中的机关、团体也不得私自介绍农民到城市和工矿区找工作""各单位从农村中招用临时工,必须持有当地劳动部门的介绍信,在县、乡人民委员会的指导下,与农业生产合作社协商招用;非经乡人民委员会的同意,不得招用单干农民"。这就在一定程度上控制了从农村涌向城市的流动人口数量。

1958 年 1 月 9 日全国人民代表大会常务委员会通过了《中华人民共和国户口登记条例》,规定"公民由农村迁往城市,必须持有城市劳动部门的录用证明,学校的录取证明,或者城市户口登记机关的准予迁入的证明,向常住地户口登记机关申请办理迁出手续"。第一次明确将城乡居民区分为"农业户口"和"非农业户口"两种不同户籍,形成了严格的城乡二元户籍制度,以法律形式对人口流动、户口迁移尤其是由农村迁往城市、农业人口转为非农业人口、小城镇迁往大城镇做了严格限制,基本堵住了农民自由流入城市的通道。

1959 年 2 月,《中共中央关于制止农村劳动力流动的指示》要求"各人民公社不得随便开发证明信件,转移外流人员的粮食和户口关系"。1961 年,中央《关于精简职工和减少城镇人口工作中几个问题的通知》要求,严加控制从农村、县镇向大中城市的户口迁移。1964 年 8 月《公安部关于处理户口迁移的规定(草案)》出台,对从农村前往城市、集镇和从集镇前往城市的人口进行了严格限制,使得流动人口数量进一步减少。

(2)1957—1966 年流动人口社会保险政策

随着 1958 年我国城乡二元户籍制度的建立,城镇职工与农村进入城市的务工人员已经有了身份上的差别,且这一时期我国采取严格控制的人口流动政策,控制农村人口盲目外流,限制城市单位从农村中招用临时工。这一时期在城市中工作的流动人口大多是临时工或季节工,但政府对临时工、季节工的劳动保险待遇也有没有较为明确的规定,1965 年 3 月 10 日国务院出台的《国务院关于改进对临时工的使用和管理的暂行规定》中提到"临时工的劳保待遇,暂按各地现行规定执行"。这就使得临时工适用劳动保险缺乏较为有效的政策依据,从而导致其很难享受劳动保险待遇。

(3)1957—1966 年流动人口社会救助与社会福利政策

1958—1960 年"大跃进"使得农村人口大量涌入城市,为劝阻这种农民盲目外流的行为,我国政府在各地设置了许多劝阻站,1961 年内务部发布了《内务部关于大力防止灾区农民外流和做好收容遣送安置外流农民工作的报告》,全国各地便纷纷开始了盲目外流农民的收容遣送工作,从 1959—1965 年江苏省徐州的劝阻站收容遣送的人数(见表 13-2)可看出,这一时期我国设立的劝阻站每年都要遣送大量的农村盲目外流人员。

表 13-2　1959—1965 年徐州站收容遣送人次统计

年份	1959	1960	1961	1962	1963	1964	1965
人次	127170	354596	68839	24243	87624	413843	71671

资料来源:赵入坤:《二十世纪五六十年代中国农村劳动力转移述论》,《中共党史研究》2009 年第 1 期,第 42—49 页。

在限制农村劳动力外流的同时,为了动员广大职工到外地、到祖国边远地区参加建设,1957 年国务院针对远离家乡同家属分居两地的工人、职员回家探亲的问题颁布了《国务院关于工人、职员回家探亲的假期和工资待遇的暂行规定》,国营、公私合营的企业、事业单位和国家机关、人民团体中工作地点离家较远的职工可享有探亲假与交通费用补贴的职工福利。

13.2.3 流动人口社会保障政策停滞时期:1967—1977 年

1967—1977 年间我国政治、经济上的混乱,导致人口流动也相对混乱,这一时期的人口流动基本是政治运动或者行政安排的,其一是三线建设带来的人口流动,长期以来主要是迁向东北、西北土地资源比较丰富的边疆地区的垦荒流动人口,而且规模相当可观,达数百万人;其二是城市知识青年上山下乡。

这一时期,内务部与劳动部先后于 1969 年、1979 年撤销,使得我国社会保险、社会救助、社会福利体系进入停滞状态。

13.2.4 流动人口社会保障政策进一步探索时期:1978—1990 年

(1)1978—1990 年流动人口概况

改革开放后,国家经济体制的改革、经济的发展,导致城市对劳动力需求不断增加,城乡、地区间发展差距逐渐扩大,从农村涌入城市务工的劳动力逐年增加。与此同时,以家庭联产承包责任制为主要内容的农村经济体制改革,使农业生产由集体经营转向了个体经营,极大地解放了农村劳动力。国家也实施相应的政策鼓励有能力的农村劳动力进入城镇,为城镇的发展贡献力量,1984 年 10 月 13 日国务院出台《国务院关于农民进入集镇落户问题的通知》(国发〔1984〕141 号),指出"各级人民政府应积极支持有经营能力和有技术专长的农民进入集镇经营工商业"。户籍严控制度开始松动,一大批农村劳动力流入城市之中,成为改革开放经济发展不可或缺的强劲动力。这一时期人口流动的特点主要表现在:第一,以省内流动为主,呈现出短距离的"离土不离乡"形式;第二,大部分外出打工的农民并没有放弃原有的承包土地,农忙时在家务农,农闲时出外打工;第三,规模增长快。1990年我国流动人口从1982年的657万人猛增到2135万人,迎来了爆发式的"民工潮"(见表13-3)。

表13-3 我国流动人口变动趋势(1982—1995年)

年份	1982	1987	1990	1995
人数(万)	657	1810	2135	7073

资料来源:历次全国人口普查和抽样调查数据。

(2)1978—1990年流动人口社会保险政策

改革开放后到20世纪80年代末,由于我国推动经济建设的需要,以及国家对农村人口流入城市采取相对宽松的管理政策,导致我国流动人口群体的壮大,流动人口社会保险问题越来越受到重视。我国也逐渐开始从流动人口较多的企业行业、地区探索流动人口社会保险制度。

1984年,国务院先后出台了《矿山企业实行农民轮换工制度试行条例》(国发〔1984〕88号)、《国营建筑企业招用农民合同制工人和使用农村建筑队暂行办法》(劳人计〔1984〕49号)与《交通、铁路部门装卸搬运作业实行农民轮换工制度和使用承包工试行办法》(国发〔1984〕181号)等文件,明确了农民轮换工患病、负伤、致残、死亡后的待遇,规定:"农民轮换工患病或非因公负伤,停工医疗期的医疗费和生活费待遇与固定工人相同,对因停工医疗到期尚未痊愈被辞退的,企业可以酌情发给一至二个月本人原标准工资的医疗补助费";"农民轮换工因公负伤,由企业给予免费医疗,并按月发给相当于本人原标准工资的生活费";"患矽肺病的医疗和生活待遇,按照固定工的办法处理"。这些法规基于劳动保护的角度,明确了农民轮换工发生医疗风险时的理赔待遇及保障范围。1987年,深圳市就把在企业工作的农民工纳入社会保险范畴。对于这种创新举动,深圳市进行了逐步的探索和实践。[①] 可见,这一时期,矿山、建

---

① 郑功成等:《中国农民工问题与社会保护》,人民出版社2007年版,第373页。

筑、交通、铁路等农民合同制工人较多的行业部门纷纷开始探索针对农村进入城镇务工的流动人口的社会保险。

1989 年 9 月 21 日,劳动部颁布《关于私营企业劳动管理暂行规定》(劳政字〔1989〕5 号),以私营企业为先行试点,尝试探索流动人口社会保险问题解决方案。该文件对私营企业职工的劳动报酬、保险和福利待遇做出规定,要求私营企业建立养老保险、失业保险、工伤保险等社会保险制度。但是由于过于简单,缺乏具体操作的办法而被喊停。虽然这一政策没有真正的落实,但这一规定体现出我国针对流动人口的社会保险政策的探索从流动人口较多的企业行业、地区到全国全行业的趋势。

(3)1978—1990 年流动人口社会救助与社会福利政策

1982 年 5 月我国出台了带有强制性特征的《城市流浪乞讨人员收容遣送办法》,这一政策是改革开放后以收容遣送制度为主体的城市流动人口社会救助建立的标志。相比改革开放前的对流动人口的教养、救济和劳动改造,收容遣送制度带有很强的义务性,出于维护城市社会秩序和安定团结,其所规定的救助内容只是对被救助对象的强制性遣送,而不是从被救助对象的个人需求出发的救助,尤其在这一制度实施的后期,初衷逐渐被扭曲,从农村进入城镇务工的流动人口,本应该是城镇建设的贡献者,却被当作城镇秩序的破坏者而被强制实施遣送。

改革开放后我国的社会福利逐渐开始社区化,从企业提供社会福利转为以社区为依托的社会福利服务,这是一种以地域范围为界,由城市街道办事处和居民委员会为社区内居民提供福利服务的体系。但流动人口因其工作性质的流动性,且流动人口通常居住在环境与服务设施较差的地区,所以这一时期,我国流动人口的社会福利还没有得到有效的保障。

13.2.5 流动人口社会保障政策初步建立时期:1991—1995 年

(1)1991—1995 年流动人口概况

1992 年,党的十四大召开,我国确立了建立社会主义市场经济体制的目标,沿海开放地区和大城市高速发展,就业岗位增多,为农村劳动力转移创造了机遇。国家对农民工的政策调整为"鼓励、引导和实行宏观调控下的有序流动,开始实施以就业证、卡管理为中心的农民工跨地区流动的就业制度,并对小城镇的户籍管理制度进行了改革"①。大量农村劳动力开始进城寻找工作机会,我国劳动力流动进入"离土又离乡,进城又进厂"的高潮期。到1995年我国流动人口数量增长到了7073万人,占全国总人口的5.86%(见表13-3)。5年间流动人口数量增长了3.3倍,年均增长66.3%。

(2)1991—1995年流动人口社会保险政策

20世纪90年代开始,我国开始探索建立覆盖全国全行业范围的流动人口社会保险,1991年6月6日出台的《国务院关于企业职工养老保险制度改革的决定》(国发〔1991〕33号)指出,"本决定适用于全民所有制企业。城镇集体所有制企业可以参照执行;对外商投资企业中方职工、城镇私营企业职工和个体劳动者,也要逐步建立养老保险制度。具体办法由各省、自治区、直辖市人民政府制定"。这就为流动人口社会保险的实施提供了可行的政策依据,1991年7月25日,国务院颁布《全民所有制企业招用农民合同制工人的规定》(国务院令第87号),其中指出企业招用农民工应该直接与农民工本人签订劳动合同,劳动合同的内容应当包括劳动报酬及保险福利待遇,此外该规定中还对保险福利做出具体规定:"农民工患病或非因工负伤,企业应当根据劳动合同期限长短给予三至六个月的停工医疗期,停工医疗期间的医疗待遇和病假工资与城镇合同制工人相同。停工医疗期满不能从事原工作被解除劳动合同的,由企业发给相当于本人三至六个月标准工资的医疗补助费""农民工非因工死亡的(含因病死亡),由企业发给丧葬补助费和一次性供养直系亲属救济费""农民工因工负伤,由企业给予免费医疗""农民因工死亡的,由企业按照城镇合同制工人享受的同等待遇,发给其家属丧葬补助费和供养直系亲属抚恤费""农民工患职业病的,其医疗和生活待遇,与城镇合同

---

① 李厚刚:《建国以来国家对于农村劳动力流动政策变迁》,《理论月刊》2012年第12期,第168—173页。

制工人相同""企业招用农民工,实行养老保险制度"。这一政策涉及农民合同制工人、农民工这一群体,这就为农村进入城市务工的流动人口参加社会保险提供了直接的政策依据,也是从这时期开始,农村外出务工流动人口社会保险问题得到重视,我国开始出台单独提及农村务工流动人口的社会保险相关政策。但是,这一时期我国对流动人口中可享受社会保险的对象限制在全民所有制企业中,随着经济体制的改革,全民所有制企业减少,导致能享受社会保险的流动人口越来越少,在实际实施中,享受到社会保险的流动人口数量也有限。随后,1992 年 1 月 3 日民政部发布的《县级农村社会养老保险基本方案(试行)》(民办发〔1992〕2 号)中指明,"外来劳务人员,原则上在其户口所在地参加养老保险"。这种城乡分割的社会保险管理体制,导致了在城市务工的流动人口在参加养老保险时现实操作的不便利,从而使得这种不符合流动人口需求的规定在实施中效果不理想。

这一阶段我国在发展社会保险制度体系时,基本都将流动人口涵盖在内,其中也不乏专门针对流动人口社会保险的政策规定,但由于经济体制的改革,城乡二元户籍制度,在一定程度上影响了流动人口社会保险的实施效果。

(3)1991—1995 年流动人口社会救助与社会福利政策

这一阶段我国流动人口社会救助工作依然延续之前的工作,以收容遣送制度为主体。1995 年民政部发布的《关于加强 1995 年春运期间收容遣送工作的通知》中提到,"在每年的'民工潮'中,都有一部分民工,因盲目进城务工不着,无力返乡,滞留城市靠流浪乞讨或捡破烂、偷摸谋生,影响了社会的安定。每年民政部门收容遣送这部分人就达二三十万人次"。

(4)1991—1995 年流动人口随迁子女教育政策

本部分所论述的子女教育指政府针对流动人口的随迁子女接受教育而制定的相关政策。

随着我国对人口流动限制的放宽,流动人口规模日益扩大,流动人口问题逐渐受到社会的关注,其中就包括流动人口随迁子女的教育就学问题。1992 年 3 月 14 日,教育部发布《中华人民共和国义务教育法实施细则》(国家教育委员会令第 19 号),规定"适龄儿童、少年到非户籍所在地接受义务教育的,经户籍所在地的县级教育主管部门或者乡级人民政府批准,可以按照居住地人民政府的有关规定申请借读"。这一时期主要是以借读方式来解决流动人口入学问题,而属地管理的体制也严重限制了流动人口随迁子女异地就学,借读方式无法从根本上满足规模日益庞大的随迁子女的就学需求。

13.2.6 流动人口社会保障进一步发展时期:1996—2005 年

(1)1996—2005 年流动人口概况

这一阶段我国对人口流动采取相对宽松的管理政策,对人口的流动没有过多的限制,基本处在自由流动状态。特别是 21 世纪后,中国加入世界贸易组织,进入社会发展和经济建设的新时期,城镇化进程明显加快,流动人口数量也稳步增加。

1997 年,国务院批转公安部《小城镇户籍管理制度改革试点方案和关于完善农村户籍制度的意见》,允许在县城、集镇就业,居住符合一定条件的农村人口办理城镇常住户口以促进剩余劳动力就近、有序的向小城镇转移。2001 年 3 月,全国人大通过《中华人民共和国国民经济和社会发展第十个五年计划纲要》,强调要打破城乡分割体制,逐步建立新型城乡关系,改革城镇户籍制度,推动城乡劳动力市场逐步一体化,取消对农村劳动力进入城镇就业、定居的不合理限制。2001 年 3 月,国务院颁布《关于推进小城镇户籍管理制度改革的意见》,取消对农民进城就业的各种不合理限制,积极推进就业、保障、户籍、教育、住房、小城镇建设等多方面的配套改革。2002 年 1 月,《中共中央、国务院关于做好 2002 年农业和农村工作的意见》提出了对农民工"公平对待,合理引导,完善管理,搞好服务"的十六字方针。从这一时期国家出台的相关文件中可以看出,我国不仅在鼓励劳动力的自由、公平流动,也从各方面加强对流动人口的社会保护。这一时期的流动人口转移就业呈现出"离乡又跨省"的新特点。从 1995 年到 2005 年我国流动人口从 7073 万人增长到 14735 万人,10 年间流动人口规模增长了一倍。2005 年我国流动人口占总人口的 11.27%。

(2)1996—2005 年流动人口社会保险政策

从 1996 年开始,我国陆续出台适用于城镇所有企业职工的工伤、养老、失业等社会保险,此外还在有关规定中专门提出针对农民合同制工人的实施办法,这都在制度层面上提供了农村进城务工流动人口社会保险的实施依据。

1996 年 10 月 1 日实施的《企业职工工伤保险试行办法》(劳部发〔1996〕266 号)规定,"中华人民共和国境内的企业及其职工必须遵照本办法的规定执行"。这条规定中虽然只是较为笼统的指出适用范围是"境内的企业及其职工",没有具体对其做范围的界定,但根据当时的实施情况可看出,这一制度的适用范围包括非固定、非合同制的农民工。1997 年 7 月 16 日出台的《关于建立统一的企业职工基本养老保险制度的决定》(国发〔1997〕26 号)中提到"进一步扩大养老保险的覆盖范围,基本养老保险制度要逐步扩大到城镇所有企业及其职工。城镇个体劳动者也要逐步实行基本养老保险制度"。这两项规定都在制度法律层面上将流动人口涵盖在社会保险参保范围内。

随后出台的一系列社会保险政策都单独提到农民合同制工人、城镇异地就业的职工和跨统筹地区流动的人员的适用规定。1999 年 1 月 22 日国务院颁布的《失业保险条例》(国务院令第 258 号)规定,"城镇企业事业单位招用的农民合同制工人本人不缴纳失业保险费。单位招用的农民合同制工人连续工作满 1 年,本单位并已缴纳失业保险费,劳动合同期满未续订或者提前解除劳动合同的,由社会保险经办机构根据其工作时间长短,对其支付一次性生活补助"。1999 年 8 月 7 日发布的《国务院办公厅转发劳动保障部等部门关于做好提高三条社会保障线水平等有关工作意见的通知》(国办发〔1999〕69 号)中对农民合同制工人失业保险金的发放做出规定:"对合同期满未续订或提前解除劳动合同的农民合同制工人所支付的一次性生活补助标准,各地可根据实际情况进行调整"。

1999年3月20日实施的《关于贯彻两个条例扩大社会保险覆盖范围加强基金征缴工作的通知》(劳社部发〔1999〕10号)指出,"城镇异地就业的职工和农民合同制职工参加单位所在地的社会保险,社会保险经办机构为职工建立基本养老保险个人账户和基本医疗保险个人账户。城镇异地就业的职工在缴费单位所在地按规定享受社会保险待遇。农民合同制职工在终止或解除劳动合同后,社会保险经办机构可以将基本养老保险和基本医疗保险个人账户储存额及失业保险生活补助一次性发给本人"。2001年12月22日实施的《关于完善城镇职工基本养老保险政策有关问题的通知》(劳社部发〔2001〕20号)中提出,"跨统筹地区流动的人员,都应按规定继续参加养老保险并按时足额缴费""参加养老保险的农民合同制职工,在与企业终止或解除劳动关系后,由社会保险经办机构保留其养老保险关系,保管其个人账户并计息,凡重新就业的,应接续或转移养老保险关系;也可按照省级政府的规定,根据农民合同制职工本人申请,将其个人账户个人缴费部分一次性支付给本人,同时终止养老保险关系,凡重新就业的,应重新参加养老保险"。2003年1月5日发布的《国务院办公厅关于做好农民进城务工就业管理和服务工作的通知》(国办发〔2003〕1号)指出要做好将农民工纳入工伤保险范围的工作;发生生产安全事故要严格追究事故责任人的法律责任,并保证在事故中受到损害的农民工依法享有各项工伤保险待遇;有条件的地方可探索农民工参加医疗保险等具体办法,帮助他们解决务工就业期间的医疗等特殊困难。2003年3月20日颁布的《劳动和社会保障部办公厅关于农民工适用劳动法律有关问题的复函》指出,凡与用人单位建立劳动关系的农民工(包括农民轮换工)"发生工伤事故的,应适用《企业职工工伤保险试行办法》(劳部发〔1996〕266号)"。

1996—2005年这一时期流动人口社会保险呈现出初步建立的趋势,流动人口规模的扩大、问题的显现,使得各地政府在积极探索出台适用于流动人口社会保险的政策。例如工伤保险,据统计,截至2006年,全国22个省、5个自治区和4个直辖市都相继出台了普遍用于农民工的《工伤保险条例》的相关实施办法、意见或规定①。从这一时期连续出台的一系列直接提及流动人口社会保险的政策中可以看出，流动人口社会保险不仅是这一群体自身的迫切需求，也是中央与地方各级政府重视、努力解决的问题。

（3）1996—2005 年流动人口社会救助与社会福利政策

1997 年 11 月 25 日国务院办公厅转发劳动部等部门《关于进一步做好组织民工有序流动工作的意见》（国办发〔1997〕42 号）提出，"民政部门要切实做好救灾救济工作和对流浪乞讨人员的收容遣送工作"。这一制度的出发点是维护和稳定城市秩序，但是，随着政策在实施过程中的扭曲，逐渐将城市中流动务工的农民工也纳入收容遣送的范围中。1999 年 1 月 22 日国务院办公厅《关于切实做好春运期间组织民工有序流动和灾区农村劳动力就地安置工作的紧急通知》（国办发明电〔1999〕2 号）中提到，"要耐心细致地做好盲目外出民工的劝阻、劝返和收容遣送工作"，但这一制度在具体实施过程中，由于我国政府将进城务工的农民视为"盲流"，认为他们的存在不利于城市社会治安的维护，导致本应是对流浪乞讨人员的社会救助变成了一种行政管制。

直到 2003 年 1 月 5 日，国务院办公厅发布《国务院办公厅关于做好农民进城务工就业管理和服务工作的通知》（国办发〔2003〕1 号），提到"不得将遣送对象范围扩大到农民工，更不得对农民工强制遣送和随意拘留审查"。同年 8 月 1 日颁布并实施的《城市生活无着的流浪乞讨人员救助管理办法》（国务院令第 381 号），将强制性的收容遣送转变为关爱性的救助管理，才回归我国对城市流动人口社会救助的初心。

（4）1996—2005 年流动人口随迁子女教育政策

1996 年以前，我国都没有将流动人口随迁子女教育问题的解决提高到国家政策层面上，但随着流动人口规模的壮大，全社会所普遍关注的流动人口问题，这其中就包括流动人口随迁子女的教育问题，而教育问题又

---

① 唐鸣、陈荣卓：《农民工参加工伤保险亟待解决的几个问题—兼析省级实施〈工伤保险条例〉办法中的相关规定》，《华中师范大学学报（人文社会科学版）》2006 年第 6 期，第 2—9 页。

关乎国家未来的经济发展,因此,从这一阶段开始,我国陆续出台和流动人口随迁子女教育、就学相关的政策。1996 年 4 月 2 日与 1998 年 3 月 2 日,国家教育委员会先后印发了《城镇流动人口中适龄儿童、少年就学办法(试行)》与《流动儿童少年就学暂行办法》(教基〔1998〕2 号),这两项政策都规定了流动人口随迁子女应以流入地为主,按流入地人民政府规定,保障流动儿童接受义务教育。这一阶段,国家出台了相应政策保障流动人口随迁子女接受教育的权利,在一定程度上打破了流动人口子女以户籍地政府为主接受教育的壁垒。从实际实施效果看,1994 年与 1997 年北京市流动儿童、少年失学比例从 62.5% 下降到 30%[①],可看出这些政策效果是较为有效的,但从全国范围来看,这些政策都相对笼统,没有出台具体的操作规定,在具体实施过程中很多地方都没有将政策落到实处,且各地具体规定又有所不同,导致各地实施效果差距较大。到 1997 年,我国北京、上海以及广州等流动人口较多的城市中基本上还有 30%—40% 的流动儿童、少年处在失学状态。[②] 2000 年进行的第五次全国人口普查数据表明,流动儿童少年的失学率达到 4.8%,高于全国儿童(包括农村地区儿童)的相应比例(3.3%)。流动儿童不能适龄入学表现得尤为突出,46% 的 6 周岁儿童没有入学接受教育,较高比例的流动儿童少年不能完整地接受义务教育,15.4% 的流动儿童少年离开了学校。[③]

随后,随着对流动人口相关问题认识的不断深入,我国政府也越来越重视流动人口随迁子女的教育问题,并将其提到了新的高度。2001 年 5 月 29 日,国务院发布了《国务院关于基础教育改革与发展的决定》(国发〔2001〕21 号),提出"要重视解决流动人口子女接受义务教育问题,以流入地区政府管理为主,以全日制公办中小学为主,采取多种形式,依法保障流动人口子女接受义务教育的权利"。该文件的出台标志着"以流入地为主"和"以公办学校为主"的"两为主"政策的确立。紧接着,越来越多的流动人口随迁子女教育政策相继出台,这一时期"解决流动人口子

---

① 段成荣、梁洪等:《我国流动儿童状况》,《人口研究》2004 年第 1 期,第 53—59 页。

② 段成荣、梁洪等:《我国流动儿童状况》,《人口研究》2004 年第 1 期,第 53—59 页。

③ 段成荣、梁洪等:《我国流动儿童状况》,《人口研究》2004 年第 1 期,第 53—59 页。

女义务教育问题的各种政策的密度之大,范围之广,程度之深,内容之详都是前所未有的"①。2003 年 1 月 5 日实施的《国务院办公厅关于做好农民进城务工就业管理和服务工作的通知》(国办发〔2003〕1 号)提出要"多渠道安排农民工子女就学""流入地政府应采取多种形式,接收农民工子女在当地的全日制公办中小学入学,在入学条件等方面与当地学生一视同仁,不得违反国家规定乱收费,对家庭经济困难的学生要酌情减免费用"。2003 年 9 月 13 日教育部、中央编办、公安部、发展改革委、财政部、劳动保障部发布的《关于进一步做好进城务工就业农民子女义务教育工作的意见》(国发〔2003〕78 号)中对于做好进城务工就业农民子女义务教育工作有关问题全方位提出意见,表明了国家各部门对进城务工就业农民子女教育问题的重视,2005 年政府工作报告中也提出"认真解决好进城务工农民子女上学的问题"。

这一时期以 2001 年为界,2001 年后,我国在不断修改、完善流动人口随迁子女的教育、入学政策。这些政策与 2001 年之前的政策相比,更加具体,实施细则的可操作性更大,效果随着政策的完善逐渐增强,政策也朝着更加科学、有效的方向发展。

13.2.7 流动人口社会保障政策全面发展时期:2006 年至今

(1)2006 年至今流动人口概况

2006 年以后,随着国家对人口流动限制的减少,以及对流动人口社会保护的增强,越来越多的农村劳动力前往城市寻找就业机会,到 2010 年,我国流动人口为 2.21 亿人,在这之后,随着我国经济发展进入新常态,经济发展速度保持在一个稳定的区间,我国流动人口数量也保持在稳定的区间。虽然流动人口增长速度放缓,但这一群体发展到今天,其基数是十分庞大的,我国也仍在不断建立、完善流动人口社会保障政策。

---

① 杜越、汪利兵、周培植:《城市流动人口子女的基础教育》,浙江大学出版社 2004 年版,第 115 页。

（2）2006年至今流动人口社会保险政策

2006年1月31日发布的《国务院关于解决农民工问题的若干意见》（国发〔2006〕5号）标志着我国开始全面重视农村进城务工流动人口相关问题，在社会保障方面，其中提出"积极稳妥地解决农民工社会保障问题""高度重视农民工社会保障工作。根据农民工最紧迫的社会保障需求，坚持分类指导、稳步推进，优先解决工伤保险和大病医疗保障问题，逐步解决养老保障问题。农民工的社会保障，要适应流动性大的特点，保险关系和待遇能够转移接续，使农民工在流动就业中的社会保障权益不受损害"。同年5月16日实施的《劳动和社会保障部办公厅关于开展农民工参加医疗保险专项扩面行动的通知》（劳社厅发〔2006〕11号）中提到，"全面推进农民工参加医疗保险工作，争取2006年年底农民工参加医疗保险的人数突破2000万人""争取2008年年底将与城镇用人单位建立劳动关系的农民工基本纳入医疗保险"。2007—2011年连续5年国家发展和改革委员会在报告中都提到了要推动解决农民工参加社会保险的问题。但这些文件中都没有提出流动人口社会保险的具体实施细则，而我国城乡二元的社会保险制度使得流动人口在跨区域流动就业中很难保证其自身参保的持续性。

直到2010年1月1日起实施的《城镇企业职工基本养老保险关系转移接续暂行办法》（国办发〔2009〕66号），明确了参保流动人员跨省份就业转移基本养老保险关系的具体操作细则，确保了流动人口养老保险关系可在跨地区就业时随同转移，在制度层面上保障流动人口参加养老保险的权益，这一政策的颁布基本解决了便携性损失、覆盖面狭小、制度碎片化三个问题，是深化制度改革的标志性件事件。[①] 同年7月1日实施的《流动就业人员基本医疗保障关系转移接续暂行办法》不仅为我国实行的城镇职工基本医疗保险、城镇居民基本医疗保险、新型农村合作医疗三种医疗保障制度提供了关系转移办法，同时也为城乡各类流动就业人员参加

---

① 郑秉文：《养老保险新政后的深度思考》，《中国人力资源社会保障》2010年第3期，第16—17页。

医保提供了政策保障,确保了流动人口参加医保、享受医保待遇的权利。此后我国各地逐步建立起的"医保异地结算"也为流动人口享受医保服务提供了制度保障,截至 2014 年,全国已有 27 个省份建立了省内异地就医结算平台,其中,80%的省份基本上实现了省内异地就医直接结算①。

(3)2006 年至今流动人口社会救助与社会福利政策

2003 年 6 月 20 日,国务院颁布了《城市生活无着的流浪乞讨人员救助管理办法》,同时废除了 1982 年国务院发布的《城市流浪乞讨人员收容遣送办法》,这是一项针对城市流动人口而设立的社会救助制度,将进城务工的流动人口视为流浪乞讨人员而进行收容遣送的行为从此消失。

2014 年 2 月 21 日发布了《社会救助暂行办法》(国务院令第 649 号),在最低生活保障、医疗救助、教育救助、住房救助、就业救助、临时救助等方面提供了兜底保障。但大部分仍然以户籍划定救助对象,这就使得人户分离的流动人口很难享受到救助。因此,我国目前对流动人口的社会救助相关的政策还不够健全,流动人口的社会救助依然是我们需要关切的问题。

(4)2006 年至今流动人口随迁子女教育政策

2006 年 1 月 31 日发布了《国务院关于解决农民工问题的若干意见》(国发〔2006〕5 号),第二十一条规定:"保障农民工子女平等接受义务教育。输入地政府要承担起农民工随迁子女义务教育的责任,将农民工子女义务教育纳入当地教育发展规划,列入教育经费预算,以全日制公办中小学为主接收农民工子女入学,并按照实际在校人数拨付学校公用经费。城市公办学校对农民工子女接受义务教育要与当地学生在收费、管理等方面同等对待,不得违反国家规定向农民工子女加收借读费及其他任何费用。输入地政府对委托承担农民工子女义务教育的民办学校,要在办学经费、师资培训等方面给予支持和指导,以提高其办学质量。输出地政府要解决好农民工托留在农村子女的教育问题。"随着"两为主"的流动

---

① 李元霞、赵磊、张东航、王建国:《我国异地就医结算问题分析》,《中国卫生经济》2016 年第 35 期,第 28—30 页。

人口随迁子女教育政策的实施,到 2012 年农民工随迁子女进入公办学校就读的比例达到 80.2%。[①] 此后,2014 年我国又提出了"两纳入"的政策方针——"将农民工随迁子女义务教育纳入各级政府教育发展规划和财政保障范畴",之后这一政策得到强化,2015 年教育部提出"将常住人口纳入区域教育发展规划,将随迁子女教育纳入财政保障范围。"至此,我国针对流动人口随迁子女教育问题的"两为主,两纳入"方针形成。此外,2014 年 9 月 12 日,国务院发布的《国务院关于进一步做好为农民工服务工作的意见》(国发〔2014〕40 号)中不仅提到要保障农民工随迁子女接受义务教育的权利,同时也指出学前教育、异地升学等权利都要得到保障。到2015 年我国已有 30 个省份实施了流动人口随迁子女异地高考制度。

目前,我国针对流动人口随迁子女的教育的政策方针是"两为主,两纳入",且各地政府对于流动人口随迁子女的教育问题,从学前教育到义务教育、异地升学、财政补贴等方面都制定了相关的政策。据财政部数据显示,我国对农民工随迁子女的就学补助资金从 2008 年的 57.7 亿元增长到 2012 年的 82 亿元(见表 13-4);进城务工人员子女接受教育人数从2009 年的 880 万人增长到 2017 年内的 1400 万人(见表 13-5),这表明我国在处理流动人口随迁子女教育问题上效果显著,到 2017 年,全国共有义务教育阶段随迁子女 1406.6 万人,比上年增加 11.9 万人,其中 80% 进入公办学校就读,另有 7.5% 享受政府购买民办学校学位服务,并全部纳入生均公用经费和"两免一补"补助范围。[②]

表 13-4 农民工随迁子女的就学补助资金

年份	2008	2009	2011	2012
金额(亿元)	57.7	51.7	77	82

资料来源:财政部网站,http://www.gov.cn/gzdt/2013-06/05/content_2419545.htm。

---

① 国务院《关于城镇化建设工作情况的报告》,2013 年 6 月 26 日。
② 国务院《关于推动城乡义务教育一体化发展提高农村义务教育水平工作情况的报告》,2018 年 8 月 28 日。见 http://www.moe.gov.cn/jyb_xwfb/moe_176/201808/t20180828_346404.html。

表 13-5　进城务工人员子女接受教育人数

年份	2009	2011	2012	2013	2017
人数(万)	880	1167	1260	1394	1400

资料来源:根据财政部网站公开数据整理。

（5）2006 年至今流动人口住房保障政策

在 2006 年以前,我国的城市住房保障政策基本没有考虑流动人口的利益。受户口的限制,流动人口理论上被排除在公房租售和购买经济适用房之外,也无法获得土地自建房屋。[①] 2006 年以后,社会愈发关注流动人口住房保障问题,我国也在制度层面上逐渐探索流动人口住房保障政策,保障流动人口享有租住公租房与购买经济适用房的权益,将流动人口纳入到住房公积金制度中。2007 年 7 月 25 日印发的《关于改善农民工居住条件的指导意见》(建住房〔2007〕276 号)中提出,"用工单位可以采取无偿提供、廉价租赁等方式向农民工提供居住场所","农民工自行安排居住场所的,用工单位应当给予一定的住房租金补助"。2011 年发布的"十二五"规划中指出,"多渠道多形式改善农民工居住条件,鼓励采取多种方式将符合条件的农民工纳入城镇住房保障体系""以低于市场租金向城镇中等偏下收入住房困难家庭、新就业职工、新就业大学生和符合条件的外来务工人员出租的具有保障性质的住房"。2016 年与 2018 年中央提出要把"有能力有意愿的个体工商户和农民工逐步纳入住房公积金体制"[②]、"将外来务工人员纳入公共租赁住房保障范围"[③]。

（6）2006 年至今流动人口积分入户政策

积分入户是指各地政府根据当地实际情况而设定,在本行政辖区内工作的非本地户籍人员,在办理居住证、缴纳一定数额年限的社会保

---

① 蒋耒文、庞丽华、张志明:《中国城镇流动人口的住房状况研究》,《人口研究》2005 年第 4 期,第 16—27 页。

② 《第十二届全国人民代表大会第五次会议关于 2016 年国民经济和社会发展计划执行情况与 2017 年国民经济和社会发展计划的决议》,2017 年 3 月 15 日。

③ 《第十三届全国人民代表大会第一次会议关于 2017 年国民经济和社会发展计划执行情况与 2018 年国民经济和社会发展计划的决议》,2018 年 3 月 20 日。

险后可按政策要求申请积分入户,具体流程是按照流入地政府制定的相关指标,对申请人进行评分,达到一定的分数后,政府将符合分数要求的人员进行排序,按每年的入户名额数量,从高到低获得入户名额。

我国流动人口积分入户政策始创于 2009 年广东中山的流动人口居住证积分制,这一创举为实现流动人口市民化提供了一条有效的政策途径,之后上海、天津等地也逐渐开始建立流动人口积分入户政策。但是,传统的城乡分割的户籍制度大大弱化了积分入户的实施效果,全国实行积分入户政策的地区较少,且各地区制定的指标较高,能够入户的流动人口数量有限。直到 2014 年 7 月 30 日《国务院关于进一步推进户籍制度改革的意见》(国发〔2014〕25 号)提到"合理引导农业人口有序向城镇转移,有序推进农业转移人口市民化"。以及 2016 年 7 月 24 日年实施的《居住证暂行条例》(国发〔2014〕25 号)指出"可结合本地实际,建立积分落户制度"。这标志着各地近年来探索的流动人口积分入户制度,从地方提高到国家层面,目前全国共有 15 个城市(省份)出台了流动人口积分入户政策,随着经济的发展,城镇化进程的不断加快,将会有更多的地区出台流动人口积分入户政策,推动流动人口市民化。

整体来看,新中国成立后,流动人口变动状况可分为两个时期:第一个时期是改革开放以前,这一时期我国流动人口规模较小,且在 1958 年建立的我国城乡二元体制的户籍制度与这一时期计划经济体制下的限制农村生产要素自由流动的人民公社制度,基本使得农村劳动力难以自由流动。这种对人口自由流动的限制,使得流动人口规模较小,流动人口社会保障制度也没有足够的发展契机。第二个时期是改革开放后,随着中国农业生产劳动科技含量的不断提高,工业化、城镇化发展的强烈需求,流入城市务工的农村劳动力逐年增加,流动人口群体规模逐渐增大,逐渐成为我国社会主义现代化建设中不可或缺的重要力量。这一群体规模的壮大也同时在推动着与其自身利益密切相关的社会保障政策快速发展。

13.3　新中国成立以来流动人口社会保障存在的问题

13.3.1　流动人口社会保险参保率不高

流动人口的社会保险总体参与水平不高。以医疗保险为例,2017 年的流动人口动态监测调查数据显示:截至 2017 年年底,仍有 7.31% 的流动人口没有参加任何形式的医疗保险,而在流入地参加城镇职工医疗保险的流动人口比例不足 15%。[①] 造成流动人口社会保险参保率不高的原因主要有三点。

一、政府角度

首先,政府对流动人口社会保障知识的宣传工作并不到位。调查中,我们发现很多流动人口并不了解自己能够享有的社会保障权益,他们对如何参保、能在哪里参保、在哪里参保更好、能享受哪些福利保障待遇并不知晓,这严重影响了流动人口的社会保险参保积极性。其次,政府保护流动人口社会保障权益的监督管理工作仍然缺乏力度。出于各方面利益的权衡,许多地方政府在面对用人单位未与劳动者签订劳动合同等违法行为时,仍然缺乏严格监管,执法力度不严,并没有真正维护流动人口的社会保障合法权益。

二、企业角度

在市场经济条件下,企业以追求利润最大化为目标。尽可能降低包括劳动力成本在内的生产要素的价格是实现企业利润的主要方式。毫无疑问,企业一般不会愿意主动为流动人口缴纳社会保险,特别是在流动人

---

① 国家卫生健康委员会:《2017 流动人口动态监测调查》,见 http://www.chinaldrk.org.cn/wjw/#/data/classify/exist。

口集中、用工量较大的服务业、建筑施工业、住宿餐饮业等劳动力密集型产业,企业看重的正是流动人口的低成本。加之大量流动人口和用人单位的劳动关系并不正规,因此出于追逐利润的考虑,企业往往会以各种方式瞒报、虚报或者漏报企业员工数量,以损害流动人口社会保障的方式来降低成本。同时,国家相关执法部门对企业用工情况及社会保险参保率的检查和核查上的疏漏,也对企业忽视流动人口社会保障权益起到推波助澜的作用。

三、流动人口个人角度

整体而言,虽然近年来流动人口的受教育水平较之前有了很大的提高,但相对于城镇就业人口的平均受教育水平而言,仍然较低。对于流动人口而言,来到城镇工作,增加经济收入、改善生活条件是他们面临的首要问题,大部分人更看中的是即期收入和自由可支配资金的多少,现实的各种生活困境使其无暇考虑到未来和潜在的生活风险。因此,许多流动人口对社会保险缺乏认知,不能正确认识到社会保险对其工作、生活的风险防范作用,也导致许多流动人口的参保意识淡薄。

13.3.2　流动人口社会保障权益未充分实现

我国流动人口社会保障权益实现不充分。长期以来,我国的户籍制度是根据地域和家庭成员关系将户口划分为农业户口和非农业户口。我国的社会保障制度因受户籍制度的影响也呈现出城乡分离的特点,这严重阻碍了来自农村的流动人口社会保障权益的实现。流动人口在社会救助、社会福利、公共服务等社会权力方面受到的限制比较多。比如《城市最低生活保障条例》中明确规定,享有城市救济权的主体必须是"持有非农业户口的城市居民",但流入城市的流动人口多为农业户口,所以被排除在城市低保之外。向城市流动的农村劳动力很难加入城镇社会保障体系中去,跨省份流动人口也很难在经济较为发达的地区缴纳社会保障基金,他们往往只能在流出地缴纳,在流入地生活,较低的社会保障水平难以满足所在地较高的生活水平需求,这也不利于流动人口社会保障权益的充分实现。

13.3.3　流动人口社会保险转移接续困难、社会保障待遇不均

由于当前各地区经济发展水平差异大,流动人口地区分布差异大,社会保障参与程度也参差不齐,且各地社会保障具体保障项目的给付标准、待遇水平不一致,因此现行的养老保险、医疗保险等社会保障政策存在明显的地域差别现象,不同地区之间的政策规定、标准等都存在差异。同时,各地区间社会保险关系转移续接手续繁琐复杂,尤其是跨统筹地区的转移接续政策异常混乱,或者相互推诿、无人受理,这导致流动人口在跨地区流动时,很难实现社会保险的转移接续,并导致流动人口的社会保障权益因此而丧失。

流动人口最大的特点是流动性。目前,我国针对流动人口社会保险关系转移接续正式出台的相关政策只有《城镇企业职工基本养老保险关系转移接续暂行办法》,但鉴于上述各地区之间存在的地域差别问题,流动人口的社会保险关系转移接续在实际操作中较为困难,这就导致流动人口社会保障权益的难以维系与兑现,也同时影响了流动人口在务工地参加医疗、养老等社会保险项目的个人意愿。①

13.3.4　流动人口社会保障政策有待进一步健全

一、制度有待进一步完善

我国流动人口社会保障政策从改革开放前的几乎空白状态,到改革开放后一步步地探索、完善,流动人口的社会保障权益保护得到了长足发展。但是,流动人口社会保障政策在有些方面依然有缺失。譬如,不少劳动力流入较多的地区还未出台流动人口落户管理的政策规章,部分省份也未出台流动人口随迁子女异地高考的相关政策。在这些制度空白地区,涉及流动人口的社会保障政策还有待进一步建立健全。此外,在已经

① 郑秉文:《改革开放30年中国流动人口社会保障的发展与挑战》,《中国人口科学》2008年第5期,第2—17页。

受到各地政府关注的保障项目中,其中大多还只是政府相关文件中的指导性意见,导致这些政策不能真正落实,只停留在呼吁层面。

二、制度缺乏可操作性

在制度的可操作性上,尽管不少地区都在积极尝试出台涉及流动人口权益保障的相关政策,但这些政策有的太过于复杂繁琐,实际操作中可行性不高,比如流动人口随迁子女异地高考政策,有些地区要求过高,过高的门槛将一部分人拒之门外,导致其权益的损失;一些地方的积分入户政策也因为有人数的严格限制,使得流动人口市民化的推进依然缓慢。这些政策的繁琐、高门槛等问题,不仅在个人意识层面上阻碍了流动人口积极享有保障权益的意愿,也在现实层面上使得各项政策难以落实与缺乏可操作性,使其未能实现权益保障与维护的政策初衷。

三、政策制定存在偏向性

传统计划经济体制下,城乡二元户籍制度长期存在,这不仅影响了城乡之间的均衡发展,也导致许多政策在制定过程中带有明显的城乡二元化色彩。比如,目前许多地区的公租房与经济适用房购买政策都以购买者本人拥有本地户口为门槛条件,这一政策的本意是保护本地区居民的住房保障权益,但同时也导致了流动人口在务工城市购买保障性住房的现实困难。2011 年数据显示,通过购买政策性保障房解决住房问题的流动人口仅占总流动人口的 0.2%;通过政府提供的廉租房来解决住房问题的流动人口仅占总流动人口的 0.5%。[①]

此外,我国各地出台的社会保障政策还是以保障行政区范围内与各用人单位建立正式劳动合同的雇员,而大部分流动人口则因为未与用人单位签订正规的劳动合同或是以临时工的身份就业,相关权益无法得到有效的法律保护,一旦发生工伤、疾病等风险,对流动人口及其家庭的影响是极为深远的。

---

① 　国家人口和计划生育委员会流动人口服务管理司:《中国流动人口发展报告 2011》,人口出版社 2001 年版,第 76 页。

13.4 中国流动人口社会保障
发展趋势展望

13.4.1 健全流动人口社会保障制度

一、完善流动人口社会保障政策的法治建设

在构建流动人口社会保障体系时,应健全完善相关法律法规,使其更加科学化、民主化、系统化、整体化、可操作化,切实保障流动人口社会保障权益,让流动人口的社会保障在运行中有法可依。明确政府相关部门在流动人口社会保障相关问题上的权力与责任,划分、界定清晰各部门的责任范围,明确要求各部门在权责范围内准确地实施政策、保障流动人口社会保障权益,有效避免各有关部门在面对相关问题时互相推诿。

二、增强流动人口社会保障政策的可操作性、实用性

流动人口社会保障相关政策在制定过程中,应该从流动人口最迫切的需求入手,制定真正能够普惠广大流动人口群体的政策,从现实需求上保障流动人口的社会保障权益,使可操作性高、符合自身利益、切实可行、实施便捷的政策能够提高流动人口参与社会保障的个人意愿,让流动人口主观意愿上更加积极地维护并享受自身的社会保障权益。具体而言:合理制定社会保险缴费年限与领取条件;降低社会保险费率,使其控制在流动人口群体可承受的范围内;适当降低积分入户的限制,增加每年可入户的人数;简化社会保险转移接续的手续,实现全国范围内的社会保险转移接续;推出可供流动人口租赁公租房与购买经适房的政策;降低流动人口随迁子女入学、升学限制;等等。

三、提高流动人口社会保障政策的公平性、统一性

将流动人口纳入全国统一的社会保障体系中,建立公平统一、均等的社会保障体系,在统一的标准与管理中,明确政府、用人单位与劳动者三方的权利与义务,协调并明确中央与地方,以及城乡、流入地与流出地之间的利益与权责划分,使中央与地方在政策制定的价值理念上得到统一,从而保障政策在目标与实施中达成一致;破除社会保障城乡二元化制度,实现社会保障城乡统一,把流动人口纳入城乡统一的社会保障体系中;改革城乡二元户籍制度,使得权益的实现不以户籍为首要条件,促进流动人口的市民化,切实保障流动人口能够公平统一的享有公民权益,维护社会公平、促进社会和谐。

13.4.2　健全社会保险地区统筹制度和转移接续工作,促进社会保险待遇均等化

健全社会保险地区统筹制度,并做好跨统筹地区、跨制度社会保险关系的转移接续工作,努力促进社会保险待遇均等化。扩大全国社会保险的统筹范围,保障社会统筹部分在全社会范围内合理流动,劳动力资源在全社会自由流动。逐步整合现有的不同社保制度,建立统一的居民社会保险制度,提高流动人口社会保障水平。

13.4.3　提高政府监管水平,加强用人单位和流动人口社会保障意识,解决流动人口社会保障参保问题

在政府层面,要监督好各权责之内的政府部门,是否积极有效地推行了惠及流动人口社会保障权益的政策;是否将符合条件的流动人口都纳入保障范围内,以此作为有效的政策执行效果评估机制,确保政策切实有效的实施,并真正的惠及流动人口群体。政府相关部门要坚持监管用人单位劳动用工行为,规范劳动关系,强化用人单位责任,保证流动人口与城镇居民同工统筹,要求用人单位按规定为流动人口缴纳社会保险。在用人单位层面,要监督各用人单位,尤其是流动人口较多从事的行业(制造业、建筑业、餐饮、批发与零售业)与雇主类型(个体工商户和私营企业),加强劳动保障管理部门对此类用人单位中流动人口用工规范的监督,加强宣传,保障其签订合法的劳动合同、规范用工,按政策要求为雇员

缴纳社会保险,做到有法必依、违法必究,保障流动人口的社会保障权益,提高流动人口的社会保险参保率。在流动人口层面,要在流动人口群体中加大参保宣传,创新宣传措施,提高流动人口对参保的重视程度。

13.4.4　打破城乡二元户籍制度,提高流动人口社会保障水平

我国城乡二元的户籍制度决定了公共服务资源的分配,也决定了城乡间、城市间的福利差距。2013 年党的十八届三中全会提出:"推进农业转移人口市民化,逐步把符合条件的农业转移人口转为城镇居民。"因此要淡化城乡差异的户籍制度对流动人口社会保障制度的影响,促进流动人口市民化水平,将流动人口与城镇居民统一于城镇社会保障体系,以提高流动人口社会保障水平。

参考文献

［1］陈顺馨：《妇女、民族与女性主义》，中央编译出版社 2004 年版。

［2］陈振明：《政策科学——公共政策分析导论》，中国人民大学出版社 2003 年版。

［3］成海军：《计划经济时期中国社会福利制度的历史考察》，《当代中国史研究》2008 年第 5 期。

［4］崔乃夫：《当代中国的民政》，当代中国出版社 1994 年版。

［5］戴建兵：《论我国适度普惠型社会福利制度的构建与发展》，《华东师范大学学报》2012 年第 1 期。

［6］丁建定：《社会保障概论》，华东师范大学出版社 2006 年版。

［7］房连泉：《全面建成多层次养老保障体系的路径探讨——基于公共、私人养老金混合发展的国际经验借鉴》，《经济纵横》2018 年第 3 期。

［8］高冬梅：《新中国建立初期弱势群体及其社会救助研究》，《中共党史研究》2005 年第 4 期。

［9］高圆圆：《中国残疾儿童福利研究》，中国劳动社会保障出版社 2014 年版。

［10］顾秀莲：《新形势下的妇女权益维护》，《中国妇运》2001 年第 6 期。

［11］郭静：《社保经办机构的发展特点及趋势——社会保障经办机构国际比较之二》，《中国社会保障》2011 年第 2 期。

［12］胡乃军、杨燕绥：《支付方式、参保人年龄结构与医疗保险基金

支付风险——以 B 市医保基金政策和数据为例》,《社会保障研究》2016 年第 1 期。

[13]胡晓义:走向和谐:《中国社会保障发展 60 年》,中国劳动社会保障出版社 2009 年版。

[14]胡震:《1956 年〈农业生产合作社示范章程〉立法的历史考察》,《中国农业大学学报(社会科学版)》2018 年第 6 期。

[15]黄桂霞:《中国共产党的妇女福利思想与实践》,人民日报出版社 2018 年版。

[16]揭爱花:《国家干预:中国妇女解放实践模式的体制建构》,《湖北社会科学》2011 年第 10 期。

[17]景天魁:《从小福利迈向大福利:中国特色福利制度的新阶段》,《理论前沿》2009 年第 11 期。

[18]景天魁等:《福利社会学》,北京师范大学出版社 2010 年版。

[19]兰庆庆、李志、陈侨予:《"全面二孩"政策下女性平等就业的现状分析、影响因素与提升策略——基于重庆市的实证调查》,《兰州学刊》2019 年第 2 期。

[20]蓝煜昕:《社会共治的话语与理论脉络》,《中国行政管理》2017 年第 7 期。

[21]林宝:《中国农村人口老龄化的趋势、影响和应对》,《西部论坛》2015 年第 2 期。

[22]林闽钢:《农村养老保险制度何去何从》,《中国社会保障》2006 年第 7 期。

[23]林闽钢:《我国社会救助体系发展四十年:回顾与前瞻》,《北京行政学院学报》2018 年第 5 期。

[24]刘喜堂:《建国 60 年来我国社会救助发展历程与制度变迁》,《华中师范大学学报(人文社会科学版)》2010 年第 4 期。

[25]孟明达:《中华人民共和国民政部大事记(1949—1986)》,中国社会出版社 2004 年版。

[26]聂和兴、张东江:《中国军人社会保障制度研究》,解放军出版社

2000 年版。

[27]沈开艳:《中国社会保障》,清华大学出版社 2018 年版。

[28]盛亦男、童玉芬:《生育政策调整对女性劳动力供需的影响研究》,《北京社会科学》2018 年第 12 期。

[29]宋志云:《新中国社会福利制度发展的历史考察》,《中国经济史研究》2009 年第 3 期。

[30]孙炳耀:《中国社会福利概论》,中国社会出版社 2002 年版。

[31]孙静:《多支柱养老社会保障的责任分担机制研究》,《财政研究》2005 年第 7 期。

[32]孙树菡:《工伤保险》,中国劳动社会保障出版社 2007 年版。

[33]孙树菡:《劳动安全卫生》,中国劳动出版社 1994 年版。

[34]王春婷:《社会共治:一个突破多元主体治理合法性窘境的新模式》,《中国行政管理》2017 年第 6 期。

[35]王延中、宁亚芳:《我国社会保险征费模式的效果评价与改革趋势》,《辽宁大学学报(哲学社会科学版)》2018 年第 3 期。

[36]王振耀:《社会福利和慈善事业》,中国社会出版社 2009 年版。

[37]王子今、刘悦斌、常宗虎:《中国社会福利史》,武汉大学出版社 2013 年版。

[38]巫昌祯:《为什么要制定〈妇女权益保障法〉》,《瞭望周刊》1992 年第 12 期。

[39]武中哲:《法律规范与组织策略:制度变迁中的女性劳动权益》,《妇女研究论丛》2011 年第 6 期。

[40]杨团:《中国慈善发展报告 2015》,中国社会科学文献出版社 2015 年版。

[41]杨燕绥、廖藏宜:《健康保险与医疗体制改革》,中国财政经济出版社 2018 年版。

[42]姚建平:《国与家的博弈:中国儿童福利制度发展史》,上海人民出版社 2015 年版。

[43]张凤霞、马超:《建国初期党和政府成功治理乞丐问题历程及经

验追溯》,《西南民族大学学报(人文社科版)》2015 年第 2 期。

[44]张苹:《中国军人社会保障理论研究》,国防大学出版社 2002 年版。

[45]张萍、杨祖婵:《中国志愿服务事业的发展历程》,《当代中国史研究》2013 年第 3 期。

[46]张奇林、石磊:《陷入还是自主:中国慈善组织的"结构洞"——以湖北省慈善总会为个案》,《武汉大学学报》2015 年第 4 期。

[47]张奇林:《中国慈善事业发展研究》,人民出版社 2014 年版。

[48]张晓玲:《妇女和人权》,新华出版社 1998 年版。

[49]郑秉文:《改革开放 30 年中国流动人口社会保障的发展与挑战》,《中国人口科学》2008 年第 5 期。

[50]郑功成等:《中国农民工问题与社会保护》,人民出版社 2007 年版。

[51]郑功成:《中国社会保障 30 年》,人民出版社 2008 年版。

[52]郑功成:《中国社会保障改革与发展战略(救助与福利卷)》,人民出版社 2011 年版。

[53]郑功成:《中国社会保障制度变迁与评估》,中国人民大学出版社 2002 年版。

[54]周秋光、曾桂林:《中国慈善简史》,人民出版社 2006 年版。

附　录

人力资源社会保障部 财政部 国家税务总局 国家医保局关于贯彻落实 《降低社会保险费率综合方案》的通知

（人社部发〔2019〕35号）

各省、自治区、直辖市及新疆生产建设兵团人力资源社会保障厅（局）、财政厅（局）、医保局，计划单列市人力资源社会保障局、财政局、医保局，国家税务总局各省、自治区、直辖市和计划单列市税务局：

为做好《降低社会保险费率综合方案》（以下简称《方案》）的贯彻落实工作，现将有关事项通知如下：

一、深入学习领会《方案》精神

降低社会保险费率是党中央、国务院作出的重大决策部署，是实施更大规模减税降费措施的重要内容，是应对经济下行压力的重要举措，对于减轻企业负担、激发微观主体活力、促进经济增长具有重要作用，事关改革发展稳定全局。各级人力资源社会保障、财政、税务、医疗保障部门要高度重视，认真组织学习，深刻领会《方案》精神，进一步提高对降低社会保险费率重要性、必要性和紧迫性的认识，切实把思想和行动统一到党中央、国务院的决策部署上来，采取有效措施抓好落实，务必使企业特别是小微企业缴费负担有实质性下降。

二、抓紧研究制定实施办法并做好组织实施工作

各地要根据《方案》精神和要求,结合本地实际情况,在党委、政府的领导下制定本地区实施办法,在组织领导、具体任务、政策措施、工作进度、监督检查等方面作出周密部署,层层压实责任,紧扣时间节点,对标对表加以推进。要严格执行《方案》有关规定,各地政策要规范统一,防止政策多样,严禁"边规范,边突破"。各部门要在党委(党组)领导下,紧紧围绕降费目标,统筹研究,明确职责,迅速行动,制定本部门的工作方案,并按照工作方案要求抓好组织实施,确保各项政策有效落地落细。

三、准确把握《方案》的有关政策

(一)关于降低养老保险单位缴费比例。各地企业职工基本养老保险单位缴费比例高于 16% 的,可降至 16%;低于 16% 的,要研究提出过渡办法。省内单位缴费比例不统一的,高于 16% 的地市可降至 16%;低于 16% 的,要研究提出过渡办法。目前暂不调整单位缴费比例的地区,要按照公平统一的原则,研究提出过渡方案。各地机关事业单位基本养老保险单位缴费比例可降至 16%。

(二)关于继续阶段性降低失业保险费率。自 2019 年 5 月 1 日起,实施失业保险总费率 1% 的省份,延长阶段性降低失业保险费率的期限至 2020 年 4 月 30 日。

(三)关于继续阶段性降低工伤保险费率。按照《人力资源社会保障部 财政部关于阶段性降低社会保险费率的通知》(人社部发〔2018〕25号)已纳入降费范围的统筹地区,原则上继续实施,保持力度不减。此前未纳入降费范围但截至 2018 年底累计结余可支付月数达到阶段性降费条件的统筹地区,要按规定下调费率,确保将符合条件的统筹地区全部纳入降费范围。阶段性降费率期间,费率确定后,一般不做调整。

(四)关于调整就业人员平均工资计算口径。各省应以本省城镇非私营单位就业人员平均工资和城镇私营单位就业人员平均工资加权计算的全口径城镇单位就业人员平均工资,核定社保个人缴费基数上下

限,合理降低部分参保人员和企业的社保缴费基数。调整就业人员平均工资计算口径后,为保证新退休人员待遇水平平稳衔接,人力资源社会保障部、财政部将提出基本养老金计发办法的过渡措施,并加强对各地的指导。

(五)关于完善个体工商户和灵活就业人员缴费基数政策。个体工商户和灵活就业人员参加企业职工基本养老保险,按照调整计算口径后的本地全口径城镇单位就业人员平均工资,核定社保个人缴费基数上下限,允许缴费人在60%至300%之间选择适当的缴费基数,以减轻其缴费负担、促进参保缴费。

(六)关于加快推进企业职工基本养老保险省级统筹。各地要逐步统一养老保险政策,完善省级统筹制度,为全国统筹打好基础。2020年底前实现企业职工基本养老保险基金省级统收统支。人力资源社会保障部、财政部将印发关于推进省级统筹的具体指导意见。

(七)关于提高企业职工基本养老保险基金中央调剂比例。为进一步均衡各省份之间养老保险基金负担,逐步提高企业职工基本养老保险基金中央调剂比例,确保企业离退休人员基本养老金按时足额发放,2019年基金中央调剂比例提高至3.5%。具体工作由人力资源社会保障部、财政部另行部署。

(八)关于稳步推进社保费征收体制改革。企业职工基本养老保险和企业职工其他险种缴费,原则上暂按现行征收体制继续征收,稳定缴费方式,"成熟一省、移交一省";机关事业单位社保费和城乡居民社保费征管职责如期划转。人力资源社会保障、税务、财政、医保部门要抓紧推进信息共享平台建设等各项工作,切实加强信息共享,确保征收工作有序衔接。各地要按照要求,合理调整2019年社会保险基金收入预算。妥善处理好企业历史欠费问题,在征收体制改革过程中不得自行对企业历史欠费进行集中清缴,不得采取任何增加小微企业实际缴费负担的做法,避免造成企业生产经营困难,务必使企业特别是小微企业社保缴费负担有实质性下降。

四、各部门在政府协调机制下加强协作配合

各级人力资源社会保障、财政、税务、医疗保障等部门，要在地方政府的领导下，完善降低社会保险费率及征收体制改革工作协调机制，切实加强部门协作配合，协商解决社会保险费征管工作中的重点、难点问题。畅通工作协调机制，统筹做好降低社会保险费率以及征收体制改革过渡期间的工作衔接，提出具体工作安排，确保各项工作顺利进行。

五、科学做好降费核算工作

各地要共同做好社保降费政策落实情况的统计核算和效应分析，做到"心中有数""底账清晰"。要协同提高数据质量，为做好社保降费核算奠定数据基础。要协商建立统计核算分析体系，不断提高社保降费核算的全面性、准确性、时效性，确保客观反映降费效果。要联合开展社保费政策实施情况评估，及时向上级部门报告政策运行及效应分析情况。

六、全面开展宣传工作

各地要组织各方力量，紧跟时代步伐，聚焦全媒体时代和媒体融合发展，丰富宣传形式，拓宽宣传渠道，注重宣传实效，宣传好降低社会保险费率的重大意义，总体筹划，突出重点，正确引导舆论，为社保降费政策落实落地营造良好的舆论氛围。统一明确宣传口径，紧扣时间节点，确保宣传步调一致，依托权威媒体，进一步提高社会参与度和知晓度，准确解读各项政策，针对群众关切问题解疑释惑。

七、逐级抓实培训工作

各地要充分认识进一步加强《方案》学习培训的重要性、紧迫性和长期性，针对不同类型、不同层级、不同岗位人员，做好培训安排，创新培训方式，不断增强学习培训的针对性、实效性。人力资源社会保障部、税务总局已举办落实《方案》专题培训班，对省级人力资源社会保障部门、税务部门进行联合培训，组织集中研讨。各地也要结合实际，集中组织开展

不同层次的业务培训工作,帮助相关工作机构和工作人员全面、准确理解掌握政策,明确操作流程和具体要求,提高贯彻《方案》的政策水平和业务能力。

　　各地要加强组织领导和工作指导,周密安排部署,采取有力措施,抓好组织实施,层层压实责任,及时掌握实施情况,认真分析遇到的情况和问题,研究提出解决办法,确保各项工作平稳进行。要从本地实际出发,注重动态跟踪,认真排查风险点,制定相关预案,把工作做实做细,确保社保待遇不受影响、养老金足额发放,维护参保人合法权益,保持社会稳定。遇有重大情况和问题要及时报告人力资源社会保障部、财政部、税务总局、国家医保局。

人力资源社会保障部

财政部

国家税务总局

国家医保局

2019 年 4 月 28 日

人力资源社会保障部关于建立全国统一的社会保险公共服务平台的指导意见

（人社部发〔2019〕103 号）

各省、自治区、直辖市及新疆生产建设兵团人力资源社会保障厅（局），部属各单位：

社会保险公共服务平台是提供社会保险公共服务的载体（文中"社会保险"指养老保险、失业保险、工伤保险，下同），是党和政府联系群众的重要纽带，是人民群众体会获得感、幸福感、安全感的直接窗口。党的十八大以来，各地区认真贯彻党中央、国务院决策部署，深入推进"互联网+政务服务"，社会保险公共服务平台的规范化、信息化、专业化建设不断加强，人民群众享受到了更加便捷的服务。但同时，社会保险公共服务平台管理分散、信息系统繁杂、服务标准不统一、业务协同困难、风险防控体系不健全等问题仍然存在。为加快落实党的十九大关于建立全国统一的社会保险公共服务平台的决策部署，提升社会保险公共服务均等化和便捷化水平，现提出以下意见。

一、总体要求

（一）指导思想。

全面贯彻落实党的十九大和十九届二中、三中全会精神，以习近平新时代中国特色社会主义思想为指导,坚持以人民为中心的发展思想,深入贯彻落实"放管服"改革在社会保险领域的部署要求,坚持问题导向,突出精准发力,推进审批服务便民化和"互联网+政务服务"要求,加快建立全国统一的社会保险公共服务平台,整合经办资源,创新服务模式,优化业务流程,线上线下服务深度融合,不断增强群众满意度和获得感。

(二)基本原则。

坚持统一规范。加强顶层设计,健全标准体系,逐步统一各级平台的服务形象、服务事项、服务流程和服务标准,构建全国社会保险经办服务一盘棋新格局。

坚持资源整合。聚焦经办机构分设、服务资源分散和信息共享不畅的难点和痛点,加快推进经办机构、服务场所和信息系统整合,提升经办服务能力和综合管理水平。

坚持创新引领。强化互联网、大数据、人工智能等信息技术在平台建设中的创新应用,推进业务互联互通、协同共享,优化经办服务模式。

坚持统筹联动。注重统分结合,全国整体推进、分级同步建设,形成分工负责、部门协作、上下联动、地区协同的统筹协调工作机制。

坚持风险可控。逐步完善风险防控分类与管理,加强权责分明、相互监督的岗位配备,建立健全社会保险信用管理体系,确保平台运行平稳。

(三)工作目标。

以全国一体的社会保险经办服务体系和信息系统为依托,以社会保障卡为载体,以标准规范为保障,采用窗口服务、网上服务、移动服务、电话服务、自助服务等多种方式,实现全国社会保险信息系统和数据互联互通,推动跨地区、跨部门、跨层级社会保险公共服务事项的统一经办、业务协同和信息共享,及时与国家政务服务平台对接,实现"一号申请""一窗受理""一网通办"和"一卡通用",为参保单位和人员提供全网式、全流程、无差别的方便快捷服务。

2019年底前,完成总体规划,编制社会保险公共服务事项目录清单和办事指南,逐步统一服务形象、服务事项、服务流程和服务标准,推进电子证照、电子文书、电子印章等在社会保险领域的应用,国家社会保险公共服务平台初步具备信息查询、转移接续、自助认证等功能,实现与国家政务服务平台、各地区信息平台对接。

2020 年底前,整合经办机构职能,规范经办机构名称,各地区信息平台与国家社会保险公共服务平台应接尽接、网上服务事项应上尽上,平台核心的组织架构体系、技术支撑体系、标准规范体系、协同管理体系、风险防控体系不断完善,全国统一的社会保险公共服务平台基本建成。

2022 年底前,全国范围内社会保险服务事项基本做到标准统一、整体联动、业务协同,全国统一的社会保险公共服务平台全面建成,线上线下深度融合,功能更加完善,服务持续优化,实现全程网上运行和监督。

二、基本架构

全国统一的社会保险公共服务平台由国家社会保险公共服务平台和地方社会保险公共服务平台组成,地方平台包括实体窗口和信息平台。

(一)国家社会保险公共服务平台。建立国家社会保险公共服务平台,作为全国统一的社会保险公共服务平台的总枢纽。国家社会保险公共服务平台统筹建设公共服务门户,与国家政务服务平台对接,实现公共服务入口、运行调度监控、数据交换共享和业务推送支撑等功能,负责跨地区、跨部门、跨层级社会保险服务数据的汇聚共享和业务协同,为各地区信息交互提供通道和支撑。逐步实现数据向国家社会保险公共服务平台集中,创新引领数据应用,支撑宏观政策决策、经办数字化转型和业务创新发展。

(二)地方社会保险公共服务平台。地方社会保险公共服务平台是全国统一的社会保险公共服务平台的具体办事平台,主要依托省、市、县以及乡镇(街道)、村(社区)基层服务平台的实体窗口和信息平台办理业务、提供服务。线下实现"一门式""一窗式"服务;线上逐步通过省级集中统一的信息平台,提供"一网式"服务。纵向推进数据向上集中,服务向下延伸,实现"同城通办""异地可办";横向拓宽服务渠道,做好地方信息平台与政府政务服务平台、城乡社区综合服务平台的有效对接。

三、主要任务

（一）建立健全组织架构体系，推进"一门式"服务。适应规范社会保险各险种提升统筹层次的要求，按照优化协同高效的原则，整合社会保险服务资源，创新管理体制，建立与统筹层次相适应的组织体系、与服务人群和业务量挂钩的人员配置动态调整机制。优化内设机构职能，科学合理设置岗位，进行流程再造，全面推广"前台一窗受理、后台分级审核、限时办结、统一反馈"的综合柜员制经办模式，实现统筹区内一个窗口即可受理各项社会保险业务，提供"一门式"服务。推进社会保险服务事项下沉，将具备下放条件的社会保险服务事项下放到乡镇（街道）、村（社区），并逐步健全基层公共服务平台服务设施设备，实现"就近办"。主动对接社会服务资源，在确保基金安全和有效监管的前提下，充分发挥社会服务机构、银行、商业保险机构等市场资源优势，拓展社会保险服务渠道。

（二）建立健全技术支撑体系，推进"一网通办"。优化整合已有的社会保险公共服务国家信息系统，建立统一的网上公共服务门户，结合全国统一的社会保险公共服务事项目录清单和办事指南，逐步健全在线社会保险缴费、关系转移接续、权益记录查询、待遇资格认证等服务功能。完善地方社会保险信息系统，推进省级集中，并接入国家社会保险公共服务平台，纵向实现上下级信息系统对接和互联互通，横向实现与本级政府政务服务平台对接。丰富服务手段，打通窗口服务与互联网、手机 APP、12333 电话、自助终端等服务渠道，依托全国统一的社会保险公共服务平台，推进线上线下业务一体化办理，实现社会保险公共服务事项目录清单、办事指南、办理状态等相关信息在各类渠道同源发布。

（三）建立健全标准规范体系，提供"无差别"服务。做好有关社会保险法规、部门规章和规范性文件的"立改废释"工作，推动电子证照、电子文书、电子印章等在社会保险领域的应用，消除电子化归档的法规制度障碍。编制统一的社会保险公共服务事项目录清单，规范事项名称、事项类型、设定依据、条件、材料、流程、时限等，逐步做到"同一事项、同一标准、同一编码"。在实施服务事项目录清单标准化的基础上，科学编制办事指南,实现同一层级和同一内容的办事指南标准化。以全国统一的社会保险公共服务平台需求为重点,健全相关业务、流程、信息、技术等标准,形成完善的社会保险标准体系。简化社会保险服务事项申请、受理、审查、决定、送达等流程,建立网上预审机制,推进办事材料目录化、标准化、电子化,开展在线填报、在线提交和在线审核,缩短办理时限,降低参保单位和人员办事成本。

(四)建立健全协同管理体系,提供有力保障。建立社会保险事务指挥调度监控机制,跟踪掌握全国社会保险服务联动情况,协调解决重大疑难问题,不断优化平台服务功能。完善异地业务协查机制,明确协查的内容、程序、时限要求和协查结果效力,确保地区间业务协同高效顺畅。建立部门间协调机制,加强部门协作配合,实现国家人口基础信息库、法人单位基础信息库等基础数据、部门关联业务信息和社会保险相关数据的交换共享。

(五)建立健全风险防控体系,确保平台安全运行。建立健全权责分明、相互制约的岗位责任制度,加强数据采集、录入、修改、访问、使用、保密、维护的权限管理制度,严格控制数据修改的安全风险,防止非授权访问和业务经办。建立业务数据和财务数据实时对接机制,推进业务财务一体化。建立用人单位、参保人员、社会保险服务机构及其工作人员在统一平台办理社会保险业务的信用记录,将严重失信人名单纳入全国信用信息共享平台,由相关部门实施联合惩戒。加强并规范社会保险大数据分析应用,加大对风险点的预防、发现和核查力度。完善平台运行的舆情监测,加强舆情应对处置。

(六)全面推进社会保障卡的发行应用,实现高效便捷服务。进一步扩大社会保障卡覆盖人群,基本实现"一人一卡"。加快扩展社会保障卡应用项目,普遍实现跨地区持卡应用,并与政府其他公共服务实现"一卡通用"。依托社会保障卡及持卡人员基础信息库,构建全国社会保障卡线上身份认证与支付结算服务平台,大力发展电子社会保障卡,实现对服务对象的"实名""实人""实卡"认证,做到"单点登录、全网通办",与国家统一建设的用户身份认证体系相衔接,广泛借助合作商业银行、第三方支付平台等支付渠道,拓展社会保障卡线上支付结算模式,形成精准可信、线上线下融合的服务新形态。

四、运行机制

各级经办机构要依托全国统一的社会保险公共服务平台,向参保单位和人员提供统一便捷的服务。

(一)统一受理。全国统一的社会保险公共服务平台以实体窗口、网上服务平台、手机 APP、12333 电话和自助终端等方式对外受理业务申请。同一事项同一受理标准,线上线下"一次登录、一窗受理"。

(二)按责办理。按照"属地管理优先"和"谁主管谁负责"的原则,省、市、县各级社会保险服务平台受理的事项,由本级经办机构处置。纳入全国统一的社会保险公共服务事项目录且确需跨统筹区在实体窗口办理的事项,加强业务协同,实现异地受理、后台推送、属地办理。

(三)跟踪督办。建立督办机制,加强对全国统一的社会保险公共服务平台办理业务的跟踪、催办和督办。按照"统一规划、分级建设、分级办理"原则,开辟服务平台网上投诉专区,对接 12333 服务热线,及时回应平台服务中存在的问题。国家社会保险公共服务平台提供在线受理、转办、督办、反馈等全流程咨询投诉服务,地方服务平台按责办结并及时反馈,实现服务对象诉求件件有落实、事事有回应。

(四)评估评价。建立社会保险公共服务平台评估指标体系,实时监测事项、办件、业务、用户等信息数据,接受服务对象对社会保险服务事项办理情况的评价,开展评估评价数据可视化展示与多维度对比分析,实现全流程动态精准监督。将各级信息平台网络安全工作情况纳入评估指标体系,督促做好网络安全防护工作。

(五)运行管理。建立健全相关规章制度,优化运行工作流程,建立分级管理、责任明确、保障有力的全国统一的社会保险公共服务平台运行管理体系。加强各级社会保险公共服务平台的运行管理力量,统一负责平台运行管理的组织协调、督促检查、评估考核等工作,推进"一套制度管理、一支队伍保障"。

五、工作要求

（一）加强组织协调。各级人力资源社会保障部门应将全国统一的社会保险公共服务平台建设摆上重要议事日程，有计划有步骤推动落实。要根据工作需要召开工作会议，协调推进平台建设工作。

（二）加大支持力度。各地要统筹考虑辖区服务人口、服务现状和实际需求等因素，统筹利用现有资金渠道，对平台建设予以支持。采取有效措施妥善解决基层服务平台能力不足问题，确保平台的平稳运行。

（三）加强宣传引导。要加强社会保险政策服务的普及宣传，组织交流服务经验，让群众会用、用好全国统一的社会保险公共服务平台，正确引导社会预期，妥善回应公众关切，努力营造社会保险服务民生、保障民生的良好氛围。

人力资源社会保障部

2019 年 9 月 24 日

人力资源社会保障部 财政部 国家税务总局 关于失业保险 基金省级统筹的指导意见

（人社部发〔2019〕95号）

各省、自治区、直辖市、计划单列市人力资源社会保障、财政厅（局），国家
 税务总局各省、自治区、直辖市、计划单列市税务局，国家税务总局驻各
 地特派员办事处，新疆生产建设兵团人力资源社会保障、财政局：

　　为推动提高失业保险基金统筹层次，提高基金使用效率，增强基金保
障能力，根据社会保险法、《失业保险条例》等法律法规相关规定要求，现
就做好失业保险基金省级统筹（以下称省级统筹）工作提出如下意见。

一、总体要求

　　（一）指导思想。以习近平新时代中国特色社会主义思想为指导，全
面贯彻党的十九大和十九届二中、三中全会精神，坚持以人民为中心的发
展思想，坚持稳中求进工作总基调，坚持新发展理念，坚持高质量发展，进
一步完善失业保险制度，以更好地保障参保人员合法权益为出发点和落
脚点，建立健全规范、高效的失业保险基金省级统筹管理体系，确保失业
保险各项政策落实到位。

　　（二）基本原则。坚持制度统一，分级管理，提升失业保险服务质量；

坚持职责明晰,分步实施,确保省级统筹有序推进;坚持统调结合,缺口分担,防范失业保险基金支付风险;坚持系统谋划,平稳衔接,促进失业保险制度持续健康发展。

二、主要内容

失业保险基金在直辖市实行全市统筹。省、自治区人民政府决定实行省级统筹的,人力资源社会保障部门要在省(自治区)内统一失业保险参保范围和参保对象,统一失业保险费率政策,统一失业保险缴费基数核定办法,统一失业保险待遇标准确定办法,统一失业保险经办流程和信息系统。未实行失业保险基金省级统筹的,要提高到市级统筹。

在基金管理上,有条件的省(自治区)可以实行失业保险基金统收统支管理;暂不具备条件的省(自治区),要进一步完善失业保险省级调剂金制度,逐步提高省级调剂金筹集比例,用于调剂解决统筹地区失业保险基金支出缺口,保证各统筹地区各项失业保险待遇按时足额发放。

三、保障措施

(一)统一政策标准。实行省级统筹,各省(自治区、直辖市)要统筹考虑地区间经济发展水平、经办服务能力差异,统一各项失业保险政策,合理确定待遇标准。

(二)明确责权划分。实行省级统筹,要明确各级在管理上的主体责任,按照规定完善基金预算管理,建立健全职、权、责约束机制和基金缺口分担机制。各市(地)要严格执行基金支出范围和标准,规范管理,优化流程,提高服务质量。

(三)加强基金监管。已经实行基金统收统支的省(自治区、直辖市),要进一步完善省级统筹制度。有条件实行基金统收统支管理的省(自治区、直辖市),要积极推动,加快工作进度,在处理各市(地)原结余基金时,可根据地方实际,采取不同时期结余基金分别上解、分步实施等方法。目前暂不具备实行基金统收统支管理的省份,要结合本地实际确定合理的省级调剂金筹集比例并逐步提高,加大省级调剂力度,提高基金使用效率。各省(自治区、直辖市)在推进省级统筹时,要强化基金监管,加强监督检查,确保不发生基金风险。

(四)加强信息系统建设。各省(自治区、直辖市)人力资源社会保障部门要按照"金保工程"建设要求,建成支持失业保险省级统筹的省级集中社会保险信息系统,统一业务指标、统一经办流程、统一技术标准,做好历史数据迁移工作,实现省、市、县三级管理部门信息的纵向互联,与财政、税务、银行等部门的横向互通、信息共享。推进社会保障卡在失业保险领域的应用,实现失业保险待遇进卡。推动失业保险公共服务事项网上办理,实现业务流程一体化、服务内容多样化、监管决策智能化。

四、工作要求

(一)加强组织领导。人力资源社会保障部门要会同财政、税务部门抓紧制定符合本地实际的省级统筹工作方案,明确目标任务、责任主体和进度安排,建立完善有效的工作运行机制,报省级人民政府,力争在2023年底前全面实现省级统筹。实行省级统筹的工作方案及时报人力资源社会保障部、财政部备案,同时抄送国家税务总局。

(二)周密部署实施。实行省级统筹,政策性强,涉及面广,需要周密细致部署,积极稳妥推进。已经实行失业保险基金省级统收统支的省(自治区、直辖市),要以本指导意见下发为契机,主动对标工作要求,进一步完善省级统筹制度。

人力资源社会保障部　财政部　国家税务总局

2019 年 9 月 11 日

人力资源社会保障部办公厅
关于加快推进工伤保险基金
省级统筹工作的通知

（人社厅函〔2019〕164号）

各省、自治区、直辖市及新疆生产建设兵团人力资源社会保障厅（局）：

《人力资源社会保障部 财政部关于工伤保险基金省级统筹的指导意见》（人社部发〔2017〕60号，以下简称《指导意见》）印发以来，各地人力资源社会保障部门高度重视，在深入调研的基础上及时制定实施方案，明确任务要求和进度安排，多数省份工作已取得积极进展和成效。但也有一些省份思想认识不够到位，工作推进相对缓慢，离2020年实现省级统筹的目标还有不小的差距。2019年1月，中央脱贫攻坚专项巡视明确将"部分地区农民工工伤保险目前只能做到市级统筹"列入整改问题之一。为落实巡视整改要求，加快推进工伤保险基金省级统筹工作，现就有关问题通知如下：

一、进一步提高政治站位

推进工伤保险基金省级统筹是贯彻党的十九大精神、完善工伤保险制度的重要举措，是一场系统性、深层次的重大改革；是落实中央脱贫攻坚专项巡视整改的重要政治任务和政治责任，是树牢"四个意识"、坚定

"四个自信"、坚决做到"两个维护"的重要体现;是坚持以人民为中心发展思想、更好保障工伤职工权益,提高基金共济能力和使用效率,推动工伤保险事业高质量发展的必然要求。各地人力资源社会保障部门要进一步提高政治站位,充分认清推进省级统筹工作的重要意义,切实增强责任感、使命感和紧迫感,主动担当作为,加大工作力度,确保 2020 年底前全部实现工伤保险基金省级统筹工作目标。

二、进一步明确政策要求

推进工伤保险基金省级统筹,核心是工伤保险基金在全省(区、市)范围内统筹调剂使用,基础是统一参保缴费、待遇支付等政策标准和规范工伤认定、劳动能力鉴定、工伤预防、工伤医疗和工伤康复等管理服务,难点在打破原有的管理模式和利益格局,关键要明确各级职责分担、建立激励约束机制。同时,全面推进工伤保险信息化建设,建成省级集中的社会保险信息系统,为实现省级统筹提供必要支撑。

要切实加强基金管理,实行全省(区、市)基金收支预算管理制度,加快提升基金预算编制水平,支持有条件的省份实行基金统收统支管理,稳妥处理各市(地)原基金结余;目前暂不具备条件的省份可以先在省级建立调剂金,由市(地)按照一定规则和比例将基金上解到省级社保财政专户集中管理,用于调剂解决各市(地)工伤保险基金支出缺口。

各地要认真研判推进省级统筹中可能出现的风险,立足各地经济发展水平差异等情况,按照平稳有序、逐步过渡的原则,扎实做好待遇支付、行业费率等政策标准平稳衔接,确保工伤保险制度平稳运行。

三、进一步优化管理服务

实行省级统筹是优化管理服务、加快信息化建设的有力抓手。各地人力资源社会保障部门要以推进省级统筹为契机,梳理经办管理、服务效能和信息化建设方面存在的问题,认真落实"放管服"改革和行风建设要求,统一业务规程和推动业务流程再造,在办事手续和流程上做减法,在提升服务和监管上做加法,持续推进基本公共服务均等化,努力提高管理服务效能。要以推进社会保险等信息系统省级集中整合建设为抓手,加快推动工伤认定、劳动能力鉴定、工伤保险业务经办一体化建设,全面开展协议机构联网直接结算,强化数据分析、公共服务、社会保障卡应用,尽快实现工伤保险信息化建设目标,为工伤保险决策科学化、管理精准化、服务人本化提供有力支撑。要强化顶层设计和整体谋划,打造适应新形势新任务的工伤保险经办管理服务体系,加强专业化队伍建设,确保各项工伤待遇足额、及时发放,确保不发生系统性风险。

四、进一步加快工作进度

工伤保险基金实现省级统筹是一项必须完成的硬任务。推进这项工作,比认识更重要的是决心,比方法更重要的是担当。已经基本实现省级统筹的省份,应主动对标对表《指导意见》,及时研究解决工作中遇到的问题,尤其要重点关注市(地)以下责任意愿减弱、工作质量下降等问题,在推进"基金上统、管理下沉"上拿出管用的实招硬招。尚未实现省级统筹的省份,应倒排工期、加快进度,在深入调研基础上抓紧制定完善实施意见,尤其要抓住本地区实行省级统筹的突出问题和关键环节,找出体制机制症结和短板,明确工作重点,拿出解决办法。各省级统筹实施意见应于 2019 年年底前报人力资源社会保障部备案。我部将根据各地情况适时组织调研、验收等工作。对工作进展缓慢的,我部将通过函询、约谈等方式进行督办。

五、进一步加强组织领导

推进工伤保险省级统筹是一项系统工程。各地人力资源社会保障部门要切实加强组织领导,完善工作机制,注重统筹协调,强化上下联动,形成工作合力,确保改革举措落地生根。要明确各级人力资源社会保障部门在管理上的主体责任,科学制定实行省级统筹的各项管理办法,健全省级统筹考核指标,强化考核结果运用,把"基金上统,管理下沉"落到实处。要加强经办内控和基金监督,落实责任,落实措施,做好基金管理风险防控工作。要切实加强宣传引导,通过形式多样的宣传工作,把目标任务讲清楚,把工作要求讲清楚,把确保不影响待遇支付讲清楚,争取各方面的理解和支持,为推进改革营造良好的氛围。

各地在推进工作中遇到的重大情况,请及时报部工伤保险司。

人力资源社会保障部办公厅

2019 年 9 月 26 日

责任编辑:陈 登
封面设计:胡欣欣
责任校对:白 玥

图书在版编目(CIP)数据

中国社会保障改革与发展报告.2019/邓大松 等 著. —北京:
　人民出版社,2020.6
　(教育部哲学社会科学系列发展报告)
ISBN 978－7－01－022073－4

Ⅰ.①中… Ⅱ.①邓… Ⅲ.①社会保障体制-体制改革-研究报告-中国-
2019②社会保障-发展战略-研究报告-中国-2019 Ⅳ.①D632.1

中国版本图书馆 CIP 数据核字(2020)第 070948 号

中国社会保障改革与发展报告 2019

ZHONGGUO SHEHUI BAOZHANG GAIGE YU FAZHAN BAOGAO 2019

邓大松　刘昌平 等 著

人民出版社 出版发行
(100706　北京市东城区隆福寺街 99 号)

天津文林印务有限公司印刷　新华书店经销

2020 年 6 月第 1 版　2020 年 6 月北京第 1 次印刷
开本:710 毫米×1000 毫米 1/16　印张:32
字数:460 千字

ISBN 978－7－01－022073－4　定价:98.00 元

邮购地址 100706　北京市东城区隆福寺街 99 号
人民东方图书销售中心　电话 (010)65250042　65289539